JN270521

「在日」の家族法
Q&A

木棚照一 監修
「定住外国人と家族法」研究会 編著

日本評論社

監修のことば

　私が、「定住外国人と家族法」研究会の人たちと初めて出会ったのは、1986年9月であった。全国青年司法書士連絡協議会の第15回全国研修会が、当時私が勤務していた立命館大学法学部において開催され、「改正国籍法と定住外国人」をテーマとする分科会がもたれた時である。
　私は、三人のパネラーの一人として講演し、国際私法における本国法主義との関係で改正国籍法の意義を捉える視点から、在日韓国・朝鮮人の問題を考える際における国際私法の重要性を強調した。当然のことであるが、分科会における議論は、改正国籍法の立法過程や解釈問題に集中した。私の思いが必ずしも充分に届かなかったのではないかと残念に思っていた。
　ところが、それから1か月も経たないうちに、分科会の責任者であった西山慶一氏から「定住外国人と家族法」研究会を結成し、国際私法を勉強することになったので、チューターとして出席して欲しい旨の申し出があった。当初、私は数回続くにすぎないものと思い気楽に出席した。
　研究会には、6名ほどの在日韓国・朝鮮人の司法書士を中心に、毎回かなりの人数の熱心な参加があった。特徴的であったのは、ほとんど毎回研究会終了後、懇親会を行い侃侃諤諤議論をすること、研究会の成果を司法書士の研修会の場などを利用して積極的に報告すること、一定の期間をおいてその内容を中心に自主出版すること、時には家族ぐるみの懇親旅行等を行うことであった。研究会が続いたのは、これらの工夫によるところが大きかった。
　研究会は、国際私法の基礎的な勉強や在日韓国・朝鮮人の法的地位の歴史的な検討から始まったのであるが、韓国、北朝鮮の家族法、さらには、それらの国際私法の勉強に立ち入るようになってきた。私自身は、これらの法の専門家では必ずしもない。研究会のメンバーにはハングルができる人も多かったが、やはり専門家に参加していただく必要があるということになった。そこで、研究会のメンバーは、まず、中部大学の青木清助教授（現南山大学法学部教授）に韓国家族法の専門家として参加を求め、つぎに、北朝鮮法の専門家である関東学院大学文学部の大内憲昭助教授（現教授）に参加を求め

たのである。

　この両先生の協力を得て、在日韓国・朝鮮人としての問題意識から、あるいは、実務家からの鋭い問題意識を国際私法、実質私法、登記等の法律実務の各面から総合的に研究する会の体制ができあがったといっても過言ではなかった。

　このように研究会を継続するうちに、大学院の社会人コースで研究したり、そうでなくても、地味に文献や判例を収集したり、韓国の文献を翻訳したりして、次第に在日韓国・朝鮮人の家族・相続をめぐる問題については専門家といえるような力を備えた人たちが育ってきた。

　一昨年の秋にこの会の中心メンバーから、15年の研究会の総決算として法律の素人にも分かりやすく解説した本をまとめたいとの提案があった。朝鮮半島における南北の対話が進み、日韓の新しい自由貿易協定の協議が開始されようとし、アジアの新しい時代の到来を予感させていた。国際私法に限っても1995年9月6日に北朝鮮の対外民事関係法が施行され、1998年に部分修正が行われていた。また、韓国でも1962年の渉外私法の改正作業が開始されていた（2001年3月8日、21世紀最初の新しい国際私法として国会を通過）。この時期にそのような企画を考えることは時宜を得たものと思われた。このようにして、本書の内容をなす諸問題に関するきわめて厳しいスケジュールの学習会が開始された。

　幸い日本評論社第一編集部長の加護善雄氏の協力を得て本書を出版することができることになった。また、青木教授、大内教授には、多忙の中ほとんど毎回学習会に出席いただき、ご指導を賜った。種々の事情から本書の執筆者には入らなかったが、研究会で色々なかたちで協力されたメンバーも少なくなかった。これらの人々の協力がなければ本書を出版することはできなかったであろう。監修者として心から謝意を表したい。

　　　2001年1月15日

　　　　　　　　　　　　　　　　　　　　早稲田大学法学部教授　木棚　照一

発刊のことば

　"本書は、我々から「在日」へのメッセージである"
(研究会のあらまし)
　私共「定住外国人と家族法」研究会は、産声を上げてから今年で満15年を迎えました。

　研究会は、司法書士により構成されています。会員は、東京、群馬、愛知、京都、大阪に事務所をもつ在日韓国・朝鮮人（以下、在日）および日本人の司法書士で、その年齢は30代から50代です。

　研究会がここまで継続できたのは、全国の司法書士の励まし、諸先生の薫陶、会員に寄せられる在日の人々の悩み、そして会員の限りない在日への思いおよび会員相互間の固い友情があったからこそです。

　研究会は、その名の通り定住外国人、とりわけ在日韓国・朝鮮人の家族法上の諸問題を様々な視点から研究することを目的にしています。法律実務の上で在日の家族法を究めるのには、日本、大韓民国、朝鮮民主主義人民共和国それぞれの、国際私法、国籍法、家族法などの理解が必要です。それらの法は、世界情勢や、各国の国内事情などにより度々改正されます。それとともに在日の意識や家族事情も、ここ15年の間に大きく変化しました。激変しているといっても過言ではないでしょう。

(本書出版まで)
　本書は、この激変する時期に15年間の集大成として、研究会が企画したものです。

　本書出版までには、一昨年の6月から計20回にわたる合宿による学習会と大小の打合せ会、編集会議の積み重ねがありました。

　研究会は、発足当初から、本書の監修者である早稲田大学の木棚照一教授にご指導を仰いでいます。木棚教授は、本書出版のための学習会には常にご出席され、実務家がややもすれば陥りがちな視野狭窄を糾された上に、我々を鼓舞するために幾度となく檄を飛ばされました。南山大学の青木清教授は、最近の大韓民国家族法の事情や国際私法理解の基本を我々に論し、関東

学院大学教授の大内憲昭教授は、朝鮮民主主義人民共和国法の最新情報を入手紹介されるなど、本書出版を支えて下さいました。

本書は、株式会社日本評論社のご好意により出版することができました。加護善雄出版第一編集部長は、出版事情の良くないこの時期に本書出版を快く引き受け、出版の素人集団である研究会を忍耐強くフォローして下さいました。

（本書の読み方）

本書は、在日の家族法の理解に不可欠な事項を、6章に区分しています。各章には、その冒頭に章全般について解説する「概説」と具体的設問に答える「Q＆A」を設けました。「概説」は、その章全般にわたる事項であるため、どうしても専門用語などを使用せざるをえず、文章も「である」調にしましたので、やや難解な印象を持たれると思います。それに対して「Q＆A」は、我々の事務所に来られた相談者との会話を想定して作成するように努力し、文章も「です」「ます」調にし、読みやすくするように努めました。一般の読者は、「Q＆A」からお読みいただくことをお勧めします。なお、解答の末尾に関連項目を挙げましたので、それらも参照していただければ、より理解が深まるものと思います。

なお、紙数の関係上、日本および大韓民国の関連法は本書には掲載していません。日本において刊行されている書物を参照していただきたい。また、朝鮮民主主義人民共和国の関連法は巻末資料を参照していただきたい。

（最後に）

本書が、在日家族の法律問題を解明するときの一助になり、法律実務家が在日家族の法律問題に遭遇したときの参考になれば、本書出版の目的は遂げられたものと思います。

本書への読者諸兄の忌憚のないご意見ご批判を賜り、今後より完全なものにするように心がけたいと思っています。

2001年1月

「定住外国人と家族法」研究会

代表　西山　慶一

凡　例

1．設問（Q）の中で、「韓国人」「在日韓国人」と表記しているのは、質問者がどちらかといえば大韓民国に帰属感を持つ場合に使用し、「朝鮮人」「在日朝鮮人」と表記しているのは、質問者がどちらかといえば朝鮮民主主義人民共和国に帰属感を持つ場合に使用している。
2．文章で使用する「在日」「在日韓国・朝鮮人」とは、日本の敗戦前後から日本に定住し、外国人登録の国籍欄が「韓国」または「朝鮮」で、在留資格が「特別永住者」（「日本国との平和条約に基づき日本の国籍を離脱した者等の出入国管理に関する特例法」による在留資格）である者をおおむね意味するが、テーマの内容や筆者の考えによりそれ以外の人も含めて使用する場合もある。
3．文中、「大韓民国」を「韓国」、「朝鮮民主主義人民共和国」を「北朝鮮」と表記することがある。
4．各章の概説や解答（A）の中で使用している「韓国法を本国法とする在日」「在日韓国人」（以上、カギ括弧書で表記）とは、日本の国際私法の見解により本国法が韓国法とされた在日を意味し、「北朝鮮法を本国法とする在日」「在日朝鮮人」（以上、カギ括弧書で表記）とは、日本の国際私法の見解により本国法が北朝鮮法とされた在日を意味する。なお、それ以外の用語で表現する場合は、文中で述べる。
5．判例や参考文献等の出典の表示方法は、「法律文献等の出典の表示方法」（法律編集者懇話会）の基準に従うように努めたが、最終的には筆者の自主的判断に任せた。
　　なお、韓国の判例は、「大法院1967.5.24.67夕54」のように引用しているが、その意味は大法院（韓国の上級審）が1967年5月24日に宣告した、事件番号が67夕54の判決という意味である（夕はハングルでは、다であり民事上告事件を意味し、ム とは、ハングルでは、므であり家事上告事件を意味する）。また、韓国の戸籍先例は、「大法院戸籍例規561項」「大法院戸籍例規561号」と先例番号で表示するか、「1963.5.21法政第111号通牒」とその先例が出された時期および形式を特定している場合もある。

● 「在日」の家族法Q&A──────目次

監修のことば　　早稲田大学法学部教授　**木棚　照一**　　i
発刊のことば　　「定住外国人と家族法」研究会　**西山　慶一**　　iii
凡　例　v

第1章　在日の家族法とはいずれの法を指すのか …………1

国際私法と法例　　在日の家族法上の問題に適用される本国法　2

- Q1-1　渉外的私法関係についての適用ルール「法例」　21
- Q1-2　本国法が準拠法となる場合　22
- Q1-3　日本法が準拠法となる場合　24
- Q1-4　在日の本国法の認定基準　26
- Q1-5　韓国家族法の変遷　28
- Q1-6　北朝鮮家族法の変遷　30
- Q1-7　在日の本国法の認定基準を適用しない場合　33
- Q1-8　日本人と婚姻する場合の婚姻の準拠法　34
- Q1-9　アメリカ人と婚姻した場合の婚姻の準拠法　36
- Q1-10　家族内の国籍変更による準拠法への影響　38

第2章　在日の国籍・戸籍（身分登録）・法的地位 …………41

国籍とは何か　　在日の国籍の変遷　　在日の戸籍（身分登録）の変遷　　在日の法的地位の変遷について　42

- Q2-1　国籍とは何か、国籍変更について　62
- Q2-2　在日の日本国籍喪失の理由　64

Q2-3　外国人登録法上の国籍　66
Q2-4　97年韓国改正国籍法の内容　69
Q2-5　97年韓国改正国籍法・日本国籍法上の重国籍者の国籍選択　71
Q2-6　韓国人が日本人の養子になった場合の国籍　74
Q2-7　婚外子の国籍──胎児認知、生後認知の場合　76
Q2-8　韓国人夫を持つ日本人妻の日本国籍離脱　78
Q2-9　北朝鮮国籍法の概要　79
Q2-10　韓国の戸籍制度　81
Q2-11　北朝鮮の身分登録制度　84
Q2-12　韓国戸籍を探す方法　86
Q2-13　韓国の戸籍整理、韓国戸籍の訂正　88
Q2-14　日本人と婚姻した韓国人妻の戸籍及びその子の戸籍の記載　91
Q2-15　離婚の韓国戸籍への届出　93
Q2-16　在日の法的地位の変遷　95

第3章　在日の婚姻・離婚の法律　101

婚姻の実質的成立要件　婚姻の形式的成立要件
婚姻の身分的効力　夫婦財産制　離婚の許否
協議離婚の方式　離婚の効力　102

Q3-1　在日の婚姻の準拠法　120
Q3-2　在日の婚姻要件　122
Q3-3　在日の婚姻──同姓同本婚の禁止　125
Q3-4　韓国人──近親婚の制限　127
Q3-5　婚姻の方式とその届出　130
Q3-6　在日の婚姻要件具備証明書について　131
Q3-7　韓国人の婚姻届出地──その1　133
Q3-8　韓国人の婚姻届出地──その2　135
Q3-9　在日夫婦間の扶養　137

- Q3-10　韓国戸籍に在日韓国人、在日朝鮮人の婚姻を
　　　　 記載する方法　139
- Q3-11　韓国人の重婚は無効か取消か　141
- Q3-12　在日の離婚の準拠法　144
- Q3-13　朝鮮人の協議離婚について　146
- Q3-14　韓国人の離婚──家庭法院の確認とは　148
- Q3-15　韓国人の裁判離婚の原因　150
- Q3-16　韓国人の離婚──有責配偶者の離婚請求　151
- Q3-17　朝鮮人の裁判離婚の原因　153
- Q3-18　韓国人の離婚──財産分与・養育費　155
- Q3-19　北朝鮮離婚法と裁判管轄権　157
- Q3-20　離婚の裁判管轄権と韓国戸籍への記載　159
- Q3-21　離婚の裁判管轄権と日本戸籍への記載　160

第4章　在日の親子関係の法律　163

在日の準拠法に関して──反致との関係
親子関係に関する準拠法と韓国法、北朝鮮法
後見に関する準拠法と韓国法、北朝鮮法　164

- Q4-1　在日未成年者の法律行為　179
- Q4-2　韓国人男性と日本人女性夫婦の子の親権者　181
- Q4-3　離婚後の親権者──韓国人同士の離婚　183
- Q4-4　離婚後の親権者──朝鮮人同士の離婚　184
- Q4-5　離婚後の親権者──韓国人日本人夫婦の離婚　185
- Q4-6　離婚後の子の引渡　186
- Q4-7　離婚後の子の扶養　188
- Q4-8　韓国人未成年者の後見・扶養　189
- Q4-9　日本人夫婦が韓国人を養子・特別養子にする場合　191
- Q4-10　在日夫と日本人妻が日本人を養子にする場合　193
- Q4-11　韓国人夫婦が韓国人を養子にする場合　194

Q4-12　養子縁組の届出　195
Q4-13　離縁の方法　197
Q4-14　韓国人夫婦とその子の利益相反行為　198
Q4-15　婚外子の任意認知　201
Q4-16　婚外子の死後認知　203
Q4-17　在日の親に対する扶養　204
Q4-18　在日の後見開始の審判　206
Q4-19　在日親子間の親子関係不存在　208
Q4-20　母子関係不存在とその裁判管轄権　210

第5章　在日の相続の法律　213

相続の準拠法　　北朝鮮家族法、北朝鮮対外民事関係法
相続準拠法の適用範囲　　相続の前提としての先決問題
遺言　　相続人の確定──相続を証明する書面　214

Q5-1　在日の相続の準拠法　232
Q5-2　韓国相続法の変遷　234
Q5-3　朝鮮人に適用される相続法　235
Q5-4　韓国人の相続──相続人の国籍・相続分　237
Q5-5　韓国人の相続──何時(いつ)の相続法か　239
Q5-6　韓国人の相続──第1順位の相続人の意味　241
Q5-7　韓国人の相続──兄弟姉妹の場合　244
Q5-8　韓国人の相続──妻の相続分　246
Q5-9　韓国人の相続──配偶者の代襲　248
Q5-10　韓国人の相続──戸主相続と戸主承継　250
Q5-11　韓国人の相続──相続人不存在、特別縁故者　252
Q5-12　遺産分割と家裁の調停・審判　254
Q5-13　韓国人の相続──相続放棄と相続人　256
Q5-14　韓国人の相続──限定承認制度　258
Q5-15　在日の遺言の方式と遺言内容　260
Q5-16　韓国人の遺言──「相続させる」の遺言書　262

Q5-17　韓国人の遺言──遺留分　263
Q5-18　韓国人の遺言──相続人の廃除　265
Q5-19　朝鮮人の相続──相続人行方不明の場合　266
Q5-20　相続証明書──相続人が北朝鮮へ帰国している場合　268
Q5-21　相続証明書──戸籍謄本　271
Q5-22　相続証明書──戸籍謄本がない場合　272
Q5-23　相続証明書──外国人登録原票記載事項証明書　274

第6章　在日の姓（氏）の法律　277

韓国と北朝鮮の姓　韓国・北朝鮮の戸籍（身分登録）
日本の国際私法上の姓（氏）の準拠法について
在日の姓の諸問題　278

Q6-1　在日の姓の準拠法　291
Q6-2　韓国・日本戸籍上の子の姓（氏）　293
Q6-3　日本人男性と婚姻した韓国人女性の姓の変更　294
Q6-4　在日の姓──姓とは何か、身分変動により姓は変わるか　295
Q6-5　認知と子の姓（氏）　297
Q6-6　日本人妻は韓国人夫の姓に氏を変更できるか　299
Q6-7　離婚した韓国人妻の姓に子の姓を変更できるか　300
Q6-8　通称名とは何か　301
Q6-9　日本人妻は韓国人夫の通称名に氏を変更できるか　304
Q6-10　帰化者は氏を韓国風・朝鮮風に改められるか　306
Q6-11　裁判管轄権──名の変更　308

資料編 311

- I 駐日大韓民国公館一覧表　312
- II 大韓民国渉外私法改正法律案　313
- III 1999年大韓民国家族法改正案（解説　青木　清）　320
- IV 朝鮮民主主義人民共和国関係法令集（解説　大内憲昭）341

主要参考文献　355
あとがき　365
監修者・執筆者一覧　369

第1章　在日の家族法とはいずれの法を指すのか

1　はじめに

　日本には現在約64万人の在日韓国・朝鮮人が居住している[1]。最近本国から来日した者も含めた総数である。第二次大戦終結時には約210万人の朝鮮人が日本に居住していたといわれるが[2]、その後朝鮮半島へ帰国する者が多く、日本のサンフランシスコ講和条約発効時点（1952年4月28日）では、約54万人の韓国・朝鮮人が日本に居住していたといわれている[3]。

　本書でいう「在日」とは、概ね日本の敗戦前後から日本に居住し、今や日本社会に定住している韓国・朝鮮人及びその子孫の意味である[4]。

　日本の地に定住している「在日」が日本で家族生活を営むとき、それら家族の法的関係はいずれの法により規律されるのか、在日の家族法とはいずれの法を指すのか。それは具体的には、日本法なのか、韓国法なのか、それとも北朝鮮法なのか、その内容を探るのが本章のテーマである。

2　国際私法と法例

　世界には、現在180余の国家が存在するといわれている。それら国家の成立過程や態様は、まちまちである。しかも、国家の法制定の権能は、基本的に国家の中央政府に委ねられているとはいえ、州や自治体などに一定の法制定の権能を与えている場合もある。また、人種や信ずる宗教また民族ごとに適用される法が異なるという国家もある。その意味では、世界には多くの法が混在し、その法が各地域あるいは各民族を規律しているのである。とりわけ、家族法の分野では、その地域あるいは民族の伝統がそれぞれの法に色濃く反映されているのが現状である。

　こうした状況を前提に、国際私法は、一定の渉外的私法関係にいずれかの法域の法を適用することを任務とし、その目的は渉外的な私法交通を円滑にすることにあるとされる。そこでの渉外的私法関係が、法律上そもそもどのような法律関係なのかを検討し、その法律関係を解決する際に、ふさわしいと考えられる最も密接な法域の法を指定するのが国際私法である。各国の国際私法規定の形式はさまざまであるが、指定された外国法もしくは内国法の内容にまで立ち入らないのを原則とする。

　「法例」（明治31年6月21日法律第10号、最終改正平成11年12月8日法律第151号）が、日本における国際私法の基本となる成文法であるが、他に「扶

養義務の準拠法に関する法律」（昭和61年6月12日法律第84号）、「遺言の方式の準拠法に関する法律」（昭和39年6月10日法律第100号）などの特別法がある。

　「法例」の規定の形式は、ある特定の法律関係ごと、すなわち単位法律関係ごとにそれに密接な法域の法を指定するというもので、そこでは、内外人を区別することなく規定している。「法例」は、日本の国籍法の先決問題や渉外戸籍実務にも直結するもので、日本において渉外的私法関係を取扱う場合の根本規範であり、かつ強行法規である。

　ここでは、「相続」問題を例に簡単にその仕組みを説明しよう。ある在日韓国人が死亡したとする。法例26条には、「相続ハ被相続人ノ本国法ニ依ル」との規定がある。まず、この在日韓国人の死亡により「法例」26条にいう「相続」問題が発生するのか、逆にいえば、26条の「相続」の中にはどのような法律関係が含まれているのかが、問われる。次に「本国法」とは何かが問われる。本国法とは、一般に国籍所属国の法律を意味するが、在日については、後述するように、その決定に難しい問題を含んでいる。具体的なイメージを持ってもらうために、あえて例示すれば、在日韓国人が死亡した場合、その相続により承継される財産の範囲、相続人の決定、相続放棄などの問題は、死亡した者が韓国国籍を有するので韓国の法律で考えるということになる。

　「法例」は、家族の法律関係を、条文上は13条の婚姻から27条の遺言までの15の単位法律関係に区分して連結点を指し示している。連結点には、国籍、常居所、行為地、挙行地などがある。そして、それらの条文では、単一の連結点を採用するものもあれば、段階的に連結点を、選択的に連結点を、さらには配分的に連結点を用いるものもある。それらの連結点により指し示された具体的な実質法を、国際私法では準拠法という。そして、適用される準拠法が外国法の場合、その外国法はその外国でなされているように適用されるべきであるとされる[5]。

　ところで、準拠法が「本国法」とされる場合、当事者が複数の国籍を有していたり、あるいは無国籍だったりした場合には、その「本国法」としていずれの法域の法が指定されるのであろうか。この場合の処理については、「法例」28条1項及び2項が規定している。また一国内に、アメリカ合衆国

のような、各州が独自の家族法を持つような一国数法の地域が指定された場合の本国法の決定は、「法例」28条3項が規定している。

さらに、準拠法が「本国法」で、その本国の国際私法が日本法を適用するとの規定を有する場合には日本法を適用するとの規定、すなわち「反致」の規定を「法例」32条が定めている。なお、この規定の適用に関しては、段階的に連結される一定の事項（14条、15条1項、16条、21条）は除かれている。また、準拠法たる外国法を適用した結果が日本国の法秩序に著しく反する場合には、その外国法の適用を排除して結果として日本法を適用する、「公序」の規定が「法例」33条にある。

3　在日の家族法上の問題に適用される本国法
①　家族法関係における本国法主義

「法例」では、本国法が家族法上の問題に適用すべき原則的な準拠法とされている。具体的には、婚姻の成立要件（13条1項）、婚姻の形式的成立要件（13条3項本文）、婚姻の効力（14条）、夫婦財産制（15条1項）、離婚（16条）、嫡出親子関係の成立（17条）、非嫡出親子関係の成立（18条）、準正（19条）、養子縁組及び離縁（20条）、親子間の法律関係（21条前段）、その他の親族関係（23条）、後見・保佐（24条1項、25条）、相続（26条）、遺言（27条）などの単位法律関係において、本国法が準拠法として採用されている。

②　在日の本国法についての諸説

そこで、在日の家族上の問題に適用される本国法とは、韓国法なのか北朝鮮法なのかが問われるのである。その前提には、当事者がいずれの国家の国籍を保有しているのかという問題がある[6]。韓国には韓国の国籍法があり、北朝鮮には北朝鮮の国籍法があって、自国民の確定をそれぞれの基準に基づいて行っている[7]。そして、多くの在日は、そのいずれの基準をも満たしているのが実情である。

それでは、日本の国際私法における在日の本国法の決定についての主な考え方をみてみよう。

第1の考え方は、現在日本は韓国だけを国家として承認しているから、その正統性からいって在日には全て韓国法だけを適用しようという考え方であ

る[8]。これについては、北朝鮮が朝鮮半島の北部を実効的に支配し、一つの法域を形成しているのは公知の事実であり、国際私法が渉外的法律関係について当事者に最も密接な法の適用を任務としている限り、国家または政府の承認・未承認と準拠法の適用とは何ら関係ないと批判される[9]。

　第2のものは、朝鮮半島の国家の分立状態を2国の分立とみて、それぞれの国籍法により当事者の国籍を判断するが、在日の国籍はほぼ二重国籍になるので、重国籍者の本国法の決定の問題として処理しようとする見解である。もっともこの場合の二重国籍が政治的原因によるもので「法例」28条1項の予定するところではないので別途の配慮が必要であるとし[10]、具体的には、当事者の現在及び過去の住所、常居所・居所・本貫、親族の住所・常居所のほか、当事者の意思などを基準に本国法を決定するというものである[11]。

　第3は、朝鮮半島の分立状態を一国内に2個の政府が存在しているという状態とみて、一国内に二つの異法地域がある場合の法例の規定である「法例」28条3項を適用する見解と、同条同項を類推適用して本国法を決定するという見解である[12]。このうち後者の見解において判断基準として考慮される要素は、第2のものとほぼ同様である。そして、この場合、当事者が帰国するとすればいずれの国か、あるいは帰属意思がいずれの国にあるかという形で当事者の意思を基準に判断すべきであるとする[13]。

　第4は、永年日本に定住している在日には、その国籍がすでに連結点としての実効性をなくしているとして本国法によらず住所地（常居所）である日本法を適用すべきという考え方である[14]。

　このように在日の本国法については、諸説があるが、民事判例や家事審判例では第2あるいは第3の考え方に立っているものが多く[15][16]、他方、戸籍実務や登記実務では未承認国の法適用には問題がないとしながらも、当事者が「韓国人でない」といわない限り韓国法を適用する運用がなされているようである[17]。

③　韓国法と北朝鮮法について

　ところで、南北の一方である韓国には「大韓民国民法」（1958年2月22日法律第471号、最終改正1997年12月13日法律第5431号、以下、韓国民法という）第4編第5編が、他方北朝鮮には「朝鮮民主主義人民共和国家族法」

(1990年10月24日最高人民会議常設会議制定、最終改正1993年9月23日、以下、北朝鮮家族法という）が家族法の主要法規として存在する。また、国際私法の成文法として、韓国には「大韓民国渉外私法」（1962年1月15日法律第966号、以下、韓国渉外私法という）が、北朝鮮には「朝鮮民主主義人民共和国対外民事関係法」（1995年9月6日最高人民会議常設会議決定第62号、最終改正1998年12月10日最高人民会議常任委員会政令第251号、以下、北朝鮮対外民事関係法という）がある[18]。

また、身分関係を公示する制度としては、韓国には「大韓民国戸籍法」（1960年1月1日法律第535号、最終改正1998年6月3日法律第5545号）が定める戸籍制度があり、在外国民にも身分関係に関して戸籍への申告を求めている[19]。一方、北朝鮮には「公民証」という身分登録制度があるとされるが、その詳細は不明で、「在外公民」がそれに基づく届出をしているとは思われない。

④ いつの時点の韓国法、北朝鮮法を適用するのか

「法例」は、家族の法律関係において、「……の当時の本国法」と規定している場合（17条、18条、19条、27条など）や、条文上明言していないものの解釈上その基準時が定まっている場合（13条1項、16条、26条など）が多い。適用すべき本国法が、韓国法あるいは北朝鮮法と指定されたとしても、韓国法、北朝鮮法ともにその具体的法令の中味は幾度かにわたり改正されている。またその法令に関する判例や解釈は、時を経て変化する。そうした場合に、いつの時点の本国法を適用するのかが、ここで取り上げる問題である。

これについては、国際私法は、ある特定の単位法律関係の法域を指定しているに過ぎないのであるから、指定された本国法に法の改正があった場合、その新旧いずれの法を適用すべきかは指定されたその国の経過規定に委ねるというのが日本の通説・判例である[20]。したがって、「在日韓国人」には韓国法の経過規定が適用され、「在日朝鮮人」には北朝鮮法の経過規定が適用され、その経過規定に従って定まる家族法が適用されるのである。

韓国民法は附則規定を置く。施行日の定めとは別に、制定または改正された法の各条項が制定前または改正前の法律関係に遡及するのか遡及しないのかを定めている[21]。例えば韓国民法が制定された時の附則は、第2条で「本

法は、特別な規定ある場合のほかは本法施行日前の事項に対しても、これを適用する」との原則を掲げつつ、「但し、既に旧法によって生じた効力に影響を及ぼさない」との但書により例外的な場合を示し、ここでいう、「特別な規定」とは何か、「旧法」とは何かを、別途規定している。「特別な規定」の一例としては、相続に関する附則25条1項「本法施行日前に開始された相続に関しては、本法施行日後にも、旧法の規定を適用する」がある。

北朝鮮法は、一般的に制定された時点が施行日であり、別に施行日を規定した場合にのみその施行日より法が施行されるといわれる[22]。前法と後法の適用関係は明示されていないが、後法が優先すると推測される。家族法関係では、北朝鮮家族法が最も基本的な法と見られるが、その制定前の婚姻・離婚などに関する法令[23]と北朝鮮家族法の関係[24]、また北朝鮮家族法制定時のいわゆる附属決議3項「朝鮮民主主義人民共和国家族法は、他の国で永住権を取得して暮らす朝鮮公民には適用しない」の意味[25]、さらにその附属決議3項と北朝鮮対外民事関係法で定める「外国に住所を有する共和国公民」の準拠法の決定ルールとの関係、およびその間の経過規定など、新旧の法の適用関係について疑問な点が少なくない[26]。

⑤　反致と北朝鮮対外民事関係法に関して

「法例」32条に定める反致という規定は、法例により本国法を適用すべき場合においてその本国の国際私法によれば日本法によるものとされるときは、日本法を適用しようとするものである[27]。ただし、婚姻の身分的効力・婚姻の財産的効力・離婚・親子間の法律関係については、同条但書でその対象から除外されている。さらに、同法18条や20条などに定める子の保護を念頭に置いたいわゆる「セーフガード条項」については、反致の適用を否定する見解が有力である[28]。また、当該外国国際私法の規定がいくつかの選択的な準拠法（選択的連結）を示し、そのいずれかが日本法に反致する場合には「法例」32条が適用されないとの見解もある[29]。

ところで、韓国渉外私法によれば日本法に反致する規定は見当たらないものの、北朝鮮対外民事関係法によると、反致との関係で、検討すべき点が少なくない。

これまで、「在日朝鮮人」の本国法として北朝鮮法が適用されるべきものとした裁判例は数多い[30]。その中には、北朝鮮の法の内容が明らかでないと

して「条理」により、社会主義法としての異質性から「公序」により排除する結果として韓国法または日本法を適用した判例がある[31]。しかし、北朝鮮対外民事関係法は、その45条で不動産相続については「相続財産の所在する国の法」を、「外国に住所を有する共和国公民」の動産相続については「被相続人が最後に住所を有していた国の法を適用する」と定める[32]。これにより、家族の法律関係の中でも財産法とも密接に絡む相続は、「法例」32条により日本法への反致が認められることになったといえよう。換言すれば、「在日朝鮮人」の日本に所在する不動産・動産の相続については、相続によりどのような財産が承継されるか、相続人とは誰か、相続放棄は可能かなどは、日本法、つまり日本民法が適用されると解釈されよう[33]。

さて、同法18条4項では、「外国に住所を有する共和国公民の行為能力については、住所を有する国の法を適用することができる」とし、また同法47条では「外国に住所を有する共和国公民の公民の養子縁組、離縁、父母と子女の親子関係、後見、遺言については、住所を有する国の法を適用することができる」との規定がある[34]。

そこで、この「できる」という文言から、これらの規定が原則的準拠法である本国法(同法40、41、42、46条)でも住所地法でも、いずれの法でもよいとの趣旨ではないかとみて、この規定は一種の「選択的連結」であるから日本法に反致しないという見解[35]、あるいは北朝鮮家族法附属決議3項の趣旨や北朝鮮と日本の法律的判断や判決が一致する可能性が大きくなるという国際私法上の利益という観点から日本法へ反致するという見解[36]等が考えられる。さらに、後者の見解に立っても同法47条の「父母と子女の親子関係」が法例21条の適用範囲だけを示すのかそれとも親子関係の成否をも含むかどうか、その他どのような法律関係につき日本法へ反致するのか見解は分かれよう[37]。以上の点は、今後に残された課題である[38]。

なお、北朝鮮対外民事関係法37条3項が「離婚の方式は、当事者が離婚する国の法に従った場合にも効力を有する」と定めていることから、「在日朝鮮人」が日本で協議離婚できるかのように受け取る見解がある。しかし、協議離婚が可能か裁判離婚が可能かという問題は、離婚の方法に含まれる事項であり、「法例」16条で定まる離婚準拠法により判断される。加えて、「法例」32条の但書は、「法例」16条を除外しているので、この点は反致しない

と考えられよう。したがって、同法37条3項が「効力を有する」としても、原則として北朝鮮家族法20条以下の離婚規定が適用されるのである[39]。

⑥ 公序と韓国法・北朝鮮法の関係

「法例」33条に公序の規定がある。公序の規定は、ある特定の法律関係に、準拠法である外国法を適用したが、その適用結果が異常であり、日本の法秩序と相容れない場合にはその外国法の適用を否定して、日本法を適用するものである[40]。公序規定の適用があるかどうかは、外国法の規定の内容が公序に反するかどうかを判断することではない。その外国法を適用した結果が日本の公序に反するか否かという点や、一般に当該法律関係が日本の国内と密接な関連性を有するかどうかにより、公序を適用するかどうかが判断される[41]。

在日は日本の地に定着している実態があるので、日本と密接な関連性があるといえる。そこで、在日に韓国法または北朝鮮法を適用すべき場合に、「法例」33条の公序によりその適用を排除して日本法を適用する判例は少なくなかった。韓国法適用の事例では、90年韓国民法改正前の規定に関するものであるが、離婚の場合に財産分与の規定がないこと、離婚後の親権者を自動的に父としている規定などとの関係で公序を適用した判例がある[42]。北朝鮮法適用の事例では、離婚後の親権者を共同親権とする規定に関して、あるいは北朝鮮対外民事関係法施行前の事例であるが、日本に所在する不動産が比較的広大な場合に当該不動産が相続財産の範囲に入るかといった事例で、公序の適用が問題になったケースがある[43]。

4 おわりに

在日も、出生、婚姻・離婚、親子の生成、老い、死亡という経過を辿って人生を終える。在日特有の通過儀礼を経ながら、その途上では家族・親族との穏やかな日常風景もあれば、家族・親族間の軋轢、葛藤、不和にも直面する。それら家族間・親族間の問題を解決する規範の一つが家族法である。

在日は、日本国籍を有していない。したがって、日本の地で問題となる限りその家族の法律関係は、渉外的な法律関係である。そこでは、「法例」という日本の国際私法規定が、韓国法あるいは北朝鮮法をその準拠法と指定する場合が多い。本章は、その場合における法の適用関係を描いたデッサンで

ある。特定の家族関係に適用される具体的な準拠法の内容については、次章以下を参照していただきたい。

1) 平成10年末現在、全外国人登録者数151万2千人の内、国籍欄が「韓国・朝鮮」の者は、約63万8千人である。法務省入国管理局編『平成11年版在留外国人統計』(入管協会、1999年) 8頁。
2) 姜在彦ほか『在日韓国・朝鮮人 歴史と展望』(労働経済社、1989年) 17頁を参照。
3) 在日の戦後の帰国と残留については、姜・前掲注2の100頁以下、居住人数については同113頁以下参照。
4) 外国人登録の国籍欄が「韓国・朝鮮」の「特別永住者」数は、平成10年末現在で約52万8千人で、毎年減少傾向にある。法務省・前掲注1の14頁参照。
5) 外国法の調査および適用の前提として、その外国法が事実であるか法律であるかという議論があり、外国法は法律であるという説があり多数説である(山田鐐一『国際私法』(有斐閣、1992年) 119頁、溜池良夫『国際私法講義』(有斐閣、1993年) 235頁以下、澤木敬郎ほか『国際私法入門第4版』(有斐閣、1996年) 57頁以下など)。そうすれば、法律の立証は裁判所の職権調査事項となるが、その点について、木棚照一ほか『国際私法概論(新版)』(有斐閣、1991年) 68頁、三ヶ月章「外国法の適用と裁判所」澤木敬郎編『国際民事訴訟法の理論』(有斐閣、1987年) 239頁参照。さらに外国法の解釈は、その外国の裁判所の採用する方法によるというのも多数説である(前掲山田122頁、前掲溜池239頁、前掲澤木ほか58頁)。
6) 韓国は、「大韓民国国籍法」(1948年12月20日法律第16号、最終改正1997年12月13日法律第5431号)により、北朝鮮は「朝鮮民主主義人民共和国国籍法」(1963年10月9日最高人民会議常任委員会政令、最終修正1999年2月26日最高人民会議常任委員会政令第48号)により、自国国籍を決定する。国籍決定についての国内管轄原則などの諸原則については、江川英文ほか『国籍法(新版)』(有斐閣、1989年) 16頁以下。
　韓国の新国籍法については、趙均錫ほか『大韓民国新国籍法解説』(日本加除出版、1999年)、奥田安弘ほか『在日のための韓国国籍法入門』(明石書店、1999年)など。北朝鮮の国籍法については、金英達『日朝国交樹立と在日朝鮮人の国籍』(明石書店、1992年)など。
7) 韓国では、「在外国民登録法」(1949年11月24日法律第70号)により在外国

民の把握に努めている。しかしその把握についての信憑性はやや難点がある。この点について、金敬得ほか編『韓国・北朝鮮の法制度と在日韓国人・朝鮮人』（日本加除出版、1994年）111頁以下参照。北朝鮮については不明。

8) 桑田三郎「外国法の正統性について」民商法雑誌34巻3号（1956年）29頁以下、「……同一領域内に分拠して相対立する二つの政府におけるように一国の立法権が分立している場合、……少なくとも法廷地における直接的な法律適用にあたって、かつ、地域的限定を含まない国籍を連結点とする事項については、承認は、いわゆる『外国法確定手段』としての意義を有する」（43頁）、成毛鐵二「在日朝鮮人及び中国人に適用すべき本国法(1)(2)」民事月報19巻7号（1964年）81頁、同19巻8号17頁以下、「……現在わが国が韓国政府を法律上承認していないが、事実上承認している……わが国に住居を有する朝鮮人については南北朝鮮を区別することなく、全て事実上の承認政府である大韓民国の制定法を準拠法として適用すべきであろう。法務省の考え方もこのような考え方によるものと考える」（19巻7号93頁）。判例では、福岡地小倉支判昭和37年6月6日下民13巻6号1170頁［1173頁］など。行政先例では、昭和28・1・14民甲40号民事局長回答「……朝鮮人を当事者とする婚姻および縁組届を受理する場合において、いわゆる北鮮人（ママ）なる者を区別して……実質的要件を判断する必要はないものと解する……」、昭和34・12・28民甲2987号民事局長通達など。

9) 山田鐐一『国際私法』（有斐閣、1992年）75頁など。判例では、札幌地判昭和43年4月16日下民19巻3＝4号190頁［194頁］「……我国は北鮮（ママ）を承認していないから準拠法として北鮮（ママ）の法律を適用することができるか否か問題はあるが、国際私法上適用の対象となる法律は、その法律関係の性質上、その法を制定施行している国家ないし政府に対して国際法上の承認をしているものに限られないと解すべきである」など多数。また、最高裁判所事務総局編『渉外家事事件執務提要(上)』（法曹会、1991年）25頁によれば「……国際私法上、当事者の本国法の決定は、私的法律関係における問題であり、その法律を制定・公布した国家ないし政府に対する外交上の承認の有無等とは直接は関係しないと解されている」、同旨の内容として法務省民事局内法務研究会編『改正法例下に於ける渉外戸籍の理論と実務』（テイハン、1989年）99頁。

10) 山田鐐一『国際私法』（有斐閣、1992年）99～101頁によれば「……二重国籍になる場合には重国籍者の本国法の決定の問題として処理するが、この場合の二重国籍が政治的変動により生じた特殊なものであることを考慮し、法例28条1項（改正前の法例27条1項）によらず条理により、属人法の趣旨に

照らして本国法を適用する」のが妥当とされる。改正前27条1項本文が「……当事者ガ二個以上ノ国籍ヲ有スルトキハ最後ニ取得シタル国籍ニ依リテ其ノ本国法ヲ定ム……」としていたので、北朝鮮の成立が韓国の成立より遅れたので最後に取得した国籍が北朝鮮国籍となり、それは妥当でないことから条理によったものである。この説に対しては、「……この説は本人が二重国籍かどうかの判定にも困難があり、また、国際私法の関係においてという限定を付けるにせよ、朝鮮を2つの国とみる点に問題がある」（溜池良夫『国際私法講義』（有斐閣、1993年）186頁）、また木棚照一「在日韓国・朝鮮人の相続をめぐる国際私法上の諸問題」立命館法学223＝224号（1992年）612頁によれば、「一国構成をとるか、二国構成をとるかは、理論的には大きな相違があることになるが、……そうとすれば、いずれの構成によるのが在日韓国・朝鮮人の現状からみてより妥当か、また、現状を冷静に見つめ、将来の法状況を展望した場合により適切な理論構成といえるかの問題に帰する」（623頁）として二国構成に疑問を投げかける。改正前法例27条1項適用、類推適用、準用——大阪地判昭和38年4月16日判タ144号61頁、東京家審昭和38年6月13日家月15巻10号153頁、東京家審昭和38年10月22日判タ155号222頁、名古屋家審昭和39年10月19日家月17巻3号64頁、大阪家審昭和40年11月10日家月18巻5号90頁、東京地判昭和51年3月19日下民27巻1号4頁、福井地武生支判昭和55年3月26日判時967号102頁、仙台家審昭和57年3月16日家月35巻8号149頁など。

11) 山田鐐一『国際私法』（有斐閣、1992年）101頁。

12) 溜池良夫『国際私法講義』（有斐閣、1993年）では、「……朝鮮を二つの政府の対立する一国とみて、法例旧27条3項（現28条3項）の類推適用によるとする。……つまり、旧27条3項（現28条3項後段）の精神にしたがって解決すべきであるとするのである。……その精神とは……第1は、本国内のいずれかの地域の法律によるのであって、本国以外の法律にはよらない……第2は、本国に準国際私法があればそれによるが、なければ、当事者に最も密接な関係をもつ地域の法律によるということである」（186頁）。また、木棚照一「在日韓国・朝鮮人の相続をめぐる国際私法上の諸問題」立命館法学223＝224号（1992年）612頁では、日朝の国交回復がなされて日本が北朝鮮を承認しても多くの在日に韓国・北朝鮮の両国籍が付与される状態は直ちに変わらず、また南北の協議により準国際私法的原則がつくられる可能性をも考慮して、一国構成を提唱する。これに対して、早田芳郎「分断国家の国民の本国法」池原ほか『別冊ジュリスト渉外判例百選（第3版）』（有斐閣、1995年）21頁では、国籍の決定につき韓国及び北朝鮮の国籍法に従うとは、

国際私法的見地からすれば韓国と北朝鮮を別個の国家と見ているのであり、朝鮮を一つの国家とみることと矛盾すると批判する。改正前法例27条3項適用または類推適用判例――東京地判昭和29年9月28日下民5巻9号1640頁、福岡地判昭和33年1月14日下民9巻1号15頁、東京地判昭和33年9月27日判時169号22頁、大分地杵築支判昭和35年7月12日下民11巻7号1470頁、高知家審昭和37年1月8日家月14巻4号221頁、大阪地判昭和39年3月17日判夕162号197頁、名古屋地判昭和50年10月7日下民26巻9号910頁、大阪地判昭和60年9月27日判時1179号94頁、東京地判昭和61年4月22日判夕640号43頁、京都地判昭和62年9月30日判時1275号107頁など。

13) 溜池良夫『国際私法講義』（有斐閣、1993年）で「……当事者がどちらの地域により密接な関係をもつかという判断の基準としては、まず当事者の現在の住所とか常居所とか居所とかが重要な要素になると思われる。……しかし、過去の住所や本籍地のごときは、形骸化してしまっている場合が多いと考えられる。……むしろこのような場合、重要な要素と考えられるのは、本国内のいずれの政府に所属するかという当事者の意思であろうと考えられる。そして、その意思は、将来当事者が本国に帰国する場合、いずれの政府の支配地域に住所を定めることを希望しているかにより判断するのが適当な場合が多いと考えられる。このようにその意思は客観的に示された意思である事を要するであろう」（187頁）。

14) 炊場準一「渉外判例研究」ジュリスト195号（1960年）61頁「国際私法上国籍が連結素たりうるのは、それが国際私法上の正義の実現に有用であるからである。これは、各国の専属管轄に委ねられている公法上の国籍が、社会学的意義に合致した実効的な国籍である事を条件とする。……」。同「渉外判例研究」ジュリスト299号（1964年）127頁「法例上、国籍主義によりうるのは、国籍が、実質的関連性の表象としての実効性とともに、準拠国法秩序確定手段として有用＝連結技術上の実効性をもつ、場合に限られる。少なくともこの後の意味の実効性を、国籍がもたないときは（法例27条1項の事態は、まだこの場合ではない）、直ちに住所主義によるべきである（法例27条2項は、この一つの場合に過ぎない）」。木棚照一ほか『国際私法概論（新版）』（有斐閣、1991年）「実効的でない国籍を国際私法上の連結点とすべきでないことは、当該生活関係と最も密接な関連を有する法を適用すべき国際私法の任務から直接導かれるものであり、法例における本国法主義の適切な運用という視点からも、重要な役割を果たすべきものである」（67頁）。これらに対する批判として山田鐐一『国際私法』（有斐閣、1992年）101頁、澤木敬郎ほか『国際私法入門　第4版』（有斐閣、1996年）92頁、道垣内正人

『ポイント国際私法　総論』（有斐閣、1999年）152頁などがある。主要な批判点は、明確性、安定性をそこなうこと、国籍が明確な者に本国法主義の放棄は許されないなどである。富山家審昭和56年2月27日家月34巻1号80頁（親権者変更申立事件）では、「……上記の場合の親権に関する法律関係の準拠法は父の本国法であるが、……相手方は日本で出生、成長し、日本内において……を経営し、大韓民国、朝鮮民主主義人民共和国のいずれにおいても生活した事がなく、又、今後もその意思もないことが認められ、……」として無国籍に準じて改正前法例27条2項により日本法を適用。また、高知家審昭和37年1月8日家月14巻4号221頁（養子縁組事件）では、養子本人が、朝鮮人父と幼時に生別し日本人家庭で生活し、日本の学校を卒業し、朝鮮の伝統などについて何ら知識がなく、かつ日本に帰化したいと思っている本人について、南北どちらの法律に服従したいかという本人の意思のみで本国法を決定した事案。

15) 櫻田嘉章『国際私法』（有斐閣、1994年）101頁によれば第2説の二国説による条理によるものが「判例学説における多数説であり」、第3説の一国説による27条3項類推適用が「それに次いでいたが、法例改正により諸説の動向は明らかでない」と述べる。木棚照一ほか『国際私法概論（新版）』（有斐閣、1991年）66頁では、第2説が優勢であると述べる。判例については、前掲注12、13参照。

16)「昭和53年11月高等裁判所管内家事事件担当裁判官合同概要」家月31巻11号65頁によれば「二重国籍があるとして一つの国籍を選択する問題として処理する。これは、政治的な変動によりもたらされた二重国籍であるという特殊性を考えて法例27条によらず条理によって本人の住所、居所、過去の住所、居住の意思、配偶者の住所によっていずれか一つの国籍を選択して準拠法を決定する。……」。村重慶一ほか『人事訴訟の実務　三訂版』（新日本法規出版、1998年）453頁では、実効性なき国籍の理論により日本法により処理するのが「常識に合致し結果も妥当になるとも考えられるが、現在のところ解釈上無理であると解する学説が多いので無難な」法例28条1項の類推適用により条理により本国法を決定する、とする。

17) 法務省民事局内法務研究会編『改正法例下に於ける渉外戸籍の理論と実務』（テイハン、1989年）99頁では、婚姻成立要件に関する外国人の本国法の審査で「……もっとも戸籍実務の取扱いとしては、韓国官憲発給の旅券の写し……等を提出した者については、その準拠法は大韓民国の法律である事は当然であるが、その証明がない朝鮮人についても、本人が特に韓国人でないといわない限り、原則として韓国法によるものと考えて処理して差し支え

ない。日本政府が承認しているのは大韓民国であり、かつ、在日韓国人の多くは大韓民国国民であると推察されるので、国際私法上の取扱いとしては上述の取扱いをすることとなるのである」、同趣旨として、高妻新『Q＆A相続登記の手引き』（日本加除出版、1993年）286頁、成毛鐡二『公証制度の課題と実務』（日本加除出版、1987年）64頁参照。藤原勇喜『改訂渉外不動産登記』（テイハン、1991年）374頁では、法例27条3項の類推適用で本国法を決定するとし、北朝鮮の場合の相続を証する書面は「……わが国と外交上の承認関係にない地域においても、現実に行われている法ないし慣習があるのであるから、相続等の法律関係については、その者の属する地域を支配する権限ある官憲の証明によることが出来るのではないかと考える」

18) これについては、青木清「北朝鮮の国際私法」南山法学20巻3＝4号（1997年）179頁、木棚照一「朝鮮民主主義人民共和国の対外民事関係法に関する若干の考察」立命館法学249号（1997年）1229頁を参照。

19) 崔達坤著・本渡諒一ほか訳『北朝鮮婚姻法』（日本加除出版、1982年）24頁ほか、大内憲昭『法律からみた北朝鮮の社会』（明石書店、1995年）192頁、第2章Q2－12参照。

20) 溜池良夫『国際私法講義』（有斐閣、1993年）35頁、山田鐐一『国際私法』（有斐閣、1992年）88頁、櫻田嘉章『国際私法』（有斐閣、1994年）32頁など。最判昭和56年7月2日民集35巻5号881頁ほか。

21) 韓国民法の経過規定に関連して、韓国民法施行前の重婚は無効か取消かについて附則2条18条の解釈、サンフランシスコ平和条約前については韓国法または日本法いずれの法域の問題かについて学説・判例・戸籍実務の対立がみられた。詳しくは、青木清「重婚」池原ほか『別冊ジュリスト渉外判例百選（第3版）』（有斐閣、1995年）118頁、住田裕子「韓国民法施行前の重婚について」戸籍566号（1990年）1頁以下。

22) 大内憲昭『法律からみた北朝鮮の社会』（明石書店、1995年）82頁では「……共和国では法自体に効力発生時期（施行日）が明示されていない場合は、公布日から効力が発生することになっているため、即日施行となる」

23) 北朝鮮家族法制定前の家族法については、大内憲昭『法律からみた北朝鮮の社会』（明石書店、1995年）189頁以下。

24) 北朝鮮家族法制定時の附属決議2項は「朝鮮民主主義人民共和国家族法は1990年12月1日から実施する」としているが、前法との全体または個別の条項についての溯及不溯及関係は明示していない。

25) 木棚照一「在日韓国・朝鮮人の相続をめぐる国際私法上の諸問題」立命館法学223＝224号（1992年）647頁以下は、その時点での附属決議3項の意味

をあらゆる角度から解説・分析し、その規定の曖昧さを前提にしながら「……差しあたり、外国に永住権を有して生活する共和国公民の家族関係に関する共和国の制定法上の直接の国際私法規定を欠くとみながら、附属決議第3項の規定の中に国際私法規定が隠されている場合があるとして、この規定の意義をより詳細に各法律関係の性質との関連で考察すべき」として、相続についてはある一定の場合を除いて日本法への反致が成立するが、他の家族関係については詳細に検討すべきとした(652〜654頁)。

26) 青木清「北朝鮮の国際私法」南山法学20巻3=4号(1997年)179頁、附属決議3項は北朝鮮の抵触法的指定の規定と解し、その決議が廃止されず効力が存続しているという前提で、北朝鮮対外民事関係法は、属人法について、第一次的には本国法を、第二次的には居住地国法を指定しているので、附属決議3項が在外公民に関しては本国法の適用を明示的に否定しているので、「……在外公民の渉外家族関係の準拠法に関する北朝鮮国際私法の立場は……属人法としての第2の地位にある居住地国法が、その準拠法に指定されることになろう」(183〜184頁)とする。

27) 反致の理論的根拠、その実際的効用については、道垣内正人『ポイント国際私法(総論)』(有斐閣、1999年)207頁は、分かりやすく解説される。とりわけ、実際的メリットの一つとしての判決の国際的調和について「まず最初に注意すべきことは、裁判が行われるのはごく一部のことであり、我々が考えなければならないのは、法秩序そのものであるということである。すなわち、問題とすべきは、判決の調和ではなく、適用される準拠法の一致である」(217頁)との指摘は、私には受け入れ易い。

28) 非嫡出子や養子の立場を保護するために設けられたセーフガード条項は、一定の事項に限って準拠法上の実質法規定を指定しているので反致は認められないとする考え方(澤木敬郎ほか『国際私法入門 第4版』(有斐閣、1996年)42頁、法務省民事局内法務研究会編『改正法例下に於ける渉外戸籍の理論と実務』(テイハン、1989年)69頁など)と、認めないのは解釈論としては難しいとの考え方(櫻田嘉章『国際私法』(有斐閣、1994年)113頁など)に分かれる。また、13条3項本文、17条1項、18条2項、19条2項などの選択適用の場合に反致は認められるかについて、反致を肯定するのが多数説と思われる。ただし、木棚照一ほか『国際私法概論(新版)』(有斐閣、1991年)54頁。

29)「本国国際私法が、その法律関係について選択的適用主義を取っており、その規定する準拠法の一つのみが日本法であるような場合は、『日本法ニ依ルベキ場合』ではなく、日本法によってもよい場合に過ぎないから、反致は

成立しないものと解される」(溜池良夫『国際私法講義』(有斐閣、1993年) 160頁、また法務省民事局内法務研究会編『改正法例下に於ける渉外戸籍の理論と実務』(テイハン、1989年) 70頁参照)。

30) 北朝鮮法を準拠法とした判例は、離婚について東京家審昭和59年3月23日家月37巻1号120頁、札幌家審昭和60年9月13日家月38巻6号39頁、東京地判昭和61年4月22日判タ640号43頁、大阪地判昭和63年4月14日家月42巻3号101頁など、親子について東京地判平成元年7月28日判タ713号33頁、東京地裁平成2年7月4日判決判タ767号35頁など、養子縁組について東京家審昭和38年6月13日家月15巻10号153頁など、親子間の法律について仙台家審昭和57年3月16日家月35巻8号149頁、山口家下関支審昭和62年7月28日家月40巻3号90頁など、相続について長野家審昭和57年3月12日家月35巻1号105頁、京都地判昭和62年9月30日判時1275号107頁など、多数ある。

31) 北朝鮮法の内容が不分明として「条理」などにより韓国法または日本法を適用した判例としては、名古屋高金沢支決昭和55年3月25日判時970号163頁、東京地判平成元年6月30日判タ713号33頁、山口家下関支審昭和62年7月28日家月40巻3号90頁、京都地判昭和62年9月30日判時1275号107頁など多数。

32) 北朝鮮対外民事関係法45条但書は、制定当初「但し、外国に住所を有する共和国公民の動産財産については、被相続人が住所を有する国の法を適用する」となっていたが、1998年12月10日最高人民会議常任委員会政令第251号により「……被相続人が最後に住所を有する国の法を適用する」と改正された(本書巻末「資料編」Ⅳを参照)。因みに中華人民共和国民法通則149条は「遺産の法定相続では、動産については被相続人の死亡時の住所地の法律を適用し、不動産については不動産の所在地の法律を適用する」と規定する。なお、佐藤勇ほか監修『実務相続登記法』(日本加除出版、1996年) 180頁では、二重反致するとして北朝鮮家族法を適用している。

33)「在日朝鮮人」の相続が、日本法へ反致することの効用は大きいと思われる。従来から、北朝鮮が社会主義国家体制であるからその国内法では、個人財産の承継、とりわけ不動産の相続が困難と考えられることから、日本法への反致規定の制定を望む声があった(崔泰治「社会主義朝鮮を本国とする定住外国人と相続」定住外国人と家族法研究会編『研究在日韓国・朝鮮人の相続』(自主出版、1989年) 139頁)。ただ、相続には、誰が相続人となるかなどは親族制度を背景としているという説も有力で身分法的側面は否めない。木棚照一「日本の国際私法からみた朝鮮民主主義人民共和国の家族法の問題点」定住外国人と家族法研究会編『定住外国人と家族法Ⅳ』(自主出版、

1993年）38頁、西山慶一「在日韓国・朝鮮人の家族法律関係の準拠法に関して」戸籍時報440号（1994年）2頁など参照。

34）年齢による財産的行為能力は、法例3条1項によれば本国法なので、「在日朝鮮人」の成年年齢などは北朝鮮民法20条以下による。しかし、北朝鮮対外民事関係法18条4項が反致規定とみて日本法へ反致すれば、日本民法3条以下により成年年齢などが定められる。因みに北朝鮮では成年年齢は17歳である。

養子縁組、離縁は法例20条1項・2項で「縁組当時の養親の本国法」である。とすれば「在日朝鮮人」が養親となる場合、北朝鮮家族法31条以下が適用され、その内容につき不明な部分が多々あるものの養子は未成年のみで断絶型で決定型である。ところが、北朝鮮対外民事関係法47条で日本法に反致すれば、日本民法792条以下が適用され、養親子ともに夫婦必要共同縁組、普通養子、特別養子も可能などその内容には大きな相違がある。父母と子女の関係は、後掲注37を参照。

後見は、法例24条1項により「被後見人の本国法」により北朝鮮家族法40条以下が適用されるが、日本法へ反致すると日本民法838条以下が適用される。北朝鮮対外民事関係法47条の遺言は、法律関係の性質決定など検討すべき点は多い。

35）大内憲昭「朝鮮民主主義人民共和国の国籍法・対外民事関係法に関する若干の考察」（関東学院大学文学部紀要90号、2000年）151頁では、「……『適用することができる』というのは、原則として本国法を適用するものであり、しかしいろいろな場合とか、条件によって住所地法を適用することもできる……」との北朝鮮法学者の解釈が紹介されている。

36）中華人民共和国民法通則143条「中華人民共和国公民が外国に定住している場合、その民事行為能力には定住国の法律を適用することができる」の解釈につき、最高人民法院の意見（1988年4月2日施行）で、「179　外国に定住している中国人の民事行為能力に関して、……定住する国で行われた場合には、その定住する国の法律を適用する」を補充したとある（夏雨「中国における渉外婚姻法に関する一考察」戸籍時報514号（2000年）28頁）。

37）同47条の「父母と子女の関係」が、同39条の「実父母、実子女関係の確定」、41条の「父母と子女の親子関係の効力」のうち、両者を含むのかそれとも41条のみを示すのかという問題である。日本の法例からいえば、法例21条にいう親子関係成立後の効力に限定して日本法に反致するのか、それとも法例17条以下の嫡出親子、非嫡出親子などの親子関係の成否についても日本法へ反致するのかという事である。この点につき、一つは47条と39条の条文

の文言から41条のみではないかという推測や、法定親子関係の成否は身分法の根幹と考えて立法者は39条は47条に含まないとしたのかとも考えられた。大内・前掲注35)151頁では、47条は41条を念頭に置いた規定と北朝鮮法学者は考えているとされる。なお、もし41条の適用範囲とされる事項が日本法に反致するとしても、「法例」32条但書により反致は否定される。

38) 北朝鮮家族法附属決議3項を前提にしながらも反致しないとの前提で、準拠法を北朝鮮法として在日朝鮮人の養子縁組許可審判のケースを検討したものに、司法研修所編『渉外養子縁組に関する研究』(法曹会、1999年) 98頁以下。

39) 青木清「北朝鮮の国際私法」南山法学20巻3＝4号 (1997年) 179頁 [188頁] 注(15)参照。

外国法上の裁判離婚と調停・審判離婚との関係につき、溜池良夫『国際私法講義』(有斐閣、1993年) 438頁参照。北朝鮮の離婚裁判の実態を勘案し日本において調停離婚・審判離婚も認められるのではないか、という点につき、木棚照一「朝鮮民主主義人民共和国の対外民事関係法に関する若干の考察」立命館法学249号 (1997年) 1240頁参照。判例では、東京家審昭和59年3月23日家月37巻1号120頁 (審判離婚)、札幌家審昭和60年9月13日家月38巻6号39頁 (家事審判24条審判)、東京地判昭和61年11月17日判タ655号27頁 (協議離婚では離婚の効力は発生しない)、大阪地判昭和63年4月14日家月42巻3号101頁 (裁判離婚) など参照。

なお、在日朝鮮人の離婚で日本の戸籍窓口が協議離婚届を受理するのは、承認国である韓国法を適用しているからと思われる (前掲注8法務省通達参照)。その意味から、在日本朝鮮人人権協会編『同胞の生活と権利 Q＆A』(同協会、1999年) 44頁「Q16」の記述は疑問である。

40) 法例33条の公序条項を一般条項として、「わが国際私法の法選択規則が単一の連結点を媒介とする機械的で、適用される法の内容とその適用の結果を考慮しない限りは、またそう解釈される限りは、もっとも適切な法の適用という国際私法の基本理念ないしは国際私法的正義を維持する機能を担わざるをえない公序条項の果たすべき役割は大きい」とする「機能的公序論」が提唱されている (松岡博『国際私法における法選択規則構造論』(有斐閣、1987年) 275頁以下)。その点につき山田鐐一『国際私法』(有斐閣、1992年) 137頁以下参照。

41) その点につき溜池良夫『国際私法講義』(有斐閣、1993年) 201頁以下、山田鐐一『国際私法』(有斐閣、1992年) 127頁以下、道垣内正人『ポイント国際私法 (総論)』(有斐閣、1999年) 253頁以下に詳しい。

42) 韓国法の適用で公序を発動したものは、東京地判平成2年11月28日判時1384号71頁、最判昭和59年7月20日民集38巻8号1051頁、東京地判平成元年11月24日判タ713号31頁、神戸地判昭和55年3月27日判タ417号154頁、松江家審平成元年9月13日家月42巻3号90頁、仙台家審昭和47年1月25日家月25巻2号112頁、など多数。
43) 北朝鮮法を適用して公序を発動したものに、山口家下関支審昭和62年7月28日家月42巻1号120頁、名古屋地判昭和50年10月7日下民26巻9～12号910頁などがある。

(西山　慶一)

渉外的私法関係についての適用ルール「法例」

Q1-1-1 私は在日三世ですが、外国人に関しては日本で何か家族上の法律問題が生じたときには、日本の法律だけを考えてはいけないといわれたのですが、その理由を教えてください。

A

　あなたは、在日韓国・朝鮮人の三世ということですね。ここでは、あなたの国籍が、韓国または北朝鮮いずれかで、日本国籍などとの重国籍ではないことを前提に考えてみましょう。

　日本では、「法例」という法律が、外国人が関係する私法上の問題について、内外いずれの法律を適用すべきかを規定しています。その「法例」により適用すべきとされた法律の内容から具体的な法律関係を判断するのです。

　例えば、あなたが結婚する場合を考えてみましょう。「法例」という法律の13条には、1項で文語体ながら「婚姻成立ノ要件ハ各当事者ニ付キ其本国法ニ依リテ之フ定ム」との規定がおかれています。つまり、婚姻する場合には、その婚姻が法律上有効に成立するかどうか、婚姻当事者である男女それぞれの国籍所属国の法律（本国法）を適用して判断するのです。つまり、あなたが「韓国法を本国法とする在日」であれば、韓国の法律の内容を、「北朝鮮法を本国法とする在日」であれば、北朝鮮の法律の内容を見ないことには、その婚姻が有効かどうか判断できないのです。

　「法例」は、ある一定の法律関係ごと（婚姻の成立要件、婚姻の効力、離婚、相続など）に、それらの法律関係に最も密接に関連を有していると考えられる法を指定する、という形式を採用しています。それも、本国法とか、常居所地法とかいうように、抽象的に法を指定するだけですので、「法例」という法律をみただけでは、具体的に適用される法律の内容を知ることはできません。その法律の内容を知るためには、指定された法が外国法であれ

ば、その外国法の内容を調査し、その外国でなされている解釈をも考慮する必要があります。それにより初めて、一定の法律関係に具体的に適用される法が明らかになるのです。

ところで、「法例」では、家族上の法律関係の多くは、当事者の国籍所属国の法律（本国法）を適用します。その理由は、家族に関係する法律は、当事者の国籍所属国と密接なつながりがあるとの考えからです。すなわち、家族法の内容は、その国の歴史や宗教・文化・慣習と切り離せないことや、当事者もその国籍を保有するのはその国の文化などを共有する思いがあるのではないか、などの理由からでしょう。

さて、在日の家族の法律関係では、常居所地法である日本法を適用する場合もありますが、原則として国籍所属国の法律である韓国法または北朝鮮法を適用します。

いずれにしても、在日の家族上の法律問題を判断するには、韓国または北朝鮮が定める家族法の内容を知る必要があります。

（関連項目）在日の本国法の認定はＱ１－４、本国法適用はＱ１－２、常居所地法適用はＱ１－３参照。　　　　　　　　　　　　　　　（西山　慶一）

本国法が準拠法となる場合

Ｑ１－２　私は在日二世ですが、家族についての法律を考える場合、国籍が所属する国の法律で考える場合もあると聞きました。国籍が所属する国の法律で考える場合とはどのようなケースですか、教えてください。

Ａ

日本では、渉外的な私法関係は、「法例」という法律が、どこの国の法により判断するのかを定めています。そのなかでも、家族法上の法律問題は当事者の「本国法」、すなわちその人の国籍所属国の法律で判断するケースが多くなります。

法例13条によれば、婚姻成立の要件は、婚姻する各当事者についてそれぞれの本国法によってこれを定めることと規定しています。したがって、婚姻する当事者それぞれの所属する国の法律で、婚姻が有効に成立するかどうかを判断します。例えば、あなたの子が「韓国法を本国法とする在日」で、相手方が「北朝鮮法を本国法とする在日」であるカップルが婚姻するとしましょう。

　そうすると、婚姻が成立するための要件、すなわち、婚姻適齢に達しているか、重婚にならないか、または近親婚にならないかどうかはそれぞれの本国法、つまりあなたの子は韓国法、相手方は北朝鮮法で判断されます。

　次に、相続の問題をみてみましょう。あなたの家族のだれかが不幸にも亡くなったとします。そうすると、だれが相続人になるのかという相続人の範囲の問題や、相続分、相続財産の構成などはどのように考えればよいのでしょうか。法例26条をみると「相続ハ被相続人ノ本国法ニ依ル」と規定しています。したがって、それらの問題は被相続人の本国法によることになるので、亡くなった方が「韓国法を本国法とする在日」であれば韓国法で、その方が「北朝鮮法を本国法とする在日」であれば北朝鮮法で考えていくことになります。

　さて、北朝鮮は、最初の国際私法典である「朝鮮民主主義人民共和国対外民事関係法」を1995年9月6日に制定しました。その45条1項には「不動産相続については相続財産がある国の法、動産相続については被相続人の本国法を適用する。但し、外国に居住しているわが国の公民の動産相続については、被相続人が最後に居住している国の法を適用する。」との規定があります。

　ところで、法例32条には次のような規定があります。当事者の本国法によるべき場合において、その国の法律に従えば、日本の法律によるべきときは日本の法律による、ただし、第14条（第15条第1項及び第16条において準用する場合を含む）または第21条の規定により当事者の本国法によるべき場合はこの限りではないとの規定です。それによれば、日本で渉外的な法律関係（例えば、相続）が問題となったとき、日本の国際私法によれば当事者の本国法が準拠法となる場合において、本国の国際私法が、その法律関係に関しては日本法を準拠法として指定していれば、最終的に日本法を準拠法としま

す。これを「反致」といいます。

したがって、「北朝鮮法を本国法とする在日」が、日本に不動産や動産を残して亡くなった場合は、北朝鮮対外民事関係法45条を日本法へ反致する旨を定めた規定とみて、相続人の範囲、相続分、相続財産の構成等の問題を準拠法である日本法で考えていくことになります。

また、同法47条では「外国に住所を有する共和国公民の養子縁組、離縁、父母と子女の親子関係、後見、遺言については、住所を有する国の法を適用することができる」と規定しています。しかし、この規定からただちに反致によって、日本法が適用されるかどうかは、解釈が分かれています。

本国法を準拠法とする場合は、上に述べた婚姻の成立要件と相続以外にも、婚姻の効力（法例14条）、夫婦財産制（同15条1項1号）、離婚（同16条）、嫡出親子関係（同17条）、非嫡出親子関係（同18条）、準正（同19条）、養子縁組（同20条）、親子間の法律関係（同21条）、後見（同24条）、保佐（同25条）などがあります。これらの場合は、それぞれ夫婦、父母、養親、子、もしくは被後見人の本国法を基準にしてその準拠法を考えていくことになります。

（関連項目）法例はＱ1－1、婚姻の準拠法はＱ3－1、離婚の準拠法はＱ3－12、相続の準拠法はＱ5－1参照。　　　　　　　　　　　　　　　（高山　駿二）

日本法が準拠法となる場合

Q1-3 私は、在日二世です。家族についての法律を考える場合、日本の法律で考えるケースもあると聞きました。具体的に教えてください。

A
日本の法例では、渉外的な私法関係を「本国法」で判断する場合が多くあります。ただし、それ以外の準拠法、例えば、「常居所地法」つまり、在日

のほとんどが常居所を有する国である日本の法律により規律される場合もあります。

　法例は、1989年に改正され、その際に常居所地法という概念を導入しました。「常居所」とは人が常時居住する場所で、単なる居所と異なり、相当長期間にわたって居住する場所と定義されています（澤木敬郎ほか『新しい国際私法』（日本加除出版、1990年）〔南敏文〕200頁参照）。また、戸籍通達によれば「特別永住者」の在留資格をもって在留する在日は、日本に「常居所」があるものとされています（平成4年1月6日民二第155号通達第8）。

　さて、在日に常居所地法が適用されるケースをみてみましょう。法例14条の婚姻の効力、例えば、夫婦の同居義務、日常家事債務の責任などの問題は、第一段階として夫婦の同一本国法で決定しますが、それがなければ第二段階として夫婦の同一常居所地法によることになります。

　例えば、「韓国法を本国法とする在日」男性と「北朝鮮法を本国法とする在日」女性が婚姻して、夫婦の同居義務が問題となった場合はどうなるのでしょうか。この夫婦は、本国法がお互いに異なる結果、第一段階の夫婦の同一本国法がないということになり、第二段階の夫婦の同一常居所地法である日本法が適用されることになります。

　つぎに離婚に関する法例16条をみてみましょう。法例16条は婚姻に関する14条の規定を準用しています。したがって、「韓国法を本国法とする在日」「北朝鮮法を本国法とする在日」夫婦が離婚する場合、本国法が異なりますから、この場合も同一常居所地法である日本法で離婚の問題を考えることになります。

　また、「韓国法を本国法とする在日」夫と日本人妻が、婚姻解消にあたり婚姻中に取得した財産の帰属について問題となった場合は、夫婦財産制の問題として法例15条によることになります。同条1項本文も14条を準用していますから、この夫婦に同一本国法がない結果、その同一常居所地法たる日本法が準拠法になります。ただし、15条1項但書によれば、夫婦の署名と日付のある書面によって、ⅰ）夫婦の一方の国籍国の法律、ⅱ）夫婦の一方の常居所地法、ⅲ）不動産に関する夫婦財産制については不動産所在地法、いずれかの準拠法を選択することが認められています。

　つぎに、法例21条によれば、親子間の法律関係は子の本国法が父又は母の

本国法、もし父母の一方がいないときは他の一方と同一の場合には子の本国法により、その他の場合は子の常居所地法による、と規定されていますから、子の国籍が父母の国籍のいずれとも異なる場合は、子の常居所地法である日本法が準拠法となる場合もあります。

ちなみに、常居所地法はすでに「遺言の方式の準拠法に関する法律」（昭和39年6月10日法律第100号）や、「扶養義務の準拠法に関する法律」（昭和61年6月12日法律第84号）で準拠法として採用されています。

このように、家族関係の法律について考える場合、韓国法や北朝鮮法だけでなく、日本法も視野にいれて考えることも必要です。

（関連項目）法例はQ1−1、本国法が準拠法になる場合Q1−2、在日の本国法の認定基準はQ1−4、婚姻の準拠法はQ1−8、Q1−9、Q3−1、離婚の準拠法はQ3−12参照。　　　　　　　　　　　　　　　　（高山　駿二）

在日の本国法の認定基準

Q1-4 私は、在日の三世です。在日のなかには、朝鮮民主主義人民共和国（北朝鮮）を本国と思っている人と、大韓民国（韓国）を本国と思っている人に大別できると思います。家族に関する法律を国籍所属国の法律で考えるケースのときに、その国籍所属が北朝鮮か韓国かは、どのような基準で考えるのですか。

A

在日の三世のあなたならよくご存知のように、外国人登録証明書には国籍欄があり、そこに、在日の場合は「韓国」または「朝鮮」のいずれかが記載されています。しかし、これは、在日の本国法（準拠法）を決定する場合の国籍の基準には、必ずしもなり得ません。

ところで、韓国も北朝鮮も国籍法を制定していますが（韓国国籍法の成立は1948年、北朝鮮国籍法の成立は1963年）、国籍法の側面からは、在日は両

国の国籍法にもとづきいずれの国籍をも保持している可能性があるといえましょう。しかし、ご質問のように、国籍所属国の法律（＝本国法）が適用される場合には、その本国法は一つに決定されなければなりません。そして、北朝鮮のように日本にとっては未承認国家（ないし政府）の法であっても、一定地域にその法が実効性をもって施行されているなら、本国法として適用する妨げにはならないというのが今日の通説です。

　在日の本国法決定の方法については、学説・判例に対立があります。大雑把に言うと、南北二つの分裂状態を、もともとある朝鮮という国に韓国政府と北朝鮮政府という二つの政府が存在するという考え方、そしてもう一つは朝鮮半島という地に二つの国家が並行しているという考え方です。

　前者の考え方（一国二政府）は、法例28条3項の当事者が地方により法律を異にする国の国籍を有する場合（たとえば、州ごとに法律が異なるアメリカの国籍を有する場合など）に、また、後者の考え方（二国家並存）は、同条1項の当事者が二個以上の国籍を有する場合（たとえば、日韓夫婦の間に出生した子が日韓両国の国籍を取得した場合など）に、それぞれ事態や法律構造が類似しています。しかし、いずれの条項も、韓国・北朝鮮のような分断国家の場合を想定したものではないので、ただちに適用したり類推適用するわけにはいきません。ただ、法例28条1項3項のどちらも、最終的には当事者の本国法を、「地方」と「国」の違いはあるにせよ、当事者に最も密接なる関係ある地方（国）の法律とすると定めていますから、この趣旨は在日の本国法決定の判断に際しても生かされるべきであると考えます。

　したがって、在日の本国法は、当事者の住所、居所、過去の住所や、親族が本国にいるとして南北いずれにいるか、本貫や本籍地は南北のいずれにあるか等の客観的要素と当事者の意思（南北いずれの政府へ帰属意思を有するか、南北に住所を選択するとすればいずれの地域を選択するか）の主観的要素を考慮して、「当事者に最も密接なる関係ある」法律を本国法として決定することになります。具体的には、外国人登録法上の国籍欄の記載が「朝鮮」で、当事者が在日本朝鮮人総連合会に属して活動し、親族が北朝鮮にいて本人も北朝鮮へ帰国したことがあるというような場合は、「北朝鮮法を本国法とする在日」と決定されることが多いでしょう。他方、外国人登録法上の国籍が「韓国」で上記と異なり所属意思が明確でない場合は、在日の出身

地(本籍地)が韓国の実効支配する領域に属する場合がほとんどということもあり、「韓国法を本国法とする在日」と決定される場合が多いと思われます。

なお、現実には、特に在日の若い世代については、生涯の生活の本拠が日本にある事実や政治意識の脱イデオロギー化等の特徴が見られます。そこで、本国法を決定する場合の国籍としては韓国・北朝鮮の国籍はともに実効的でないから、常居所地法(住所地法)である日本法を適用すべきとする考え方(実効的でない国籍の理論)がありますが、いまだ大勢ではありません。

(関連項目)外国人登録法上の国籍はQ2-3、国籍はQ2-1参照。

(小西　伸男)

韓国家族法の変遷

Q1-5 私は、在日韓国人三世です。私と家族との法律上の問題を考えるのに韓国の法律を考えなければならないケースもあると聞きました。韓国の家族法の概略とその改正経過などを教えて下さい。

A

在日韓国人が家族との法律上の問題を考える場合には、日本の国際私法たる「法例」にもとづき韓国の家族法が適用されるケースが多々あります。

現行韓国家族法は、韓国民法(1958年2月22日法律第471号)中の第4編親族と第5編相続から構成され、1960年1月1日から施行されています。

その後何度か改正が行なわれましたが、なかでも1977年12月31日法律第3051号の改正(1979年1月1日施行)と1990年1月13日法律第4199号の改正(1991年1月1日施行)が大きな改正として挙げられます。特にここでは、韓国国内においても画期的な改正といわれる、1990年の改正内容をご紹介します。

1990年改正は、遺言や遺留分を除いた家族法全般にわたっています。親族編に関する主な改正点は、親族編では①親族の範囲を、8親等以内の血族と4親等以内の姻戚とし、従来存在した父系血統と母系血統での差別をなくしたこと、②継母子関係と嫡母庶子関係を廃止したこと、③子との面接交渉権を新設したこと、④財産分割請求権を新設したこと、⑤親権に関する父母の地位を平等化したこと、⑥戸主承継権を放棄することができるとしたこと、等が挙げられます。

　相続編では、①戸主相続を戸主承継と呼称を変え、親族編に移動し、相続は財産相続のみにしたこと、②傍系血族の相続人の範囲を4親等以内に縮小したこと、③配偶者の相続法上の地位を夫婦平等にしたこと、④同順位の相続人の相続分を平等にしたこと、⑤寄与分制度、特別縁故者制度を新設したこと、等が挙げられます。これらの改正は、個人の尊厳と両性平等を定める憲法の精神にしたがって、父系・男系血統中心主義を是正するとともに、相続制度としての戸主相続の否定にあるといえます。しかしながら、1990年の大改正においても、韓国の伝統的な家族制度に由来するといわれる「姓不変の原則」、「同姓同本不婚の原則」、「戸主承継制度」は、なお家族法に規定されています。

　ところで、現在、韓国では家族法の改正作業が行われています。その主な内容は、①家庭法院が事件に関与する機会を多くし、また職権介入の規定を置くこと、②断絶型の養子縁組である「親養子」縁組制度を新設すること、③被相続人を扶養した相続人の相続分を加算する扶養相続分制度を新設すること、等が検討されているようです。今後の家族法改正の動向を注目しなければなりません。

　（関連項目）法例はＱ１－１、韓国相続法の変遷はＱ５－２、韓国家族法改正案は巻末資料参照。
　　　　　　　　　　　　　　　　　　　　　　　　　　　　（徳山　善保）

北朝鮮家族法の変遷

Q1-6 私は、在日朝鮮人三世です。家族の法律上の問題を考えるのに北朝鮮の法律を考えなければならないケースもあると聞きました。北朝鮮家族法の概略とその改正経過などを教えてください。

A

それでは、朝鮮民主主義人民共和国（以下、北朝鮮という）の家族関係法の変遷を主に婚姻、離婚を中心に辿ってみましょう。

① 「北朝鮮の男女平等権に対する法令」

当初、北朝鮮は「北朝鮮の男女平等権に対する法令」（1946年7月30日北朝鮮臨時人民委員会決定第54号）（以下、「男女平等権法令」という）及び「北朝鮮の男女平等権に対する法令施行細則」（1946年9月14日北朝鮮臨時人民委員会決定第78号）（以下、「男女平等権法令施行細則」という）等、家族法に関連する法律を制定しました。

「男女平等権法令」1条には、「国家・政治・経済・社会・文化生活のすべての領域において、婦人は男子と同じ平等権を有する」と規定し、4条で「婦人は男子と同じく自由な結婚の権利を有する。結婚する当事者の同意もなく、また自由のない強制的な結婚はこれを禁止する」と規定しました。それによれば、その主な立法目的は女性の平等権獲得にあったと思われます。また、5条には離婚に関する規定を置き、6条には「結婚年齢は、婦人は、満17才以上、男子は満18才以上とする」として具体的な婚姻適齢を規定しました。8条には「婦人は男子と同等の財産および土地の相続権を有し、離婚に際しては、その分配をうける権利を有する」と規定して、女性の相続権と財産分与等のさだめもありました。

「男女平等権法令施行細則」にも女性の平等権獲得のためのより詳細な規定がおかれている一方で、8条には「結婚は結婚する当事者が道・市・郡・面人民委員会委員長に結婚届を提出することによって成立する」とし、9条

には「結婚年齢に達しないものは、結婚することができない」と規定し、婚姻の成立要件を定めていました。10条には「結婚生活において夫婦がその生活をそれ以上継続することができない場合は、当事者の協議により離婚届を所管人民委員会に提出して離婚することができる」として協議離婚が認められていました。11条から21条には裁判離婚の規定がおかれていました。その後、1956年3月8日の内閣決定第34号で協議離婚制度は廃止され、以後北朝鮮の離婚手続は裁判離婚のみになったといわれています。

② 「民事規定」

1982年12月7日、北朝鮮中央人民委員会は、「民事規定（暫定）」（政令第247号）を制定し、翌年3月19日にはその「施行細則」を中央裁判所指示第2号として定めました（大内憲昭『法律からみた北朝鮮の社会』（明石書店、1995年）189頁～190頁参照）。

しかし、「民事規定（暫定）」は非公開ですから内容は明らかになっていません。その後、「民事規定（暫定）」は、1986年1月30日に中央人民委員会政令により「民事規定」として採択され、家族法に関する規定が、その第2章婚姻及び家族関係のなかに制定されたとのことです。

「民事規定」は、婚姻について、当事者が自由で、自願的な合意を前提として身分登録機関に登録することにより成立すると規定していました（10条、13条）。自由で自願的という言葉は、自己の行為を分別し、結果を判断できる人を前提とするとされています。

禁止される婚姻としては、ⅰ）重婚、ⅱ）直系血族及びその他の近親者との婚姻、ⅲ）精神病者または婚姻生活を営むことのできない疾病のある者との婚姻、ⅳ）独自的に家庭生活を営む年齢に至らない者の婚姻をあげています。この婚姻適齢については具体的に規定されていないようですが、男女平等権法令6条が婚姻適齢を「婦人は、満17才以上、男子は満18才以上とする」としているのでそれを下回っていたことはないのではないでしょうか。

北朝鮮の離婚は、裁判のみにより可能になります（21条）。北朝鮮は離婚問題を個人的問題としてのみとらえず、政治的・社会的問題としても考えられています。したがって、離婚訴訟に関する改正前の民事訴訟法の旧19条3項は、「政治活動を必要とする離婚事件の場合には、事件を受理してから1年間の準備期間を置くことができる」として1年間の説得期間をもうけてい

ました。政策的に離婚をなくすような施策がとられていたようです（以上、大内憲昭『法律からみた北朝鮮の社会』（明石書店、1995年）177頁～178頁参照）。

③　「朝鮮民主主義人民共和国家族法」

1990年9月5日、北朝鮮は民法典（最高人民会議常設会議決定第4号）を採択しました。その後、1990年10月24日に「朝鮮民主主義人民共和国家族法」（最高人民会議常設会議決定第5号）（以下、「90年北朝鮮家族法」という）を制定し、同年12月1日より施行しました。この現行の家族法は「民事規定」を整理、体系化したものといわれ、全6章54条からなっています。ただし、最高人民会議常設会議決定第5号附帯決議3項において「朝鮮民主主義人民共和国家族法は外国において永住権を有し、生活する朝鮮公民には適用しない」と規定されたため、「北朝鮮法を本国法とする在日」は「90年北朝鮮家族法」の適用がないとの解釈もありました。

「90年北朝鮮家族法」の婚姻・離婚に関する内容をみてみましょう。「公民は自由婚姻の権利を有する。婚姻は、ただ一人の男子と一人の女子の間にのみすることができる」として重婚を禁止しています（8条）。婚姻適齢は、男子18歳、女子17歳と具体的に規定されました（9条第1項）。また、近親婚の禁止規定も「8親等までの血族、4親等までの姻戚の間では、婚姻することができない」と具体的に規定されました（10条）。これらの規定に違反すれば、婚姻は無効となります（13条）。

以上、婚姻と離婚を中心に、解放後から現在までの北朝鮮の家族法に関する変遷の概略をご説明しました。

（関連項目）朝鮮人の協議離婚はＱ３－13、朝鮮人の裁判離婚の原因はＱ３－17、北朝鮮離婚法と裁判管轄権はＱ３－19、朝鮮人夫婦の離婚後の親権者はＱ４－４参照。

（高山　駿二）

在日の本国法の認定基準を適用しない場合

Q1-7 私は、韓国で生まれ育った韓国人女性で、3年前に来日して、在日韓国人男性と結婚し子供二人を授かりました。私ども家族の法律上の問題は、韓国の家族に関する法律だけで考えていいのでしょうか。

A

あなた方の家族の法律問題については、一般的に渉外的な家族の法律問題になるといえます。日本では、そのような渉外的な家族の法律問題は法例という法律によって規定されています。それによれば家族の法律問題は本国法と常居所地法が主な準拠法になります（法例13条より27条まで）。それでは、あなた方家族の本国法とはどこになるのか検討してみましょう。

まずあなたの場合は、韓国で生まれ育ち、3年前に日本にこられたということですね。在日韓国人との結婚によって、あなたの在留資格は「永住者の配偶者等」と考えられますが、韓国に帰属することは明確です。したがってあなたの本国法は韓国法となります。

それでは、在日韓国人であるあなたの夫の本国法はどのように考えたらよいでしょうか。

あなたの夫は日本で生まれ育ちました。日本に定住してきたものと思われます。

そうすると日本の国際私法の考え方によれば、敗戦前後から日本に住む在日及びその子孫の本国法については、さまざまな考え方があります。そのような考え方によって本国法が韓国法か北朝鮮法かが決定されることになります。

ただ、あなたの夫は在日韓国人として生きるということですので、おそらく「韓国法を本国法とする在日」と考えられます。そうしますとあなた方家族の法律の中で本国法を適用する問題については、原則として韓国の家族に関する法律が適用されると思われます。

第1章 在日の家族法とはいずれの法を指すのか 33

(関連項目)本国法はQ1−2、常居所地法はQ1−3、在日の本国法の認定基準はQ1−4参照。　　　　　　　　　　　　　　　　（姜　信潤）

日本人と婚姻する場合の婚姻の準拠法

Q1-8 私は、在日三世で今年20歳になる韓国人女性です。この度、恋愛で日本人男性と結婚します。結婚に関する最低限の法律を教えてほしいのですが、よろしくお願いします。

A

ここではあなたが「韓国法を本国法とする在日」という前提で考えていきます。そこで「法例」という法律をみると、婚姻成立の要件は各当事者の本国法によりこれを定めるとしています（13条1項）。そして、その方式については婚姻挙行地の法律によるとしながらも（同条2項）、当事者一方の本国法によりたる方式も有効であると定めています（同条3項）。さらに、日本で婚姻を挙行する場合に、当事者の一方が日本人のときは、婚姻挙行地である日本の方式によらなければならないとしています（同条3項但書）。また、「法例」は婚姻の効力については14条に定めています。

それでは、婚姻をする際にどのような要件が整えば婚姻が成立するか、ということについて見ていきましょう。

婚姻する際の要件として二つの要件があります。一つは実質的成立要件とされるものです。すなわち婚姻する場合に夫婦それぞれが法律上婚姻できる年齢に達しているか、または夫婦が法律上禁止されている近親婚の関係にないかなどです。

もう一つは、実質的成立要件からみて有効に成立するものであっても、形式的成立要件、すなわち、どのような方式を備えた手続があれば婚姻が成立するかです。

まず、第1の実質的成立要件については、各当事者の本国法によりこれを

判断することになりますので(13条1項)、この要件について、あなたはその本国法である韓国法で、あなたの夫になる予定の男性は日本法で、その要件を判断することになります。

　次に形式的成立要件について、同じく「法例」は婚姻挙行地の法律によるとしながらも(同条2項)、当事者一方の本国法によりたる方式も有効であると定めています(同条3項)。また、日本で婚姻を挙行する場合に当事者の一方が日本人のときは、婚姻挙行地である日本の方式によらなければならないとしています(同条3項但書)。

　韓国法と日本法は、ともに、婚姻は、戸籍法の定めるところによりこれを届け出ることによって、その効力を生ずるとしています(韓国民法812条、日本民法739条)。したがって、あなたとあなたの夫になる日本人男性の場合は、日本で婚姻届を提出すれば良いということになります。また、新婚旅行を兼ねて、二人で韓国に行き、韓国で婚姻届を提出するという方式によることも可能です。しかし、日本で婚姻を挙行する場合は、必ず日本の方式によらなければならないとされている点には十分注意して下さい。

　さて、それでは婚姻が成立した後の婚姻の効力については、どの法律で判断をするのでしょうか。その身分的効力については、まず夫婦の同一本国法、そして、それがなければ夫婦の同一常居所地法、それもなければ夫婦に最も密接なる関係のある地の法によるとしています(法例14条)。まず、あなた方夫婦は異国籍ですので、夫婦の同一本国法はないことになります。つぎに、あなたは、在日三世ですからその在留資格は「特別永住者」でしょう。戸籍実務上は、「特別永住者」は日本に常居所があるとして取り扱われますので(平成4・1・6法務省民二第155号通達)、あなたの常居所は日本ということになります。戸籍実務の考え方を別にしても、あなた方夫婦が婚姻後、日本で生活をされるということであればお二人の常居所はともに日本にあると考えられますので、婚姻の身分的な効力については、夫婦に共通する常居所地法である日本法により判断をするということになります。

　(関連項目)在日の婚姻の準拠法はQ3－1、在日の婚姻要件はQ3－2、韓国人の近親婚の制限はQ3－4、婚姻の方式とその届出はQ3－5、在日の婚姻要件具備証明書についてはQ3－6、韓国人の婚姻届出地はQ3－7、Q3－8参照。

　　　　　　　　　　　　　　　　　　　　　　　　　　(金　公洙)

アメリカ人と婚姻した場合の婚姻の準拠法

Q1-9 私は、在日朝鮮人女性です。アメリカ留学中に知り合ったアメリカ人男性と昨年（2000年）結婚して、今日本に住んでいます。私と夫との夫婦に関する法律関係には、どこの国の法律が適用されるのですか。

A

今から述べるのは、あなた方夫婦に関する法律上の問題を日本ではどう考えるかに限ってのことです。他の国、例えばアメリカ合衆国の夫の出身地で問題になった場合は、その州の国際私法が適用されますので別の解決になるかもしれません。そのことを念頭において下さい。

さて、あなたとアメリカ人夫との夫婦に関する法律関係は、どこの法律で判断されるのかというご質問ですね。夫婦間の法律関係は、身分関係と財産関係に大別できます。法例は、婚姻関係にある夫婦の身分的効力（夫婦の同居義務、夫婦間の契約、夫婦の貞操義務など）については、その14条で定め、夫婦の財産制（夫婦の財産契約締結の可否・その効果、共有財産・特有財産という夫婦の財産帰属に関する法定夫婦財産制など）については、その15条が定めています。

法例14条は、夫婦の身分的効力の準拠法を次のように定めています。まず、第1段階で「夫婦の同一本国法」、つまり夫婦の本国法が同一であれば、その本国の法律を適用し、それがなければ第2段階として「夫婦の同一常居所地法」、つまり夫婦が同じ常居所を有していればその常居所地の国の法を適用し、さらにそれもなければ第3段階として「夫婦に最も密接な関係ある地の法律」を適用する、と定めています。

あなたが「北朝鮮法を本国法とする在日」で、夫がアメリカ市民権を保有するアメリカ人であれば、国籍は同一ではありません。国籍が同一ではないのですから、「夫婦の同一本国法」がないことになります。

そこで、第2段階の「夫婦の同一常居所地法」、つまり夫婦の常居所が同

じかが問題となります。「常居所」とは、人が常時居住する場所で、相当期間にわたり居住するという客観的な事実により認定され、そこに定住する意思があったかなどの主観的要素は考慮しないといわれています。あなたは、夫とアメリカ留学中に知り合ったということですね。その後、夫が日本に居住しその期間が1年余であれば、これまでの判例や行政解釈からみて、夫の常居所が日本にないとされる可能性は大きいと思います。他方、あなたが日本に常居所を有するかについては、あなたの日本における在留資格が「特別永住者」であれば、日本に常居所があったと認定されるでしょう（平成4・1・6民二第155号民事局長通達など）。

　いずれにしても、あなたの常居所と夫の常居所が同一でなければ、第3段階の「夫婦に密接な関係ある地の法律」になりますが、現時点ではそれが日本なのかアメリカなのか、それともその他の国なのか、より具体的な状況が明らかにならなければ判断は困難です。もし、「夫婦に密接な関係ある地」がアメリカとなれば、アメリカ法が適用されるでしょう。その場合、アメリカは州によって異なる家族法を制定していますので、法例28条3項により夫のドミサイル（英米法上の住所で、日本の住所とは異なる）のある州の家族法が適用されるとみるべきでしょう。

　次に、法例15条で定める夫婦の財産制ですが、まず法例14条を準用していますので、先ほど述べた15条の準拠法が、あなたがた夫婦の財産関係にも適用されます。ただし、「夫婦が署名した日付のある書面」で、限定された範囲の準拠法を選択・指定すればその準拠法が優先されます。その選択・指定できる準拠法は、夫婦の一方の国籍を有する国の法、夫婦の一方の常居所地法、不動産については不動産所在地法です。

　最後に、あなたが「北朝鮮法を本国法とする在日」であれば、法例14条、15条でいう本国法が、北朝鮮法になることはいうまでもありません。

　（関連項目）在日の本国法の認定基準はQ1－4、婚姻の準拠法はQ1－8、
　Q3－1参照。　　　　　　　　　　　　　　　　　　　　（西山　慶一）

家族内の国籍変更による準拠法への影響

Q1-10 私は、今年50歳になる在日韓国人ですが、昨年仕事の関係や子供の将来を考えて妻・子供二人と共に日本に帰化しました。父母は、私と同居し帰化せず今年70歳で健在です。私と父母の法律上の関係は、何ら変化ないのでしょうか。

A あなたとご両親が法律上の親子であるかどうかは、あなたが帰化をされて日本国籍を取得したとしても変わることはありません。

ここでは、あなたの年齢が50歳、ご両親が70歳ですので、親子間の問題のひとつである扶養の問題について考えてみましょう。

あなたの場合、扶養に関してどこの国の法律の適用を受けるのでしょうか。それについては法例とは別に「扶養義務の準拠法に関する法律」が定められています。その第2条によれば「扶養義務は、扶養権利者の常居所地法によって定める」とされています。

「常居所」とは、「人が常時居住する場所で、単なる居所と異なり、相当長期間にわたって居住する場所である」といわれています(法務省民事局内法務研究会編『渉外戸籍の理論と実務』(テイハン、1989年)322頁)。

あなたは日本で住んでおられますから、原則として日本に常居所があります。したがって、常居所地法は日本法となり、日本民法877条が適用されます。

民法でいう扶養とは「ある人の生活を維持するためにこれらの人と一定の身分関係のある人からなされる経済的な援助」を意味します。とりわけ、あなたのように子の親に対する義務は一般的に生活扶助義務、すなわち自己の生活水準を維持したままで給付できる程度の義務といわれています(遠藤浩他『民法(8)親族』(有斐閣、1989年)294頁)。具体的な扶養料の内容は、「衣・食・住に必要な経費の他医療費なども含まれる」とされています(前掲書306頁)。

また民法877条には扶養義務者が定められていて、親子は互いに扶養をする義務があるとしていますから、あなたとご両親は扶養しあう関係にあります。
　さて、将来あなたのご両親が亡くなられる場合もあるかと思います。それについては法例26条で相続は被相続人の本国法によると定めていますから、あなたの父母に相続問題が発生した場合、あなたの父母が「韓国法を本国法とする在日」だとすると、相続に関する問題は韓国民法によって解決されることになります。
　これは、相続人であるあなたが帰化をしていても、していなくても変わりません。逆にあなたが亡くなられた場合の相続は、あなたの本国法である日本民法によって解決されることになります。
　（関連項目）扶養はＱ４－７、Ｑ４－17、相続は第５章、常居所はＱ１－３参照。

（金山　幸司）

第2章　在日の国籍・戸籍（身分登録）・法的地位

1　はじめに

　現在、日本に住む外国人は約156万人といわれており、そのうち最も多いのは在日韓国・朝鮮人で約64万人である。その中で「特別永住者」という在留資格を持つ在日韓国・朝鮮人(以下、在日という)は、約52万人存在する[1]。これらの人々は戦前から日本に住む人々とその子孫である。また、1952年以降日本に帰化した在日は、20万人を越えているといわれている。そして、現在、在日の婚姻件数の80パーセント以上が日本人との婚姻であり[2]、在日に関しては、国籍の異なる者と家族を構成するという、いわば、家族の国際化が進んでいると思われる。

　さて、在日の家族の夫婦、親子、相続などの法律関係は、基本的にはその当事者の本国法、つまりその国籍所属国の法律が適用されることは、第1章で述べられているとおりである。それでは、在日にとってその本国法を決定する国籍とは、どこの国になるのか、韓国か北朝鮮か、そして、在日にとって国籍とは、一体何であったろうか、またその国籍を決定あるいは推認させる戸籍等の身分登録はどのようなものであったのか、さらに国際私法上、当事者の常居所の認定基準にもされている在日の在留資格(法的地位)とはそもそも何であったのか[3]。

　それらを歴史的に整理することによって、在日にとっての本国法とは何かを浮かび上がらせる一つの手がかりとしたい。

2　国籍とは何か

①　国籍の概念

　国籍の概念は、18世紀末のフランス革命以降の近代国民国家の成立に端を発しているといわれる[4]。

　国籍とは、人をある特定の国家に属させ、つなぐための法律のひもであるとされる。また人は国籍によって特定の国家に属し、その国家の構成員となる。したがって、国籍とは、個人が特定の国家の構成員である資格を意味する[5]。

　国籍の国際法的機能としては、外国に在留する自国民が、在留国から不当に扱われ、その身体や財産を侵害された場合に、その本国はその在留国に対して、救済を要求する外交的保護権を有するとされている[6]。また、国籍の

国内法的機能としては、国籍所属国の国民は、当該国の自由な出入国、居住の権利を有し、また参政権、公務就業権を有し、兵役義務を負うとされている[7]。

② 国籍の取得と喪失

さて、次に人はどのような場合に国籍を取得したり、喪失したりするのであろうか。一つは、各国の国内法による場合である。国家はどの人に自国の国籍を与え自国民とするのか、つまり国籍の決定は、国際法上、各国の国内管轄事項とされており[8]、各国は自由にその基準を定めている。

他の一つは、ある国の領土が別の国に割譲されたり、併合されたりした場合、また植民地が解放されて独立国家が形成された場合等の領土の変更に伴い、その領土に住む人々の国籍の得喪が生じる場合である。

さて、国籍の取得については、出生、帰化による国籍取得の他、国によっては婚姻、認知、準正、養子縁組等の身分行為の変動による国籍取得を認める場合もある。

また、国籍の喪失については、帰化など自己の志望により外国籍を取得した事によりその効果として国籍を喪失する場合、婚姻、離婚、認知、養子縁組等の身分行為、外国公務員への就任、兵役義務拒否等により国籍を喪失する場合等がある。

さて、出生による国籍取得の場合には、アメリカ合衆国等の出生地主義を採用する国と[9]、韓国、北朝鮮、日本等の血統主義を採用する国がある。さらに血統主義については、父の国籍が子に引き継がれる父系血統主義と、父および母の国籍が子に引き継がれる父母両系血統主義がある[10]。

③ 国籍の先決問題

さて、出生による国籍取得や認知、準正等の身分変動による国籍の得喪については、その前提としてその親子関係が有効に成立しているかどうか等の問題がある。これを国籍の先決問題という。

例えば、日本の国籍法2条1号では、子は「出生の時に父又は母が日本国民であるとき」は日本国民とすると規定している。この場合の親子関係は、法律上の親子関係が存在することが前提となる。このように国籍決定の前提となる法律上の親子関係が渉外的要素を含む場合、その親子関係の成否は、どこの国の法律により判断されるべきかという問題が生じる。

この国籍の先決問題が、渉外的法律関係の場合、どのように解決すべきかについては、直接に内国の実質法を適用すべきとする説、内国の一般的抵触規定と異なる特別の抵触規定を設ける説、国籍法自体で直接に実質法的解決を行う説等があるが、内国（国籍法所属国）の一般的抵触規定である国際私法が指定する準拠法を適用して解決する方法が一般的であるといわれる[11)12)]。

　最近、日本国籍確認訴訟に関して、重要な最高裁判決が下された。1つは、認知の問題で日本人母の子が、国籍の先決問題として、昭和23年当時の朝鮮人父からの認知が、有効に成立していたか否かを争点とした平成10年の最高裁判決である[13)]。2つは、韓国人母の非嫡出子で、日本人父より、出生後認知された子が、特段の事情により、日本国籍法2条1号による出生による日本国籍取得を認めた平成9年の最高裁判決である[14)]。

3　在日の国籍の変遷
①　韓国併合による植民地時代の国籍

　大日本帝国は、武力的威嚇の下、大韓帝国と1910年日韓併合条約を締結し、韓国を植民地とした。この植民地支配により、当時の韓国人は、国際法上一律に日本国籍を取得したとされる。ただし日本の国籍法は植民地支配が終焉するまで施行されることはなく[15)]、また、立法体系についても、朝鮮人には[16)]、日本人と異なる体系を適用していた[17)]。朝鮮地域に適用される法と日本国内に適用される法の間の適用関係を規律したものが「共通法」（大正7年4月17日法律第39号）である[18)]。それによれば、朝鮮人および内地人の属する法域の他の法域への自由な変更は、原則的に出来なかったのである。これは内地に居住する朝鮮人も同様であった[19)]。この内地の法域に属するか、朝鮮の法域に属するか、その区別の基準は内地戸籍に入籍しているか、朝鮮戸籍に入籍しているか、という戸籍を基準としたものであった（共通法3条）。

　また、国籍の国内法的機能としての出入国、居住の権利は制限され、参政権については、内地に居住する者しか与えられなかった[20)]。

　そして、朝鮮民族は民族性を否定され、さらに日本人への同化を迫る「皇国臣民化政策」が実施され[21)]、1937年日中戦争の開始、1941年の太平洋戦争

の開始に伴う戦時体制の下、国家総動員法に基づく「強制連行」が開始されたのである[22]。

他方、伝統的家族規範である姓制度を解体し、日本式の氏名制度に変更する「創氏改名」が強要された[23]。1943年3月2日には朝鮮に徴兵制が施行され、国籍の国内法的機能としての兵役義務が課せられた[24]。

このような歴史的事実を考えると、朝鮮人にとって、植民地時代の国籍は、正に「呪縛としての国籍」であったといえる。

② サンフランシスコ講和条約の発効に伴う民事局長通達による国籍喪失

日本はポツダム宣言を、1945年8月に受諾し、同年9月2日連合国との間で降伏文書に調印し、無条件降伏した。これにより日本は、連合国最高司令官の下、その占領下に置かれることとなった。

この時点で日本に在住する朝鮮人は、強制連行等によって日本への渡航を余儀なくされた人々等200万人を越えていたといわれている。それらの人々の多くは解放された祖国へ帰還したが、比較的長期間日本に滞在していた人々等約50万人が、祖国に帰還しても生活ができない等の理由で、日本にとどまったといわれている[25]。これらの人々が今日の在日に繋がっていくのである。

さて、日本の敗戦に伴い在日の国籍はどのようになったであろうか。日本はサンフランシスコ講和条約(以下、サ条約と略す)の効力が発生する1952年4月28日までは[26]、朝鮮人は日本国籍を保持しているものとしたが、このサ条約発効により、日本は、朝鮮の独立を承認し朝鮮に対する主権を放棄したとして、朝鮮人の日本国籍を喪失させた[27]。

これについて日本政府は、1952年4月19日法務府民事甲第438号民事局長通達(以下、438号通達)により、以下の基準により、日本の国籍を喪失する者の範囲を決定した。

「第一　朝鮮及び台湾関係

(一)　省略

(二)　もと朝鮮人又は台湾人であった者でも、条約の発効前に内地人との婚姻、縁組等の身分行為により内地の戸籍に入籍すべき事由の生じた者は、内地人であって、条約発効後も何らの手続を要することなく、引き続き日本の国籍を保有する。

(三) もと内地人であった者でも、条約の発効前に、朝鮮人又は台湾人との婚姻、養子縁組等の身分行為により内地の戸籍から除籍せらるべき事由の生じた者は、朝鮮人又は台湾人であって、条約発効とともに日本の国籍を喪失する（……）」

それは前述した共通法が存続していることを前提にして、内外地戸籍を基準にして国籍を決定するものであった。

この438号通達により、敗戦からサ条約発効までの7年の間に成立した朝鮮人と日本人間の婚姻あるいは養子縁組などの身分行為を根拠に国籍の得喪を生じさせることとなった。

このため、日本の裁判所では、当初は敗戦前後に韓国人夫と婚姻した日本人女の国籍問題として[28]、次に敗戦前後に日本人妻から出生し韓国人夫が認知した子の国籍問題として、438号通達の有効性が問題になった[29]。一方、在日からは、日本の植民地統治の戦後処理の不当な取扱いと関連して日本国籍確認訴訟が提起された[30][31]。

いずれにしても、この438号通達にもとづく国籍の処理は、最高裁昭和36年4月5日大法廷判決（民集15巻4号657頁）において認められ、一応の決着を見たとされている。

在日は、この438号通達により一律に日本国籍を喪失し、「外国人」として、その後の日本政府の管理体制下に組み込まれたのである。

③ 解放後の韓国の国籍法制

日本の敗戦により、朝鮮半島南部はアメリカの軍政下に置かれた。

軍政下の韓国では、「国籍に関する臨時条例」（南朝鮮過渡政府法第11号）を1948年に施行した。これにより韓国国籍に入る者の範囲を明確にしたとされている。その5条によれば、「外国の国籍又は日本の戸籍を取得した者で、その国籍を放棄したり、日本の戸籍を離脱した者は、檀紀4278年（1945年）8月9日以前に朝鮮の国籍を回復したものとみなす」と規定した[32]。

その後大韓民国が成立し、国籍法（1948年12月20日法律第16号）が施行された。その2条1項で「出生したとき、父が大韓民国の国民であった者は大韓民国の国民とする」と規定し、原則的に父系優先主義を基準とした国籍法が施行された[33]。

④ 解放後の北朝鮮の国籍法制

一方、朝鮮半島北部では、北朝鮮臨時人民委員会が1946年に組織された。北朝鮮では「公民証に関する決定書」（北朝鮮臨時人民委員会決定第57号）を同年8月9日に制定し、その1項で、「朝鮮民主主義人民共和国内に居住する全朝鮮民族には一定の公民証が交付される」と規定し、自国民の把握を図ったとされる。朝鮮民主主義人民共和国は、1948年9月9日に成立した。
　北朝鮮は、父母両系主義を基調とする国籍法（最高人民会議常設委員会政令1号）を1963年に公布、施行した[34]。

⑤　戦後の日本の国籍法、1985年の国籍法改正

　日本は、日本国憲法（1946年11月3日公布）を1947年に施行し、それに伴い、国籍法（1950年5月4日法律第147号）を施行した。これにより、家制度を背景とする婚姻、入夫婚姻、認知、養子縁組などの身分行為による国籍変動の規定が廃止されたが、父系優先主義は、維持された。
　その後、日本は、「女子差別撤廃条約」を1985年に批准したこともあって、同条約の趣旨に沿った改正国籍法（1984年5月25日法律第45号）が同年1月1日から施行された[35]。
　その主な改正点は、まず、出生による国籍取得をそれまでの父系優先主義から父母両系主義へ変更したことである[36]。その第2点は、外国で生まれた重国籍者の国籍留保届をする者の範囲の拡大である[37]。第3点は、父母両系主義による重国籍者の増大に伴う国籍選択制度の新設である。第4点は、準正等による日本国籍取得が届出によりできるとしたこと、等である[38]。

⑥　韓国国籍法の改正

　改正韓国国籍法（1997年12月13日法律第5431号）が1998年から施行されている。
　これは、改正前の国籍法（1948年法律第16号）の父系優先主義の規定が、韓国が1990年に加入した「市民的及び政治的権利に関する国際規約」（以下、国際人権B規約）の3条の「男女の同等の権利」の規定と抵触すること、また外国人の移入の増大により、外国人男性と韓国人女性との間に生まれた子が、無国籍となる場合もあり、これが国際人権B規約の24条3項の「すべての児童は、国籍を取得する権利を有する」規定と抵触すること、また女子差別撤廃条約を批准しその9条（国籍に関する男女平等）を留保しつつもこの状態を解消する必要性が増大していたこと、などがその背景としてあげられ

る[39]）。

　改正の第1点は、父系優先主義から父母両系主義への変更であった。第2点は、父母両系主義による重国籍者の増大に伴う国籍選択制度の新設である。第3点は、届出による国籍取得の新設である。

　改正韓国国籍法の父母両系主義の採用で、在日の中では、日本人と婚姻した韓国人母の子も韓国籍となり、日韓二重国籍者が増加することとなった。他方、日韓二重国籍者にとっては、日本国籍法より厳格な韓国国籍法上の国籍選択制度の適用も受けることとなった[40]）。

　この結果、韓国国籍法12条の国籍選択期間経過による韓国国籍喪失者が増加し、在日の中で韓国国籍保持者が減少していくことが予想される[41]）。

⑦　北朝鮮の国籍法改正

　北朝鮮では1963年国籍法が施行されていたが、最近、改正国籍法（1995年3月23日最高人民会議常設会議決定57号）が公布、施行されたとされている。その中には、外国に居住する北朝鮮公民と外国公民の間に出生した者の国籍選定方法と手続を、新たに規定したとされている。

4　在日の戸籍（身分登録）の変遷

　在日の夫婦関係、親子関係等の身分関係を公証するものとしては、何があるであろうか。韓国には戸籍制度があるが、北朝鮮には戸籍制度がなく公民登録という身分登録制度があるといわれている。

① 植民地時代の戸籍（身分登録）

　韓国においては、身分登録制度としては、李朝時代からの戸口調査制度があり、1896年より「戸口調査規則」が施行されていた。近代的な戸籍法として、「民籍法」が1909年に施行され、家を表示し、個人の身分の内容と親族関係を公示、証明していたとされている[42]）。

　この民籍法は、韓国が日本に併合された後、「朝鮮戸籍令」（大正11年12月18日朝鮮総督府令154号）が施行されるまで存続した。

　朝鮮戸籍令は1923年に施行され、朝鮮人は、いわゆる朝鮮戸籍に登録されることとなった[43]）。

　朝鮮人が、内地に住んでいる者も含めて、内地人との間の婚姻、養子縁組、認知等の身分行為以外で、この朝鮮戸籍から内地戸籍へ転籍、就籍する

ことは認められていなかった（共通法3条2項）。そして、内地人との身分行為による朝鮮戸籍から内地戸籍への入籍等の戸籍の変動に関しては（共通法3条1項）、その手続を、朝鮮戸籍令32条と大正3年戸籍法（大正3年3月31日法律第26号）の42条ノ2（大正10年法律第48号）でそれぞれ規定した[44]。

また、当時内地に住んでいた朝鮮人が、身分行為等によって、朝鮮戸籍の記載事項に変更が生じた場合には、日本の市町村から当事者の朝鮮の本籍地に戸籍変更届出書が送付されていた[45]。

特記すべきことは、「朝鮮民事令」（明治45年3月18日制令7号）第3次改正（昭和14年11月10日制令19号）により朝鮮人の姓戸籍に、日本式の氏を新たに設定させる創氏制度（創氏改名）が1940年2月から施行されたことである。

② 解放後の戸籍（身分登録）

1945年、日本の敗戦により、朝鮮など外地に対する実効的支配は不可能となった。これにより事実上共通法体制が終わり、内外地間の戸籍交流が停止された[46]。

一方韓国では、「朝鮮姓名復旧令」（1946年10月23日軍政法令第122号）により創氏制度（創氏改名）が無効とされ、戸籍上、朝鮮の姓名が復旧した。また、朝鮮戸籍令による戸籍制度が、「戸籍法」（1960年1月1日法律第535号）が施行されるまで維持された。

その後韓国では、日本との国交回復後、在日などの在外国民の戸籍整理等をする目的で、特例規定として、「在外国民の就籍・戸籍訂正及び戸籍整理に関する臨時特例法」（1973年6月21日法律第2622号）が施行された。同法は4回改正され、2000年12月31日までの時限立法となっていたが[47]、現在では、「在外国民の就籍・戸籍訂正及び戸籍整理に関する特例法」（2000年12月29日法律第6309号）として施行されている[48]。

他方、北朝鮮では、身分登録制度としては、「公民証に関する決定書」（北朝鮮臨時人民委員会決定第57号）（以下、決定書）、および「公民証交付に関する細則」（北朝鮮臨時人民委員会）（以下、細則）が1946年8月9日発せられた。それにより、自国民に公民証交付の申請をさせ、身分登録を図った。なお、この公民証交付申請には公民の身分関係を確認する文書として、解放

当初は日本の植民地時代の戸籍謄本を添付させていたといわれている（決定書57条10項）（細則17条、20条）。

5　在日の法的地位の変遷について

在日にとって法的地位とは、日本においての在留資格を意味する。それは、前述したように、サ条約による日本国籍喪失により、「外国人」として、出入国管理法制のもとにおかれたことに端を発している。

それでは、在日の法的地位はどのように変遷してきたのであろうか。

① 外国人登録令

日本では新憲法の施行日前日に、最後の勅令である「外国人登録令」（昭和22年5月2日勅令207号）が、施行された[49]。

在日は、当時日本国籍を保持しているとされていたが、この外国人登録令11条1項で朝鮮人を外国人とみなすとの規定により、外国人登録を強制されることになった[50]。

この外国人登録令は、外国人登録令の一部を改正する政令（昭和24年政令第38号）により、登録証明書に有効期間を設け一斉切替制度を新設し、外国人登録制度の整備、拡充を図ったといわれ[51]、そのシステムがその後の「外国人登録法」（昭和27年4月28日法律第125号）に引き継がれた。

② 外国人登録法

外国人登録法は、サ条約の効力発生日に施行された。その内容は、外国人登録令に規定していた、再入国規制、退去強制の部分を削除し、他の登録手続に関しては、外国人登録令を承継したもので[52]、その後幾多の改正を経て今日に至っている[53]。

③ 「法律126号」

前述した外国人登録令により、在日は、国内的には既に「外国人」とみなされてはいたが、サ条約の発効により、国際法的にも「外国人」となり、その前年施行された「入管法」の適用をうけることとなった[54]。しかし、在日については、この「入管法」に定める在留資格がなくとも当分の間、日本に在留することができるという法律を制定した。これが、俗にいう「法律126号」である[55]。

④ 協定永住権

日韓基本条約が、1965年に締結され、日本と韓国は国交を回復した。
　その条約締結交渉経過の中で、在日の法的地位が大きな問題となった。その際締結された「日韓法的地位協定」が翌年の１月17日に発効した。この協定に基づく在日の日本における在留資格は、永住許可（協定永住権）とされ、この法的地位協定の効力発生日から５年以内（1971年１月16日まで）の申請による羈束的許可で「在日韓国人」（韓国国籍保有者）のみに付与するとした[56]。
　このことから、すなわち永住許可を取得するため、在日の中で外国人登録法上の国籍欄をそれまでの「朝鮮」から「韓国」に変更する人が続出した。しかし在日の中には外国人登録法上の国籍欄をいったん「韓国」に変更した後、また「朝鮮」に変更しようとする人も現れたが、日本政府は、政府見解を基にこれを認めなかった[57]。日本政府は、現在もこの見解を維持していると思われる[58]。
　また、この日韓法的地位協定は、その２条でこの協定にもとづき「日本国で永住することを許可されている者の直系卑属として日本国で出生した大韓民国国民の日本国における居住については、大韓民国政府の要請があれば、この協定の効力発生の日から25年を経過するまでは協議を行なうことに同意する」と定めていた。つまり、同協定では、永住許可申請者とその後に生まれたその者の子についてのみ永住の許可を認め、さらにその次の世代すなわちいわゆる「協定永住三世」の世代については何ら取決めをしていなかった。結局、この「協定永住三世」の永住権問題は[59]、日韓法的地位協定の効力発生の日から25年が経過する1991年１月16日まで、先送りされることとなった。

　⑤　特例永住権
　日本においては、国際人権Ｂ規約が1979年に、「難民の地位に関する条約」が1982年に、それぞれ発効した。これに伴い、従来の出入国管理令を改正した「出入国管理及び難民認定法」（昭和56年６月12日法律第86号）が制定、施行された際に、日韓法的地位協定にもとづく協定永住を申請しなかった法律126号の該当者及びその直系卑属で、一定の要件を満たしている者は、申請により一般永住権を取得できることとなった（これを特例永住と呼んだ）。これにより、在日の在留資格は、協定永住と特例永住の二つに収斂していっ

た。

⑥ 特別永住権

日韓法的地位協定では特に規定されず、問題解決を先送りされた「協定永住三世」の永住権問題については、日韓両政府による協議期限が迫る中、1991年の日韓外相会議で決着がはかられた[60]。

これにより、「日本国との平和条約に基づき日本の国籍を離脱した者等の出入国管理に関する特例法」（平成3年5月10日法律第71号）（以下、入管特例法）という法律が、同年制定、施行された。

それによれば、サ条約より日本国籍を喪失した在日及びその子孫で法律126号の該当者、協定永住権者、特例永住権者に該当している者は、入管特例法の施行日に法定特別永住者として、宣言的に特別永住者となり（入管特例法3条）、その子孫は、法務大臣の許可によって特別永住者になるものとされた（同法4条）。ただし、内乱罪、外患罪等による退去強制条項は現在も存続している（同法9条）。

入管特例法が施行され、あらたに外国人登録法4条1項13号の「在留の資格」に「特別永住者」が加えられ、翌年の外国人登録法の一部を改正する法律（1992年法律第66号）により、在日がそれまで非常に大きな人権侵害問題と指摘してきた指紋押捺にかわって、同一性確認の手段として、本人の写真、署名と、同法第4条1項18号19号の「家族事項」があらたに採用されることとなった。

6 おわりに

以上、在日の国籍・戸籍（身分登録）・法的地位について概観したが、国籍は各国の国内管轄事項であるため、それぞれの国がそれぞれの事情で自国の国籍法の制定、改廃を行っている。日韓両国についても同様である。そして、そうした改正を経て、今日、在日にとって国籍と民族は同一のものではなくなりつつある。しかし在日が、まさに祖国との紐帯であるとして、また自己のアイデンティーの一部として、自国籍を保持しながら、日本社会に定住し生きてきたことも事実である[61]。

在日の国籍・戸籍（身分登録）・法的地位に関する具体的な問題については、以降のQ＆Aを参照されたい。

1）財団法人入管協会編『在留外国人統計』平成12年度版概説⑪第9表、第10表参照。
2）徐海錫編「ヒューマンレポート」18号（自主出版、1998年）。婚姻件数については91頁表参照。帰化者数については96頁の表より1996年の累計で20万7千人となっており、年間7,000名以上は帰化しているので、現在は推計で23万人は越えていると思われる。
3）法例の一部を改正する法律の施行に伴う国籍事務の取扱について（平成元年10月2日法務省民二第3900号）第8常居所の認定1の(2)事件本人が外国人である場合のウに我が国に常居所がある者として取り扱う者の(ウ)に「特別永住者」を規定している。
4）木棚照一「国籍法逐条解説(1)」戸籍時報平成8年4月号4頁以下参照。小熊英二『〈日本人〉の境界』（新曜社、1999年）634頁以下参照。「定住外国人と家族法」研究会編『定住外国人と家族法Ⅳ』（自主出版、1993年）130頁以下参照。
5）江川英文ほか『国籍法三版』（有斐閣、1997年）3頁以下参照。
6）江川・前掲注(5)3頁以下参照、木棚・前掲注(4)11頁以下参照。
7）江川・前掲注(5)11頁以下参照、木棚・前掲注(4)12頁以下参照。
8）江川・前掲注(5)16頁以下。
9）「定住外国人と家族法」研究会編・前掲注(4)131頁以下。
10）このため、出生地主義を採用している国内で、血統主義を採用している国民の夫婦の子が出生した場合、その子は出生地主義の国の国籍と血統主義の親の国の国籍両方を持つこととなり重国籍となる。例えば韓国人夫婦の子が、アメリカ合衆国国内で出生した場合などがこのケースにあたる。

さらに血統主義を採用している国民の夫婦の子が出生した場合、父母それぞれの国籍を取得して、重国籍になる場合もある。

また、出生地主義を採用している国民の夫婦の子が血統主義を採用している国内で出生した場合は無国籍となる場合もある。

ところでこのように国籍法制は各国の国内管轄問題であるとされているため、ある人の国籍が重国籍となったり無国籍になったりする事態が生じる、とりわけある人が無国籍の場合、その人の権利や義務を実現するためには、いずれかの国家の法的保障がなければ、それを実現することは、極めて難しいのが現実である。このため、国籍は基本的人権とされている。
11）江川・前掲注(5)28頁以下参照。
12）江川・前掲注(5)29頁以下によれば、日本の国籍法上も、先決問題の解決には、明文の特別の規定がない限り、一般的抵触規定たる法例の指定する実

質法を、適用して解決するのが現行国籍法のもとでは、通説とされている。
13) 最判平成10年3月12日家月50巻9号75頁。木棚照一「朝鮮人男子による認知と平和条約発効後の国籍」民商法雑誌122巻4・5号（2000年）658頁以下に論説。
14) 最判平成9年10月17日判タ956号143頁以下。特段の事情とは、日本人父が胎児認知する意思があったにもかかわらず、胎児認知される子が外国人母の夫の嫡出子と戸籍上推定されるため、日本人父より胎児認知ができない場合で、出生後直ちに、外国人母の夫とその子の親子関係不存在の法的手続きが取られ、その親子関係不存在が確定した後、速やかに認知の届出がなされることとされる。
15) 小熊・前掲注(4)154頁以下に詳しい。
　　植民地の朝鮮には日本の敗戦まで、最後まで国籍法は施行されなかった。これは当時、朝鮮人が数多く、現在の中国東北部に居住しており、国籍法上の国際法的機能としての外交的保護権を行使することが、中国に対する軍事政策上、必要であったためとされている。そのため、朝鮮人が二重国籍になったり、日本の国籍離脱を防ぐために、国籍法を朝鮮に施行しなかった、といわれている。
16) 朝鮮人という呼称については、1910年8月29日公布された韓国併合条約により同日「韓国の国号を改め朝鮮と称する件」（勅令318号）により、日本はそれまでの大韓国の国号を「朝鮮」と改め、大韓国に属していた人々は「朝鮮人」と称することとなった（坂本真一「敗戦前日本国における朝鮮戸籍の研究」青丘学術論集10号（韓国文化振興財団、1997年）231頁以下より）。このため、本概説では韓国併合条約から、韓国が成立する1948年8月15日までの植民地時代は韓国、韓国人とせず朝鮮、朝鮮人と記述する。また、戦後日本政府は韓国と国交回復する1965年まで、公式には韓国、韓国人とせず、朝鮮、朝鮮人と呼称していたと思われる。そのため、本概説では日韓国交回復まで韓国、韓国人とせず朝鮮、朝鮮人と記述する場合もある。このため、韓国人から突然朝鮮人と記述が変わることを理解いただきたい。
17) その国籍は外国に対しては日本人を意味するものであったが、内国では日本人と同等の地位を意味するものではなく、朝鮮には当時の帝国議会で成立する法律は施行されず、朝鮮ニ施行スヘキ法令ニ関スル法律（明治44年3月25日法律30号）により、「制令」という朝鮮総督の命令が実際上の法律として施行され、内地（日本本土）と異なった法体系の下に置かれた。
18) 日本と戦前の植民地間の民事及び刑事に関する法規の適用及び連絡を定めた法律で、日本（内地）と植民地（外地）の間で準国際私法的機能を果たし

たとされている（共通法2条2項）。

19) 朝鮮は、内地と異なった法体系の下に置かれ、異法地域とされ、朝鮮の地域に属する人々に適用される法令は、朝鮮の法令とされた。つまり、国際法上は同一国籍を持っているとされたが、別の法体系に置かれていた。また、内地の法体系に属するか、朝鮮の法体系に属するか、その区別の基準は内地戸籍に入籍しているか、朝鮮戸籍に入籍しているか、という戸籍を基準とした区別であり、朝鮮人は、婚姻、養子縁組、認知などの身分行為によって、内地戸籍に入籍する事は認められたが、転籍、就籍により内地戸籍を作ることは禁止された（共通法3条2項）。つまり、この法域移動の禁止は、外国に向かっては、朝鮮人は日本国籍を所持する「帝国臣民」である、と主張する一方、内に向かっては朝鮮人は内地人と同一の権利義務を決して与えない、とする法的担保であった。

20) 当時の朝鮮人の日本本土（内地）への渡航制限については、1925年から1938年まで渡航阻止者は89万人に達したとされている。姜在彦ほか『在日韓国・朝鮮人 歴史と展望』（労働経済社、1989年）29頁以下。参政権については、小熊・前掲注(4)367頁以下、また、姜在彦ほか前掲注(20)90頁以下によれば、植民地支配の下における在日朝鮮人にも「帝国臣民」としての参政権は認められたが、その投票率は極めて低く、1932年2月の総選挙における投票者数は1万6170人で有権者数の45％に満たず、衆議院議員に当選した朴春琴にみられるように、同化政策に協力した者が積極的に参加したのが実態であり、在日朝鮮人の利益を代表しかつ反映するという積極的意義が認められるものでは決してなかったとされている。

21) 姜在彦ほか・前掲注(20)82頁以下。

22) 姜在彦ほか・前掲注(20)40頁以下。

23) 小熊・前掲注(4)440頁以下によれば、この「創氏改名」により徴兵制実施に向けての準備のため、朝鮮戸籍の登録整備を図ったともされている。

24) 姜在彦ほか・前掲注(20)94頁以下。

25) 解放直後の在日朝鮮人の祖国への帰国状況と日本への残留理由については、姜在彦ほか・前掲注(20)100頁以下参照。

26) サ条約の効力発生時間は、昭和27年4月28日午後10時30分（日本時間）であるとされた（昭和27年内閣告示第1号）。

27) サ条約の背景としては、まず、1943年11月27日、アメリカ、イギリス、中国の連合国の首脳による日本に対する戦争目的を明記したカイロ宣言がなされた。朝鮮については、「3大国は、朝鮮の人民の奴隷状態に留意し、やがて朝鮮を自主独立のものにする決意を有する」と明記された。

そして、1945年7月26日のポツダム宣言では、日本の領土を本土の四島とその周辺の島々に限定する事と、カイロ宣言の条項を履行することが日本の降伏の条件とされ、日本はそのポツダム宣言の降伏文書に調印し、無条件降伏し、連合国に占領された。その連合国と日本との間の戦争状態を終結する平和条約がサ条約であり、これにより日本は主権を回復したとされている。
　サ条約の第2条(a)項で朝鮮については、「日本国は、朝鮮の独立を承認して、済州島、巨文島及び鬱陵島を含む朝鮮に対するすべての権利、権原及び請求権を放棄する」と規定し、日本は朝鮮の独立を承認し、朝鮮に対する領土主権を放棄すると定めた。
　領土の主権が変更した場合、例えば朝鮮の場合、日本が朝鮮の領土主権を放棄すれば、朝鮮に住む人々は、日本国籍の喪失と新たに朝鮮の領土主権を持つ国家の国籍を取得することになるが、それに関する諸問題の調整については、当事国双方で、例えば条約などで解決されるのが普通とされていた。江川・前掲注(5)205頁。
　しかしサ条約には、この領土変更に伴う朝鮮人の国籍をどのように扱うかの定めはされていなかったし、当時成立していた大韓民国、朝鮮民主主義人民共和国は、サ条約の当事国ではなかった。

28) 最大判昭和36年4月5日民集15巻4号657頁。
29) 最判平成10年3月12日家月50巻9号75頁。
30) 広島高判平成2年11月29日判タ61号166頁。
31) 石黒一憲「平和条約の発効と国籍」『ジュリスト国際私法の争点新版』(有斐閣、1996年)262頁以下によれば、それらに関する主な争点は、以下のとおりである。第1点は、いつの時点を日本国籍喪失の基準時とするか。第2点、日本国籍を喪失する韓国・朝鮮人の決定基準・範囲を何に求めるか。第3点、共通法の失効時点をいつと考えるか。とされている。またその他には、領土変更に伴う国籍変更の問題についていかなる国際法上の慣行、または慣習が存在していたか、ということも争点とされている。
32) 金敬得ほか『韓国・北朝鮮の法制度と在日韓国人・朝鮮人』(日本加除出版、1994年)38頁以下によれば、1948年5月11日公布、施行した国籍に関する臨時条例第5条では「外国の国籍又は日本の戸籍を取得した者で、その国籍を放棄したり、日本の戸籍を離脱した者は、檀紀4278年(1945年)8月9日以前に朝鮮の国籍を回復したものとみなす。」と規定されているが、この「日本の戸籍を取得した者」とは、前述した日本の共通法体制の戸籍を基準とした区別で、婚姻、養子縁組、認知などの身分行為によって、内地戸籍に入籍した朝鮮人を意味した。したがって、1945年8月9日まで朝鮮戸籍に入

籍していた朝鮮人は、当然朝鮮の国籍となる。つまり、韓国では国籍法が施行されるまで、その国籍を確定させる基準としては、事実上日本の共通法体制の朝鮮戸籍を基準とせざるをえなかったとされている。

33) その第3条で、外国人で、「大韓民国の国民の妻となった者」、「大韓民国の国民である父または母が認知した者」は自国籍を6か月以内に喪失した場合は、韓国の国籍を取得すると規定し、婚姻、認知等の身分行為で国籍を取得するものとした。

翌年、韓国は在外国民登録法（1949年法律第70号）を施行し、在日韓国人など在外国民の登録を開始したとされている。

34) 同法は、同年10月9日に公布、施行した。まず、その第1条第1項で「朝鮮民主主義人民共和国創建以前に朝鮮の国籍を所有していた朝鮮人とその子女で、本法の公布日までにその国籍を放棄しなかった者」が、北朝鮮公民であると規定した。また第5条では「外国に居住する朝鮮民主主義人民共和国公民と外国公民の間に出生した子女の国籍は、父母の合意により定められる」と規定し、その第7条で「朝鮮民主主義人民共和国公民は朝鮮民主主義人民共和国の国籍を有していない者と結婚しても、その国籍は変更されない」と規定した。

35) 1985年日本は「女子差別撤廃条約」を批准することとなったが、「女子差別撤廃条約」の第9条の2項（子の父母両系の規定）と父系血統主義の国籍法（1950年5月4日法律第147号）が、抵触することとなり改正の必要にせまられ国籍法を改正した。

36) 具体的にはその第2条1項で、子の出生による国籍取得を「出生の時に父が日本国民であるとき」を「出生の時に父又は母が日本国民であるとき」と変更した。

これにより、例えば父が韓国籍、母が日本国籍の子は、改正前は韓国国籍法、日本国籍法がいずれも父系優先主義を採用していたので、父の国籍である韓国籍を取得したが、改正後は韓国と日本の二重国籍者となった。

37) それまでの「生地主義の国で生まれ、重国籍となった日本国民」の範囲を、「出生により外国の国籍を取得した日本国民で国外で生まれたもの」に拡大した。

それにより、例えば韓国人父、日本人母の子で韓国で出生した子は、日本の戸籍法の定める方法で、日本国籍を留保する意思表示をしなければ、出生の時に遡って日本国籍を喪失する事となった。

38) 改正法の附則の第5条、第6条で1965年1月1日から1985年1月1日の前日までに、母が日本国民であって出生した子等などが、法施行日から3年以内

に届ければ日本国籍を取得すると規定された。江川・前掲注(5)222頁によれば、この附則の第5条、第6条の届出による、在日の未成年者の日本国籍取得者は、約15000名といわれている。

39) 趙均錫ほか『大韓民国新国籍法解説』(日本加除出版、1999年) 61頁以下参照。金敬得ほか・前掲注(32)208頁以下参照。

40) 日本国籍法によれば日本の国籍の選択は、日本の国籍を選択して外国の国籍を放棄する宣言をして、外国の国籍の離脱に努めなければならないとされている(日本国籍法14条、15条、16条)。これに対して韓国国籍法は、国籍選択するものは、韓国国籍を選択すると同時に外国国籍を放棄しなければならず、また日本のような国籍選択を催告する制度がなく、国籍選択期間内に韓国国籍を選択しなければ、期間の経過とともに韓国国籍を喪失するとされている(韓国国籍法12条、13条、14条)。

41) 徐海錫：前掲注2)91頁の表によると、在日の1996年の婚姻件数は8804件であり、その内、夫日本人との婚姻件数は4461件、妻日本人との婚姻件数は2800件、在日同士の婚姻件数は1438件である。つまり在日の女性と日本人男性との婚姻件数が在日の婚姻件数の半数を占めている。韓国国籍法の改正前は、在日の女性と日本人男性との婚姻によって生まれた子供は日本国籍であったが、改正後は、在日の女性と日本人男性との婚姻により生まれる日韓二重国籍となる子供が、最も多いことになる。また、妻日本人との婚姻により生まれてくる子供も合わせると、在日が婚姻して生まれてくる子供のほとんどが日韓二重国籍となる。日韓二重国籍の子供は満22歳になるまでに、いずれかの国籍を選択しなければならなくなる(韓国国籍法12条以下、日本国籍法14条以下)。しかし、現実には、日本に定住している人々が大多数であることから、日本で、日本の国籍を選択して、外国の国籍を放棄する宣言をし(日本国籍法14条、15条、16条)、韓国の国籍選択期間徒過による韓国国籍喪失により(韓国国籍法12条2項)、日本国籍単一となる人々がほとんどであると思われる。

42) 崔學圭『改正韓国戸籍法』(テイハン、1992年) 2頁以下。

43) 朝鮮民事令(明治45年3月18日制令第7号、大正11年制令第13号により改正)の第11条ノ3以下の戸籍に関する規定の他、同令11条の11により朝鮮戸籍令の適用をうけることになった(朝鮮戸籍令1条)。なお、朝鮮戸籍令は1923年7月1日施行された。

44) 朝鮮戸籍令32条では、21条ないし24条及び25条1項の規定で、共通法3条の規定により、朝鮮の家を去りたる者及び他の地域の家を去りて朝鮮の家に入りたる者の戸籍の記載手続きに、これを準用するとされており、一方日本

（内地）の大正３年戸籍法42条の２では、31条ないし34条及び35条１項の規定で、共通法３条の規定により、内地の家を去りたる者及び他の地域の家を去りて内地の家に入りたる者の戸籍の記載手続きに、これを準用するとしていた。
45) 1929・８・30民甲第8185回答。
46) 1945・10・15民甲452号民事局長回答。
47) 柳光熙『韓国の戸籍実務』（啓文社、1997年）13頁以下に詳しい。
48) 2000年12月29日に施行され、在外国民の就籍・戸籍訂正及び戸籍整理に関する臨時特例法の附則２項の施行期間を削除し、時限立法ではなくなり、臨時特例法を特例法とした。なお、法律の実質的内容の変更はない。
49) 勅令とは、日本の旧憲法の規定では、議会閉会期において、議会の議決を経ずに天皇の命令として発するもので、次期議会での承諾を経て準「法律」化するが、承諾が得られない場合は失効するとされていた。小熊・前掲注(5)16頁参照。
50) 昭和22年６月21日付内務省調査局長から各都道府県知事あてに示された外国人登録事務取扱要領によれば、「みなす外国人」の「朝鮮人」の範囲については、朝鮮戸籍令の適用をうけるべき者とされ、内地人と朝鮮人の婚姻関係、養親子関係は単なる事実関係だけでは不十分であって、法律上の届出の有無を基準とせねばならないとされた。外国人登録事務協議会ほか『改訂外国人登録事務必携』（日本加除出版、1993年）156頁以下参照。
51) 外国人登録事務協議会ほか・前掲注(50)166頁以下。
52) 外国人登録事務協議会ほか・前掲注(50)170頁以下。
53) 外国人登録事務協議会ほか・前掲注(50)174頁以下。
54) なお、入管法の変遷については、法務省入国管理局監修入管協会編纂『注解・判例　出入国管理外国人登録事務六法』（日本加除出版、1994年）１頁解説以下に詳しい。
55) 在日は、サ条約の発効により、日本国籍を喪失する事となり、1951年施行された入管法の適用をうけ、何らかの在留資格を必要とすることとなった。つまり入管法上の在留資格を持たない「外国人」が、大量に生じるのである。そこで日本政府は、在日の在留資格について法的措置を取る必要が生じ、「ポツダム宣言の受諾に伴い発する命令に関する件に基く外務省関係諸命令の措置に関する法律」（昭和27年４月28日法律第126号）をサ条約の効力発生日の1952年４月28日に施行した。法律名が長いこともあり、俗にこの法律のことを「法律126号」という。
56) なお、1970年末までに協定永住許可された者の数は、約61万人の在日の内

37万人といわれている。徐海錫編「ヒューマンレポート」(自主出版、1995年) 36頁、83頁表より。

57) 外国人登録事務協議会ほか・前掲注50) 30頁以下によれば、外国人登録上の国籍欄の「韓国」あるいは「朝鮮」の記載についての政府見解 (昭40.10.26) は以下である。

「在日朝鮮人は、もと朝鮮戸籍に属し、日本国内に居住していたまま日本国籍を失い外国人となった特殊事情から、旅券またはこれに代わる国籍証明書を所持していないので、便宜の処置として『朝鮮』という名称を記載したものである。

この意味において『朝鮮』という記載は、かつて日本の領土であった朝鮮半島から来日した朝鮮人を示す用語であって、何ら国籍を表示するものではない。

ところが、それらの者の中から『韓国』(又は大韓民国) への書換えを強く要望してきた者があるので、本人の自由意思に基づく申立と、その大部分には韓国代表部発行の国民登録証を提示させたうえ『韓国』への書換えを認めた。このような経過によって実質的に国籍と同じ作用を果たしてきた経緯等にかんがみると、現時点から見ればその記載は大韓民国の国籍を示すものと考えざるをえない。

最近『韓国』に書換えた者の一部から『朝鮮』に再書換えを希望する者が出て来たが、上に申したとおり、外国人登録上の『韓国』という記載が大韓民国の国籍を示すものと考えられる以上、もともと国籍の変更が単に本人の希望のみによって自由に行なわれるものでないという国籍の本質にかんがみ、本人の希望だけで再書換えをすることはできない」。

58) なお、これ以降の日本政府の見解については外国人登録事務協議会ほか・前掲注50) 31頁以下。

59) 「協定永住三世」の永住権問題とは「日本国での永住が許可される者」で、この日韓法的地位協定で1945年8月15日以前から申請まで引き続き日本に居住している者及びその直系卑属として1945年8月16日から申請期限の1971年1月16日までに日本国で出生し、その後申請の時まで引き続き日本に居住している者 (協定永住一世という) 及び協定永住一世の子で1971年1月17日以降に生まれた者 (協定永住二世) と限定された。そのため、「永住が許可されている者」の「直系卑属」である「協定永住三世」の永住権問題は、効力発生の日から25年経過する1991年1月16日まで、日韓両政府による再協議がされるまで先送りされた。

60) 1991年1月10日、日韓外相会議で、「協定永住三世」以降の永住権は簡素

化した手続でこれを認める。退去強制は、内乱、外患等の重大な犯罪に限定、再入国期間を最大5年間とする、外国人登録法上の指紋押捺制度を廃止する、等の内容で決着した。

61) 在日等の特別永住者に対する日本国籍取得要件を緩和する法案が、与党3党の議員立法として2001年の通常国会に提出されようとしている。その内容は、1．現在の許可制の帰化条件の大幅緩和、2．法務大臣へ届けることによりその届出時点で日本国籍を取得する、3．特別永住者に日本国籍を付与して2年以内に国籍選択させる、のいずれかとされている（2001年2月9日付朝日新聞朝刊）。今後を注視したい。　　　　　　　　　　（姜　信潤）

国籍とは何か、国籍変更について

Q2-1-1 私は在日の三世ですが、私の国籍は韓国国籍であるといわれました。国籍とはそもそもどのようなものですか。また、国籍は自由に変更できるのでしょうか。

A

　国籍について、世界人権宣言（1948年採択）15条は、「1　すべての人は、国籍をもつ権利を有する。2　何人も、ほしいままにその国籍を奪われ、又はその国籍を変更する権利を否認されることはない」として、国籍を持つこと、奪われないこと、国籍を変更し得ることが「人権」であることを宣言しています。これ以前は、国籍概念のなかに封建制度に由来する国王ないし領主に対する、一生涯にわたる「忠誠義務」が色濃く投影されていて、明確に人権であるとの認識が少なかったと思われます。

　そもそも国籍とは、その人がどの国に所属するのかを表すものであり、甲国の国籍があれば甲国の構成員である資格または身分（法的地位）を示すことになります。

　現代は、高度情報通信網や高速交通網により、情報は瞬時に地球の反対側まで到達し、人や物資の往来も世界的規模でなされる国際化・グローバリゼーションの時代です。しかし、現代の世界が200近い国・地域に分立している現実においては、人はどこかの国に所属しないと生きて行くのが困難であるというのが偽らざる現実です。すなわち、国籍の有無にもとづいて、国籍所属国との間に種々の法律関係——出入国・居住の権利、参政権、公務員に就く権利、兵役義務、その他鉱業権・漁業権・社会保障上の権利享有の可否——が発生します。かつての外国人敵視時代、排外主義時代を経て、現代の世界が「内外人平等」を原則とする時代趨勢となったにしても、なお国籍が内外人区別の機能や作用を果たしているのです。

　「市民的及び政治的権利に関する国際規約」（1966年採択、人権規約Ｂ規

約）24条3項は、生まれたら直ちに「すべての児童は、国籍を取得する権利を有する」と規定し、「児童の権利に関する条約」（1989年採択）にも同様の条文が設けられています（7条・8条）。

　では、自分がどこの国の国籍を有するかを決定するものは何か、ということになりますが、現代の国際法の原則では、自国民は誰であるかその範囲を決定するのは、その国家の権限であるとされています（「国籍法の抵触についてのある種の問題に関する条約」（1937年効力発生）1条参照）。日本国憲法も、10条で「日本国民たる要件は、法律でこれを定める」と規定しています。

　在日三世のあなたの国籍が韓国国籍であるのは、直接的には、おそらく大韓民国国籍法2条1項1号（「出生したとき、父が大韓民国の国民であった者」、ただし1997年改正前の条文）によると推測されます。しかし、さらに前を遡れば、在日一世や二世にあたる、あなたのお祖父さんやお父さんの世代の人々が、日韓併合により日本国籍を取得し（強要され）、そして戦後日本国籍を喪失した（剥奪された）という歴史的経緯及び国際法的原因があって、現在のあなたの国籍があることになります。

　冒頭で述べた世界人権宣言15条2項や日本国憲法22条2項の「何人も外国に移住し、又は国籍を離脱する自由を侵されない」という規定などから、現代では、国籍の離脱は原則的に自由と考えられます。しかし、外国の国籍を取得できるかどうかはその外国の国籍法の内容によって決まってくる問題ですので、国籍の変更が全く自由にできるという訳ではありません。これらの規定の本来の意味は、在日の一世や二世が経験をしたような、国家権力や軍事力等による、本人の意思によらない国籍の強要・剥奪は許されないという「国籍非強制の原則」を表明したものと解すべきではないか、と思われます。

　「女子差別撤廃条約」（1979年採択）9条は、外国人との婚姻や夫の国籍の変更が、妻の国籍を変更させたり妻を無国籍にしたり、あるいは夫の国籍を妻に強制したりすることのないようにすべきこと、また子の国籍に関し、女子に対して男子と平等の権利を与えることなどを規定しています。このような、いわば「夫婦・親子国籍独立主義」は、「国籍非強制の原則」を、家族関係にまで及ぼしたものと考えられます。

　（関連項目）在日の日本国籍喪失の理由はQ2－2を参照。　　　（小西　伸男）

在日の日本国籍喪失の理由

Q 2-12 私は在日韓国人三世ですが、日本で生まれずっと日本で生活しているのに、どうして日本国籍ではないのですか。韓国が日本に併合されて、韓国人はかつて日本人となったと聞いたことがありますが、その日本国籍はどうなったのですか。

A

あなたがどうして日本で生まれたのに日本国籍でないのか、在日であるならば誰もが一度は考えることです。そう思う場面は少なくないでしょう。初めて自分で外国人登録をした16歳のとき、あるいは就職のとき、結婚のとき、いろんな場面で考え、苦悩することもあります。ときには帰化について考えることもあるでしょう。

しかし、ひるがえって考えますと、在日が日本社会で、本国の国籍を持って生きていくことが、在日の歴史などを考えたときに、不自然なことといえるのでしょうか、少し考えてみましょう。

1910年、日本が韓国を併合し、植民地としました。これにより、当時の韓国人は日本国籍を取得したとされています。しかし、日本国籍を取得したといっても、日本人と朝鮮人は同じ法律の下には置かれませんでした。朝鮮には、当時の日本の帝国議会で成立する法律は適用されず、「制令」という、当時朝鮮を支配していた朝鮮総督の命令が実際上の法律となっていました。

また日本に併合されたにもかかわらず、朝鮮には日本の敗戦まで日本の旧国籍法が施行されなかったので、朝鮮人が日本国籍から離脱することはできませんでした。そして、日本人は内地戸籍に、朝鮮人は朝鮮戸籍にと分けられて身分登録をされ、区別されていました。

植民地時代、朝鮮人には日本国籍を持つ「日本人」であるとして、その民族性を否定し日本人に同化させる皇国臣民化政策が実施され、強制連行が実施され、民族名に日本式の氏制度をかぶせる創氏改名が実施されました。

また戦争に駆り出され、「日本人」として亡くなった人も数多くいます。
　このような時代に、朝鮮半島からあなたの祖父や祖母は、生活の糧を求めて、日本語も充分にできないのに、「日本人」として、日本に渡ってきたのです。あなたの祖父や祖母は異境の地日本で、生きていくのに、必死のおもいをして生活基盤を築き、あなたの父や母を育てたのです。
　1945年、日本は戦争に敗れて連合国に占領されました。これにより朝鮮は日本の植民地支配から解放されましたが、米国とソ連に分割占領され、結果的に大韓民国と朝鮮民主主義人民共和国という二つの国家が成立しました。
　この時期日本には200万人を越える朝鮮人がいたとされていますが、多くの人たちは祖国に帰還しました。あなたの祖父や祖母達が祖国に帰ろうとしたことも事実です。しかし、帰国の際に持ち出せる財産の制限等の制約があり、しかも解放後の祖国が、政治的、経済的にも混乱しているといわれている中、祖国に帰っても生活ができないと思い、約50万人の人々が日本にとどまり、結果的に日本に定住する事になりました。故郷だからといって、再び家族を引き連れて、生活基盤のまったくない国に戻ることが容易な事かどうかを考えれば理解できるでしょう。
　1952年、日本はサンフランシスコ講和条約（以下、サ条約）により、連合国の占領状態から解かれ主権を回復することとなりました。それに伴い、それまで日本国籍を持っているとされていた朝鮮人の国籍に関して、法務省の民事局長通達により、サ条約の効力の発生する1952年4月28日より日本国籍を喪失するとしました。その基準は、戦前の植民地時代からの朝鮮戸籍に入っているか内地戸籍に入っているかというものでした。
　この民事局長通達による朝鮮人の日本国籍喪失については、さまざまな問題点があるとされていますが、当時の在日からみれば、支配国であった日本の国籍はなくなり、自分の本国の国籍を持つということは、まさに植民地支配からの解放を意味したのです。その後在日は、自国籍を保持しその国籍を一つの拠り処として、日本に定住する外国人として生きてきたのです。
　（関連項目）国籍とはなにか、国籍変更については、Ｑ2－1参照。

（姜　信潤）

外国人登録法上の国籍

Q2-3 外国人登録の国籍欄を見ると「韓国」と記載してある場合と「朝鮮」と記載してある場合とがあると聞きます。「韓国」であると大韓民国で、「朝鮮」であると朝鮮民主主義人民共和国と考えていいのでしょうか。

A
　ここでは、外国人登録と国籍について考えていくことにしましょう。外国人登録法上、「国籍」は外国人登録原票への登録事項とされています（外国人登録法4条6号）。

　まず、国籍とは何か、またどのように決定されるのかを考えてみましょう。

　国籍とは「人の国家に対する帰属、国家の構成員たる資格または身分を示すものであり、これに基づいて各種の法律関係が発生するもの」であり、「元来、国際法上の原則として、国籍の決定は各国の国内管轄事項に属するものとされている」ともいわれています（江川英文ほか著『国籍法［新版］』（有斐閣、1989年）6頁、16頁）。つまり、あなたの国籍は、あなたを国民であると定めた国の法律によって決定されることになるのです。

　ところで、在日の人々の国籍は、外国人登録法上どのように扱われてきたのでしょうか。

　1910年の「韓国併合ニ関スル条約」（日韓併合条約）により朝鮮が日本の領土になったことに伴い朝鮮人は日本人になったとされ、1952年のサンフランシスコ講和条約発効の日に日本国籍を喪失するまで、この状態は続きました。

　1947年に外国人登録令が制定されましたが、その時点では日本国籍とされていた在日を「外国人とみなす」（同令11条）ことで、外国人登録義務を課しました。当時日本にいる外国人は連合国関係者ぐらいで、彼らは同令2条により登録令の適用外とされており、また同令3条は外国人の入国を原則と

して禁止していましたから、外国人登録令は在日を主たる対象として制定されたといえます。

日本政府は、登録令制定の時点（1947年）には大韓民国及び朝鮮民主主義人民共和国が成立していなかったこともあり、外国人登録上は在日の国籍を一律に「朝鮮」と記載し、かつ「朝鮮」は地域を示す用語としていました。

その後、韓国政府が樹立（1948年）され、韓国政府から当時の連合国総司令部（GHQ）を通じて外国人登録上の国籍欄も「韓国」または「大韓民国」を使用するよう要請があり、以後、外国人登録の国籍欄に「韓国」「大韓民国」の表示が登場したのです。

そして上に述べた「朝鮮」から「韓国（大韓民国）」への書換えは、当初は本人の希望により行われていたようですが、その後は韓国駐日代表部発行の大韓民国国民登録証の提示を求めて国籍を確認した後、その変更が行われていたようです。書換えが始まった当初の日本政府の見解は、1950年2月23日の法務総裁談話でもあるように、外国人登録の国籍欄の「韓国」は単なる用語の問題とし「韓国」「朝鮮」で法律上の取扱いに差異は生じないとしていました。

しかし、日本政府は日韓条約締結時である1965年10月26日の政府見解で「韓国」「朝鮮」どちらも用語であるとする見解を改め、「韓国」は国籍であるとしたのです。これは、日本政府が韓国政府を国家として承認したことが、外国人登録の国籍に反映した形といえるのではないでしょうか。

その後、1966年1月17日の日韓法的地位協定発効により在日韓国人（韓国国籍保有者）にのみ協定に基づく永住許可を与えたことから、在外国民登録をして外国人登録の国籍欄を「韓国」に書き換える人が増大し、在日社会の分裂の助長など大きな問題となったのです。

一方、「韓国」から「朝鮮」への国籍再書換えも行われたという歴史がありますが、日本政府は、「韓国」への切換えの際は在外国民登録証で国籍の確認をしているとのことから、国籍である「韓国」から、国籍ではない「朝鮮」への書換えは原則として認めない方針をとりました。この方針は、現在も変わっていません。

以上の日本政府見解によると、外国人登録法上「韓国」は国籍を表し、「朝鮮」は地域を表すものにすぎず、国籍を表したものではないことになり

表1　外国人登録人員数の変遷

(毎年12月末日現在)

年次	外国人登録者総数	「韓国・朝鮮」者数
1948	658,292	611,758
1949	645,583	596,879
1950	598,696	544,903
1951	621,993	560,700
1952	593,955	535,065
1953	619,890	556,084
1954	619,963	556,239
1955	641,482	577,682
1956	638,050	575,287
1957	667,036	601,769
1958	676,983	611,085
1959	686,609	619,092
1960	650,566	581,257
1961	640,395	567,452
1962	645,043	569,360
1963	651,574	573,284
1964	659,789	578,545
1965	665,989	583,537
1966	668,318	585,278
1967	676,144	591,345
1968	685,075	598,076
1969	697,504	607,315
1970	708,458	614,202
1971	718,795	622,690
1972	735,371	629,809
1973	738,410	636,346
1974	745,565	643,096
1975	751,842	647,156
1976	753,924	651,348
1977	762,050	656,233
1978	766,894	659,025
1979	774,505	662,561
1980	782,910	664,536
1981	792,946	667,325
1982	802,477	669,854
1983	817,129	674,581
1984	840,885	680,706
1985	850,612	683,313
1986	867,237	677,959
1987	903,288	693,050
1988	941,005	677,140
1989	984,455	681,838
1990	1,075,317	687,940
1991	1,218,891	693,050
1992	1,281,644	688,144
1993	1,320,748	682,276
1994	1,354,011	676,793
1995	1,362,371	666,376
1996	1,415,136	657,159
1997	1,482,707	645,373
1998	1,512,116	638,828
1999	1,556,113	636,548

出所：入管協会『在留外国人統計』、総務庁統計局監修『国勢調査集大成』（東洋経済新報社、1985年）の資料をもとに作成。

表2　帰化許可者数

年次	帰化許可者数	「韓国・朝鮮」人
1948		
1949		
1950		
1951		
1952	282	232
1953	1,431	1,326
1954	2,608	2,435
1955	2,661	2,434
1956	2,547	2,290
1957	2,582	2,312
1958	2,594	2,246
1959	3,076	2,737
1960	4,156	3,763
1961	3,013	2,710
1962	3,614	3,222
1963	4,100	3,558
1964	5,445	4,632
1965	4,088	3,438
1966	4,735	3,816
1967	4,150	3,391
1968	3,501	3,194
1969	2,153	1,889
1970	5,379	4,646
1971	3,386	2,874
1972	6,825	4,983
1973	13,629	5,769
1974	7,393	3,973
1975	8,568	6,323
1976	5,605	3,951
1977	5,680	4,261
1978	7,391	5,362
1979	6,485	4,701
1980	8,004	5,987
1981	8,823	6,829
1982	8,494	6,521
1983	7,435	5,532
1984	6,169	4,608
1985	6,824	5,040
1986	6,636	5,110
1987	6,222	4,882
1988	5,767	4,595
1989	6,089	4,759
1990	6,794	5,216
1991	7,788	5,665
1992	9,363	7,244
1993	10,452	7,697
1994	11,146	8,244
1995	14,104	10,327
1996	14,495	9,898
1997	15,061	9,678
1998	14,779	9,561
1999	16,120	10,059

出所：1993年までは徐海錫「ヒューマンレポート18号」96頁（1998年）により、それ以降は法務省民事局資料により作成。

ます。しかし、北朝鮮とは国交がない事情等で外国人登録の国籍欄に北朝鮮国籍が反映されていない現状において、北朝鮮に対する帰属意識の表れとして外国人登録の国籍欄を「朝鮮」としている人もおり、簡単に割り切れない部分が残ります。

（関連事項）国籍はＱ２−１、Ｑ２−２、北朝鮮国籍法の概要はＱ２−９参照。

（金山　幸司）

97年韓国改正国籍法の内容

Q2-4 私は、韓国人女性ですが、日本人男性と結婚する予定です。最近、韓国の国籍法が改正されたと聞きましたが、その内容を教えてください。また、将来、生まれてくる私達の子供に何か影響があるのでしょうか。

A

改正韓国国籍法は1997年に改正され、翌98年6月14日から施行されています。韓国の国籍法は、その制定以来、過去3度にわたり改正されてきましたが、今回は従来にない大改正が行われました。

改正内容を見る前に、今回の改正の背景について簡単に説明しておきましょう。韓国内では、従来より、改正前国籍法の、出生により父の国籍だけを引き継ぐとする父系優先主義の規定や、男性（夫）を中心とした夫婦・親子国籍同一主義は、男女の性的差別を禁じている憲法に違反していると指摘されてきました。

また、1984年に韓国が批准した「女子差別撤廃条約」9条（国籍に関する男女平等）の留保状態について解消を図りたいことや、同じく1990年に加入した「市民的及び政治的権利に関する国際規約」（国際人権Ｂ規約）の3条（男女同等の権利）や、24条3項（児童の国籍取得権）の精神を実現するために、法改正を迫られていたことなどもその背景としてあげられます。

それでは改正によりどのような点が変わったのでしょうか。将来、生まれ

てくるあなた達の子供にどのような影響があるのでしょうか。具体的な内容について見ていくことにしましょう。

　まず、第一に、最も大きな改正点は、出生による国籍の取得について、父系優先主義から父母両系主義へと変更したことです（2条1項1号）。

　したがって、将来、生まれてくるあなた達の子は、出生と同時に、韓国人母の国籍である韓国と、日本人父の国籍である日本の二つの国籍を持つことになります。

　それでは、出生と同時に韓国・日本のいわゆる二重国籍となったあなた達の子の国籍は、将来どのようになるのでしょうか。改正法は、出生による国籍の取得について、あなた達の子のように父母両系主義へと変更したことにより二重国籍者が増えるために、国籍選択制度を新設しました。

　それによれば、満20歳になる前に二重国籍となったあなた達の子は、満22歳になる前に一つの国籍を選択しなければならないとされています（12条、13条、14条）。そして、その期間内に選択をしないときは韓国の国籍を喪失するとしています（12条2項）。

　また二重国籍者で、韓国国籍を選択する場合は、日本の国籍を放棄した後に、法務部長官に大韓民国の国籍を選択する旨を申告しなければならないとしていますが（13条）、外国国籍を選択する場合には、国籍選択期間内に法務部長官に韓国国籍を離脱する旨を届け出ることができるとされています（14条）。日本の国籍法も同じく、二重国籍者について国籍選択の制度を定めています（日本国籍法14条1項、2項）。

　ですから、あなた達の子は15歳未満までは法定代理人であるあなた達が（韓国国籍法19条、日本国籍法18条）、それ以降は本人が22歳までにどちらかの国籍を選択することになります。ただ、前述のように改正法は、選択手続を履行しない者は、韓国国籍を喪失するとしていますので、何もしなければ結果的に日本国籍のみになるということに注意してください。

　その他の主な改正点について簡単にふれておきます。

　未成年の韓国人でない（外国人）子の国籍取得について、従来は、韓国人である父の認知により韓国の国籍を取得するとしていましたが、それを、出生した当時に父または母が韓国人であったことを要件とし、さらに認知届とは別に法務部長官に申告することによって申告の時に国籍を取得できる、と

改めています（3条1項）。

　また、韓国人と婚姻し、その妻となった外国人女性は、婚姻と同時に韓国の国籍を取得するとの規定を削除しました（改正前3条1項1号）。その代わりに配偶者が韓国人である外国人の国籍取得については、簡易帰化の対象としました。

　そして、帰化については、韓国人であった外国人の国籍回復と区別し（9条）、妻の単独での帰化を認めました。

　（関連項目）97年改正韓国国籍法・日本国籍法上の重国籍者の国籍選択はＱ2－5、韓国人夫を持つ日本人妻の日本国籍離脱はＱ2－8、北朝鮮国籍法の概要はＱ2－9参照。　　　　　　　　　　　　　　　　　　　　　（金　公洙）

97年韓国改正国籍法・日本国籍法上の重国籍者の国籍選択

Q2-5 私は在日韓国人女性ですが、1999年に日本人男性と結婚しました。私ども夫婦の子の国籍は、韓国と日本の二重国籍になり、成人になれば、どちらかの国籍を選択しなければならないと聞きました。その内容を教えてください。

A

　母であるあなたが韓国国籍で、父が日本国籍であるあなた方夫婦から、将来、誕生する子供の国籍はどのようになるのでしょうか。

　日本の国籍法によれば、出生の時に父または母が日本国民であるときには、子は日本国民となりますから（日本国籍法2条1号）、あなた方の子は日本国籍を取得します。

　韓国国籍法（1997年12月13日法律第5431号、1998年6月14日施行）によっても、出生の時に父または母が韓国国民であるときは、子は韓国国籍を取得しますから（韓国国籍法第2条1項1号）、あなた方の子は日本と韓国の二重国籍になります。

表3　韓国・朝鮮人の年次別出生数

年	父母共に「韓国・朝鮮」の出生数	母:「韓国・朝鮮」(非嫡出子を含む)	母:「韓国・朝鮮」父:日本	父:「韓国・朝鮮」母:日本
1992	4,624	4,916	3,672	3,407
1993	4,233	4,526	3,704	3,249
1994	4,183	4,474	3,736	3,649
1995	3,650	3,963	3,519	3,281
1996	3,587	3,892	3,550	3,418
1997	3,234	3,551	3,440	3,469
1998	3,102	3,411	3,389	3,529
1999	2,798	3,128	3,208	3,479

出所:厚生省『人口動態統計』各年より作成。

　このような二重国籍となった者については、日本、韓国の両国籍法とも、国籍の選択義務というものを定めています。
① 日本の国籍法による国籍の選択義務
　国籍の選択義務について、日本の国籍法から検討してみましょう。出生と同時に二重国籍となった者は、22歳に達するまでにいずれかの国籍を選択しなければなりません（日本国籍法14条1項）。
　成人、すなわち20歳になってすぐに国籍選択をする必要はなく、その後2年間の猶予があります。もしも国籍の選択をしないまま22歳になってしまっても、すぐに日本国籍を喪失することはありません。ただ、依然として国籍の選択義務を負っているという状態が継続していることになります。そして、所定の期限内に国籍の選択をしない者に対しては、法務大臣が国籍の選択をすべきことを催告することができ、催告の文書が到達した日から1ヶ月以内に国籍の選択をしなければ、その期間が経過したときに日本の国籍を失うことになっています（日本国籍法15条1項、3項）。
② 韓国国籍法による国籍の選択義務
　一方、改正前の韓国国籍法は、出生により二重国籍となった者に対して、義務的な国籍選択を求めていませんでした。
　ところが、改正後の韓国国籍法は、日本と同様に、出生により二重国籍となった者に対して、22歳になるまでに国籍を選択しなければならないものと

しました（韓国国籍法12条1項）。そして、期間内に国籍を選択しなかった者は、その期間が経過したとき、すなわち22歳になったときに韓国の国籍を喪失するものとしています（韓国国籍法12条2項）。期間が経過すれば当然に国籍を喪失するという点は、日本の国籍法と大きく異なります。

③ 国籍選択の具体的な方法

日本の国籍を選択するには、韓国の国籍を離脱する方法と、日本国籍の選択の宣言をする方法の二つがあります（日本国籍法14条2項）。

ただし、韓国の国籍を離脱しようとする場合には（韓国国籍法14条）、まず、韓国の戸籍法上の出生申告をする必要があります（趙均錫ほか『大韓民国新国籍法解説』（日本加除出版、1999年）259頁参照）。日本の国籍の選択宣言による場合は、市区町村役場に「日本の国籍を選択し、かつ、外国の国籍を放棄する」旨の国籍選択届を出すことになります（日本戸籍法104条の2）。

この国籍選択により当然に韓国国籍を喪失するかについては、「結局、国籍離脱の申告をするまでは、大韓民国国籍を保有するものとみなければならない」という見解があることを紹介しておきましょう（前掲書185頁参照）。

韓国の国籍を選択するには、前述の選択の期間内に日本の国籍を放棄して、韓国国籍を選択する旨を申告しなければなりません（韓国国籍法13条）。

日本の選択宣言と異なり、韓国の国籍を選択するという意思を表示するだけでは足らず、日本国籍の離脱を実際に行わなければならないことが特徴となっています。なお、その子の出生申告がされていなければ、先にその申告を要することはもちろんです。

以上から理解していただけると思いますが、将来生まれてくるあなた方の子は、韓国と日本の両国籍法による国籍選択義務を負うことになります。また、どちらの国籍法も子の意思を尊重し、国籍の選択を成人してからできるようにしていますが、子が15歳未満であるときは、法定代理人が代わってすることもできます（韓国国籍法19条、日本国籍法18条）。韓国法上の手続の詳細については、韓国領事館にお尋ねください。

なお、在日への影響は少ないと思われますが、韓国の国籍法では、兵役義務との関係により、選択期限が必ずしも22歳でない場合もあることを付言しておきます（韓国国籍法12条1項但書参照）。

（関連項目）国籍はＱ2－1、韓国国籍法の内容はＱ2－4、法定代理人はＱ

4−1、Q4−2参照。 (李　光雄)

韓国人が日本人の養子になった場合の国籍

Q2-16 私達は在日韓国人夫婦ですが、私達の未成年の子供を日本人夫婦の養子とするために、養子縁組をしたいと考えています。養子縁組をした場合、子供の国籍はどうなるのでしょうか。また、特別養子縁組の場合はいかがですか。

A

「韓国法を本国法とする在日」夫婦間の未成年の子供と、日本人夫婦との間で養子縁組を行なった場合に、養子となった未成年の韓国人が日本国籍を取得するのかどうか、また、韓国国籍を喪失するのかどうかというご質問だと思いますが、その前にあなた方の場合のように渉外的要素を含んだ養子縁組は、どこの国の法律によって成立するのかを考えなければなりません。

このような渉外養子縁組の成立に関しては、法例20条が指定する国の法律が適用されることになります。同条１項は、養子縁組は縁組の当時の養親の本国法によると規定しています。ただし、養子縁組の乱用を防止し養子を保護するため、養子の本国法が養子縁組の成立について養子や第三者の承諾・同意又は公の機関の許可等を必要とする場合には、その承諾・同意等を得なければならないと規定しています。そうしますと、あなた方が養子縁組を行なう場合養親となる者は日本人夫婦ですから、養親の本国法である日本民法の規定が適用され、一方、養子を保護する要件として養子となる子供の本国法である韓国民法の保護要件を備える必要があり、日本民法の養子縁組の規定及び韓国民法の養子の保護要件を満たす場合には、あなた方は養子縁組を行なうことができます。

そして、韓国人養子が日本人たる養親と同じ日本国籍を取得するのかどうかは、日本の国籍法の定めるところによります。他方、韓国人養子が韓国国籍を喪失するのかどうかは、韓国国籍法の定めによることによります。

現行日本国籍法には、外国人が日本人の養子となったことにより日本国籍を取得するという規定は存在しません。しかし、旧国籍法（明治32年法律第66号）には、外国人が日本人の養子となったときは日本国籍を取得するという規定（旧日本国籍法5条4号）がありました。

　一方、現行韓国国籍法（1948年12月20日法律第16号、最終改正1997年12月13日法律第5431号）には、韓国人が外国人の養子となっただけで韓国国籍を喪失するとの規定を設けていませんから、未成年の韓国人が、日本人の養子となっても韓国国籍は喪失することはありません（韓国国籍法15条2項）。したがって、養子縁組という身分行為は、養子の国籍に何らの変動を与えないことになります。

　そこで、養子となった未成年の韓国人が日本国籍を取得するには、帰化の許可の申請を行なうことになります（日本国籍法4条）。日本人の養子となった未成年については、帰化の居住条件や生計条件が緩和されており（日本国籍法8条）、これを「簡易帰化」といいます。

　簡易帰化によって未成年の韓国人養子が日本国籍を取得した場合には、養子の韓国国籍は、韓国国籍法の「大韓民国の国民で、自己の志望によって外国の国籍を取得した者は、その外国の国籍を取得したときに、大韓民国の国籍を喪失する」の規定（韓国国籍法15条1項）に該当しますから、韓国国籍を喪失することになります。

　このことは、特別養子縁組の場合においても、国籍変動に関して特に異なった規定は存在しないこと、また、特別養子縁組は、養子と実方の父母や血族との親族関係を終了させる効果がある断絶型の養子縁組ではありますが、養子縁組の一類型であることから、養子縁組に関する上記の諸規定が適用されると思われます。

　（関連項目）国籍、国籍変更はＱ2－1、養子縁組はＱ4－9参照。

（徳山　善保）

婚外子の国籍——胎児認知、生後認知の場合

Q 2-17 私は、在日韓国人女性ですが、結婚していない日本人男性との間に子供が生まれました。この子供の国籍はどこになるのですか。また、男性が出生前に認知をした場合、出生後に認知をした場合はどうでしょうか。

A

　あなた方のように、「韓国法を本国法とする在日」と日本人との間に子供が生まれたときに、その子供が生来的に韓国国籍または日本国籍を取得するのかどうかは、父母それぞれの国の国籍法の規定に従うことになります。

　韓国国籍法は生来の国籍取得の要件として、「出生の時に父又は母が大韓民国の国民である者」（韓国国籍法2条1項1号）と規定しています。ところで、この「出生の時に父又は母が」というのは、子供の出生の時に韓国国民である父又は母との間に法律上の親子関係が成立している場合をいいます。

　そこであなたの子供が韓国国籍を取得するかどうかは、母であるあなたと子供との間に、法律上の親子関係が成立しているのかどうかにかかわってきます。その成否については、韓国国籍法上の先決問題として別途その準拠法を考え、それにより検討されなければならない問題ですが、ここではその詳細は省略することにします。

　いずれにしろ、韓国では、子供と母との親子関係は分娩という事実によって成立する、というのが通説判例の立場です（大法院1967.10.4.67夕1791）。したがって、あなたの子供は韓国国民である母から出生したのですから、「韓国国籍」を取得します。

　一方、日本の国籍法では生来の国籍取得の要件として「出生の時に父又は母が日本国民であるとき」（日本国籍法2条1号）と規定しています。そして、日本の国籍法も韓国国籍法と同様に「出生の時に父又は母が」というのは、子供の出生の時に日本国民である父又は母との間に、法律上の親子関係

が成立している場合をいいます。

　そこで、あなたの子供が日本国籍を取得するかどうかは、あなたの子供と日本国民の父との間に法律上の親子関係が成立しているのかどうかにかかわってきます。

　ところで、法律上の夫婦でない男女間から生まれた子供と母との親子関係は、前述したように韓国法によると分娩の事実で非嫡出子（婚外子）親子関係が成立することになりますが、父との非嫡出子（婚外子）親子関係の成立に関しては、法例18条により日本民法が適用されることになります。

　日本民法は非嫡出子（婚外子）との法律上の親子関係は、認知があって初めて成立すると規定しています。（日本民法779条）

　さて、日本国籍法は子供が生来的に日本国籍を取得するためには、子供の出生時において父との間に法律上の親子関係が成立していなければならないと解されており、子供の出生後にされた認知は含まないとするのが通説判例です。したがって、あなた方の非嫡出子（婚外子）が日本国籍を取得するのは、子供が胎児である間に日本国民である父から認知（日本民法783条、胎児認知といいます）され、出生時において父との間に法律上の親子関係が成立している場合に限られるでしょう。

　このように日本国籍法は、法律上の夫婦でない男女間から生まれた子供の生来的な日本国籍取得を、父の認知した時期によって、日本国籍を取得するのかどうかを画一的に処理しています。ただし、例外的に非嫡出子の出生前に認知がない場合でも、出生前に認知届をする意思があったのに認知ができないような特段の事情があった場合に、一定の要件の下で生来的な日本国籍取得を認めた判例もあります（最判平成9年10月17日判タ956号143頁）。

　ところで、父が子供の出生前に認知をしなかった場合でも、出生後に認知をし、かつ、その父母が法律上の婚姻をしたときのように、準正による国籍取得の要件を満たせば、法務大臣に届け出ることによって、その子供は届出時から日本国籍を取得することが出来ます（日本国籍法3条）。

　（関連項目）国籍の取得はＱ2－1、認知はＱ4－15、Ｑ4－16参照。

（徳山　善保）

韓国人夫を持つ日本人妻の日本国籍離脱

Q 2-18 私は、在日韓国人ですが、日本人女性と結婚したいと考えています。ところが、私の両親は女性が韓国人にならない限り結婚は許さないと言います。韓国人と結婚して日本国籍を離脱した女性がいると聞きましたが、そのようなことが可能でしょうか。

A

　韓国国籍法は1997年に改正されました。ご質問の点は、改正前と改正後とで大きく変わりました。改正前には、韓国人男性と婚姻しその妻となった日本人女性は、婚姻と同時に韓国の国籍を取得するという規定がありました（改正前3条1項1号）。しかし、この規定によると韓国の国籍を取得した日本人女性は、日本と韓国の二つの国籍を持つことになります。そこで、6か月以内に日本の国籍を喪失しないときは、婚姻により取得した韓国の国籍を喪失するとしていました（同12条1項7号）。

　したがって、韓国人男性と婚姻し、その妻となった日本人女性が、韓国の国籍の保持を希望する場合は、日本の国籍を離脱しなければなりませんでした。日本国憲法22条2項にも、国籍離脱の自由は明確に定められています。そして、日本の国籍法は、外国の国籍を有する日本国民は、法務大臣に届け出ることによって、日本の国籍を離脱することができ、届出の時に日本の国籍を失うとしています（13条1項、2項）。

　ですから、韓国人男性の妻となり韓国の国籍を取得した日本人女性は、この規定により法務大臣に届け出ることにより日本の国籍から離脱することができました。そして、この届出の結果、韓国国籍のみを保有することになりました。あなたのお聞きになった日本国籍を離脱した女性とは、このケースでしょう。

　この婚姻による妻の国籍取得条項は、あまりにも夫中心主義であり、男女平等に反する条項であるとして、今回の韓国国籍法の改正により削除されま

した。そのため、前述のような国籍取得はなくなりました。その代わり、簡易帰化の対象となりました。しかし、簡易帰化といっても居住要件を幾分、緩和しているだけで（6条2項）、その他の要件については、一般の帰化と全く変わりません。

ですから、婚姻後、夫婦で一定期間生活の本拠を韓国に移されるならば別ですが、日本で結婚生活を送られるとすれば、あなたの妻になる日本人女性の簡易帰化による韓国の国籍の取得は現実的に難しいと思われます。ご両親には、韓国の国籍法が改正され、婚姻による妻の国籍取得条項が削除されたことについて説明されたうえ、よく話し合われてはいかがですか。

（関連項目）97年韓国改正国籍法の内容はQ2－4参照。　　　　（金　公洙）

北朝鮮国籍法の概要

Q2-9 私は、在日朝鮮人で当然に北朝鮮国籍を保有していると思っていますが、最近北朝鮮の国籍法が改正されたと聞きます。その内容を教えてください。

A

北朝鮮では、建国（1948年）以後、二つの国籍法が制定されています。一つは1963年国籍法（1963年10月9日最高人民会議常任委員会政令）であり、もう一つは1995年国籍法（1995年3月23日最高人民会議常設会議決定）です。1995年国籍法は、1992年改正憲法第62条で「朝鮮民主主義人民共和国公民となる条件は、国籍に関する法律で定める」と規定されたのを受けて、1963年国籍法を改正したものです。

1963年国籍法における原則としては、①国籍唯一の原則、②国籍（選択）自由の原則、③父母両系主義、④夫婦国籍独立主義を挙げることができます。また1995年改正国籍法における原則としては、1963年国籍法の諸原則を踏まえ、①血統主義を基本に生地主義の補充的採用、②国籍離脱の申請等に

関する手続きの変更、③婚姻または離縁による国籍の不変更、④国籍に関する条約の優先を挙げることができます。

北朝鮮では国籍は「人がいかなる国家に所属しているかを明らかにする法的な関係」（社会科学院法学研究所編『法学辞典』（ピョンヤン・社会科学出版社、1971年）81頁）と定義されています。

1995年改正国籍法は、全文16条から構成されています。具体的には、第1条が改正国籍法の目的、第2条から第6条が公民となる要件、第7条・8条は外国に居住する北朝鮮公民と外国公民との間に出生した者の国籍選定方法と手続き、第9条は父母が北朝鮮国籍に入籍またはそれから除籍される場合の子女の国籍選択、第10条・11条は国籍不変更の要件、第12条・13条は国籍喪失者の法的地位、第14条から16条は国籍と関連した実務処理手続きがそれぞれ規定されています。

北朝鮮国籍を取得することができるのは、①建国以前に朝鮮の国籍を所有していた朝鮮人とその子女で国籍を放棄しなかった者（第2条1号）、②外国公民または無国籍者の帰化（第2条2号）、③北朝鮮公民間に出生した者（第5条1号）、④北朝鮮領域に居住する北朝鮮公民と外国公民または無国籍者の間に出生した者（第5条2号）、⑤北朝鮮領域に居住する無国籍者間に出生した者（第5条3号）、⑥北朝鮮領域で出生したが父母が確認されない者（第5条4号）です。ここには、前述した血統主義を基本にした生地主義の補充的採用という1995年改正国籍法の特徴を見ることができます。

またあなたのように、外国に居住する北朝鮮公民である在日朝鮮人と外国公民（たとえば日本人）との間に生まれた者の国籍は、14歳未満の場合には父母（または後見人）の意思に従い定められますが、出生後3か月が経過しても父母（または後見人）の意思表示がなければ北朝鮮国籍となります（第7条1号）。14歳以上の未成年者（16歳未満）の場合には、父母（または後見人）の意思と本人の同意によって定められ、本人の意思と父母（または後見人）の意思が異なれば本人の意思に従い定められます（第7条2号）。父母が朝鮮国籍に入籍またはそれから除籍された場合には、その子女の国籍は14歳未満の場合には父母の国籍に従い、14歳以上16歳未満の場合には父母の意思と本人の同意、父母と本人の意思が異なれば本人の意思に従うことになります（第9条）。

北朝鮮国籍を持っている父母のうちいずれか一方の国籍が変更されても、その子女の国籍は変更されず北朝鮮国籍のままです（第10条）。また結婚、離婚、離縁によっても国籍は変更されません（第11条）。
　1995年国籍法は、1998年に憲法が改正されたのに伴い、一部改正されています。これは、国家機構の改編により中央人民委員会が廃止されたことによる関連規定の改正にすぎません（第15条）。
　（関連項目）国籍とは何かはＱ２−１、97年韓国改正国籍法の内容はＱ２−４参照。
　　　　　　　　　　　　　　　　　　　　　　　　　　（大内　憲昭）

韓国の戸籍制度

Q2-10 私は在日韓国人ですが、韓国にも日本とよく似た戸籍があると聞きました。韓国の戸籍制度はどのようになっているのか教えてください。

A

　現行韓国戸籍法は、1960年１月１日法律第535号として、同日、韓国民法とともに施行されました。そして、その後の改正を経て、1998年６月14日に改正戸籍法（1998年６月３日法律第5545号）が施行されています。1998年の改正は韓国国籍法の改正に伴うものです。

① 国籍と戸籍の関係

　韓国国籍を有する者は必ず韓国の戸籍に記載され、韓国戸籍に記載される者は原則として韓国国籍を有しています。つまり戸籍は国籍を証明する機能をもっています。例えば自己の志望によって外国国籍を取得し、韓国国籍を喪失した者には国籍喪失の申告の義務を課し（韓国国籍法15条１項、16条１項）、そして戸籍から除籍することにより、国民の範囲を明確にするようになっています。ただ、実際上は、国籍の変動と戸籍の記載内容が常に一致しているとは限らず、在日の帰化による除籍の処理がなされていないことがあ

るのはその一例といえます。したがって、韓国戸籍に記載されていても韓国国籍のない場合があり、また、その逆もあり得ます。

② 身分登録としての性質

戸籍は、個人の身分関係を登録、公証することを目的とする制度でもあり、身分法上の重要な法律関係は、戸籍の記載によって明らかになるようになっています。韓国民法上、婚姻は、戸籍法上の申告によって初めて成立しますから（韓国民法812条）、例えば、ある韓国人男女が法律上の夫婦であるかどうかは、戸籍に婚姻申告した旨が記載され、原則として、妻が夫の戸籍に入籍していることによりわかるようになっています。また、離婚したときには、原則として、妻は親家（婚姻前に在籍していた戸籍）に復籍することになっています。養子縁組についても、原則は同様です。そして、出生や死亡等の報告事項的なものは、戸籍法に定める一定の者に対して、一定期間内に申告することを義務付けることにより、戸籍の正確性を保つようにされているのです。

③ 戸籍の編製

韓国の戸籍は、「戸主」を基準として「家」別に編製されています。戸主が最初に記載され、戸主の直系尊属、配偶者、直系卑属とその配偶者、傍系親族とその配偶者等の順にその家族が記載されますが（韓国戸籍法16条）、現実に共同生活をしている者と、戸籍に記載されている者とが一致するとは限らず、戸籍上の家に記載されている集団は観念的なものといえます。在日と、韓国に居住している親族が、同一の戸籍内に記載されていることは珍しいことではありません（「住民登録番号」という欄がありますが、この番号は、原則、韓国国内に居住する者について記載され、外国である日本に居住する在日の該当欄は空白になっています）。そして、家族が婚姻すれば、法定分家により夫を戸主として新しい戸籍が編製され、また、女子が外国人男子と結婚した場合にも、一家創立による新戸籍が編製されます（韓国戸籍例規407項。「戸籍例規」とは、戸籍事務に関する質疑に対して監督機関である法院が発する回答や通牒等をいい、それに基づき戸籍実務が運用されています）。戸主が死亡した場合には、戸主承継人を戸主とする新戸籍が編製されます。

戸籍は、「本籍」と「戸主」によって特定され、家別に編製されています

が、戸籍上の「本籍」と現実の住所とは必ずしも一致しません。しかし、在日の本籍は、転籍等特別な事由がなければ、在日の出身地を表していると考えられます。1896年の戸口調査規則、1909年の民籍法、日本の植民地時代である1922年の朝鮮戸籍令を経て、現行の韓国戸籍法があるのですが、最初に定められた本籍は現実の生活場所と一致していたからです。

朝鮮戸籍令による戸籍は、日本の植民地時代に編製されたものであり、日本の、旧戸籍法当時の戸籍の様式と同じようなものとなっています。それを基礎として現行戸籍法も存在することから、しばしば日本の戸籍制度と似ていると表現されるのです。現在の横書の様式に再製されていない場合は、今でも、日本語とハングル文字の両方の記載されたものが戸籍謄本として発行されることもあります。

④ 在日と韓国戸籍との関係

日本の統治からの解放前は、在日が日本の役所に出生届や婚姻届を提出した場合に、その戸籍届書は在日の朝鮮の本籍地へ送付され、当時の「朝鮮戸籍」にその届書に基づく内容が記載されていました。これについては、「朝鮮」が、当時の日本の一つの地域であると考えれば理解されると思います。しかし、日本の敗戦により、その後の在日の戸籍届書は朝鮮の本籍地へ送付されることはなく、日本の役所に保管されることになったのです。実際に送付されていたのは、1947、8年頃までと思われます。その後、在日が韓国に帰属意思をもつかどうかにより、韓国戸籍への身分関係の反映に差が生じてきます。北朝鮮に帰属意思をもつ在日は、韓国戸籍法上の申告をしないのが普通であるからです。

在日のほとんどは、現在の韓国に属する地域からの出身者またはその子孫であり、その人たちが記載されている戸籍または記載されるべき戸籍は、戦災等により滅失していない限り、その出身地（本籍）を管轄する韓国の役所に保存されています。ですから、本籍等が正確にわかりその戸籍を探し出せる場合は、戸籍法上の手続さえ踏めば、韓国の戸籍に身分関係を反映させることができるのです。

ところで、韓国戸籍法は、韓国内で発生した身分事項については、外国人に対しても適用があり、また韓国内に本籍を持つ者に対しては、その人が外国に居住していても適用があります。在日が子の出生届を日本の役所に提出

するのは、日本の戸籍法の適用によるものであり、それとは別に外国人登録法によっても子の登録の申請をしなければなりませんが（日本戸籍法25条、外国人登録法3条参照）、実は、さらに韓国領事館か本籍地の役所に郵送することによって韓国戸籍法上の出生の申告もしなければならないのです。

また、在日が、日本の役所に婚姻届を出しても、韓国戸籍法に基づく申告をしなければ、韓国戸籍に婚姻の旨が記載されることはありません。この場合の婚姻の申告は、すでに法律上婚姻が成立したことを報告的に申告するものであり、出生や死亡申告と同様の性質のものです。日本の統治時代のように、日本の役所が韓国の本籍地へ戸籍届書を送付するということは、当然、現在は行われていないのです。在日は、日本の戸籍法の適用を受け、さらに韓国戸籍法の適用も受け、両方の届出あるいは申告義務を負っているといえます。在日が、韓国国籍を保有していても戸籍に記載されていなければ、例えばパスポート（旅券）の発給が受けられないという現実問題に直面することもあります。

（関連項目）国籍はＱ２－１、北朝鮮の身分登録制度はＱ２－１１、韓国戸籍を探す方法はＱ２－１２、韓国の戸籍整理等はＱ２－１３、Ｑ２－１４、Ｑ２－１５参照。

(李　光雄)

北朝鮮の身分登録制度

Q2-11　私は在日朝鮮人ですが、北朝鮮には戸籍制度がないと聞きました。戸籍制度がなくても、出生や婚姻や離婚等を受理してその記録などがあると思うのですが、いかがでしょうか。

A

解放当初の北朝鮮政府の法令を見ますと、政府による自国民の把握のために、身分登録による「公民証」交付が行われていました。公民（国民）は、身分登録に際して「戸籍証」「戸籍謄本」の添付が求められていました。「戸

籍」は現在では存在していません。むしろ「戸籍」は「統治者が住民を徹底して掌握し抑圧搾取することに利用する手段」（社会科学院法学研究所編『民事法辞典』（ピョンヤン・社会安全部出版社、1997年）696頁）と否定的に考えられています。解放当初使用された「戸籍」は、日本による植民地統治時代に作成されたものと推定されます。

　ご質問の出生、婚姻、離婚等の記録は「身分登録制度」と言われています。現在の身分登録制度に関する法令については資料を入手できていませんが、ここでは北朝鮮で出版されています社会科学院法学研究所編『法学辞典』（社会科学出版社、1971年）と前掲『民事法辞典』を参考にして身分登録制度について説明することにしましょう。

　1972年憲法の下では、公民は身分登録申請書を身分登録機関に提出します。このときの身分登録機関は、里（邑、労働者区、洞）という行政区にある人民委員会です。人民委員会は申請者に該当する住民証を交付し、また公民証に身分関係の変動事項を記入します。公民は、法的に定められた期日内に身分登録を行わなければなりません。

　現在は、身分登録機関は市、郡（区域）安全部の下部分駐所です。

　身分登録申請は、公民が提出する様式化された申請書に基づき台帳に登録し、申請者に該当する証明書を交付し、公民証に身分関係の変動事項を記録します。公民は、法的に定められた期日内に身分登録機関に身分上の変化を正確に登録する義務を負っています。利己目的または卑劣な動機から、公民証を隠匿もしくは処分した者または偽造もしくは偽造であることを知りながら使用した者は、2年以下の労働教化刑（懲役刑）に処せられます（1987年刑法第106条）。

　（関連項目）韓国の戸籍制度はＱ２―10参照。　　　　　　（大内　憲昭）

韓国戸籍を探す方法

Q2-12 私は、在日韓国人ですが、今度生まれて初めて海外旅行をしようと思います。旅券を申請しようと思い領事館へ問い合わせたところ、韓国の戸籍謄本が必要だと言われました。私の戸籍はどうやって探せばいいのでしょうか。

A

多くの在日韓国人は、日常生活の中で戸籍謄本の収集に迫られるという場面は、ほとんどないのが現実だと思います。ご質問のように、パスポートの申請の際には戸籍謄本の提出が求められるので、ご自分の戸籍謄本を見たことがない人からすれば、たいへん戸惑ってしまう出来事なのかもしれません。

ここでは、あなたの両親も戸籍のことをよく知らないという前提でお答えします。

韓国の戸籍は、「本籍」と「戸主」とで特定されます。あなたの場合も、本籍がどこにあって戸主が誰であるかを特定できれば、戸籍謄本を請求することができます。

そこで、まず戸主についてですが、家族は、戸主の「直系卑属長男子」を除いて結婚により分家するのが原則ですから（韓国民法789条）、あなたが結婚していなければ戸主はあなたの父となっているか、または、あなたの父が長男であれば戸主はあなたの祖父となっている可能性が高いと思われます。

次に、あなたの本籍を知るための手がかりについて説明します。

まず、あなたの登録原票記載事項証明書（旧外国人登録済証明書）を請求して下さい。その証明書の「国籍の属する国における住所又は居所」の欄には、在日の場合は本籍地が記載されることになっています。そこに「番地」まで記載されているならば、それが、あなたの韓国戸籍上の本籍地であると思われます。もちろん、「○○道」や「○○道○○郡○○面○○里」のように行政区域までの登録では、本籍の特定はできません。しかし、その場合で

も、父や母の登録原票記載事項証明書には、本籍地が具体的に登録されていることもありますので、父や母のものも調べてみて下さい。

　ちなみに、あなたの父の兄弟は、原則として本籍が同じですから、父の兄弟や父方のいとこの協力を得て、その人たちの登録原票記載事項証明書を見るのも一つの方法です。

　また、母方の親戚から探る方法もあります。母の親戚に尋ねてみることにより、母の実家の本籍がわかるなら、その戸籍を請求してみて下さい。そこには、母が婚姻により除籍となった旨の記載があると思います。また、婚姻によって母が入籍した先の本籍と戸主が記載されているはずです。そこに記載された本籍と戸主で特定される戸籍こそ、あなたが探している戸籍だと思います。

　さらに、あなたが在日三世・四世で、在日一世が亡くなられている場合や帰化している場合は、在日一世の閉鎖された登録原票の写しを請求することも有効です（閉鎖された登録原票は、市区町村役場を通じて法務省から取り寄せなければならない場合があります）。戦前生まれの在日は朝鮮戸籍令（1922年12月18日朝鮮総督府令第154号）により、当時の朝鮮戸籍に記載されました。その後、在日は、外国人登録令（1947年5月2日施行）に基づき外国人登録簿に登録されることになりますが、その外国人登録簿には在日一世の申請によって、本籍が正確に登録されている可能性があります（外国人登録簿は、制定時の外国人登録法附則5項により外国人登録原票に引き継がれています）。

　朝鮮戸籍令による戸籍は、本籍が現在の韓国の地域に属する場合には保存されているのが原則です。ですから、在日一世の本籍が特定できれば、祖先の戸籍から追いかける形で、あなたの記載がある戸籍またはあなたが記載されるべき戸籍にたどり着くことができるかも知れません。

　（関連項目）韓国の戸籍制度はＱ2－10、韓国の戸籍整理はＱ2－13参照。

（金　秀司）

韓国の戸籍整理、韓国戸籍の訂正

Q2-13 先日、生まれて初めて韓国の戸籍謄本を見ました。ところが、姉は戸籍に記載されていましたが、私は記載されていませんでした。両親に聞いたところ、おまえは戦後生まれだからといわれました。海外旅行をするために旅券を申請しようと思いますが、どうすれば良いでしょうか。

A

　海外旅行をするためには、大韓民国政府発行の旅券を発給してもらわなければなりません。旅券の発給を受けるためには、あなたが韓国国籍であることを証明する韓国戸籍が必要となります。したがって、あなたがお父さんの子として、お父さん又は祖父が戸主となっているであろう戸籍に入籍する手続をしなければなりません。

　韓国政府は、海外に長期間居住する韓国人の出生、婚姻、認知、養子縁組、死亡等の身分変動の手続がなされていない特殊な状況を考慮し、それらを戸籍簿に登載されるよう法律を制定しました。その法律は、「在外国民の就籍・戸籍訂正及び戸籍整理に関する臨時特例法」（1973年6月21日法律第2622号）（以下、「臨時特例法」という）といいます。

　臨時特例法は、戸籍法上の一定の手続に関し、在外国民の便宜を図るための特例として制定されました。したがって、臨時特例法によらず、韓国戸籍法上の一般原則により申告することは、もとより構いません。

　臨時特例法の適用を受けるのは、大韓民国の国民ですから、在外国民登録法（1949年11月24日法律第70号）3条により国民登録をしている人がその対象になります。

① 就籍許可申請

　臨時特例法の中身をもう少しみてみましょう。臨時特例法3条では、大韓民国国民として本籍がないか、または、本籍が明らかではない人は在外公館の長に就籍許可を申請できるとしています。本籍がない人とは、出生申告義

務者が申告をしないでそのまま放置するか、戸籍の焼失等で現在戸籍がない人をいい、また、本籍が明らかではない人とは、父母の行方不明により戸籍の所在が不明な人をいうとされています。

　この就籍許可を申請する場合は、申請書に、在外国民登録簿謄本、外国人登録原票記載事項証明書、戸籍謄本（他家から入籍者が家族として就籍する場合において除籍の理由がある実家又は生家の戸籍謄本）、就籍申告書を添付して駐日韓国領事館（以下、「領事館」という）の長に申告をすることになります。就籍申告書を受け付けた領事館の長は、これを外務部長官を経由して本人の本籍地を管轄する法院に送付します（臨時特例法5条1項）。

　法院が就籍申告書を受け付けたときは、本籍地を管轄する市・区・邑・面の長に戸籍の有無を調査させます（臨時特例法5条4項）。法院が就籍を許可すれば、市・区・邑・面の長は戸籍を編製することになります（臨時特例法6条1項）。なお、添付書類の詳しい内容は、領事館に問い合わせてください。

② 戸籍訂正許可申請

　つぎに戸籍訂正許可申請の手続をみてみましょう。戸籍訂正とは、戸籍の記載に誤り又は抜け落ちている箇所があって事実と一致しない場合にこれを正しく直す措置とされています。

　この戸籍訂正許可申請をするには、申請書に在外国民登録簿謄本、外国人登録原票記載事項証明書、事由書、戸籍謄本、戸籍訂正申告書、事実疎明に必要な書面を添付して領事館の長に申告をすることになります。

③ 戸籍訂正申請

　また、戸籍訂正にはより簡便な方法があります。それは、例外的に、領事館の長が戸籍訂正申請書に調査確認書を添付して直接韓国の市・区・邑・面の長に送付するものです（臨時特例法5条1項但書）。「韓国法を本国法とする在日」が、外国人登録時に間違った本籍や本貫を記載したり、男女の別を間違えたりする場合もあるでしょう。また、韓国では新暦よりも旧暦で種々の行事を行うのが慣習ですから、自分や子供の生年月日も旧暦で記憶していたものを記載したとしても不思議ではないでしょう。この戸籍訂正申請はこのように軽微な錯誤や遺漏に限られます（「在外国民の就籍・戸籍訂正及び戸籍整理に関する臨時特例法による戸籍事務処理指針」〔1987年9月12日戸

籍例規400号〕10条1項)。領事館の長は、戸籍訂正申請書を受け付けると事実調査をして、調査確認書を作成し、市・区・邑・面の長に送付します。

④　戸籍整理申請

最後に、戸籍整理申請をみてみましょう。戸籍整理申請は、出生、認知、養子縁組、婚姻、死亡等によって、ある戸籍に入籍すべき事由があるにもかかわらず、また、戸籍から除籍されなければならない事由があるにもかかわらず、そのままの状態にある場合に、本人又は利害関係人が領事館の長にする申請をいいます（臨時特例法3条2項）。

あなたのご両親は、日本の役所にあなたの出生届をしたのですが、韓国には届けていなかったのでしょう。したがって、あなたのケースは、この戸籍整理申請をすることで問題が解決するはずです。戸籍整理申請書に添付する書類は、在外国民登録簿謄本、外国人登録原票記載事項証明書、外国官庁発行の証明書（出生届記載事項証明書、婚姻届記載事項証明書等）、戸籍謄本等です。

なお、①〜④までの申請書の添付書類で日本の市・区・町・村役場で取寄せるものは、外国人登録原票記載事項証明書、外国官庁発行の証明書（出生届記載事項証明書、婚姻届記載事項証明書等）並びに、日本人と婚姻しているような場合にはその日本人を筆頭者とする戸籍謄本です。在外国民登録簿謄本は、領事館で確認した大韓民国民団発行の在外国民登録証明書で代用できるとされています。

韓国の市・区・邑・面役場で取寄せるものは、韓国人を筆頭者とする戸籍謄本です。

なお、臨時特例法は、2000年12月31日まで有効とされていましたが、同法は改正され、「在外国民の就籍・戸籍訂正及び戸籍整理に関する特例法」（2000年12月29日法律第6309号）が施行されました。いずれにしましても、戸籍に登載されている内容を確認して、問題があれば迅速にこれらの手続きをすることをお勧めします。

（関連項目）韓国の戸籍制度はQ2—10参照。　　　　　　　　（高山　駿二）

日本人と婚姻した韓国人妻の戸籍及びその子の戸籍の記載

Q 2-14 私は、韓国人女性です。日本人夫との間に、生後半年になる子供がいます。子供に韓国国籍があるのなら、韓国の戸籍に出生の申告をしたいのですが、私の子供はどのようになりますか。

A

あなた方夫婦が法律上の夫婦であり、あなた方の子供が、改正韓国国籍法の施行（1998年6月14日）後に生まれたという前提でお答えします。

改正前の従来の韓国の国籍法では、法律上の夫婦から生まれた子が韓国国籍を取得するかどうかは、子の出生の時に父が韓国人であることが要件となっていました。しかし、改正国籍法では、父母のどちらかが韓国人であれば韓国国籍を取得しますので、あなたの子は韓国国籍を取得していることになります（韓国国籍法2条1項1号）。また、父は日本人ですから、日本の国籍法により日本国籍も取得しています（日本国籍法2条1号）。したがって、あなたの子は、韓国と日本の二重国籍者ということになります。

子の出生届を日本の役所にされたと思いますが、子は日本国籍をもっていますから父が筆頭者である日本の戸籍に入籍し、子の父母欄にはあなた方の名前が記載されています。また、あなたの子は韓国の改正国籍法の施行後に生まれ韓国国籍も保有していますから、韓国戸籍法上の出生申告も受理されることになります。

韓国では改正国籍法の施行に伴い、あなたの子のような場合の出生申告について「外国人父と韓国人母との間に出生した婚姻中の子の姓と名の表記及び戸籍記載手続等に関する指針」（1998年11月27日大法院戸籍例規第573号）を制定しています。その戸籍例規に基づき、あなたの子について出生申告する場合のことを説明します。

出生申告は、母の本籍地の韓国の役所に郵送することも、または韓国に帰

国して申告することもできますが、在外公館（領事館）の長に出生申告をすることもできます。出生申告がされると、その子は、母であるあなたの戸籍に入籍します。しかし、日本人夫との婚姻の報告的申告（すでに、法律上婚姻が成立していることを申告すること）がされていなければ、先にその申告が必要です。

　あなたの場合、外国人男性との婚姻ですから、一家創立によりあなたを戸主とする新戸籍が編製され、子はその戸籍に入籍することになります。

　その際の子の「姓」ですが、韓国民法781条1項但書は「父が外国人であるときは、母の姓と本を継いで、母の家に入籍する」と定めていますが、前記戸籍例規によれば、日本人父の「氏」を継ぐことも、韓国人母であるあなたの「姓」と「本」を継ぐこともできます（趙均錫ほか『大韓民国新国籍法解説』（日本加除出版、1999年）96頁参照）。「名」についても、日本の戸籍に記載されている日本式の名を使用することもできますし、新たに韓国式の名を記載して申告することもできます。ただし、日本人父の氏及び韓国式の名を記載した申告書、または韓国人母の姓及び日本式の名を記載した申告書は、どちらかに統一するように指示されますが、応じないときはそのまま受理して記載するとされています。

　日本の戸籍上の氏名（例えば、鈴木一夫）と異なる姓名（例えば、李容鎮。「李」は韓国人である母の姓）で申告した場合は、李容鎮と鈴木一夫が同一人であることがわかるように、戸籍上、子の身分事項欄には、「日本国〇〇市……で出生（外国姓名：鈴木一夫）、〇〇〇〇年〇月〇日〇〇〇申告、同国駐在韓国大使送付」のように記載されます。

　（関連項目）韓国改正国籍法はＱ2－4、重国籍者の国籍選択はＱ2－5、韓国の戸籍制度はＱ2－10、子の姓と氏はＱ6－2参照。　　　　（李　光雄）

離婚の韓国戸籍への届出

Q2-15 私は韓国人で、すでに離婚した元夫も韓国人です。日本での離婚届は当然提出済ですが、韓国の戸籍上はまだ夫婦のままです。このままだと、何か不都合があるでしょうか。

A

離婚届を日本の役所に提出済だということですが、日本人夫婦が日本の役所に離婚届を出すのと同じ方法で協議離婚をされたというわけですね。

「韓国法を本国法とする在日」同士の夫婦の場合、なぜ協議離婚ができるのか、また、韓国民法では協議離婚の申告の前に「家庭法院の確認」を要するのに（韓国民法836条）、なぜその確認が必要とされなかったのか等の問題については、第3章の設問を参照してください。ここでは、あなた方の離婚が、韓国の国際私法である「渉外私法」上有効に成立していることを前提に、韓国戸籍上の問題についてご説明します。

韓国に居住する韓国人が、韓国の役所に離婚届を提出する場合は、韓国戸籍に離婚の旨が記載されることはいうまでもありません。しかし、在日韓国人夫婦が日本の役所に離婚届を提出しても、韓国の戸籍に当然に記載されるというわけではありません。あなた方の場合は、離婚が成立した旨を韓国戸籍法上報告する義務、すなわち報告的申告をする義務があるのです。在日韓国人は、直接本籍地の役所へ郵便等により申告することもできますし、駐日領事に申告することもできます（韓国戸籍法39、40条参照）。

離婚の報告的申告があると、夫の戸籍上、夫及び妻の各身分事由欄に離婚した旨が記載されます。そして、妻は夫の戸籍から除籍された上、原則として親家に復籍、すなわち婚姻前の戸籍に再び記載されます。夫婦間に未成年の子がある場合には、原則として協議により親権者を定め（韓国民法909条4項参照）、子の身分事由欄に父または母を親権者として指定協議した旨が記載されます。なお、親権者として母が指定されても、子は父の戸籍に在籍

することに変わりありません。

　さて、ご質問ですが、不都合かどうかというよりも、その申告をしないこと自体が韓国戸籍法に違反していることはすでに理解されたでしょう。在日の場合、申告をしなくても韓国戸籍法上の罰則を現実に適用されることもないので、現在はその不都合を感じないかも知れませんが、そもそもこういうことは将来別の意味で問題になることが多いのです。

　まず、あなた方に未成年の子がいる場合には、親権者がだれであるか戸籍上明確にされないと、将来、子のためにいろいろな手続をするときに困ることになります。

　次に、あなたが再婚することを考えてみましょう。法律上は離婚が成立しているとしても離婚の報告的申告をしなければ、韓国戸籍上独身でないあなたの再婚は二重婚姻と判断され婚姻届は受理されないでしょうし、婚姻届に必要な婚姻要件具備証明書も領事館から発行してもらえないでしょう。再婚相手との間に子が生まれるという場合にも、韓国の戸籍上は前夫との子であるという推定がはたらきますし、再婚相手が日本人の場合に婚姻届が受理されていないと生まれてくる子の国籍にも影響を及ぼしかねず、その子にとってはたいへん迷惑な話です。また、あなたがだれと法律上の夫婦関係にあるのかをいずれは証明する必要も生じるでしょうし、当然、離婚した夫にも同様の問題が発生します。

　韓国戸籍法上は報告的申告に過ぎないから、問題となるその時にすれば十分であるという考えもあるかも知れませんが、できるだけはやく韓国戸籍法に基づく手続をされるようおすすめします。

　（関連項目）韓国の戸籍制度はＱ２−10、離婚はＱ３−12以下、親権者はＱ４
　　−３参照。　　　　　　　　　　　　　　　　　　　　　　　（李　光雄）

在日の法的地位の変遷

Q2-16 在日韓国・朝鮮人の法的地位は、戦後複雑な変遷を経て現在に至っていると聞きましたが、その経緯などを教えて下さい。

A

　在日韓国・朝鮮人（以下、在日）も含めて、日本に在留する外国人は「出入国管理及び難民認定法」（以下、入管法）の適用を受けます。入管法には、外国人が日本に在留するために必要な在留資格や在留期間のほか、退去強制事由などが定められています。

　また、「外国人登録法」（以下、外登法）により、外国人が日本で出生した場合でも、60日以内に登録の申請をすることが義務づけられています。在日の法的地位を考える上では、入管法と外登法の沿革を知ることが重要です。

1 「外国人登録令」と「出入国管理令」の制定

　日本国憲法施行日の前日である1947年5月2日、最後の勅令として「外国人登録令（昭和22年勅令第207号）」（以下、外登令）が公布、施行されました。外登令は、外国人登録により外国人の居住関係や身分関係を把握するだけでなく、出入国や退去強制に関する規定などを定めたものです。

　1910年の日韓併合条約により、朝鮮は日本の領土となり、朝鮮人は日本国籍をもつようになったとされています。1945年、日本は敗戦を迎えたのですが、外登令の公布施行時においても、法的には朝鮮人は日本国籍を保持していたとされています。しかし、外登令11条の「……朝鮮人はこの勅令の適用については、当分の間、これを外国人とみなす。……」という規定によって在日に外登令が適用され、在日の外国人登録がはじまることになります。

　そして、日本の主権回復を控えた1951年には、GHQの指令に基づき「出入国管理令（昭和26年政令第319号）」（以下、入管令）がポツダム政令とし

て制定されます。入管令は、入国・上陸する外国人の在留資格・在留期間、退去強制事由などを定める出入国管理の一般法ですが、日本政府は、外登令の公布施行時と同じように、すでに戦前より日本に居住している在日を適用の対象にしようとします。しかし、あくまで出入国管理の一般法の制定を指示したにすぎないGHQが反対したため、日本政府は、入管令の在日への適用を断念せざるを得ませんでした。

2　在日の在留資格について
① 法律126号系の在留資格

1952年4月28日のサンフランシスコ講和条約の発効と、その直前に出された通達（1952年4月19日法務府民事甲第438号民事局長通達）により、朝鮮人は日本国籍を自己の意思に関係なく条約発効と同時に一方的に喪失することとなりました。

また、条約発効の日と同じ日に、外登令の中の、出入国と退去強制に関する規定を除外し、指紋押捺制度を新たに導入した「外国人登録法（昭和27年4月28日法律第125号）」（以下、外登法）が施行されました（現実に指紋押捺制度が実施されたのは昭和30年3月5日政令25号、26号により、外登法施行から3年後の1955年4月27日から）。在日は条約発効の日から外登法の適用を受けるのみならず日本国籍を喪失した結果として入管令の適用をも受けることになったのです。

それでも、戦前から日本国籍があるものとして在留している在日は、入管令上の在留資格を持っているはずもなく、入管令を在日に適用することには矛盾があります。そのため、日本政府は「ポツダム宣言の受諾に伴い発する命令に関する件に基く外務省関係諸命令の措置に関する法律（昭和27年法律第126号）」を制定すると同時に即日施行（1952年4月28日）し、その2条6項により、別の法律が定められるまでの間、在日は引き続き在留資格を有することなく日本に在留することができるものとしました。この在留資格を、法律126号2条6項による在留資格、すなわち「126－2－6」といいます。なお、入管令は法律126号4条により法律としての効力を付与されています。

次に、「126－2－6」の子は、入管令4条1項16号に該当し、「特定の在留資格及びその在留期間を定める省令（昭和27年5月12日外務省令第14号）」

の1項2号によって、在留期間3年の在留資格が付与されました。この在留資格を「4－1－16－2（特定在留者）」といいます。なお、この外務省令は、「出入国管理及び難民認定法施行規則（昭和56年10月28日法務省令第54号）」（以下、入管法施行規則）の制定により廃止され、以後、「4－1－16－2」は、入管法施行規則2条2号に該当する者となりました。さらに、「4－1－16－2」の子（すなわち126－2－6の孫）については、入管法施行規則2条3号による「法務大臣が特に在留を認める者」としての在留資格しか与えられず、その在留期間も「3年を超えない範囲内」とされていました。この在留資格を「4－1－16－3（特別在留者）」といいます。

そして、「4－1－16－2（特定在留者）」、「4－1－16－3（特別在留者）」に該当する者は、在留期間の更新を申請しなければ、退去強制の対象ともなっていました。なお、「126－2－6」と「4－1－16－2」および「4－1－16－3」とを総称して126号系の在留資格といいます。

② 「協定永住者」

1965年に日本と韓国との間の国交が正常化し、翌年の日韓法的地位協定、すなわち「日本国に居住する大韓民国国民の法的地位及び待遇に関する日本国と大韓民国との間の協定（昭和40年条約第28号）」の発効（1966年1月17日）に基づき、「日本国に居住する大韓民国国民の法的地位及び待遇に関する日本国と大韓民国との間の協定の実施に伴う出入国管理特別法（昭和40年法律第146号）」が同日施行され、新たに協定上の永住資格すなわち「協定永住権」が設けられました。

この「協定永住権」は、126号系の在留資格を有する在日に対して申請により付与され、一定の退去強制要件も緩和されましたが、大韓民国の国籍を有していることが条件となったため、在日社会が大きく二分され、在日社会の分裂が法的なレベルにまで波及する結果となりました。また、「協定永住者」の範囲は許可を受けた一代目とその子である二代目に限定され、三代目以下については、協定発効日より25年が経過する（1991年1月17日）までは、日本政府は韓国政府の要請により再協議を行うことに同意するとしただけであり、問題点を残しました。

③ 「特例永住者」

日本が、1979年に国際人権規約を批准し、さらに1981年には難民条約を批

准したことに伴い、入管令は、難民認定手続きに関する規定などを加え、昭和56年法律第86号により「出入国管理及び難民認定法」に改められます。また「出入国管理令の一部を改正する法律（昭和56年法律第85号）」により、永住許可の特例措置として、「朝鮮」籍の126号系の在留資格を有する在日に対しても、申請によって当然に一般永住資格が付与されることになりました。この特例措置により永住資格を付与された者を「特例永住者」といいますが、「特例永住者」には、「協定永住者」に認められた退去強制事由の緩和がなされなかったため両者の格差は依然として残ったままでした。

3　入管特例法による「特別永住者」への一本化

　在日の法的地位が国籍や世代によって異なり、協定永住三代目以後については白紙の状態のままであったため、在留資格問題の抜本的解決と処遇改善を求める声が内外で高まる中、1991年に日韓外相会議で在日の法的地位についての覚書が交されます。そして、入管法の特例として「日本国との平和条約に基づき日本の国籍を離脱した者等の出入国管理に関する特例法（平成3年法律第71号）」（以下、入管特例法）が施行（1991年11月1日）されるに至りました。

　入管特例法3条は、平和条約国籍離脱者または平和条約国籍離脱者の子孫で「126―2―6」、「協定永住者」、「特例永住者」などに該当する者は、「法

表4　特別永住者数の推移

年次	「特別永住者」の総数	「韓国・朝鮮」人
1992	590,193	585,170
1993	583,793	578,741
1994	578,687	573,485
1995	563,050	557,921
1996	554,032	548,968
1997	543,464	538,461
1998	533,396	528,450
1999	522,677	517,787

出所：入管協会『在留外国人統計』より作成。

定特別永住者」として日本で永住することができる旨を定めています。そして、入管特例法施行の日以降に日本で出生したこれらの者の子孫については、出生の日から60日以内に（居住地の市区町村の長を通じて法務大臣に）特別永住許可の申請をすれば、当然に「特別永住者」として永住することができるとされました。また、平和条約国籍離脱者および平和条約国籍離脱者の子孫で、すでに「日本人の配偶者等」「永住者の配偶者等」「定住者」の在留資格をもって在留する者も（地方入国管理局に出頭して法務大臣に）特別永住許可の申請を行うことにより当然に「特別永住者」になるとしています。

　これまで、「協定永住者」と「特例永住者」との間で格段の差が生じていた退去強制事由についても、「特別永住者」における退去強制の特例措置として、一律に退去強制事由が緩和されたことにより両者の格差はなくなり、「朝鮮」籍の在日にとっては大幅な改善となりました。

　このように複雑細分化され、世代が進行するほど不安定になっていた在日の法的地位は、入管特例法により「特別永住者」として一本化され、「韓国」籍・「朝鮮」籍を問わず在日の子孫の法的地位の安定が将来的にも保障されることになりました。また、外登法に関しては、指紋押捺制度が廃止され、特別永住者については、外国人登録証明書の常時携帯義務違反による罰則が、刑事罰から行政罰である過料（10万円以下）に引き下げられるなどの法改正（2000年4月1日施行）がありました。批判が大きい登録証明書の常時携帯義務自体は存続していますが、これらの改正点も押さえておくといいでしょう。

　なお、「特別永住者」の在留資格をもって在留する者は、「日本に常居所があるものとして取り扱う者」とされています（平成元年10月2日法務省民二第3900号民事局長通達、最終改正平成4年1月6日民二第155号）。

　（関連項目）在日の日本国籍喪失の理由はＱ２－２、外国人登録法上の国籍は
　　Ｑ２－４参照。　　　　　　　　　　　　　　　　　　　　　（金　秀司）

第3章　在日の婚姻・離婚の法律

1 はじめに

　西暦2000年に至り、在日の世代も三世はもちろんのこと、四世さえも結婚を考える時代を迎えている。在日の文化は本国のそれとは異なるし、日本人のそれともいくらか異なるが、日本で生まれ育ってきた三世、四世にとってその結婚観は日本人とほぼ同様であるといっても過言ではなかろう。
　しかし、いざ結婚となると、在日特有の問題も生じる。日本人との結婚よりも同じ在日同士の結婚が奨励され、さらには同じ在日でも祖先の出身地が同じ者、あるいは韓国籍、朝鮮籍である者同士の結婚が、特に見合い結婚を通じて奨励されてきたことは間違いない。しかし、ここではそのような問題に言及するのではなく、在日の婚姻及び離婚についての家族法上の問題、例えば、いとこ同士でも結婚できるのか、どうすれば婚姻や離婚が成立するのか等々の問題について、在日を中心として概説するのが本章の目的である。

2 婚姻の実質的成立要件

　結婚するためには、例えば、婚姻年齢に達していることや近親婚でないこと、また、親の同意が必要な場合はその同意を得ること等の、一定の法律上の要件を備えていなければならない。これを実質的成立要件といい、各国の法律に定められているその内容には、歴史や文化、伝統等によるそれぞれの特色がある。韓国法、北朝鮮法、日本法の内容も、当然、それぞれ異なる。それでは在日が結婚する場合、これらのうちのいずれの法に従えばいいのであろうか。
　この問題の、日本の国際私法規定である「法例」13条1項は、「婚姻成立ノ要件ハ各当事者ニ付キ其本国法ニ依リテ之ヲ定ム」としている。ちなみに、婚姻の実質的成立要件については、韓国の国際私法規定たる「渉外私法」、北朝鮮の国際私法規定である「対外民事関係法」いずれを参照しても反致は成立せず、したがって、法例13条1項の定める通り、夫婦になろうとする各当事者はそれぞれの本国法の要求する実質的成立要件を備えなければならない。すなわち、「在日韓国人」であるならば韓国民法が、「在日朝鮮人」ならば北朝鮮家族法が、それぞれ要求する実質的成立要件を備えなければならない。もちろん、帰化して日本国籍となった者は、日本民法がその本国法となる。ただ、北朝鮮法を本国法とすることについては、最近北朝鮮か

ら来日したことが明らかである等、当事者が明らかに北朝鮮に属する者であると認められる場合を除いては、韓国法を本国法とみるのが法務省の行政解釈であり、したがって、日本の役所の窓口では、原則として韓国法を本国法として取り扱われているようである[1]。

① 婚姻適齢、父母の同意

何歳になれば結婚できるのか。韓国民法では、男子満18歳、女子満16歳であり（韓国民法807条）、日本民法と同様である（日本民法731条）。北朝鮮家族法は、男子18歳、女子は17歳としている（北朝鮮家族法9条)[2]。満20歳に達しない未成年者が婚姻するには父母の同意が必要であることは、韓国も日本も同様である（韓国民法808条、日本民法737条）。北朝鮮では、成人年齢は満17歳とされているので（北朝鮮民法20条)[3]、未成年者の婚姻についての父母の同意を婚姻の実質的成立要件とはしていない。婚姻年齢や父母の同意は当事者の一方のみに関わる要件と解されるので[4]、例えば、満17歳の北朝鮮法を本国法とする女性には、その点については北朝鮮法のみが適用される。したがって、その女性が日本人との婚姻届を日本の役所に提出する場合、女性については父母の同意は不要であると考えられる。しかし、日本の役所の窓口では前述の行政解釈との関係で異なる取扱をする余地は残る。

② 近親婚の制限

近親婚は、婚姻年齢のように当事者の一方のみに関わる問題ではなく相手方との関係でも問題となるので、相手方の本国法によっても婚姻の障害とならないかどうかを確認する必要がある。「傍系血族」との婚姻禁止範囲を比較してみると、韓国民法、北朝鮮家族法の禁婚範囲は日本民法のそれよりもかなり広い。日本は3親等以内の傍系血族であるが、韓国、北朝鮮とも、8親等以内の傍系血族との婚姻を禁止している（日本民法734条1項本文、韓国民法815条2号、北朝鮮家族法10条参照[5]）。

在日と、帰化して日本人となった者が、いとこ同士である場合を考えてみよう。いとこは互いに4親等の傍系血族であり、日本民法ではいとこ同士の婚姻は可能である。しかし、この場合婚姻が成立するためには、相手方の本国法上も可能かどうかが問題となる。韓国民法では8親等以内の傍系血族との婚姻は無効とされており[6]、また、北朝鮮家族法でも8親等までの傍系血族間の婚姻は認められないので、一方の婚姻当事者である在日の本国法がど

ちらであろうともこのカップルの婚姻届は受理されないはずである。仮に、いとこ同士の「在日韓国人」と日本人の婚姻届が誤って受理されても、韓国民法によれば無効原因となるのでそのような婚姻は無効となる。また、「在日朝鮮人」と日本人の場合も同様である[7]。

なお、韓国民法上の近親婚の制限は、8親等以内の傍系血族との婚姻だけではなく、8親等以内の傍系血族の配偶者である親族関係があったときにも無効とされる等（韓国民法815条2号参照）、その禁婚範囲は北朝鮮家族法よりも広い。また、それ以外にも、再婚、姻戚との婚姻、さらには養子と養方の血族との婚姻[8]等の場合において、日本民法とはかなり異なるところもあり、婚姻の事例ごとに十分に注意する必要があると思われる[9]。

③ 同姓同本不婚制度

韓国民法809条1項は、「同姓同本である血族の間では、婚姻をすることができない」と規定するが、この規定も近親婚の制限の一種と考えられる。ここにいう「同姓同本」とは、「姓」すなわち名字を同じくし、かつ「本」すなわち先祖の出身地を同じくすることを意味し、同規定は、それらが同一の血族間の婚姻を禁止するものである。しかし、この規定については以前より批判が強く[10]、1997年7月16日、韓国憲法裁判所は同規定を憲法に合致しないと判断した[11]。したがって、現在では同姓同本婚も他の婚姻成立要件を備える限り認められている。北朝鮮では、法律上は同姓同本不婚制度をとっていないが、事実上習慣として同姓同本不婚が守られているといわれている[12]。

④ その他

女性の再婚禁止期間については、韓国、日本とも、原則として前婚の終了後6か月の期間があるが（韓国民法811条、日本民法733条）、北朝鮮家族法には見当たらない[13]。

配偶者のある者が重ねて婚姻すること、すなわち重婚は、韓国、北朝鮮、日本すべてにおいて禁止されている（韓国民法810条、北朝鮮家族法8条、日本民法732条）。ただ、日本や韓国では重婚を婚姻の取消原因としているのに対し、北朝鮮では、重婚が不適齢婚や近親婚の場合と同様に無効婚とされていることが注目される（北朝鮮家族法13条参照）。

3　婚姻の形式的成立要件

日本人同士が日本で結婚しようとするとき、日本の役所に婚姻届を提出しそれが受理されれば、法律上、婚姻は成立する（日本民法739、740条）。在日の場合、どのような方法によれば手続上有効に婚姻が成立したといえるのであろうか。これは、婚姻の方式または婚姻の形式的成立要件の問題といわれるものである。すなわち、ある男女が法律上の夫婦であると認められるためには、どのような手続ないし手順を踏んでいなければならないのかという問題である。

①　婚姻挙行地の方式

法例13条2項は、「婚姻ノ方式ハ婚姻挙行地ノ法律ニ依ル」と定めている。したがって、婚姻当事者が在日同士であっても、または在日と日本人であっても、日本において婚姻を挙行しようとする場合は、挙行地法たる日本民法が定める方式、すなわち日本の戸籍法に従って婚姻届を提出し、それが受理されれば日本において婚姻は有効に成立する[14]。これは、婚姻という身分関係を発生させる創設的届出である。在日は、日本で婚姻するのが通常であり、現実的にはこの方法が一般的であろう。ただし、日本の方式とはいっても、婚姻当事者が韓国人の場合は日本人のケースと異なり、韓国法上の実質的成立要件を具備していることを証明するために、戸籍謄本か韓国領事館発行の婚姻要件具備証明書の添付を要求されるのが原則である[15]。

なお、在日同士または在日と日本人が日本以外の外国で婚姻する場合に、日本の法例も韓国渉外私法（同法15条1項但書）も婚姻の方式については婚姻挙行地法によることを原則としているので、当該外国の方式に従えば日韓いずれの国においても婚姻は有効に成立する。この場合、外国において婚姻が成立した旨を事後的に自国に届け出ることを報告的届出という。

②　韓国の方式

法例13条3項本文は「当事者ノ一方ノ本国法ニ依リタル方式ハ前項ノ規定ニ拘ハラズ之ヲ有効トス」と定めている。したがって、婚姻の当事者の一方または双方が「在日韓国人」の場合、原則として韓国法の定める方式によっても日本において婚姻は有効に成立する（ただし、一方が日本人の場合後述④を参照のこと）。

韓国渉外私法も、①で述べたように、婚姻の方式については婚姻挙行地法

によることを原則としている。すなわち、日本で婚姻する場合は日本の方式によれば韓国においても婚姻が有効となる。これとは別に、「在日韓国人」が利用できる韓国法上の方式とはどのようなものがあるか。

ひとつは、婚姻申告書を、日本から直接韓国の本籍地の役所に郵送する方法である。この場合、婚姻挙行地は日本ではないかという疑問もあるが、韓国では、申告書の送付先である韓国の本籍地が婚姻挙行地であると解釈されているようである[16]。しかし、韓国語も理解できず、韓国へもほとんど帰ったことのない三世、四世がこの方法をとるとはあまり考えられない。

もうひとつは、一般に領事婚といわれるもので、韓国民法814条1項が「外国にある本国民間の婚姻は、その外国に駐在する大使、公使または領事に申告することができる」と規定し、韓国渉外私法15条2項も婚姻挙行地法の例外として認めている方式である。婚姻当事者が双方とも韓国人であれば、駐日韓国領事館へ出頭してこの方法によることができる[17]。

③ 北朝鮮の方式

婚姻の当事者の一方または双方が「在日朝鮮人」である場合は、前述の法例13条3項本文により、理論上は北朝鮮法の定める方式によることも可能となる。北朝鮮家族法11条は「婚姻は、身分登録関係機関に登録してはじめて法的に認定され、国家の保護をうける。婚姻登録をせず、夫婦生活をすることはできない」と規定し、続いて同法12条は「外国で生活する朝鮮公民の婚姻登録は、朝鮮民主主義人民共和国領事代表機関でおこない、領事代表機関がない場合、当該国の該当機関でおこなうことができる」と規定している。

ただし、北朝鮮対外民事関係法35条2項は「婚姻の方式には、当事者が婚姻を挙行する国の法を適用する」としているだけで、家族法12条のいわゆる領事婚を例外的に有効としているのか否か文理上明白ではない。いずれにしろ、日本には北朝鮮の領事館も存在しないことから、「在日朝鮮人」が北朝鮮法の定める方式によって婚姻することは現実としては困難であると考えられる。

④ 在日と日本人の婚姻の場合

在日と日本人が婚姻する場合、さらに注意しなければならない点がある。法例13条3項但書は「但日本ニ於テ婚姻ヲ挙行シタル場合ニ於テ当事者ノ一方ガ日本人ナルトキハ此限ニ在ラズ」として同条3項本文を否定しているの

で、例えば「在日韓国人」と日本人が日本において婚姻しようとする場合は、当事者の一方の本国法である韓国法による方式は認められない。もともと、②で述べた駐日韓国領事館における領事婚は、韓国から見て外国、すなわち日本にいる韓国人同士の婚姻の場合にのみ適用されるものであり、韓国人と日本人の婚姻については適用されない。仮に、韓国領事館が誤ってこのような婚姻申告を受理し、韓国においては婚姻が有効に成立するものとみなされても日本においては否定されることに注意する必要がある[18]。韓国の本籍地の役所へ婚姻申告書を直接郵送する場合も同様のことがいえる。

⑤ 韓国の戸籍との関係

婚姻当事者の一方または双方が韓国人の場合に、婚姻挙行地である日本の戸籍法に基づく婚姻届を提出すれば、日本においても韓国においても婚姻は有効に成立するが[19]、それにより韓国の戸籍に婚姻した旨が当然に記載されるものではない。韓国戸籍に婚姻の事実が記載されるためには、韓国戸籍法上の婚姻の報告的申告をしなければならない。

4 婚姻の身分的効力

婚姻成立後の夫婦について、同居義務があるのか、日常家事債務について連帯して責任を負うのか、婚姻により妻の行為能力が制限されるのか等の婚姻の効力の問題はどのように考えるべきか[20]。なお、夫婦の姓や氏については、第6章を参照していただきたい。

① 同一本国法と同一常居所地法

法例14条は、「婚姻ノ効力ハ夫婦ノ本国法ガ同一ナルトキハ其法律ニ依リ其法律ナキ場合ニ於テ夫婦ノ常居所地法ガ同一ナルトキハ其法律ニ依ル其何レノ法律モナキトキハ夫婦ニ最モ密接ナル関係アル地ノ法律ニ依ル」と定めている。第一に夫婦の同一本国法、第二に夫婦の同一常居所地法、第三に夫婦の最密接関係地法が婚姻の効力についての準拠法として指定される。

例えば、夫婦ともに「在日韓国人」の場合、夫婦の同一本国法である韓国民法が準拠法となる。ただし、一方が韓国と日本の二重国籍である場合[21]、その者の本国法は法例28条1項但書により日本法となるので本国法は同一ではなく、また、一方が「在日韓国人」で他方が「在日朝鮮人」の在日夫婦の場合も同一本国法はない。いずれも、同一の本国法がないことになり、常居

所地法である日本民法によることになる[22]。そして、夫婦ともに「在日朝鮮人」である場合には北朝鮮法が同一本国法となる。

なお、在日の常居所は日本にあるのが通常であり、同一本国法がない場合に、同一常居所地法たる日本法が準拠法となる蓋然性が高いが、例えば、在日と日本に来て間もないアメリカ人が日本で婚姻した場合のように、同一本国法も同一常居所地法もない場合にはいずれの法が最密接関係地法であるかが問題となる[23]。

② 反致について

婚姻の効力について夫婦の同一本国法が準拠法として指定された場合に、その国の国際私法が、例えば常居所地法としての日本法を指定している場合、反致の可能性を考えなければならない。しかし、法例は、その32条但書において、婚姻の効力、夫婦財産制、離婚及び親子間の法律関係については反致を認めていない。したがって、「在日朝鮮人」同士の夫婦の場合は、同一本国法である北朝鮮の家族法によって、婚姻の効力、離婚の許否等について判断することになる。

5　夫婦財産制

夫婦財産制についても、法例15条1項本文が14条を準用しているので、原則として「4．婚姻の身分的効力」で述べたことがそのまま当てはまる。ただし、夫婦の署名および日付のある書面により、夫婦の一方が国籍を有する国の法律、夫婦の一方の常居所地法、不動産に関する夫婦財産制についてはその不動産の所在地法の中から準拠法を選択できる（法例15条1項但書）。しかし、内国の取引保護の観点から、外国法による夫婦財産制は第三者との対抗問題が生じる（法例15条2項、3項参照）。

なお、夫婦財産制について韓国法が準拠法となっても、法定財産制についての日本民法と韓国民法の規定はほとんど同様であるので、韓国法による法定財産制が適用されたとしても実質上の差異はないと思われる[24]。

6　離婚の許否

在日夫婦が離婚しようとする場合、日本人夫婦が離婚する場合と同じように考えていいのだろうか。離婚については、法例16条によりその準拠法が決

定されるが、同条本文は法例14条を準用している。したがって、「4．婚姻の身分的効力」のところで述べたのと同様に、最初に夫婦の同一本国法、次に夫婦の同一常居所地法、そのどちらもなければ最密接関係地法が準拠法となり[25]、法例32条但書により反致も認められない。ただし、離婚については、夫婦の一方が日本に常居所を有する日本人であるときは、常に日本法とされる（法例16条但書）[26]。

① 協議離婚ができるのか

在日同士の夫婦のうち、「在日韓国人」同士の夫婦の場合は、同一本国法である韓国法が準拠法となる。韓国民法によれば、協議離婚（韓国民法834条以下）及び裁判離婚（韓国民法840条以下）の両方が認められている。次に、「在日朝鮮人」同士の夫婦の場合は、同一本国法である北朝鮮法が準拠法となる。北朝鮮家族法は裁判離婚だけを認め（北朝鮮家族法20条2項）[27]、協議離婚は認めていない[28]。したがって、外国人登録上、朝鮮籍同士の夫婦の本国法がともに北朝鮮法であるならば、理論的には協議離婚はできないとみることができる[29]。しかし、現実には、朝鮮籍同士の夫婦の離婚届が日本の役所で受理されている。これは、本人が特に韓国人でないといわない限り、当該夫婦の同一本国法を韓国法として処理されているからである[30]。

一方が「在日韓国人」でもう一方が「在日朝鮮人」の夫婦や、在日と日本人の夫婦の場合は同一本国法はなく、同一常居所地法である日本民法が離婚の準拠法となるので、日本民法上の協議離婚および裁判離婚[31]が認められるのである。

② 裁判離婚における離婚原因

一般に裁判上の離婚は、法律に定める離婚原因があるときに限り請求できるのであるが、配偶者の不貞行為、悪意の遺棄、3年以上の生死不明、その他婚姻を継続し難い重大事由の以上四つの離婚原因は、韓国、日本に共通である（韓国民法840条、日本民法770条参照）[32]。韓国民法840条は、このほかにも、配偶者または配偶者の直系尊属から一方の配偶者が著しく不当な待遇を受けたときや、自己の直系尊属が配偶者から著しく不当な待遇を受けたときも離婚原因として列挙している。北朝鮮家族法21条における離婚原因は、「配偶者が、夫婦の愛情と信頼をひどく裏切った場合またはその他の事由で

夫婦生活を継続することができない場合」という包括的な定め方になっており、その他具体的な事由は規定されていない。

7 協議離婚の方式
① 日本の方式による協議離婚

協議離婚は、具体的にはどのようにすれば成立するのだろうか。法例22条によれば、離婚を含む身分的法律行為の方式については「行為ノ成立ヲ定ムル法律」または「行為地法」によることが認められる。したがって、「在日韓国人」同士の夫婦の場合は、協議離婚を認める夫婦の同一本国法たる韓国法が定める方式、または離婚の行為地である日本法が定める方式のいずれによっても離婚は成立する。日本法の方式とは、日本民法の定める方式、すなわち日本の戸籍法に基づく日本の役場への離婚届の提出である。

ところで、韓国民法は、協議離婚についてその戸籍上の申告をする前に、必ず家庭法院による離婚意思の確認を要するものとしている（韓国民法836条1項参照）。この家庭法院の確認は、離婚の実質的成立要件または離婚の方式のいずれと解すべきであろうか。確認が離婚の成立要件であるとするならば[33]、在日の離婚の場合にもそれが必要となる。

しかし、日本の戸籍実務では、家庭法院の確認は協議離婚の方式に属するものと解されているので、日本の方式により協議離婚する場合には、家庭法院の確認がなくても離婚届が受理される[34]。また、離婚挙行地である日本の方式による協議離婚は、韓国においても有効とされている[35]。したがって、「在日韓国人」同士の夫婦が、離婚届を日本の役所に提出し受理されれば、日本、韓国どちらにおいても離婚は成立するのである。なお、韓国戸籍に離婚の事実が記載されるためには、韓国戸籍法上の離婚の報告的申告をしなければならないことは婚姻の場合と同様である。

② 韓国の方式による協議離婚

韓国法の定める方式として、駐日領事に離婚申告をする方法があるが（韓国戸籍法39条参照）、この場合には、当事者は領事館に出席し離婚意思の確認申請をしなければならない。領事により作成された陳述要旨書がソウル家庭法院に送付され離婚意思の確認が行われる。そして、ソウル家庭法院の離婚意思の確認があれば、当事者が離婚申告をすることにより領事は離婚申告

を受理することになる[36]。この場合は韓国戸籍上に離婚した旨が記載される。とはいえ、婚姻のところで述べたのと同様に、在日にとっては日本の方式が現実的な方法であろう。

なお、「在日韓国人」と日本人の夫婦が日本で離婚する場合に、法例上は、離婚の準拠法も行為地法も日本法となるので、離婚の方式については日本の方式によらねばならない。

8 離婚の効力

離婚の効力についても法例16条の定める準拠法による。離婚により婚姻関係が解消することは、どの国の法律によっても同じである。離婚した当事者の姓や氏の問題、離婚に伴う子の親権者の指定に関する問題については別の章で論じられるので、ここでは離婚の際のいわゆる財産分与について簡単に述べる。

日本民法では、離婚の際、一方当事者の相手方に対する財産分与の請求が認められているが、韓国民法ではかつては認められていなかった。したがって、離婚の準拠法として韓国法が指定された場合には財産分与が認められなかったのである。そして、そのことが法例上の公序（法例33条参照）に反するかどうかについて裁判上でも争われたが[37]、1990年の韓国民法の改正により財産分割請求権の規定（韓国民法839条の2）が新設され、現在では財産分与を認めることにつき問題はなくなった。

9 おわりに

近年、在日と日本人との婚姻件数は年々増加し、夫婦とも韓国・朝鮮人である婚姻件数は逆に減少傾向にある。1996年においては、韓国・朝鮮人が当事者である婚姻件数のうち、夫婦とも韓国・朝鮮人の割合は16.3％に過ぎず[38]、そのうちどれぐらいの割合が夫婦とも本国法を同一にするかは不明である。

本章で述べたように、婚姻の効力や離婚の許否等については、本国法が同一でない夫婦については常居所地法たる日本民法が適用されるのであり、先の数字はそのような事例がはるかに多いということを物語っている。しかし、本国法が同一の場合は本国法が適用されるのであり、また婚姻の実質的

成立要件についても当事者の本国法が適用されるのが原則であり、在日と韓国法や北朝鮮法との関わりはまだまだなくなるわけではない。

1）「……朝鮮半島の北部地域において、朝鮮民主主義人民共和国の法律が施行されていることは明らかな事実である。これは、中華民国法と同様未承認国・政府の法律であるが、最近北朝鮮から来日したことが明らかである等、当事者が明らかにその地域に属するものであるならば、朝鮮民主主義人民共和国の法律を本国法とすべきであろう」「……その準拠法は……朝鮮人についても、本人が特に韓国人でないといわない限り、原則として韓国法によるものと考えて処理して差し支えない。日本政府が承認しているのは大韓民国であり、かつ、在日韓国人の多くは大韓民国国民であると推定されるので、国際私法上の取扱いの問題としては、上述の取扱いをすることとなるのである」法務省民事局内法務研究会編『改正法例下における渉外戸籍の理論と実務』（テイハン、1989年）99〜100頁。
2）北朝鮮家族法9条には「男子18歳、女子17歳」と表現されているが、満年齢のことである。大内憲昭『法律からみた北朝鮮の社会』（明石書店、1995年）206頁参照。
3）成人年齢については、「朝鮮民主主義人民共和国民法」の第2章に規定がある。本書の資料編Ⅳ「朝鮮民主主義人民共和国関係法令集」を参照。
4）「婚姻能力、親の同意、待婚期間、婚姻意思など当事者の一方のみに関わる要件はその当事者の本国法による。近親婚、重婚、相姦婚の禁止など相手方との関係で問題となり、双方の当事者に関わる要件にも各当事者の本国法がそれぞれ適用されることになるが、この場合には、結果的には両当事者の本国法の累積適用と同じことになる。もっとも、各国の実質法をみれば、ある国で一方的婚姻障害と解されているものが他の国では双方的婚姻障害と解されていることがある。たとえば、婚姻適齢はわが国をはじめ多くの国では一方的婚姻障害と解されているがイギリスでは双方的婚姻障害と解されている。ある婚姻障害が一方的か双方的かは、……準拠実質法の解釈・適用問題とみて準拠実質法により決定すべきである」木棚照一ほか『国際私法概論〔新版〕』〔木棚〕（有斐閣、1991年）170〜171頁。
5）北朝鮮家族法10条は、「8親等までの血族、4親等までの姻族」の間の婚姻を禁止しているが、日本や韓国のように、直系・傍系の用語を使用していない。直系血族間の婚姻は「8親等までの血族」との婚姻に該当するであろう。なお、同法13条は、近親婚の制限に違反した婚姻は無効としている。
6）「8親等以内の傍系血族」にはどのような意味があるのだろうか。金疇洙

『親族・相続法―家族法―〔第5全訂版〕』（法文社、2000年）416頁には、「改正前民法（筆者注：1990.1.13.法律第4199号改正法が1991年1月1日から施行されている）の親族範囲は、おおむね旧民法（筆者注：旧慣習法のことを指す）上の親族範囲である有服親を踏襲した……」と記述されている。この「有服親」とは、喪に服する範囲の近親を意味する。本宗有服親（父系血族）は、8親等（三従兄弟姉妹。自己の曾祖父の弟の曾孫のこと）までが対象となっている（同書427頁参照）。8親等は、上のような喪に服するべき親族を意味しているのではないだろうか。北朝鮮でも同じような慣習があるものと推測される。大内・前掲注2、207頁には、「長期間にわたって、朝鮮人民の間に形成されてきた伝統的風習と氏族的感情によって近親関係にある人々の間に結婚をしないことが自然なものとなっている」と、北朝鮮の文献の引用文が紹介されている。

7）前掲注5参照。

8）「民法は異姓養子を新設しながら異姓養子と養家の血族間の婚姻に関して規定を置かなかったために解釈上問題がある。その間には法定血族関係が発生するために、倫理観念により婚姻を禁止しなければならないと考えられるが、これを禁止することのできる法的根拠がない。もちろん、第815条第2号の規定により無効婚になると解される。しかし、効力規定にだけ規定し、禁止規定には規定しなかったことは立法の不備である」金疇洙・前掲注6、108頁。日本民法は、養子と養方の傍系血族との婚姻を禁じていない（日本民法734条但書）。なお、韓国民法上の近親婚の制限範囲について詳しくは本書Q3－4参照。

9）一例を挙げると、韓国民法809条2項は、8親等以内の姻戚または姻戚であった者との婚姻を禁じており、また同法769条により「血族の配偶者の血族」は姻戚とされていたため、例えば、男子は、兄嫁の妹や姪とは婚姻できなかった。山田鐐一・青木勢津・青木清『韓国家族法入門』（有斐閣、1986年）35頁参照。しかし、1990年の改正により、769条に定める姻戚から「血族の配偶者の血族」が削除されたため、現在では婚姻可能となっている。ソウル市庁の公務員である筆者の親戚が1988年に日本に来たとき、上のような婚姻は認められるか聞いてみたところ、道徳的にはよくないが法律上は可能ではないかと答えたが、帰国後、やはりできないと電話してきたことがある。私見ではあるが、禁婚範囲の規定が複雑で一般国民もよく理解していないのではないかと推測される。なお、死亡した妻の姉妹と前夫との婚姻、死亡した夫の兄弟と前妻との婚姻については、特に前者について論争もあったが、戸籍実務（韓国戸籍例規365項、366項）ではいずれも禁止されてきた。

金疇洙・前掲注6、106頁以下参照。

10) ある調査によると、同姓同本の禁婚規定について、韓国の伝統としてできないと答えた20代の世代は、回答者336名の内の14.3％、50代以上の世代は285名の内の60％を占めた。これに対して、優生学的影響（子供への影響）により許されないと答えた20代は10.1％、50代以上は11.2％であった。教育程度や、宗教別の分類によっても、優生学的な理由より、韓国の伝統としてできないと回答する比率がはるかに高い。宗教別の「儒教」（回答者27名）の欄を見ると、韓国の伝統と答えたのは59.3％、優生学的な理由と答えたのはわずか7.3％であった。伝統が根拠であれば、改正されるのもやむを得ないであろう。高翔龍『現代韓国法入門』（信山社、1998年）49頁、表—13参照。

11) 「憲法裁判所は1997年7月16日95憲カ6乃至13（併合）決定において『民法第809条第1項は、禁婚規定として社会的妥当性乃至合理性を喪失していると同時に'人間としての尊厳と価値並びに幸福追求権'を規定した憲法理念および規定と'個人の尊厳と両性の平等'に基づいた婚姻と家族生活の成立・維持という憲法規定に正面から背馳する』という趣旨の単純違憲意見（裁判官5名）と、『法律条項に違憲性があるといって直ちに違憲決定をすべきでなく、わが民族の婚姻風俗や親族観念に照らし、現行の近親婚禁止規定や婚姻無効並びに取消に関する規定を新たに整備できないのか等を考慮し、新しい婚姻制度を決定できるように憲法不合致決定をなさねばならない』という趣旨の憲法不合致決定意見（裁判官2名）が出て、単純違憲意見が定足数に足りず、民法第809条第1項について憲法不合致決定を下し、第809条第1項を立法者が1998年12月31日までに改正しなければ1999年1月1日にその効力を喪失するとしつつ、法院その他の国家機関並びに地方自治体は立法者が改正するときまで上の法律条項の適用を中止しなければならないと判示した」金疇洙・前掲注6、101頁。この判決を受けて、「同姓同本である血族間の婚姻申告に対する例規」（1997.7.30.戸籍例規535号）が制定され、同姓同本である同一男系血族間であっても他の要件を備えている限り、婚姻申告が受理されることになった。なお、同姓同本禁婚に違反して婚姻した事実婚の当事者およびその間の子を救済する目的で、1977年と1987年に「婚姻に関する特例法」が、時限立法として制定された経緯がある。施行期間は1年間でその間に婚姻申告すれば法律婚として受理された。

12) 大内・前掲注2、221頁には、韓国の高麗大学法科大学の崔達坤教授の「北朝鮮社会も長期間にわたって同姓不婚の法理によって形成されてきた伝統的風習と民族的感情によって近親関係にいる者同士は婚姻しない」との報

告が紹介されている。
13) 住田裕子「渉外婚姻の成立の準拠法」『講座・実務家事審判法5・渉外事件関係』(日本評論社、1990年) 116頁は、「なお、再婚禁止期間を経過していることについては、一方的要件とする考え方もあるが、戸籍実務では、双方的要件として取り扱っている」としている。その見解によれば、例えば「在日朝鮮人」女性が日本人と再婚しようとする場合には、日本民法733条により前婚終了後6か月以上経過していなければ再婚できないことになる。
14) 「外国人にも戸籍法の適用があり出生、死亡などの報告的義務を課せられ、創設的届出も日本においてなされる身分行為についてはその方式につき日本法の適用がある結果、届出が認められる。但し外国人の戸籍簿はないから、届書はそのまま綴り置き戸籍に記載しない。ただ身分行為の当事者一方が日本人であるときは、その者の戸籍にのみ記載することになる」谷口知平『戸籍法〔第3版〕法律学全集25―Ⅰ』(有斐閣、1990年) 80頁。
15) 「……その本国法の内容が明らかになっているような場合、すなわち韓国人同士……の夫婦のような場合は、双方の韓国……の戸籍の謄本等の添付をもって足り、要件具備証明書の添付は不要である」法務省民事局内法務研究会編・前掲注1、91頁。なお、婚姻要件具備証明書や戸籍謄本が得られない場合(戦後の日本生まれの韓国人・朝鮮人は戸籍に未記載の者が多い)は、婚姻要件具備証明書が得られない旨を申述した書面の提出が求められ、その他に可能な限り客観的な資料の提出を求められる。同書92頁参照。
16) 景龍國編著『戸籍實務總覽』(東民出版社、1994年) 483頁は「……婚姻申告を直接本籍地へ送付することもでき、この場合は挙行地を韓国とみて処理しなければならない。したがって、本籍地において婚姻要件の具備等を審査しなければならない」としている。また、鄭周洙編『渉外戸籍事例集』(司法行政文化院、1998年) 129頁に、在外国民間の婚姻申告手続〔戸籍先例Ⅰ―194〕として「外国にいる韓国人間の婚姻はその外国に駐在する大使、公使または領事に婚姻申告することもできるし、男子の本籍地の市(区)・邑・面に直接婚姻申告をすることもできるところ、外国駐在大使等に婚姻申告をする場合には夫婦の各戸籍謄本を添付しなければならず、夫の本籍地に直接婚姻申告をする場合には妻の戸籍謄本を添付しなければならない(1986.8.12.法政第789号)」と記載されている。
17) 韓国の戸籍に記載されていない者は、まず出生申告により戸籍に記載されなければ現実には韓国の方式によることはできないであろう。
18) 景龍國編著・前掲注16、483頁は「民法第814条または戸籍法第39条は外国にいる韓国人と外国人間の婚姻には適用されない。したがって、このような

場合に韓国方式の婚姻申告を在外公館において誤って受理し本籍地へ送付したときは、婚姻挙行地を韓国とみなし、本籍地において送付を受けて受理したときに婚姻の効力が生じる」としている。

19) 韓国戸籍上の婚姻や離婚の記載の有無について、韓国大法院（1991.12.10.ム535）は「渉外私法第18条本文によれば、在日韓国人である夫婦が日本で離婚するとしてもわが国の法が準拠法となるところ、わが民法上、いったん婚姻が有効に成立したならば、離婚申告により協議離婚するかまたは裁判上によってのみ有効に離婚できるのであり、戸籍にその婚姻事実が記載されてなかったといって、離婚の協議だけによって離婚できるものではない」と判示している。李時潤編『判例小法典』（青林出版、2000年）773頁。

20) なお、結婚生活に必要な費用、すなわち「婚姻費用の分担」の問題については、従来は、夫婦財産制の問題として法例15条によるとする説、婚姻の効力の問題として法例14条による説とに分かれていたが、「扶養義務の準拠法に関する法律」（昭和61.6.12法律第84号、昭和61.9.1施行）の制定後は、婚姻費用分担の問題も同法によるべきという説が有力である。山田鐐一『国際私法』（有斐閣、1992年）368、455頁、早田芳郎「渉外的扶養関係事件の裁判管轄権及び準拠法」『講座・実務家事審判法5・渉外事件関係』（日本評論社、1990年）271頁参照。

21) 日本、韓国どちらの国籍法も、結果的に22歳になるまでは二重国籍を認めている。日本国籍法14条、韓国国籍法12条参照。

22) 平成1・10・2民二・3900号民事局長通達（改正平成4・1・6民二・155号）の「第8常居所の認定、1」によれば、日本国との平和条約に基づき日本の国籍を離脱した者等の出入国管理に関する特例法（平成3年法律第71号）に定める「特別永住者」の在留資格をもって在留する者は、日本に常居所があるものとして取り扱われる。また、日本人の場合は、住民票の写し（発行後1年内のものに限る）の提出があれば、原則として日本に常居所があるものとされる。

23) 在日と日本人の夫婦でも、例えば日本人の常居所が日本になく、同一の常居所がない場合もあり得る。そのような場合も最密接関係地法が問題となる。前掲注22民事局長通達によれば、日本人の場合は原則として、旅券その他の資料で当該国に引き続き5年以上滞在していることが判明した場合は、当該国に常居所があるものとして取り扱われる（第8常居所の認定、2参照）。なお、後掲注25参照。

24) 特有財産・帰属不明財産の共有推定（日本民法762条、韓国民法830条）を比較すると、条文としてはほぼ同様となっている。

25) 最密接関係地を韓国と認定した戸籍先例（平成3・12・13民二・6123号民事局第二課長回答）がある。日本人夫と韓国人妻の離婚のケースで、夫は合衆国、妻は韓国で居住している場合に、韓国が密接な関係がある地と認定され協議離婚届を受理して差し支えないとされた。
26)「このような規定（筆者注：法例16条但書）が置かれることになったのは、日本の戸籍の窓口に協議離婚の届出が出された場合に、戸籍吏が離婚準拠法としての密接関係法がどこの国の法であるかを決定しなければならないことのないようにするためであるといわれている」木棚・前掲注4、185頁。
27) 北朝鮮家族法20条2項は「離婚は、裁判によってのみおこなうことができる」と規定している一方、「共和国では、離婚が極めて否定的に受け取られている現状、また離婚は裁判離婚のみであり、かつ裁判の過程で説得教育（政治活動）が積極的に行われている……」（大内・前掲注2、217頁）ことからみて、「在日朝鮮人」夫婦の日本における家庭裁判所の調停離婚や審判離婚が許されるかが問題となる。これには諸説がある。離婚準拠法が裁判離婚しか認めていない場合に、山田・前掲注20、387頁は「……その裁判離婚がわが家庭裁判所における調停または審判の手続に適合しないものであるから、わが国では調停離婚または審判離婚をなしえないものと解すべきである。しかるに、家庭裁判所の判例には……調停離婚または審判離婚を認めたものがきわめて多い」とする。また、木棚照一「朝鮮民主主義人民共和国の対外民事関係法に関する若干の考察」立命館法学249号（1996年5号）1240頁は「共和国の場合には、離婚裁判は、単なる離婚意思の確認の場としてだけでなく、説得ないし社会教育の場として位置づけられ、かなり時間をかけ実質的に行われているようである。……共和国の離婚法の趣旨からみれば、家庭裁判所における調停離婚や審判離婚も許されると解すべきである」とする。
28) 北朝鮮でもかつては協議離婚が認められていた。北朝鮮の男女平等権に関する法令（1946.7.30北朝鮮臨時人民委員会決定第45号）第5条は「……女性も男子と同等の自由な離婚の権利を有する。……」とし、同令施行細則（1946.9.14北朝鮮臨時人民委員会決定第78号）第10条は、離婚書の提出・受理による協議離婚を認めていた。崔達坤『北朝鮮婚姻法』（日本加除出版、1982年）108頁参照。しかし、1956年3月8日、内閣決定第34号により協議離婚手続は廃止されている。大内・前掲注2、199頁参照。
29) 在日本朝鮮人人権協会編『同胞の生活と権利Q&A』（同協会発行、1999年）44頁には、「朝鮮表示の夫婦の離婚については、共和国法が適用されることになります。共和国対外民事関係法第37条3項によれば、離婚当事者が

離婚行為地法すなわち日本の戸籍法の定めるところにより、離婚届を出し、受理された場合にも離婚の効力を認めていますので、在日朝鮮人の場合、住所地の市区町村役場に離婚届を申請すれば良いことになります」とあるが、日本の法例の立場上、協議離婚の可否について反致規定は考慮されないこと、かつ対外民事関係法37条3項は「離婚の方式」について規定していることからも上の記述には疑問がある。

30) 注1参照。
31) 日本の裁判所における離婚判決は、韓国民事訴訟法203条所定の条件(法令等により外国法院の裁判権を否認していないこと、敗訴した被告が韓国人の場合に公示送達によらないでその送達を受けたかまたは応訴したこと等)を備えていれば、韓国においても効力が認められ、離婚申告の添付書面として、判決の正本または謄本と確定証明書が必要となる(韓国戸籍例規441項、1981.10.14法政第545号)。
32) 有責配偶者の離婚請求について「大法院判例は破綻主義を無制限に認めておらず、有責配偶者の離婚請求である場合には、これを制限しようとする立場である」金疇洙・前掲注6、192頁。認容された判例を紹介する。「婚姻生活の破綻について……責任のある配偶者はその破綻を理由に離婚を請求できないのであるが、ただ、その相手方も婚姻生活を継続する意思のないことが客観的に明白であり、……報復的感情から離婚に応じないでいるだけである等の特別な事情がある場合には、例外的に……認められる(韓国大法院1996.6.25.94ム741)」「……原告と被告間の婚姻関係が当事者双方の責任ある事由により破綻に至ることとなった場合には、原告の責任が被告の責任よりいっそう重いと認められない限り、原告の離婚請求は認容されるべきであり……(韓国大法院1990.3.27.88ム375)」李時潤編・前掲注19、773頁。
33) 家庭法院の確認によって離婚が成立するのではなく、離婚の申告があって初めて成立するのであり、さらに、申告は確認を受けた日から3か月以内にしなければならず、その期間が経過したときは確認の効力は喪失するとされている(韓国戸籍法79条の2参照)。また、確認がされた後、離婚の当事者が離婚意思を撤回することも可能であり、「……たとえ戸籍公務員が誤って協議離婚意思撤回申告書が提出された事実を看過したあげくその後に提出された協議離婚申告書を受理したとしても協議離婚の効力が生じることはない(韓国大法院1994.2.8.93ト2869)」とされている。李時潤編・前掲注19、771頁。さらに、金疇洙・前掲注6、170頁には「万一、確認のない申告が受理されたときにはその離婚は無効とみなければならない」とあり、金容旭・崔學圭『新しい韓国・親族相続法』〔崔〕(日本加除出版、1992年) 80頁も「も

し、確認のない届書が受理されたときはその離婚は無効となる」としている。
34) 昭53・12・15民二・6678号民事局第二課長依命通知参照。なお、青木清「わが国での韓国・朝鮮人の離婚」国際法外交雑誌96巻2号14頁は、「……家庭法院の確認を方式と性質決定するわが国戸籍実務の姿勢は、性質論といった観点からのみならず、実務上も改善すべき点があることになる」として、戸籍実務の解釈・運用に反対する立場を示している。
35) 韓国戸籍例規419項「協議離婚の意思確認事務並びに戸籍事務の処理要綱」は「……5．協議離婚制度がある日本国において、離婚挙行地である日本の方式による離婚申告を済ませ、離婚証書の謄本を提出したときには、渉外私法第10条第2項、戸籍法第40条によって受け付けなければならない。」としている。渉外私法第10条第2項の本文は「行為地法によりたる法律行為の方式は前項の規定に拘わらずこれを有効とする」という規定であり、上の戸籍例規は、家庭法院の離婚意思の確認を方式の問題とみなしていると考えられる。
36) 家庭法院から確認書謄本を送付された在外公館の長は、遅滞なく当事者に対してその謄本を交付した上で、離婚意思確認書謄本は確認を受けた日から3か月が過ぎれば効力を喪失するため、離婚の申告の意思があれば、期間内に在外公館または本籍地の役場に申告する旨を告知することになっている。柳光編著『韓国の戸籍実務』(啓文社、1997年) 196頁参照。
37) 1990年の韓国民法改正前の判例であるが、韓国民法は離婚の場合に財産分与請求権を認めていないが、有責配偶者が支払うべき慰藉料の額の算定については、婚姻中に協力して得た財産の有無・内容を斟酌することができ、その結果、財産分与を認めたのと同一の結果を生ずる場合もあり、慰藉料及び財産分与を含む日本の離婚給付についての社会通念に反して著しく低額と認められない限り、法例30条（現行33条）の「公序」に反しないとした最高裁判例（最判昭和59年7月20日民集38巻8号1051頁）がある。すなわち、韓国民法が財産分与を認めていなかったことが、当然には法例の公序則に反するとされなかったのである。
38) 在日同士の婚姻は、1958年の74.2%を最高にその後減少している（厚生省の統計による。徐海錫編「ヒューマンレポート」第18号（自主出版、1998年）91頁。もっとも、在日男子と日本人女子との婚姻の場合に、その間の子は、1984年に日本の国籍法が改正される以前は日本国籍とならなかったので、子を日本国籍とするために故意に婚姻届を提出しない例も相当数あったと思われる。

（李　光雄）

在日の婚姻の準拠法

Q3-1 在日韓国人が結婚する場合、在日朝鮮人が結婚する場合、どこの法律で考えたらいいのですか。

A

　日本で在日韓国人や在日朝鮮人が結婚する場合には、一体どこの国の法律が適用されるのか、そして適用された国の法律は、婚姻についてどのように規定しているのでしょうか。

　例えば、何歳になれば婚姻することができるのか、近親者との婚姻を禁止するのはどの範囲か、重婚を禁止しているのかどうか等は、各国によって異なっています。このように、婚姻するために必要とされる要件のうち方式を除いたものを、婚姻の実質的成立要件と言います。

　それでは日本で暮らす在日が、婚姻する場合に必要とされる婚姻の実質的成立要件については、どこの国の法律が適用されるのでしょうか。日本法なのか、韓国法なのか、さらには北朝鮮法なのかといったことが問題となります。

　これについては、日本で問題となる限りは日本の国際私法である「法例」が、適用されることになります。

　法例13条1項は、婚姻の実質的成立要件を婚姻しようとする各当事者の本国法によって、それぞれ判断すると規定しています。したがって、あなたが「韓国法を本国法とする在日」であるならば、その本国法である韓国民法の規定が適用されます。あなたが、「北朝鮮法を本国法とする在日」であるならば、その本国法である北朝鮮家族法が適用されることになります。

　なお、韓国の国際私法規定たる「渉外私法」にも、北朝鮮の国際私法規定である「対外民事関係法」においても、婚姻の実質的成立要件については日本法へ反致する規定は見当たりませんから、それぞれの本国法が適用されま

表5 「韓国・朝鮮」人の婚姻件数

年	A 夫：韓国・朝鮮 妻：日本	B 妻：韓国・朝鮮 夫：日本	C 日本人との結婚合計	D 夫婦とも韓国・朝鮮	C対Dの比率
1955	242	94	336	737	1対2.2
1956	340	134	474	1,281	1対2.7
1957	407	168	575	1,674	1対2.9
1958	465	211	676	2,085	1対3.1
1959	805	280	1,085	2,473	1対2.3
1960	862	310	1,172	2,315	1対2.0
1961	745	396	1,141	2,568	1対2.3
1962	807	514	1,321	3,180	1対2.4
1963	830	571	1,401	3,102	1対2.2
1964	1,027	673	1,700	3,360	1対2.0
1965	1,128	843	1,971	3,681	1対1.9
1966	1,108	846	1,954	3,369	1対1.7
1967	1,157	1,097	2,254	3,643	1対1.6
1968	1,258	1,124	2,382	3,685	1対1.5
1969	1,168	1,284	2,452	3,510	1対1.4
1970	1,386	1,536	2,922	3,879	1対1.3
1971	1,533	1,696	3,229	4,030	1対1.2
1972	1,707	1,785	3,492	3,839	1対1.1
1973	1,674	1,902	3,576	3,768	1対1.1
1974	1,743	2,047	3,790	3,877	1対1.0
1975	1,554	1,994	3,548	3,618	1対1.0
1976	1,564	2,049	3,613	3,246	1.1対1
1977	1,390	1,990	3,380	3,213	1.1対1
1978	1,500	2,110	3,610	3,001	1.2対1
1979	1,597	2,224	3,821	3,155	1.2対1
1980	1,651	2,458	4,109	3,061	1.3対1
1981	1,638	2,585	4,223	2,949	1.4対1
1982	1,809	2,903	4,712	2,863	1.6対1
1983	1,901	3,391	5,292	2,714	1.9対1
1984	2,021	3,209	5,230	2,502	2.1対1
1985	2,525	3,622	6,147	2,404	2.6対1
1986	2,330	3,515	5,845	2,389	2.4対1
1987	2,365	4,405	6,770	2,270	3.0対1
1988	2,535	5,063	7,598	2,362	3.2対1
1989	2,589	7,685	10,274	2,337	4.4対1
1990	2,721	8,940	11,661	2,195	5.3対1
1991	2,666	6,969	9,635	1,961	4.9対1
1992	2,804	5,537	8,341	1,805	4.6対1
1993	2,762	5,068	7,830	1,781	4.4対1
1994	2,686	4,851	7,537	1,616	4.7対1
1995	2,842	4,521	7,363	1,485	5.0対1
1996	2,800	4,461	7,261	1,438	5.0対1
1997	2,674	4,504	7,178	1,269	5.7対1
1998	2,635	5,143	7,778	1,279	6.1対1
1999	2,499	5,798	8,297	1,220	6.8対1

出所：徐海錫「ヒューマンレポート」18号91頁（1998年）、厚生省『人口動態統計』各年などを参考に作成。C対Dの比率は小数点第2位を四捨五入した数値である。

す。

　例えば、夫となる者が「韓国法を本国法とする在日」で、妻となる者が「北朝鮮法を本国法とする在日」である場合には、夫は韓国民法が定める婚姻要件を、妻は北朝鮮家族法が定める婚姻要件を具備しなければ、婚姻することができないことになります。

　以上のように婚姻の実質的成立要件は、婚姻する各当事者の本国法によって規律されることになりますから、各当事者の本国法の具体的な婚姻要件を調査しなければなりません。具体的な婚姻要件については、他の設問をご覧下さい。ここでは、婚姻の事例ごとに実質的成立要件を、個別的に詳しく検討する必要があることを述べておきます。なぜならば、一方の本国の法律が無効の婚姻としている場合、他方の本国の法律が取り消される婚姻としていても、より厳重な効果を認める法律が基準とされ、そのような婚姻は無効とされてしまうからです。

　なお、婚姻の実質的成立要件が備わった場合に、その婚姻が法律的に有効とされるために必要とされる方式、いわゆる形式的成立要件については、他の設問をご覧下さい。

　（関連項目）在日の婚姻要件はＱ３−２参照。　　　　　（徳山　善保）

在日の婚姻要件

Q3-2 在日韓国人または在日朝鮮人が結婚する場合、具体的にはどのような法律上の制限があるのでしょうか。

A
　法例13条1項は、「婚姻成立ノ要件ハ各当事者ニ付キ其本国法ニ依リテ之ヲ定ム」と規定しています。たとえば、「韓国法を本国法とする在日」（以下、単に「在日韓国人」という）と日本人が結婚する場合を想定すると、

「在日韓国人」については韓国民法を、日本人については日本民法を適用して、「婚姻成立の要件」（実質的成立要件）を満たさなければならないということです。婚姻の実質的成立要件は、男子は満18歳以上でないと結婚はできないという婚姻年齢（日本民法731条）や、おじと姪というように近い親戚の間柄（3親等）の結婚はできないという近親婚の制限（日本民法734条）などのことをいいます。婚姻年齢のように一方の当事者についてのみ考えればよい一方的要件と異なり、近親婚の制限のように婚姻当事者の双方にかかわる双方的要件は、文字どおり結婚する男女双方の本国法が定める要件をともに満たさなければなりません。

　実質的成立要件に反してなされた婚姻が、有効であるのか、無効であるのか、あるいは取り消し得べきものであるか、その場合の取消権行使の期間や取り消しによる遡及効等の問題も、各当事者の本国法によります。日本民法は当事者間に婚姻の意思がない場合は無効とし、それ以外は取り消しの請求ができると定めています（日本民法742条～749条）。韓国では、意思のない婚姻のほか、近親婚・直系姻族間の婚姻について、これを無効とし（韓国民法815条～825条）、北朝鮮では、上記婚姻のほか、婚姻年齢に反した婚姻、重婚等についても無効であると定めています（北朝鮮家族法13条・14条）。実質的成立要件を欠く婚姻について、一方の本国法が無効とし、他方の本国法が取り消し得べきものとする場合は、その婚姻は無効であると考えられます。一方の本国法によれば有効であっても、他方の本国法で無効とされるときは、やはりその婚姻は無効となります。なお、日本の戸籍役場では、在日の婚姻届に際して、当事者を「北朝鮮法を本国法とする在日」であると見るのは、当事者が明らかに北朝鮮に帰属すると認められる場合（最近北朝鮮から来日した等）に限られ、それ以外は、韓国法を本国法とする取り扱いが多いと思われます。

　では、具体的にみていきましょう。

〔婚姻年齢〕　日本：男満18歳、女満16歳（日本民法731条）。韓国：男満18歳、女満16歳（韓国民法807条）。北朝鮮：男18歳、女17歳（北朝鮮家族法9条、満年齢である）

〔未成年の婚姻に親の同意は必要か〕　日本：父母の同意が必要（日本民法737条）。韓国：父母の同意が必要（韓国民法808条）。北朝鮮：成人年齢は、

満17歳（北朝鮮家族法8条）であるから、北朝鮮では未成年者の婚姻という概念自体がない。

〔近親婚の制限〕　日本：直系血族の間、3親等内の傍系血族の間（日本民法734条）。直系姻族及びかつて直系姻族であった者（日本民法735条）。韓国：同姓同本の血族（韓国民法809条1項。現在では本条項は死文化している）。男系血族の配偶者、夫の血族及びその他8親等以内の姻戚である者又はあった者（民法809条2項）。8親等以内の傍系血族及びその配偶者である親族関係があるとき又はあったとき（韓国民法815条2号）、直系姻戚、夫の8親等以内の血族である姻戚関係あるとき又はあったとき（韓国民法同条3号）。たとえば、妹は、姉の元夫とは結婚できないし、また、弟は兄の元妻とは結婚できない。なお、韓国法上の近親婚の制限については詳しくは他の設問を参照して下さい。北朝鮮：8親等までの血族、4親等までの姻戚（北朝鮮家族法10条）。

〔重婚または一夫多妻は可能か〕　いずれも許されていない。いずれも一夫一婦制である。日本民法731条。韓国民法810条。北朝鮮家族法8条。

〔再婚禁止期間の定め〕　日本：女は、前婚の解消・取消後から6か月を経過した後でなければ再婚できない（日本民法733条）。韓国：女について、日本と同様に、6か月の再婚禁止期間がある（韓国民法811条）。北朝鮮：特に定めはない。

　以上、主要な婚姻の実質的成立要件を、各本国法について見てみました。参考にして下さい。

　（関連項目）同姓同本婚の禁止はＱ3－3、韓国人の近親婚の制限はＱ3－4参照。

（小西　伸男）

在日の婚姻 —— 同姓同本婚の禁止

Q 3-3 在日韓国人同士が結婚する場合、本貫が同じだと結婚できないと聞きましたが、それは本当でしょうか。在日朝鮮人の場合はどうでしょうか。

A

　本貫は、本とも言われ、一般的に始祖の発祥地の地名（たとえば「慶州」「金海」）を指します。本貫（本）は、韓国の戸籍の記載事項の一部となっています。韓国ではごく最近まで、姓と本を同じくする男女、たとえば、姓を「金」、本を「慶州」とする男女同士では、ほかの婚姻要件を充たしていても法律上の結婚はできませんでした。韓国民法809条1項が、「同姓同本である血族の間では、婚姻をすることができない」として、同じ姓と同じ本の男女間の婚姻を禁止しているからです。

　しかし、1997年7月16日に韓国の憲法裁判所は、同姓同本婚の禁止を定めたこの民法809条1項に関して憲法不合致決定を下しました。そして、憲法裁判所は、「立法者が1998年12月31日までに改正しなければ、1999年1月1日にその効力を喪失する」とし、「法院その他の国家機関及び地方自治体は、立法者が改正するときまで、この法律条項の適用を中止しなければならない」と判示しました。したがって、現在では、同姓同本婚を禁止する韓国民法の明文にかかわらず、その婚姻は受理されますし、戸籍実務もその方向で整備されています。姓と本が同じである「韓国法を本国法とする在日」同士の結婚もほかの婚姻要件を充たしさえすれば可能です。

　ここでは、韓国家族法の理解のために、なぜ韓国で同姓同本婚を禁止する制度が最近まで存続してきたかを考えてみましょう。

　古くから朝鮮は、中国の儒教思想を根底に置く法文化の影響を受けてきました。中国には同姓不婚の制度があり、李朝時代の朝鮮社会にも、同姓不婚の制度、すなわち同族間の婚姻を禁止する慣習が確立していきました。

朝鮮においては、姓以外に別に本貫を定め、姓は一生不変であり、子は父の姓と本貫を継承してきました。そして、朝鮮では、姓と本貫の両者をもって同一の血族であるか否かの判断基準としてきたのです。同一の血族である以上、婚姻をすることはできません。同族間の婚姻を禁止する慣習は、日韓併合条約締結後の朝鮮においても存続しました。その結果として、韓国には、同姓同本者間の婚姻を禁止する明文の規定が今なお存在しているといえます。

　この結果、韓国では、民法809条1項の同姓同本婚禁止規定に違反するために、婚姻申告ができなかった事実上の夫婦が大勢存在しました。そのため、これらの事実上の婚姻を、申告により有効な婚姻と認める時限立法が、1978年の1年間と1988年の1年間に限ってなされました（「婚姻に関する特例法」法律第3052号、1977年12月31日公布および「婚姻に関する特例法」法律第3971号、1987年11月28日公布）。

　次に、北朝鮮では同姓同本婚がどのように考えられているかですが、「韓国の家族制度に見られる同姓不婚……等は、共和国には法制度上は存在しない。しかし、一方で……韓国家族制度との共通性が、『伝統的規範』として存在する」（大内憲昭『法律から見た北朝鮮の社会』（明石書店、1995年）222頁）といわれています。したがって、朝鮮半島が南北に分断されるよりずっと前に形成された同姓同本者間の婚姻を禁止する慣習は、北朝鮮では事実としては残っているものと推察されます。

　（関連項目）在日の婚姻の準拠法はＱ3－1、在日の婚姻要件はＱ3－2、韓国人の近親婚の制限はＱ3－4参照。　　　　　　　　　　　　（金　秀司）

韓国人 ─ 近親婚の制限

Q3-4 私は在日韓国人ですが、姉の元夫と恋愛関係になり結婚したいと考えています。姉の元夫も韓国人ですが、そのような婚姻は認められないと聞きました。本当でしょうか。

A

ご質問のような婚姻が近親婚による制限に該当するかどうかについては、当事者の本国法によって判断することになり（法例13条1項）、婚姻の当事者が「韓国法を本国法とする在日」ならば、韓国法が定める近親婚の制限について調べる必要があります。

まず、同姓同本である血族の間では結婚できないという、同姓同本婚禁止規定（韓国民法809条1項）があります。しかし、韓国の憲法裁判所の同規定に対する憲法不合致決定（1997年7月16日95憲カ6乃至13〔併合〕決定）により、現在は、同姓同本の者同士でも他の婚姻障害がなければ結婚できますが、この規定の意味を簡単に説明しておきましょう。

子は、父の「姓」と「本」を継ぐことになっていますから（韓国民法781条1項）、結局、父と同姓同本である者とは何親等であるか不明なくらいの関係でも結婚できないとされていました。例えば、男子は、父の弟の娘（同姓同本の従姉妹）とは当然に結婚できなかったのです。しかし、母の弟の娘（同姓同本でない従姉妹）とは、同姓同本禁止婚には該当しませんでした。父方と母方にはこのような区別があったのです。ただ、いとこ同士が結婚できないことについては別に規定がありますから、上の例ではどちらも結果的に結婚できませんが、父方の場合は血縁的に制限なく結婚できないということが特徴でした（なお、父方でも、例えば父の妹の娘は原則として同姓同本でない従姉妹になります）。

同姓同本婚の意味を理解されたところで、同姓同本婚禁止規定以外の規定を検討してみましょう。

① 「男系血族の配偶者」であった者とは結婚できない（韓国民法809条2項）

男系血族とは、自己と同姓同本の血族に当たる者を意味し、例えば、姓と本が、「密陽朴」である男子が結婚しようとするとき、相手の女子が、かつて別の「密陽朴」である男子の妻であったときは結婚できないことになります。また、「密陽朴」である女子が結婚するときも、相手の男子が、かつて別の「密陽朴」の女子の夫であったときは結婚できないことになります。この規定には親等の制限はありません。

ご質問の場合は、まずこの規定により、あなたと、姉（あなたと同姓同本の血族）の夫であった男子とは結婚できないということになります（ただ、同姓同本婚禁止規定自体が憲法不合致とされたことにより、今後、この規定の適用範囲にも影響があるのではないかと考えられます）。

② 女子は、再婚するとき「夫の血族」であった者とは結婚できない（韓国民法809条2項）

夫の血族とは、前夫の父系血族及び母系血族を意味します。例えば、前夫が「江陵崔」で、その母が「金海金」であるときは、「江陵崔」または「金海金」の男子とは再婚できないのです。この規定にも親等の制限はありませんが、①と同様に適用範囲の影響が考えられます。

③ 「その他8親等以内の姻戚である者、または姻戚であった者」についても婚姻が禁止されます（韓国民法809条2項）

「姻戚」とは、「血族の配偶者」「配偶者の血族」「配偶者の血族の配偶者」をいいますが（韓国民法769条）、①②で既に述べたところ以外を説明します。

「血族の配偶者」の内、男系血族の配偶者については①で述べたとおりであり、ほかには、8親等以内の女系血族の配偶者（例えば、母の姉妹の夫）であった者とは婚姻できません。

「配偶者の血族」には②で説明した「夫の血族」以外に、妻の血族が対象となります。ご質問の場合で説明すると、あなたの姉の元夫からみて、あなたは元妻の2親等の傍系血族、すなわち2親等の姻戚であった者に該当しますから、この規定によっても結婚できないという結論になります。なお、「配偶者の血族の配偶者」とは、例えば、夫の姉妹の夫であった者との婚姻

がこれに該当します。

ところで、1990年の改正前の韓国民法では、姻戚として「血族の配偶者の血族」も含まれていたので、例えば男子は兄の妻の妹や従姉妹とも結婚できませんでしたが、改正により姻戚ではなくなったために、現在ではこの場合については法律上の問題がありません。

④　その他の近親婚制限

韓国民法815条2号及び3号は、当事者間に、次の関係があるときまたはあったときには、婚姻を無効とすると定めています。

ア．直系血族、8親等以内の傍系血族およびその配偶者である親族関係

イ．直系姻戚、夫の8親等以内の血族である姻戚関係

例えば、いとこ同士は、互いに4親等の傍系血族ですから、ア．によって結婚できないことになります。

ご質問の場合は、あなたからみれば、姉の元夫は2親等の傍系血族である姉の夫であったわけですから、ア．に該当することになります。

韓国の戸籍実務でも、ご質問の婚姻は809条2項（上の①）及び815条2号（上④のア）により婚姻できず、その婚姻は無効であるとしています（韓国戸籍例規365項）。また、ご質問とは逆になりますが、女子が、死亡した前夫の兄弟と再婚しようとする場合も上の②により結婚できず、仮に婚姻申告が受理されたとしても、④のイにより無効であるとしています（韓国戸籍例規366項）。

韓国民法が制定される以前の慣習法によれば、女子は、自己の姉妹の夫であった者との婚姻は禁止されていなかったとされており、禁婚範囲が広すぎるとの指摘もありますが（金疇洙『親族・相続法〔第5全訂版〕』（法文社、2000年）104頁参照）、現行の法律上の解釈としては上のとおりになると考えます。

　　（関連項目）在日の婚姻の準拠法はQ3－1、婚姻要件はQ3－2、同姓同本婚の禁止はQ3－3、姓と本はQ6－4参照。　　　　　　　　（李　光雄）

婚姻の方式とその届出

Q3-5 私は、もうすぐ結婚する予定ですが、在日韓国人同士が結婚する場合、日本人と同じように日本の役場に婚姻届を出せばそれでよいのでしょうか。また結婚相手が日本人の場合はどうでしょうか。在日朝鮮人の場合はどうでしょうか。

A

在日が、この日本において結婚しようとする場合に、どのようなことをすればその結婚が法律上も有効に成立したといえるのでしょうか。これは、婚姻が有効に成立するためには、いかなる手続等を要するのかという問題であり、「婚姻の方式」または「婚姻の形式的成立要件」といわれています。

在日が婚姻する場合は、①「韓国法を本国法とする在日」同士の婚姻、②「北朝鮮法を本国法とする在日」同士の婚姻、③「韓国法を本国法とする在日」と「北朝鮮法を本国法とする在日」の婚姻、④「韓国法を本国法とする在日」または「北朝鮮法を本国法とする在日」と日本人の婚姻が考えられます。

婚姻の方式については、法例13条2項に規定があり、それによると婚姻の方式は婚姻挙行地の法律によるとしています。ここでいう「婚姻挙行地」とは婚姻する場所を意味します。日本で婚姻をする場合は、原則として日本の民法及び戸籍法（日本民法739条、日本戸籍法74条）にしたがい、日本の役所に「婚姻届」を提出し受理されれば、婚姻が有効に成立することになります。つまり、婚姻届が提出された時から法律上の夫婦になったと認められるのです。

この日本の方式による婚姻は、上の①〜④の全てのケースにおいて有効となります。北朝鮮の国際私法である対外民事関係法も、婚姻の方式については婚姻を挙行する国の法を適用するとしていますので（対外民事関係法35条2項）、北朝鮮法からみても有効となります。また、韓国の国際私法規定で

ある渉外私法も同様に、婚姻の方式について婚姻挙行地法によることを原則としていますので（韓国渉外私法15条1項但書）、上記の方式は韓国においても有効な婚姻とされます。ただ、「韓国法を本国法とする在日」の場合、韓国戸籍法上の報告的申告をしなければ、韓国の戸籍に婚姻した旨が記載されることはありませんので注意して下さい。

　ほかには、当事者の一方の本国法による方式も有効とされています（法例13条3項本文）。「韓国法を本国法とする在日」の場合は、本国法である韓国法の定める方式による場合でも有効な婚姻となります。具体的に韓国の方式を挙げれば、婚姻申告書を日本から直接韓国の役場に郵送する方法や、婚姻当事者が双方とも韓国人である場合に日本国内の韓国領事館に婚姻の申告をする方法があります。

　ただし、日本において婚姻をする場合に、当事者の一方が日本人のときは日本の方式によらなければならず（法例13条3項但書）、あなたが在日韓国人でも、日本人と婚姻する場合には日本法の定める方式によることが必要です。

　（関連事項）婚姻届出地はＱ3－7、Ｑ3－8参照。　　　　　　（金山　幸司）

在日の婚姻要件具備証明書について

Q3-6　私は在日韓国人ですが、日本の役所に婚姻届を提出しようとしたら、領事館の婚姻要件具備証明書というものを用意するようにいわれました。それはどうすればもらえるのでしょうか。また、本当に必要な書類なのでしょうか。在日朝鮮人の場合はどうでしょうか。

A

　日本の役所に、外国人からの婚姻届の提出があった場合、その外国人の本国法（韓国人なら韓国の民法）が定める、婚姻の成立に必要な実質的成立要件（例えば、婚姻適齢に達していること、二重の婚姻でないこと、近親婚で

ないこと等）を備えていなければ、婚姻届は受理されないことになります。その要件が具備していることを証明した書面を、婚姻要件具備証明書（以下「証明書」という）といいます。

　しかし、韓国人の場合、韓国民法の内容も明らかであり（一般の人が内容を理解しているという意味ではありませんが）、結婚しようとする本人が記載されている韓国の戸籍謄本（翻訳文も必要）等の添付をもって足り、証明書の添付は不要とされているようです。ただ、役所や、または時期によって（以前は証明書が必要だったが現在は韓国戸籍謄本だけでよいとか）、取扱いが異なることも考えられます。

　ところで、どうしても証明書が必要といわれた場合、どのようにして用意するのかといいますと、日本での居住地を管轄する韓国領事館へ結婚しようとする本人が直接出頭し、領事の確認を経た上で証明書を発行してもらうことになります。

　その際には、原則として、結婚しようとする本人が記載されている韓国の戸籍謄本、外国人登録証明書（現在は常時携帯義務が課せられているカード式のもの）、国民登録証明書、印鑑等が必要となります（詳しくは韓国領事館に問い合わせてください）。

　結婚しようとする当事者間に、婚姻の障害となる要件がなければ証明書が発行されますが、韓国領事館から証明書を発行してもらえるのは、当然、韓国国民に限られます。ですから、あなたが韓国の戸籍に記載されていなければ、あなたの出生申告の手続を先にしないと発行してもらえませんし、外国人登録上の国籍が「朝鮮」である在日朝鮮人の場合には、在外国民登録法に基づく国民登録、並びに戸籍法上の出生申告をしなければ韓国領事館からの証明書は発行されません。

　以上の説明でご理解いただけると思いますが、結局、韓国戸籍に記載されていない人は、韓国の戸籍謄本も証明書も用意できないことになります。

　婚姻届を急ぐ事情があり、韓国の戸籍謄本も証明書も用意できない場合や、外国人登録上の国籍が「朝鮮」である在日朝鮮人のように、証明書を発行してもらえず添付できない場合は、日本の役場に対して、証明書が得られない旨を申述した書面の提出が必要となります。そのほかにも、当事者の身分関係を証明する書類、例えば、両親が記載されている韓国の戸籍謄本、出

生証明書、登録原票記載事項証明書等、可能な限りの客観的資料の提出を求められるようです（昭30・2・9民甲245号民事局長通達等参照）。それらの書類を添付すれば、原則として婚姻届は受理される取扱いとなっています。ただし、このような取扱いは、最近になって日本に来た者には適用されず、いわゆる在日に対する特例だと考えられます。

いずれにしろ、在日の場合、自分自身が韓国の戸籍に記載されているかどうかを知っておくのが望ましく、日本人と結婚しようとするときに婚姻届よりも先に子供が生まれるような場合には、その子の国籍にも影響を及ぼしかねません。いざ婚姻届というときにあわてることのないようにして下さい。

（関連項目）韓国戸籍の整理はQ2―13、Q3―10参照。　　　　　　　（李　光雄）

韓国人の婚姻届出地──その1

Q3-7　私は在日韓国人で、韓国に留学中に知りあった日本人女性と韓国で結婚式を挙げようと思っています。それで、韓国の役所に韓国法上の婚姻届を提出しようと思いますが、何か問題はありますか。また、日本人女性の本籍地の役場に婚姻届を送る方法はどうでしょうか。

A

　法律の上で結婚（＝婚姻）の効力が発生するようにする（婚姻が有効に成立する）ためには、法律の定める方式を踏まなければなりません。日本民法739条1項が「婚姻は、戸籍法の定めるところによりこれを届け出ることによって、その効力を生ずる」と規定するのは、その「婚姻の方式」を定めたものにほかなりません。一般によく行われる神前結婚式や結婚披露宴などは、習俗ないし民間儀礼であって、法律上の婚姻の方式ではありません。ただ、世界各国では、教会婚・儀式婚などを法律上の婚姻の方式とする国が、少なくありません。

　一方、韓国民法812条1項は、「婚姻は、戸籍法に定めるところにより、届

出することによって、その効力を生ずる」と定めていますから、日本と同様、戸籍を管掌する市町村役場（韓国の場合は市・区・邑・面の役所）に婚姻届を提出することによって婚姻の効力が発生することになります。

そこで、あなた方のように、在日韓国人・日本人女性の組み合わせ（カップル）の結婚には、日韓いずれの民法を適用するか（あるいは両方の民法を適用するのか）、婚姻挙行地が韓国か日本かで、婚姻の方式に異なることや注意点があるのかが問題になってきます。

このような国際（渉外）結婚は、どの国の法律に準拠して規律されるべきかについては、法例が定めています。法例13条2項は「婚姻ノ方式ハ婚姻挙行地ノ法律ニ依ル」と定めています。したがって、あなた方が韓国で結婚式や披露宴をして「婚姻届」を行う場合は、二人が滞在して婚姻届を提出する韓国が婚姻挙行地ですから、婚姻挙行地法たる韓国民法812条によることになります。そこで、韓国の役所に対して韓国の戸籍法に則って婚姻の届出をするというのが原則的な第一の方法です（この場合は、二人の婚姻証書（婚姻が成立した旨の証明書）または婚姻後のあなたの韓国戸籍を添付し、日本の役所に「報告的な届出」をすることになります）。

韓国には、日本の法例に相当する「渉外私法」があり、やはり準拠法の指定について定めています。あなた方の婚姻が有効に成立したか否かが韓国において問題とされるときは、韓国の渉外私法が指定した準拠法により判断されます。同法は婚姻の方式について、「婚姻挙行地の法」（15条1項但書）を準拠法として指定しているので、韓国法においても上記の方法はまったく問題のない原則的な方法です。

次に、日本人女性の本籍地の役場に日本法上の婚姻届を、韓国から送る方法が取れるかについて考えて見ましょう。法例13条3項本文の規定は、「当事者ノ一方ノ本国法ニ依リタル方式ハ前項ノ規定ニ拘ハラズ之ヲ有効トス」となっています。よって、日本人女性の本籍地の役場に婚姻届を送る方法は、「当事者ノ一方」である日本人女性の「本国法ノ方式」によるものなので、婚姻は有効に成立することになります（平成元年10月2日民二3900号民事局長通達第1、1、(2)参照）。

しかし、この方法が、韓国の渉外私法上も有効とされるかどうかは検討を要します。日本において在日韓国人が婚姻する場合についてですが、韓国で

は、婚姻申告書を日本から直接韓国の本籍地役場に郵送する方法を取ったときには、郵送に付された婚姻申告書の到達した地、すなわち韓国の本籍地が婚姻挙行地であると解釈しているようです（景龍國編『戸籍實務總覽』（東民出版社、1994年）483頁）。このことから逆に、韓国から日本への婚姻届の郵送は、韓国法上は婚姻挙行地が日本であると解釈されると思われますが、必ずしも明確ではありません。

しかし、最初の方法（韓国での役所への届出、次いで日本の役所への報告的な届出）が、日韓両国の法解釈上疑問の生ずる余地がなく、および両国の役所への届出手続を直接できる（窓口で届出書への記入方法や添付すべき書類等を確認できる）という意味において、最も望ましい方法であるので、この方法をとることを是非お勧めしたいと思います。

（関連項目）婚姻の方式と届出はＱ３－５、韓国人の婚姻届地は他にＱ３－８を参照。

(小西　伸男)

韓国人の婚姻届出地 ── その２

Q3-8 私は、在日韓国人ですが、この度日本人女性と結婚しようと思っています。婚姻届を、在日韓国領事館を通して韓国の面事務所に届けようと思うのですが、何か問題はありますか。

A

前の設問（Ｑ３－７）でお答えしたように、「婚姻の方式」は原則として「婚姻挙行地ノ法律」によらなければなりません。そうすると、あなた方の結婚の場合、婚姻挙行地は日本ですから、日本の法律＝民法739条１項が定める婚姻の方式、「戸籍法の定めるところにより」日本の役場に対して婚姻を「届け出ること」が、まず第１の原則的方法です。

第２の方法は、法例13条３項本文の規定「当事者ノ一方ノ本国法ニ依リタル方式」に基づく方法です。しかし、これには例外があって、「但日本ニ於

テ婚姻ヲ挙行シタル場合ニ於テ当事者ノ一方ガ日本人ナルトキハ此限ニ在ラズ」（同項但書）という規定が適用になる場合、つまり、日本におけるあなた方の結婚（在日韓国人と日本人女性との婚姻）のような場合にはこの例外規定が働いて、婚姻挙行地法たる日本法による方式（日本の役場への届出）しか取り得ないのです。

　これらを知った上で、あなたのご質問である「婚姻届を、在日韓国領事館を通して韓国の面事務所に届ける」方法について、検討してみましょう。

　韓国民法814条は、１項で「外国にある本国民間の婚姻は、その外国に駐在する大使、公使又は領事に届出をすることができる」とし、２項で「前項の届出を受理した大使、公使又は領事は、遅滞なくその届出書類を、本国の所管戸籍吏に送付しなければならない」と規定します。こうした婚姻方式を、一般に、外交婚・領事婚と呼びますが、この条文上から、あくまで外国に滞在する自国民（韓国人）間の婚姻の場合にのみ適用されるもので、在日韓国人・日本人間の婚姻には適用がありません。したがって、在日韓国大使館・領事館等は、もしあなた方が婚姻届を提出してきても受理しないはずです。しかし、韓国では、このような婚姻届を、韓国の「在外公館において誤って受理し本籍地へ送付したときは、婚姻挙行地を韓国とみなし、本籍地において送付を受けて受理したときに婚姻の効力が生じる」とされています（景龍國編『戸籍實務總覧』（東民出版社、1994年）483頁）。しかし、このような取り扱いにより韓国において婚姻の効力が生じたものと認められたとしても、あなた方の婚姻生活は日本において営まれると思われますので、何より、日本において婚姻が有効に成立したと認められるのでなければなりません。

　韓国において「本籍地において送付を受けて受理したときに婚姻の効力が生じる」こととなったとしても、日本では、この方法は「当事者ノ一方ノ本国法ニ依リタル方式」（韓国民法812条に準拠した韓国戸籍法にもとづく届出）なので、前記の例外規定により取り得ないことは先に述べました。また、法務省は、1989年の法例改正前は、韓国での取り扱いと同じように、婚姻届出書類が在日韓国領事館等から本国の所管戸籍吏に送付されたときはその到達時点で送付された地（韓国）を婚姻挙行地と見做して婚姻は有効に成立したものと解釈してきました。改正前の法例は、民法741条の外交婚以外

には、婚姻の方式として婚姻挙行地の法律による方式のみを認めていたに過ぎなかった（絶対的な婚姻挙行地法主義）ので、婚姻が不成立となる事例をできるだけ少なくするような解釈をしたものと思われます。しかし、婚姻の方式の準拠法について選択肢が広がった今日、1990年1月1日の改正法例の施行日以降は、この解釈や取り扱いをしないとの発言が法務省の担当者からなされています（南敏文「法例改正に関する基本通達の解説」澤木敬郎・南敏文編著『新しい国際私法―改正法例と基本通達―』（日本加除出版、1990年）74〜75頁、住田裕子「法例改正と戸籍の実務」同上342頁〜344頁）。

よって、万一、在日韓国領事館等があなた方の婚姻届を誤って受理したとしても、あなた方の婚姻は、日本においては法律上有効に成立したことにならず、事実上の婚姻関係ないし内縁関係（同棲状態）にあるに過ぎなくなる恐れがあります。ご質問の方法は避ける方が賢明であると思われます。

（関連項目）婚姻の方式と届出はＱ3－5、韓国人の婚姻届出地は他にＱ3－7参照。

（小西　伸男）

在日夫婦間の扶養

Q3-9 私は在日朝鮮人で、夫は韓国籍の在日です。夫は給料は自分のものだと主張しわずかな生活費しか出してくれません。このような場合法律的にはどうなるのでしょう。

A

あなた方夫婦は、夫が働いて得た給料で生計を維持されているようですが、その夫がわずかな生活費しか渡してくれないのであれば、生活にお困りのことでしょう。

ところで、あなたのように婚姻費用を誰が分担するのかといった問題は、いずれの国の法律が適用されるのでしょうか。

従来この点については、夫婦が相互に負担する一般的な協力義務と密接な

表6　渉外婚姻関係事件の総数と韓国・朝鮮人当事者の推移

年　　度	1988	1989	1990	1991	1992	1993	1994	1995	1996	1997	1998	1999
総　　数(組)	836	975	947	991	1,097	1,166	1,240	1,293	1,317	1,439	1,513	1,424
韓　　国(人数)	499	593	534	557	596	541	593	528	486	567	494	466
北朝鮮(人数)	52	58	56	77	68	80	91	57	58	55	55	52

出所：各年の『司法統計年報』より作成。
「渉外婚姻関係事件」とは、当事者双方または一方が外国人である婚姻中の夫婦間の紛争をいい、離婚後の財産分与・慰謝料請求を含まない。

関連を有する義務であると考え、法例14条の婚姻の効力の準拠法によるという説と、夫婦の各々につき、夫婦財産上定められた婚姻費用の負担部分に夫婦の一方が耐えられない場合に、他方がその部分までを負担するものと考え、法例15条の夫婦財産制の準拠法によるという説が主張されていました。

　ところが、現在では、婚姻費用を誰が分担するのかは扶養義務に含まれるとの説が有力であり、「扶養義務の準拠法に関する法律」によるとされています（神戸家審平成4年9月22日家月45巻9号61頁）。

　扶養義務の準拠法に関する法律は、夫婦・親子その他の親族関係から生ずる扶養の義務の準拠法に関し必要な事項を定めるとし（同法1条）、扶養義務は、扶養権利者の常居所地法によるとしている。ただし、扶養権利者の常居所地法によればその者が扶養義務者から扶養を受けることができないときは、当事者の共通本国法によって定める（同法2条1項）と規定しています。

　そうするとあなた方夫婦の場合、扶養義務の準拠法は、扶養権利者であるあなたの常居所地法によって決定されることになります。ところで、あなたの在留資格は「特別永住者」と思われますが、戸籍実務上は「特別永住者」の場合は日本に常居所があるものとして取り扱われます（平成4・1・6民二155号民事局長通達、第8、1(2)ウ(ウ)）。そうした考え方が裁判等でもとられれば、扶養義務については常居所地法たる日本民法で判断されることになります。

　日本民法は「夫婦は同居し、互に協力し扶助しなければならない」（日本民法第752条）と規定していますから、あなたの夫はあなたを扶養する義務

を負うことになります。

　そして、この扶養義務は生活保持義務といい、扶養することがその身分関係の本質的で不可欠的な要素をなしているものといわれ、自己の最低生活を割ってでも相手方に同程度の生活をさせなければならない義務であるとされています。

　したがって、あなたは夫に対して、あなたの生活を保持するために必要な生活費用の給付を請求することができます。

　（関連項目）親と子の扶養はＱ１—10、Ｑ４—17参照。　　　　　　（徳山　善保）

韓国戸籍に在日韓国人、在日朝鮮人の婚姻を記載する方法

Q3-10　私は、在日韓国人三世ですが、同じ在日である「朝鮮」籍の女性と結婚する予定です。日本の役所への婚姻届だけでなく、韓国の戸籍上もきちんと申告したいと思います。どのようにすればいいのでしょうか。

A

　在日韓国人であっても、日本の戸籍法の定める婚姻届を提出しそれが受理されれば、その婚姻は、韓国においても日本においても法律上有効な婚姻となります（韓国渉外私法15条１項但書、法例13条２項）。

　さて、在日は、日本に居住していることもあり、例えば、日本の役所には子の出生届をしても韓国戸籍には記載されないままであるのが、かつてはほとんどであったと考えられます。そこで、1973年に「在外国民就籍・戸籍訂正及び戸籍整理に関する臨時特例法」という法律が韓国において制定され、在外国民のための便宜がはかられています。この特例法及び大法院戸籍例規第400号「在外国民就籍・戸籍訂正及び戸籍整理に関する臨時特例法による戸籍事務処理指針」に基づき、ご質問に答えていきます。

　あなたと相手の女性（以下「彼女」という）が日本の役場に婚姻届を提出

し、その後、住所地を管轄する韓国領事館に対し、婚姻の戸籍整理をする場合を考えてみましょう。

　韓国戸籍上、あなたの両親の婚姻申告とあなたの出生申告もすでにされているならば、あなたについては問題ありません。自分の戸籍謄本、登録原票記載事項証明書、婚姻届受理証明書が必要書類です。しかし、彼女は、同じ在日であっても朝鮮籍ですから、その出生申告はもちろんのこと、彼女の両親の婚姻についても韓国戸籍上の申告はされていないのが普通です。

　この場合、まず、彼女及びその両親の、在外国民登録法による韓国国民としての国民登録が必要となります。そして、両親の婚姻の戸籍整理申請、彼女の出生の戸籍整理申請、最後に、あなたと彼女の婚姻の戸籍整理申請をすることになります。もし、彼女の両親の出生申告もされていないのでしたら、その戸籍整理申請も必要となります。

　問題は、彼女の両親の戸籍を探せるかどうかということです。彼女の両親の本籍地が、現在の韓国に属する地域であるなら、理論上は韓国の当該役所に彼女が記載されるべき戸籍があることになります。どうしても探し出せない場合は、就籍という手続を踏むことになりますが、彼女の両親が朝鮮籍であっても、両親が日本の役所に婚姻届を提出したのが1947年頃までなら、彼女の父が記載されている韓国の戸籍に母との婚姻の旨が記載され、母が父の妻として入籍しているものと推測されます。もっとも、これには本籍地が現在の韓国に属する地域であることが条件にはなります。

　彼女が記載されるべき戸籍が見つかり、彼女が上の手続に同意しても、彼女の両親はその韓国に対する考え方等により手続に協力してくれない場合があります。その場合は、彼女だけが在外国民登録をし、彼女が、利害関係人として両親の婚姻の戸籍整理申請をし、そして自分のための出生の戸籍整理申請をすることになります。また、この場合には必要書類のうち、両親の在外国民登録簿謄本並びに登録原票記載事項証明書は添付不要とされています。両親の婚姻届受理証明書、両親がそれぞれ記載されている韓国の戸籍謄本、彼女の在外国民登録簿謄本、登録原票記載事項証明書、出生届受理証明書等は当然必要です。なお、手続の詳細については韓国領事館に問い合わせてください。

　（関連項目）韓国の戸籍制度はＱ２－10、韓国戸籍を探す方法はＱ２－12、韓

国の戸籍整理はＱ２－13、婚姻届はＱ３－５、Ｑ３－６参照。　　　　（李　光雄）

韓国人の重婚は無効か取消か

Q3-11　私は、在日韓国人男性で今年（2000年）で45歳になります。母は日本人、父は韓国人で、1950年に結婚したそうです。父は今年で75歳になりますが、韓国で15歳（1940年）の頃に結婚した妻がいて、その妻との間にも子供がいると聞いています。このような重婚は、後の結婚は無効とも取り消されるとも聞いていますが、どうなのでしょうか。また、このような場合、私と韓国に住んでいる父の子供との関係はどうなるのでしょうか。

A

　解放前の朝鮮では、幼い頃に親が決めた相手と顔も見ずに結婚したり、日本に渡来してから本国に妻がいるのに、日本人女性や朝鮮人女性と結婚した朝鮮人男性がいたと、聞いています。

　ところで、重婚になるかどうかは、今の日本の役場の窓口で、チェックされることになっています。しかし、1950年当時、韓国人の結婚が重婚かどうかの役場の窓口でのチェックは、日本と韓国の関係が正常ではないことなどもあり、されることもなくそのまま婚姻届が受理されたものと思われます。

　さて、重婚の場合、現在の日本法（日本民法732条、743条、744条）も、韓国法（韓国民法810条、816条、818条）も、後の婚姻は「取り消しうべき婚姻」、つまり取り消された時点から婚姻関係が消滅するということになります（日本民法748条、韓国民法824条）。いいかえれば「婚姻取消」請求の訴えにより取り消されるまでは、後婚は有効なままです。

　本題に入りましょう。あなたのお母さんは1950年にお父さんと結婚しています。そこで法例13条１項により、婚姻締結当時の夫婦それぞれの本国法によって、婚姻が取り消しうるものなのか無効なものなのかを、判断しなけれ

第３章　在日の婚姻・離婚の法律　141

ばなりません。どちらかの本国法によって無効であれば、後婚は当初から効力がなかったことになります。
　ここでは、お父さんが「韓国法を本国法とする在日」という前提でお話をします。
　韓国の1967年の戸籍先例は、1960年韓国民法施行前の重婚は無効、つまり後婚は無効としていました（大法院戸籍例規541項、1967年１月12日法政第９号通牒）。他方、1950年当時の日本では、重婚は「取消しうべき婚姻」（同上日本民法）です。このように、夫婦それぞれの本国法によってその婚姻の効果が違う場合は有効からより遠い効果が発生するというのが、日本の国際私法の考えです。したがって、一方の本国法が重婚を無効とし、他方の本国法が「取り消しうべき婚姻」としている場合は、無効となります。
　ところで、婚姻締結当時の本国法の内容は、お父さんの本国法である韓国民法の経過規定により決定するというのが、日本の国際私法の通説的見解です。その見解に立てば、1960年施行された韓国民法の経過規定である附則18条は、「本法施行日前の婚姻または養子縁組に、本法により……取消事由があるときは、本法の規定によりこれを取り消すことができる。……」と定めていますので、韓国民法施行前である1950年当時の重婚は「取り消しうべき婚姻」と考えられます（青木清「重婚」池原季雄他『渉外判例百選』（有斐閣、1995年）118頁）。
　また、韓国の戸籍先例は、「……旧法当時の重婚であっても、新法施行当時までにその婚姻（後婚）無効審判がなかったならば、その婚姻の効力については民法附則第18条により新法の適用を受けなければならないので……」とし、先程紹介した戸籍先例を改め、「取り消しうべき婚姻」としました（大法院戸籍例規377項、1978年５月10日法政第152号通牒）。
　しかし、あなたのお母さんの場合のような重婚を取り扱った日本の裁判例は、無効とするもの（新潟家高田支審昭和50年２月21日家月28巻７号62頁など）と、取消とするもの（新潟地判昭和62年９月２日判タ658号205頁など）に分かれています。
　さて、日本の戸籍の取扱いは、サンフランシスコ講和条約発効（1952年４月28日午後10時30分）前の韓国人と日本人の重婚は、一貫して無効との解釈にたって運用されています（昭和28・12・８民事甲2146民事局長回答、昭和

35・5・10民事甲1059民事局長回答など)。それだけではなく、たとえ判決が、重婚の場合の後婚を取消としても、その裁判所の判決を無視して、職権で無効とする取扱いをしています(昭和39・6・4民事甲2051号民事局長回答など)。

　ところで、日本の戸籍行政は、サンフランシスコ講和条約に伴い発せられた法務府第438号民事局長通達により、条約発効前に「内地の戸籍から除籍せらるべき事由の生じたもの」は、条約発効とともに日本国籍を喪失したとする取扱いをしています。サンフランシスコ講和条約発効前の重婚が無効であれば、後婚の当事者である日本人妻は内地の戸籍から除籍されないので、日本国籍を維持していたことになります。もし、「取り消しうべき婚姻」とすれば、取り消されるまでは有効な婚姻となり、内地戸籍から除籍され日本国籍を喪失したことになります。このように、重婚に関する見解の相違は、国籍の変動をもたらします(住田裕子「韓国民法施行前の重婚について」戸籍566号1頁［25頁］)。

　結論としては、現在の日本の戸籍の取扱いは、あなたのお父さんとお母さんの婚姻を、無効とします。たとえ、婚姻取消の判決が下されても、お母さんを日本の原戸籍に回復するなどの手続を行うでしょう(日本戸籍法114条、24条2項など)。

　いずれにしても、無効であれば当初から婚姻関係はなかったことになり、あなたは婚姻関係にない夫婦の間に生まれたことになります。したがって、あなたとお父さんの親子関係が成立しているかどうかは、別に考えなくてはなりません。ただ、韓国戸籍の取扱いは「取り消しうべき婚姻」ですので、日本の戸籍行政の結論とは食い違う場合もありえます。その点は、韓国領事館で確かめる必要があります。

　もし、韓国で「取り消しうべき婚姻」と取扱えば、韓国では、あなたの母とあなたのお父さんの婚姻は取り消されるまで有効ですから、あなたとあなたのお父さんとの親子関係が成立していることになり、本国にいるお父さんの子供とは異母兄弟となります。

　このように、同一事案について国により法的効果が異なるのは、そう珍しいことではありません。

　(関連項目)在日の国籍喪失はＱ2－2、婚姻の要件はＱ3－2、婚姻の要件

審査はＱ３−５、Ｑ３−６、韓国民法の経過規定はＱ５−５参照。（西山　慶一）

在日の離婚の準拠法

Q3-12　在日韓国人が離婚する場合、あるいは在日朝鮮人が離婚する場合、どこの法律で考えたらいいのですか。

A

　法例16条が、離婚の準拠法を定めています。同条は、婚姻の効力の規定である14条を準用しており、それによると、離婚の準拠法は、夫婦の本国法が同一のときはその本国法により、同一の本国法はないが常居所地法が同一であればその法により、そのいずれもない場合は、夫婦に最も密接な関係ある地の法律による、というように段階的に連結点（国籍、常居所、最密接関係地）を通じて準拠法を指定しています。

　よって、夫も妻も「韓国法を本国法とする在日」（以下、単に「在日韓国人」という）夫婦と、やはり双方が「北朝鮮法を本国法とする在日」（以下、単に「在日朝鮮人」という）夫婦の場合は、同一の本国法がありますから、それぞれ、韓国民法、北朝鮮家族法が準拠法となります。

　次に、在日韓国人と在日朝鮮人の夫婦の場合をみると、同一の本国法はないので、次の段階の連結点へ進み、同一の常居所地法たる日本民法が離婚の準拠法になります。さらに、在日韓国人と日本人、あるいは在日朝鮮人と日本人という夫婦の場合は、上で述べた在日韓国人と在日朝鮮人夫婦の例とまったく同様に、常居所地法たる日本民法が離婚の準拠法になります。なお、法例16条の但書は、「夫婦ノ一方ガ日本ニ常居所ヲ有スル日本人ナルトキハ離婚ハ日本ノ法律ニ依ル」と規定していますが、これは、日本の戸籍官吏が「夫婦ニ最モ密接ナル関係アル地ノ法律」の決定に困難を生じないように、この場合は常に日本法を準拠法とした規定です。

表7　日本における離婚件数・韓国・朝鮮人の離婚件数

年	夫妻共に日本	夫妻の一方が外国	夫：日本妻：外国	夫：日本妻：「韓国・朝鮮」	妻：日本夫：外国	妻：日本夫：「韓国・朝鮮」	夫妻共に「韓国・朝鮮」
1992	171,475	7,716	6,174	3,591	1,542	956	—
1993	180,700	7,597	5,987	3,154	1,610	889	—
1994	187,369	7,737	5,996	2,835	1,741	885	—
1995	191,024	7,992	6,153	2,582	1,839	939	—
1996	198,860	8,095	6,171	2,313	1,924	912	968
1997	213,486	9,149	7,080	2,185	2,069	983	938
1998	232,877	10,306	7,867	2,146	2,439	1,091	1,068
1999	239,479	11,050	8,514	2,312	2,536	1,096	1,094

出所：厚生省『人口動態統計』各年より作成。1992年から1995年までの夫妻ともに「韓国・朝鮮」の件数は、『人口動態統計』からは判明しない。

　こうして決定された準拠法により、離婚の許否及び離婚原因（不貞、悪意の遺棄など）、離婚の機関や方法（協議離婚は認められるか、裁判離婚かなど）、離婚の効力（財産分与請求権の有無など）の問題等が判断されます。なお、離婚後における未成年の子に対する親権・監護権の帰属の問題は、離婚の効力の範囲に含まれるとする見解もありますが、親子間の法律関係として法例21条で規定する準拠法によるべきだとするのが現在の多数説・判例です。

　（関連項目）離婚法の適用結果はＱ３－14～Ｑ３－18、離婚の裁判管轄権はＱ３－19～Ｑ３－21、離婚後の親権者はＱ４－３～Ｑ４－５、離婚後の子の扶養・引渡しはＱ４－６～Ｑ４－７参照。　　　　　　　　　　　　（小西　伸男）

朝鮮人の協議離婚について

Q 3-13 私達夫婦は在日朝鮮人です。離婚することに合意しましたが、法律上協議離婚は認められるのでしょうか。また、在日朝鮮人と日本人が離婚する場合はどうでしょうか。

A

まず、離婚についてどこの国の法律が適用されるのかを考えてみましょう。離婚について定めた法例16条は法例14条を準用しています。それによると、夫婦の本国法が同一であればそれに従い、本国法が同一でない場合で常居所が同一である場合は常居所地の法律によることになります。

ここでいう「離婚」には離婚ができるのかどうか、離婚の方法(裁判離婚によるのか協議離婚が可能かどうか)、離婚原因などの問題が含まれます。あなた方夫婦が「北朝鮮法を本国法とする在日」だとすると、離婚については同一本国法である北朝鮮の法律に従うことになります。なお、法例32条但書により反致も認められません。

北朝鮮には、現在「家族法」という法律が施行されています(1995年10月24日最高人民会議常設会議決定第5号)。同法20条は「夫と妻の関係は、離婚すれば消滅する。離婚は、裁判によってのみおこなうことができる。」としています。

したがって、「北朝鮮法を本国法とする在日」であるあなた方夫婦の協議離婚は認められず、日本に住んでいるという理由だけで日本民法による協議離婚ができるわけではありません。

さて、北朝鮮では裁判離婚だけを許容していますが、実際上どのように運用されてきたのでしょうか。これについては「裁判所は子どもの利益を考慮して離婚請求を棄却できる。共和国では、婚姻はもちろん離婚問題も決して個人的問題として処理されるのではなく、国家と社会、革命の利益と結合した社会問題として扱われる」とし「裁判の過程で説得教育(政治活動)が積

極的に行われている」ことからも、日本における裁判離婚制度とは必ずしも同じとはいえないようです（大内憲昭『法律からみた北朝鮮の社会』（明石書店、1995年）215頁、217頁参照）。しかし、理論的にみれば、北朝鮮における離婚については話し合いによる説得が重視されているところから、議論の余地はありますが家庭裁判所における調停離婚や審判離婚は許されるのではないかと思われます。

　ところで、日本の裁判所で「北朝鮮法を本国法とする在日」の離婚が問題になった場合、どのように取り扱われてきたのでしょうか。これについては、「当初認められていた協議離婚制度は廃止され、裁判所による離婚のみが認められている」（札幌家審昭和60年9月13日家月38巻6号39頁）ので家事審判法24条による審判をした判例、「北朝鮮の法令の適用を受ける者が日本で離婚する場合、少なくとも日本の方式による協議離婚の手続をとっただけでは離婚の効力は発生しないといわざるをえない」（東京地判昭和61年11月17日判タ655号27頁）とした判例等があります。

　しかし、現実には日本の役場において朝鮮籍同士の夫婦の離婚届は受理されていると思われます。この場合は「本人が特に韓国人でないといわない限り、その人の本国法を韓国法として処理」されているからのようです（法務省民事局内法務研究会編『改正法例下における渉外戸籍の理論と実務』（テイハン、1989年）100頁参照）。

　次に、「北朝鮮法を本国法とする在日」と日本人の夫婦の場合ですが、あなた方には、同一本国法はありませんので、同一常居所地法である日本の民法に従うことになります。その結果、協議離婚は認められますし、方式も日本の離婚届による届出となります（法例16条、14条、22条、日本民法763条）。

　（関連項目）北朝鮮家族法はＱ１－６、在日の離婚の準拠法はＱ３－12、裁判離婚の原因はＱ３－17、裁判管轄権はＱ３－19参照。

（金山　幸司）

韓国人の離婚 ―― 家庭法院の確認とは

Q3-14 韓国では、夫婦が離婚する場合、韓国の家庭法院の確認が必要だと聞いたことがあります。私たち在日韓国人同士の夫婦が離婚する場合はどうなるのでしょうか。また、在日韓国人と日本人の夫婦が離婚する場合はどうなるのでしょうか。

A

　在日韓国人の夫婦が、この日本で離婚する場合、どこの国の法律で考えるのでしょうか。離婚については、夫婦の同一本国法があるならば、その国の法律によることになります（法例16条）。あなた方が、「韓国法を本国法とする在日」の場合、韓国の法律によることになります。韓国の法律は、協議離婚（韓国民法834条）も裁判離婚（同法840条）も認めているので、あなた方は韓国民法の規定に従い協議離婚ができることになります。

　あなた方の間に協議離婚をする意思が形成されたとして、次に、協議離婚をする場合の方式について考えてみなければなりません。なぜなら、協議離婚が成立するには、離婚意思の合致だけでは足りず、届出等の一定の様式、すなわち方式が要求されるからです（日本民法764条、739条、韓国民法836条1項）。

　まず、離婚をおこなう国である日本の方式によって離婚が成立するかどうかですが、日本の国際私法である法例はこれを認めています（法例22条但書）。したがって、日本の市区町村役場に協議離婚届を提出すれば（日本民法764条、739条）、これにより協議離婚は有効に成立します。

　あなた方夫婦の協議離婚を認めている韓国法の定める方式により、協議離婚届を韓国の市・邑・面の戸籍役場に提出する場合はどうなるのでしょうか。韓国民法836条1項は「協議上の離婚は、家庭法院の確認を受け戸籍法の定めるところにより届出をすることによって、その効力を生ずる」として、協議離婚をするには、必ず「家庭法院の確認」を受けることを求めてい

ます。つまり、韓国民法では、協議離婚の申告をする前に当事者が家庭法院に出頭し、離婚意思の確認を受けなければならないのです。日本の協議離婚制度と大きく異なるところです。

　この家庭法院の確認は、韓国では協議離婚が必ずしも当事者の自由意思に基づくものといえず、女性が離婚を強要されるという背景があったために、1977年の韓国民法改正のときに設けられたものです。家庭法院は、当事者双方の離婚意思の有無と、当事者間に未成年の子がある場合に、その子に対する親権行使者の指定について、当事者を出頭させて確認します（韓国戸籍法施行規則87条1項、2項）。

　具体的には、当事者が、本籍地又は住所地を管轄する家庭法院に「離婚意思確認申請」をして、「確認書」を作成してもらい確認書の謄本を受け取ります（韓国戸籍法79条の2、1項）。そして、確認書の謄本を協議離婚の申告書に添付して韓国の戸籍役場に提出します。なお、確認を受けた日から3か月以内に届出をしないと、家庭法院の確認は効力を失います（韓国戸籍法79条の2、3項）。

　これに対して、あなた方夫婦が日本の方式により協議離婚をする場合、すなわち日本の役場に離婚届を提出する場合には、韓国家庭法院の確認は求められていません。なぜなら、日本の戸籍実務は、改正後の韓国民法836条1項に規定する家庭法院の確認は、日本の国際私法である法例上、協議離婚の方式に属するものと解して行為地法である日本法によることができるので（法例22条但書）、家庭法院の確認を得ることなく協議離婚の届出がなされた場合、受理する取扱いをしているからです（昭和53・12・15民二6678号民事局第二課長依命通知）。

　また、韓国の戸籍実務も、「協議離婚制度がある日本国において、離婚挙行地である日本の方式による離婚申告を済ませ離婚証書の謄本を提出したときには、韓国渉外私法10条2項、韓国戸籍法40条により受け付けなければならない」（1979年1月9日法政第8号通牒並びに1989年4月17日法政第579号通牒、1991年7月9日法政第1095号通牒）とする取扱いをしています。「家庭法院の確認」は、日本の戸籍実務上も韓国の戸籍実務上も、離婚の方式に属する問題と考えられているのです。

　次に、韓国人と日本人の夫婦が離婚する場合を考えてみましょう。この場

合、夫婦の同一本国法はありませんので、夫婦の常居所地の法律が、離婚をする場合の準拠法となります（法例16条）。夫婦の常居所地が日本の場合の準拠法は、あくまで日本法ですので、日本の市区町村役場に協議離婚届を提出すればよく、韓国家庭法院の確認を受ける必要はないことになります。

（関連項目）離婚の準拠法はＱ３―12、韓国人の裁判離婚の原因はＱ３―15参照。

（金　秀司）

韓国人の裁判離婚の原因

Q３-15　私は在日韓国人です。妻はもともと韓国籍でしたが、結婚する前、既に家族とともに帰化して日本国籍になっています。妻は、子供の将来を考えて私にも帰化するように言います。帰化してくれないなら離婚を裁判所に申し立てるとも言います。一般的にどのような場合に裁判離婚が認められるのですか。

A

離婚ができるか、また裁判離婚がどのような場合に認められるかについて、あなた方夫婦の場合はどこの国の法律によるのでしょうか。あなたは「韓国法を本国法とする在日」であり、あなたの妻は日本人ですから、法例16条の定める３段階連結の第１段階たる夫婦の同一本国法はありません。しかし、あなたはいわゆる「在日韓国人」ですから常居所は日本にあるでしょう（平成４・１・６民二155号民事局長通達第８参照）。したがって、離婚については、第２段階の同一の常居所地法たる日本の法律によることになります（法例16条本文）。

日本民法によれば離婚原因は、配偶者に不貞な行為があったとき（民法770条１項１号）、配偶者から悪意で遺棄されたとき（同条同項２号）、配偶者の生死が３年以上明らかでないとき（同条同項３号）、配偶者が強度の精神病にかかり、回復の見込みがないとき（同条同項４号）、その他婚姻を継

続し難い重大な事由があるとき（同条同項5号）、となっています。

あなた方夫婦が裁判離婚をしようと思えば、必ず上の離婚原因の一つにあてはまらなければなりません。したがって、あなたが帰化申請をしないということが、上記の5号の「その他婚姻を継続し難い重大な事由があるとき」に該当するかどうかが問題となります。いずれにしても、帰化をしないということだけでは、裁判上の離婚原因になることはないと思われますが、あなたが在日として生きていくのであれば、その考え方をあなたの妻や子に理解してもらえるよう対話をすべきではないでしょうか。

（関連項目）在日の離婚の準拠法はQ3-12参照。　　　　　　　（姜　信潤）

韓国人の離婚 ── 有責配偶者の離婚請求

Q3-16　私は、在日韓国人男性ですが、現在内縁関係にある女性と生活して、その間に子供が一人います。実は、私には韓国人の妻と子供三人がいまして、約20年間別居しています。

妻が離婚に応じないので裁判で離婚したいと思うのですがそれは可能でしょうか。

A

「韓国法を本国法とする在日」である、あなた方夫婦が離婚するについて裁判離婚が可能かどうかは、あなた方夫婦の同一本国法である韓国法によって判断することになります（法例16条）。韓国民法をみてみますと、840条に裁判上の離婚原因が列挙されています。

同条には、①配偶者に不貞な行為があったとき、②配偶者が悪意で他の一方を遺棄したとき、③配偶者又はその尊属から著しく不当な待遇をうけたとき、④自己の直系尊属が配偶者から著しく不当な待遇をうけたとき、⑤配偶者の生死が3年以上明らかでなかったとき、⑥その他婚姻を継続し難い重大な事由があるとき、以上六つの離婚原因が列挙されています。

第3章　在日の婚姻・離婚の法律　151

さて、韓国法上の裁判離婚において、婚姻関係の破綻について責任のある配偶者（有責配偶者）からの離婚請求は認められるのでしょうか。別居に至った理由など、あなただけに有責性があるかどうかご質問の内容だけでは分かりませんが、かつて韓国の大法院は、有責配偶者からの離婚請求を原則として認めていませんでした（大法院1965.9.21.65ム37）。
　しかし、近年その傾向が変わり、大法院は「互いに音信さえなく、10余年を、甲男と他人のように暮らしてきた場合であるならば、乙女に甲男と婚姻を継続する意思があると見るのが困難であり、乙女が内心では甲男との婚姻を継続する意思がないながらも表面上離婚に応じないでいるならば、たとえ、当初において甲男に不貞行為の過ちがあるとしても、現在惹起している破綻の責任を甲男だけに帰することができない」（大法院1988.2.9.87ム60）として、有責配偶者からの離婚請求を認めました。
　続いて、「請求人と被請求人間の婚姻関係が、当事者双方の責任ある事由により破綻に至ることとなった場合には、請求人の責任が被請求人の責任よりいっそう重いと認められない限り請求人の離婚請求は認容されるべき」（大法院1990.3.27.88ム375）として離婚請求を認めています。
　最近の判例では、「相手方も婚姻生活を継続する意思のないことが客観的に明白であり、……報復的感情から離婚に応じないでいるだけである等の特別な事情がある場合」（大法院1996.6.25.94ム741）に有責配偶者の離婚請求を認めています。
　「韓国法を本国法とする在日」の有責配偶者からの離婚請求が、日本の裁判所で問題となったものをみてみましょう。日本の判例も有責配偶者からの離婚請求を認めていませんでした（大阪地判昭和58年11月21日判タ525号279頁、大阪地判昭和59年3月29日判タ528号296頁）。
　しかし、近年になって、韓国の大法院の判例を引用し、「被控訴人は表面的な離婚意思を拒否しているに過ぎ」ず、「既に実質的な婚姻継続意思を失っている」ことを根拠に有責配偶者からの離婚請求を認めたものがあります（東京高判平成7年6月15日家月49巻10号89頁）。
　その上告審においても上告人は「表面的には離婚に応じていないが、実際においては婚姻の継続と両立し得ない行為をするなど、その離婚の意思が客観的に明白であるということができるから……大韓民国民法上有責配偶者か

らの離婚請求が例外的に許容される」べき場合として離婚請求を認めました（最判平成9年2月25日家月49巻7号56頁）。

あなたの責任や別居した奥さんの婚姻継続の意思、別居期間などを考慮して韓国法に照らして、例外的に離婚請求ができる理由があれば、有責配偶者からも離婚請求ができる可能性もあります。

（関連項目）離婚の準拠法はＱ3－12、裁判離婚の原因はＱ3－15参照。

（高山　駿二）

朝鮮人の裁判離婚の原因

Q3-17 私達夫婦は、在日朝鮮人です。夫には愛人がいてほとんど家に帰りません。私は、離婚したいのですが、夫は協議離婚に応じないというので裁判を起こそうと思います。一般的にどのような場合に裁判離婚が認められるのですか。

A

あなた方夫婦はどちらも在日朝鮮人ということですから、あなた方はともに「北朝鮮法を本国法とする在日」として考えてみましょう。法例16条により離婚については同一本国法になりますので、あなた方夫婦の場合は北朝鮮の法律が離婚の準拠法となります。そこで北朝鮮の離婚に関する法律を見てみます。

まず、北朝鮮の対外民事関係法を見てみますと、同法37条、38条に離婚に関する規定があります。しかし、法例32条但書によれば、段階的連結の場合には反致が認められないので日本法に反致するということはありません。

そこで、北朝鮮家族法20条を見てみますと、「夫と妻の関係は、離婚すれば消滅する。離婚は、裁判によってのみおこなうことができる」と規定されています。したがって、あなた方夫婦は協議による離婚ではなく、原則として裁判による離婚しかできないことになります。

北朝鮮の裁判離婚の原因は、「配偶者が、夫婦の愛情と信頼をひどく裏切

った場合または、その他の事由で夫婦生活を継続することができない場合には、離婚することができる」(北朝鮮家族法21条) と、抽象的な規定となっています。しかしあなたのケースは、この離婚原因に該当すると思われます。

ところで、日本の裁判実務では離婚の原因を、「北朝鮮の男女平等権に関する法令施行細則」より引用しているケースもあります (札幌家審昭和60年9月13日家月38巻6号39頁、東京家審昭和59年3月23日家月37巻1号120頁)。

また、北朝鮮の裁判の実務では、1976年民事訴訟法で、裁判の準備段階で離婚当事者に政治活動を積極的に行い、家庭を回復するように努め、また、すべての段階で家庭を回復するように当事者に和解を勧告し、裁判所が事件を受理したときから1年間の説得 (政治活動) 期間を設けていたといわれています (大内憲昭『法律から見た北朝鮮の社会』(明石書店、1995年) 200頁参照)。

以上のような裁判の実務からすると、これらは日本の家庭裁判所が行う調停離婚や審判離婚に似た制度のようにも思われます。実際に、家庭裁判所の実務では、合意に相当する審判離婚 (家事審判法第23条) や (札幌家審昭和60年9月13日家月38巻6号39頁)、調停に代わる審判離婚がなされています (同法第24条) (東京家審昭和59年3月23日家月37巻1号120頁)。

以上のことを考えますと、あなたの場合は、裁判離婚の離婚原因もあるようなので、日本の家庭裁判所で審判離婚の手続をふむことをお勧めします。

(関連項目) 在日の離婚の準拠法はＱ３−12、朝鮮人の協議離婚はＱ３−13、北朝鮮離婚法と裁判管轄権はＱ３−19参照。　　　　　　　　　(姜　信潤)

韓国人の離婚 —— 財産分与・養育費

Q 3-18 私たち夫婦は在日韓国人で、私はいわゆる専業主婦です。共に協力して家を買いローンも少なくなっています。最近、夫婦関係に亀裂が入り離婚の危機を迎えています。もし離婚した場合、その家を私がもらうことができるでしょうか。また、子供を私が養育する場合養育費を請求できるでしょうか。

A

　離婚をする場合、夫婦が共に婚姻中に築いた財産の清算として、夫婦の一方は相手方に対し財産の給付を請求することが認められています。一般に、これを財産分与請求といいます。日本の国際私法上、離婚に伴う財産分与請求ができるかどうかは、離婚の効力の問題として、法例16条により夫婦の本国法が同一の場合は、その国の法律によることになります。あなたとご主人は、共に「韓国法を本国法とする在日」という前提ですと、準拠法は韓国法になります。韓国民法は、839条の2で「財産分割請求権」を規定しています。

　韓国では、1990年の民法改正前は、財産分与に関する規定を置いていませんでした。日本の下級審の多くは、韓国法が財産分与を認めないとし、その韓国法を適用するのは旧法例30条の公序則に反するとしてそれを排除し、日本民法を適用して財産分与請求を認めていました（東京地判昭和55年11月21日判タ441号140頁、横浜地判昭和58年1月26日判時1082号109頁）。

　その後、最高裁は「慰藉料の額を算定するにあたっては婚姻中に協力して得た財産の有無・内容を斟酌することができる」ので「大韓民国民法のもとにおいて有責配偶者が支払うべきものとされる慰藉料の額が、当該婚姻の当事者の国籍、生活歴、資産状況、扶養の要否及び婚姻中に協力して得た財産の有無・内容等諸般の事情からみて、慰藉料及び財産分与を含むわが国の離婚給付についての社会通念に反して著しく低額であると認められる場合に限

り、離婚に伴う財産分与請求につき同法を適用することが法例30条にいう『公ノ秩序又ハ善良ノ風俗』に反する」（最判昭和59年7月20日判タ539号323頁）として、韓国民法が財産分与を認めていないことが、当然には法例30条の公序則に反することにはならないとしたのです。

　しかし、韓国では、1991年1月1日に民法が改正され、同法第839条の2に財産分割請求権の規定が新設されました。同条は、①協議上の離婚をした者の一方は、他の一方に対して財産分割を請求する事ができること、②財産分割に関する協議が調わないとき、または協議をすることができないときは、家庭法院は、当事者の請求により、当事者双方の協力による財産の額数その他事情を考慮して、分割の額数及び方法を定めることを規定しています。したがって、あなたは、離婚時に相手方に財産分割を請求し協議により、協議が調わなければ裁判により、互いに協力して購入した家の帰趨を決することになります。ただし、同条3項によれば財産分割請求権は、離婚の日から2年を経過すると消滅するので注意が必要です。

　あなたの子の養育費を相手に請求することができるか、という問題は「扶養義務の準拠法に関する法律」（昭和61年6月12日法律第84号）により準拠法を決定することになります。同法1条によれば、この法律は、夫婦、親子その他の親族関係から生ずる扶養義務の準拠法に関して必要な事項を定めるとしています。同法2条1項によると、扶養義務は扶養権利者の常居所地法によって定められるので、日本法が適用されます。日本民法879条によれば、扶養の程度又は方法について、当事者間で協議をし、協議が調わないときは、扶養権利者の需要、扶養義務者の資力その他一切の事情を考慮して家庭裁判所が決めることになります。したがって、あなた方夫婦が離婚することになれば、相手方との協議により、養育費の額及びその支払方法を定めることになります。協議が調わなければ、家庭裁判所に養育費の支払いを申立てることになります。

　（関連項目）離婚の準拠法はＱ3－12、韓国人の離婚はＱ3－14、離婚後の子の扶養はＱ4－7参照。
　　　　　　　　　　　　　　　　　　　　　　　　　　　　（高山　駿二）

北朝鮮離婚法と裁判管轄権

Q3-19 私は、在日朝鮮人女性ですが、在日朝鮮人である夫が、北朝鮮へ行くといったまま10年間行方不明です。私は、子供の将来も考え、離婚したいのですが、この場合、日本で離婚の判決をしてもらえるのでしょうか。

A

　日本で、在日外国人夫婦が離婚をする場合は、どこの国の法律にもとづいて離婚の可否を判断するのでしょうか。離婚については、法例16条によれば婚姻の効力に関する14条が準用され、夫婦の本国法が同一のときはその法律によりますから、あなた方夫婦がいずれも「北朝鮮法を本国法とする在日」とすると、同一本国法である北朝鮮法により判断することになります。

　北朝鮮の家族法20条2項は、「離婚は、裁判によってのみ行うことができる」と規定し、21条には、「配偶者が、夫婦の愛情と信頼をひどく裏切った場合、またはその他の事由で夫婦生活を継続することができない場合には、離婚することができる」とあります。日本の民法770条が、離婚原因について、不貞な行為、悪意の遺棄、生死の3年以上の不明、回復の見込みのない強度の精神病、その他婚姻を継続しがたい重大な事由、と具体的に掲げているのに対し、北朝鮮の家族法21条の離婚原因は、抽象的に過ぎるようです。ご質問の場合が、同条の離婚原因に該当するのかどうかにわかに断定できませんが、10年間も行方不明であれば、「その他の事由で夫婦生活を継続することができない場合」に当るのではないかと考えられます。

　そこで、北朝鮮の家族法に準拠して裁判により離婚できると仮定し、次に、どこの国の裁判所へ離婚の訴えを提起したらよいのか、という問題を考えてみましょう。

　国際的離婚の裁判は、原則として被告の住所地を管轄する国の裁判所に訴えを提起すべきであるというのが、原則であり確立した判例であると言えます（最大判昭和39年3月25日民集18巻3号486頁）。それは、基本的に、被告

の裁判上の防御権を実質的に保障しなければ公正な裁判が期待できないことや、被告住所地主義を採用する国が多いことから判決の国際的調和を実現できるからであるとされています。しかし、この原則を貫くと、あなたのような場合は、法律上は裁判上の離婚請求権があるにかかわらず、事実上離婚は不可能であるのかという疑問も生じます。

　前記の最高裁判所の判例となった事例は、以下のようなものでした。

　戦前の昭和15年に、中国の上海で、もと日本人（内地人）女が朝鮮人男と結婚し、戦後昭和20年8月の日本の敗戦とともに夫の本国朝鮮に帰国し夫の家族と同居生活するにいたったが、慣習・環境等に馴染めず翌年の12月には事実上の離婚の承諾を得て妻だけが日本に引き揚げてきた。その後、朝鮮に在住する夫とは音信がなく生死が不明であって15年が経過しているという場合で、妻（上告人）が夫（被上告人）に対して、離婚裁判を日本の裁判所に提起したという事例です。この裁判で、最高裁判所大法廷は、次のように判決しました。

　「しかし、原告が遺棄された場合、被告が行方不明である場合その他これに準ずる場合においても」、被告住所地主義の原則にこだわり、「被告の住所がわが国になければ、原告の住所がわが国に存していても、なお、わが国に離婚の国際裁判管轄がないとすることは」、「国際私法生活における正義公平の理念にもとる結果を招来することになる」と説示して、日本の裁判所に国際離婚裁判管轄があることを認めました。

　あなたの事例は、夫の方があなたを棄てたとみられるので「原告が遺棄された場合」に該当し、日本の裁判所に国際離婚裁判管轄があると判断されると考えてよいでしょう。是非、裁判所の門を叩いて下さい。　　　　（小西　伸男）

離婚の裁判管轄権と韓国戸籍への記載

Q3-20 私は在日韓国人の女性です。夫は日本人です。このたび夫と離婚したいと思うのですが、日本の裁判所に訴えても問題はありませんか。また、離婚の判決をもらった場合に私の韓国戸籍にその旨を載せるのには、どういう手続が要りますか。

A

まず、あなた方夫婦の離婚請求は、法例16条が定める準拠法で判断されることを念頭に置きましょう。その準拠法は、あなたの夫は日本人で、あなたは「韓国法を本国法とする在日」としますと、あなた方夫婦の常居所地である日本の法律で判断されるでしょう。

さて、ご質問の件ですが、あなたが夫を相手にして離婚の訴えを日本の裁判所に提起するのに問題はないかという点、すなわち、日本の裁判所に当該事件を扱う権限、国際裁判管轄権があるかどうかという問題ですね。

あなた方夫婦のように、夫婦の国籍が異なったり外国国籍同士の場合、離婚の訴えはどの国の裁判所に裁判管轄権があるのでしょうか。その点については、日本に法律の明文規定はなく、また日本が批准した国際的な条約も特にありません。学説・判例は、本国に管轄権があるという考え方と住所地の国に管轄権があるという考え方がありましたが、現在では、当事者の正義や公正を基準に、被告の住所が日本にある場合は、日本に管轄権を認めるのが大勢です。ただし、被告の住所が日本になくても、「原告が遺棄された場合、被告が行方不明である場合その他これに準ずる場合」などの例外的なケースは、原告の住所が日本にあれば、日本に管轄権を認めています（最大判昭和39年3月25日民集18巻3号486頁など）。

あなたも夫も日本に住所があるようですので、離婚の訴えを日本の裁判所に提起しても管轄権の点では問題はないでしょう。

次に、離婚判決が下された後、あなたの韓国戸籍へはどのような手続で記

載するのかという点ですね。まず最初に、あなたの夫の日本戸籍には、裁判の謄本を添付して届ければ、離婚の記載がなされます（日本戸籍法77条、63条）。

ところで、日本の裁判所で下された判決は、韓国からみれば外国判決です。韓国では、外国で下された判決の承認は、韓国民事訴訟法203条の要件が備わっていることが必要とされます。具体的には、判決の正本または謄本、判決の確定証明書、それらの韓国語の翻訳文等を添付して申請します。韓国領事館または本籍地役場は、それらの書類により韓国民事訴訟法203条の要件を備えているかを審査してはじめて、韓国戸籍に記載する取扱をしています（大法院戸籍例規441項、1981年10月14日法政第545号）。詳細は、韓国領事館で確かめてください。

（関連項目）離婚の準拠法はＱ３―12、韓国の裁判管轄権はＱ３―21参照。

（西山　慶一）

離婚の裁判管轄権と日本戸籍への記載

Q3-21 私は在日韓国人の男性です。妻は日本人です。この場合に、韓国の裁判所に離婚の訴えができますか。また、韓国で離婚の判決をもらった場合に妻の日本戸籍に載せる手続を教えてください。

A

最初のご質問は、あなたが妻を相手にして離婚の訴えを提起した場合に韓国の裁判所に管轄権はあるかということですね。

韓国では、あなた方夫婦のように夫婦の国籍が異なったり外国国籍同士の場合、離婚の訴えをどの国の裁判所に提起できるか、つまり、どの国の裁判所に管轄権があるかは、夫婦の国籍または住所を基準に考え、その住所または国籍は夫婦いずれのものでもよいという考えがあります（徐希源『改訂新版国際私法講義』（一潮閣、1998年）290頁以下）。しかし、韓国の大法院判決

は、在日韓国人同士の外国離婚判決の承認に際してですが、行方不明その他これに準ずる事情がある場合を除いて、被告住所地の原則を明確にしたといわれます（大法院1988.4.12.85ム71）。それを受けて、大法院の戸籍例規は、「相手方が行方不明その他これに準ずる事情があるか、相手方が応訴してその利益が不当に侵害されるおそれがない場合などの、例外的な場合を除いて相手方の住所が韓国にあることを要件とする」（大法院戸籍例規443項、1989.7.13.法政第1055号通牒）としたのです。したがって、韓国に離婚の国際的な裁判管轄権があるかどうかは、原則として被告の住所が韓国にあるかどうかによると考えられます（崔公雄「韓国家族法と国際私法問題」国際私法学会編『国際私法年報1』（信山社、1999年）117頁［130頁］）。

　被告となる妻が日本人で日本に住所があり、原告であるあなたは韓国人で日本に住所があるとの前提で考えてみましょう。このような場合、あなたの訴えは、韓国の裁判所で管轄権があると認められるでしょうか。被告である妻の住所は韓国にはないので、たとえあなたの国籍が韓国であっても韓国に管轄権があるかどうかは、ここでは明言できません。しかし、在日韓国人同士であれば、韓国では管轄権が認められるという見解もあります（在日韓国人同士について、本渡諒一他『韓国家族法の実務』（日本加除出版、1992年）96頁参照）。

　ただ、韓国の裁判所で管轄権があり離婚の訴えが審理されても、あなた方夫婦に離婚が相当かどうかは、韓国渉外私法18条が定める「その原因たる事実の発生したる当時の夫の本国法」が準拠法となり、あなたの本国法である韓国の離婚法により判断される点は注意すべきでしょう。

　次のご質問ですが、韓国で離婚の判決が下された場合、あなたの韓国戸籍への記載は、韓国の判決謄本を添付して本籍地役場なり韓国領事館に届け出ればよいでしょう（韓国戸籍法81条、63条）。

　次に、あなたの妻の日本戸籍に登載する方法ですが、日本では、韓国の離婚判決は外国判決ですので、同判決が日本国内においても判決としての効力を持つためには、日本の民事訴訟法118条の定める各要件を備えていなければなりません。戸籍実務はこのような場合、原則として、判決の謄本、判決確定証明書、日本人の被告が呼出を受けまたは応訴したことを証する書面並びにそれらの訳文の提出を求め（昭和51・1・14民二280号民事局長通達）、

上記各要件の具備を審査することになっています。しかし、ここでの審査は、所定の書類が具備されているかどうかといった形式的要件を審査する形式的審査にとどまり、その届出の内容が真実と合致しているかどうかを審査する実質的審査を行うものではありません。そのため、届出事項に疑義があるような場合でも、戸籍窓口は、届出が形式上適法なものである限り、原則として、これを受理します。この場合、これを否定するためには、裁判によって、上記各要件のいずれかが存在しないことを明らかにする必要があります。

　その点はさておき、上記書類を添付した届出が日本の戸籍窓口になされ、その審査をクリアーすれば、あなたの妻の日本戸籍に、あなたとの離婚が記載されることになります。

　（関連項目）裁判管轄権はＱ３－20参照。　　　　　　　　（西山　慶一）

第4章　在日の親子関係の法律

1 はじめに

　在日家族内の国籍は、多様化への傾向が顕著である。その多様化は、親子関係にいずれの法を適用するかという準拠法決定の場面で重要な鍵になる。

　親子関係には、自然血縁関係のある親子関係と自然血縁関係のない法定親子関係としての養親子関係がある。前者には婚姻関係から生まれた子と親との関係（嫡出親子関係）と婚姻関係外から生まれた子と親との関係（非嫡出親子関係）がある。また準正といって、非嫡出親子関係にある親子に認知や父母の婚姻などの法律行為が加わって嫡出親子関係に転換させる法を定める場合がある。

　また、未成年者の保護・養育、その財産管理、その他取引の安全のための親権者制度があり、親権者がいない場合や心神障害者のために後見制度が設けられているのが一般的である。さらに、2000年4月に日本民法で新たに制定された成年後見制度は、在日にどのように適用されるのであろうか。

　ここでは、親子に関連する法律関係の準拠法が何法になるかを簡潔に示すとともに、韓国親子法、北朝鮮親子法を素描する。

2 在日の準拠法に関して——反致との関係

　親子に関連する渉外的法律問題が日本で問題になった場合は、「法例」の定める準拠法により解決する。ただ、法例32条は、本国法を適用すべき場合にその本国法の国際私法によれば日本法によるものとされるときは、日本法を適用するとし、反致規定を定めている。しかし、同条但書は、反致に関する除外立法を定め、親子に関連する部分では、法例21条の親子間の法律関係を除外している。したがって、除外規定以外で、当事者の本国法を準拠法とする親子の法律関係が、日本法に反致する場合があるのかどうかを検討しなければならない。

　韓国の国際私法である韓国渉外私法で、親子に関連する規定は19条以下にあるが、日本法へ反致する規定は見当たらない。他方、北朝鮮対外民事関係法47条は、次のように定めている。「外国に住所を有する共和国公民の養子縁組、離縁、父母と子女の親子関係、後見、遺言には、住所を有している国の法を適用することができる」。親子に関連する条項としては、養子縁組、離縁、父母と子女の親子関係が、「住所を有する国の法」である日本法へ反

致するかどうかが問題になる。この条文の解釈は、第1章の概説で述べたように、日本法に反致するという見解と反致しないという見解に分かれる。いずれにせよ、法例21条にいう親子間の法律関係は、法例32条但書により明文上反致が否定されているので、北朝鮮家族法がそのまま適用される。

3 親子関係に関する準拠法と韓国法、北朝鮮法
① 嫡出親子関係の成立

この規定は、嫡出親子関係の成立、すなわち子に嫡出性の推定があるかどうか、嫡出否認ができるかどうか、嫡出否認権者は誰か、その訴えの期間はどうか等について、定めているものと解される。

法例17条は、1項で「夫婦ノ一方ノ本国法ニシテ子ノ出生ノ当時ニ於ケルモノニ依リ子ガ嫡出ナルトキハ其子ハ嫡出子トス」とし、2項で「夫ガ子ノ出生前ニ死亡シタルトキハ其死亡ノ当時ノ夫ノ本国法ヲ前項ノ夫ノ本国法ト看做ス」としている。この規定は、子が出生した当時の父母いずれかの本国法が、嫡出親子関係の成立を認めていればその法が適用される。夫が子の出生前に死亡した場合における夫の本国法を、夫死亡時の本国法と定めた。

例えば、「在日韓国人」・日本人夫婦とその子との間に嫡出親子関係が成立するかどうかは、韓国法または日本法のいずれかの法が、その成立を認めていれば、その法が準拠法となる。

［韓国法、北朝鮮法］　韓国民法は、夫の嫡出性の推定、女子の待婚期間違反による父の決定、嫡出推定を否認する訴えとその出訴期間、などを844条から854条に定める。さらに、たとえ嫡出が推定されても、懐胎が事実上不可能な場合には「推定されない嫡出子」として同法865条による親子関係存否確認の訴えを提起できるとするのが判例の立場である[1]。さらに韓国憲法裁判所は、1997年3月27日、嫡出否認の出訴期間がその子の出生をしたときから1年とされている韓国民法847条に対し憲法不合致決定を下した[2]。他方、北朝鮮家族法は、「父母と子女の関係は血縁関係である」（25条1項）と規定し、嫡出子と非嫡出子を区別しないものとしているので（25条2項）、嫡出推定などの定めはない[3][4]。

（附）　継親子関係の成立

韓国民法では、90年改正前、法定親子関係としての継母子関係（改正前

773条）を認めていた。また北朝鮮家族法では、その29条で継親子関係の成立と効果を定めている。このような出生以外の理由による嫡出親子関係の成立の準拠法は、どのような基準により定めるのか。90年改正前法例の適用の場面ではあるが、改正前法例17条の類推適用により「嫡出性を取得する原因となるべき事実が完成した当時の母の夫の本国法」とする最高裁判決がある[5]。これを現行法例に引き直して考えれば「嫡出性を取得する原因となるべき事実が完成した当時の夫婦いずれかの本国法」となるであろう。

　［韓国法、北朝鮮法］　上に述べたように90年韓国民法は、継親子関係の規定を廃止した。従前成立していた継母子関係の効力は、改正民法施行日である1991年1月1日から消滅させた（改正法附則4条）。他方北朝鮮家族法は、その29条1項で「継父母と継子女の関係は、実父母と実子女の関係と同じである」とし、2項で「継父または継母と継子女の関係が成立すれば、継子女と実父または実母との関係が消滅する」と定めて、実親子関係を断絶させるのである[6]。

② 非嫡出親子関係の成立

　非嫡出親子関係の成立については、諸外国では、出生という事実により当然に法的親子関係を認める法制（事実主義・血統主義）と、一定の意思表示等により法的親子関係を認める法制（意思主義・認知主義）がある。法例18条はそれらいずれの場合をも含めて準拠法を定めている。

　(イ)　事実主義による非嫡出親子関係の成立

　法例18条1項前段は、上に述べた事実主義のみに適用される非嫡出親子関係の成立の準拠法を定めたものである。その成立については、「父トノ間ノ親子関係ニ付テハ子ノ出生ノ当時ノ父ノ本国法ニ依リ」（1項前段）としているので、父との関係は子の出生当時の父の本国法が準拠法になる。「父ガ子ノ出生前ニ死亡シタルトキハ其死亡ノ当時ノ父ノ本国法」（3項前段）を1項の父の本国法とみなすと定めている。「母トノ間ノ親子関係ニ付テハ其当時ノ母ノ本国法ニ依ル」（1項前段）とし、母との関係は子の出生当時の母の本国法が準拠法になる。

　［韓国法、北朝鮮法］　韓国では、母との親子関係は妊娠・分娩という事実により成立するというのが判例通説の立場であり[7]、父との関係は認知主義を採用しているので、後述する(ロ)によりその関係が判断される。北朝鮮家族

法ではその25条1項で「父母と子女の関係は、血縁的関係である」としつつ、その2項で「結婚生活をしない男女間に出生した子女とその父母の関係は、結婚生活過程で出産した子女とその父母との関係と同じである」として、事実主義を採用している[8][9]。

(ロ) 認知による非嫡出親子関係の成立

法例18条1項、2項は、認知による非嫡出親子関係の成立、すなわち認知の許容性、認知能力、認知の訴えの提起権者、一定の者の承諾の要否、胎児認知、死後認知、それらの出訴期間などとともに、認知の無効・取消の問題の準拠法を定める。

法例18条2項は、法例18条1項の準拠法に加えて、認知当事者の本国法及び子の本国法を準拠法として定める。それらを整理すれば、子の出生当時の父の本国法、子の出生当時の母の本国法、認知当時の認知者の本国法、認知当時の子の本国法、それらいずれかの準拠法で認知の成立が認められるときは、非嫡出親子関係が成立する。認知の成立を容易にするための政策的配慮が施されているのである。ただし、それら準拠法の中で、父の本国法、母の本国法、認知者の本国法を適用する場合、子の本国法の準拠法の規定が認知される子又は第三者の承諾又は同意を認知の要件としていれば、その要件を備えなければならないとして、子のための保護要件を規定している(18条1項後段、同条2項後段)。

［韓国法、北朝鮮法］　韓国民法は、855条以下で認知、胎児認知、死亡した子の認知、遺言認知、認知に対する異議の訴え[10]、認知請求の訴え、それら訴えの出訴期間[11][12]、などを定めている。また、母との親子関係は妊娠と分娩という事実によって当然発生するので原則として認知を要しないこと、父がなした嫡出子出生届には、認知の効力があるとするのが確定した判例である[13][14][15]。

③ 準　正

準正については、「準正ノ要件タル事実ノ完成ノ当時ノ」父の本国法、母の本国法、子の本国法、いずれかの準拠法により準正が成立すれば、嫡出子としての身分を取得するとの規定を、法例19条1項が定める。同条2項では、父若しくは母又は子が「準正ノ要件タル事実ノ完成前ニ死亡シタルトキハ」死亡当時の本国法がそれらの者の本国法となる。

第4章　在日の親子関係の法律について　167

［韓国法、北朝鮮法］　韓国民法は、その855条2項で婚姻準正を規定しているが、認知準正・婚姻解消後の準正も認めるのが通説である[16]。北朝鮮家族法が準正のような規定を設けないのは、同法25条により当然であろう。

④　養子縁組、離縁

養親子関係の成立と効力及び離縁については、法例20条1項2項で「縁組ノ当時ノ養親ノ本国法ニ依ル」と定める。ただし、養子の本国法である準拠法が、養子縁組の成立に関して「養子若クハ第三者ノ承諾若クハ同意又ハ公ノ機関ノ許可其他ノ処分アルコトヲ要件トスルトキハ」は、その要件を備えなければならないとし、子のための保護要件を同条1項後段で定める。また、同条2項では、縁組により養子と実方との親族関係が断絶するかどうかも縁組当時の養親の本国法による。

［適用範囲］　法例20条前段の適用範囲は、養子縁組は許されるか、夫婦共同縁組は必要か、普通養子か、特別養子か[17]、養子縁組が許されるとして養親又は養子となるための年齢および年齢差はどうか、尊属または年長者を養子とできるか、後見人が被後見人を養子とできるか、法定代理人の代諾は必要か、養子もしくは第三者の承諾が必要か否か、公的機関の許可が必要か否か、などである。同20条後段が定める子の保護要件の適用範囲は、養子もしくは第三者の承諾もしくは同意の要否、公的機関の許可その他の処分の要否、このような要件の欠缺の効果に限られる。

異国籍夫婦が養子縁組する場合は、養子縁組の成立は各々の本国法により判断される[18]。そこで、一方の本国法が特別養子（断絶型養子）・普通養子両者を認め、他方の本国法が特別養子を認めず普通養子しか認めない場合には、特別養子縁組は認められない[19]。また、一方の本国法が必要的夫婦共同縁組で、他方の本国法が単独での養子縁組を認めている場合は、それぞれについて個別的に養子縁組の要件を適用して縁組を認める[20]。さらに、養子の保護要件が養親の保護要件よりも容易である場合は、養親の本国法が定める子の保護要件をも兼ね備えるというのが通説である[21]。

［韓国法、北朝鮮法］　韓国民法では、養子縁組は866条以下が定め、離縁については、898条以下で規定している。その内容をみれば、養子縁組は届出により成立する普通養子型であり、874条で養親夫婦の必要的共同縁組を規定し、養子に配偶者がいれば他の配偶者の同意が必要と定める。また、子

のための保護要件については、869条ないし871条が定める[22]。裁判上の離縁についても905条以下に規定している[23]。また、他人の子を自己の子とする虚偽の嫡出子出生届に対しては、養子縁組の効力を与えるのが判例の立場である[24][25]。

他方、北朝鮮家族法は、養子縁組を30条以下で規定している。夫婦単独でも養子縁組は可能とみられる。養子は未成年者に限られ、32条の「当該住民行政機関の承認」が必要とされていること、33条2項で「養子縁組以前の父母との関係は消滅する」としているので実親子関係を断絶させる断絶型養子縁組であることに特徴がみられる[26]。さらに子のための保護要件は31条で定め、養子となる者の実父母または後見人からの同意、養了となる者が6歳以上である場合には子の同意を要件とする。離縁については34条2項に規定する[27]。

⑤ 親子間の法律関係

①から④まで述べた準拠法により親子関係が成立したことを前提に、それらの親子関係の効力として身分上、財産上どのような権利義務関係が生じるかについては、法例21条が定める。

法例21条は、「親子間ノ法律関係ハ子ノ本国法ガ父又ハ母ノ本国法若シ父母ノ一方アラザルトキハ他ノ一方ノ本国法ト同一ナル場合ニ於テハ子ノ本国法ニ依リ其他ノ場合ニ於テハ子ノ常居所地法ニ依ル」と定める。つまり、親子間の法律関係は、父母いずれかの本国法と一致した場合には了の本国法により、一致しない場合には子の常居所地法による[28]。

以上のように定められた準拠法の適用範囲は次の通りである。親権者が誰か、父母離婚の場合の親権者が誰か、親権とは何を指すのか、子の引渡請求権や子の面接交渉権があるのか、その内容はどうか、また親権者と子の間の利益が相反する場合とは何を指すのか、そのような場合に特別代理人を選任するのか、親権はいつ消滅するのか、親権を喪失させることが可能か、その要件は何か、などである。

さて、「在日韓国人」同士の夫婦と「在日韓国人」子の親子間の法律関係には、韓国民法が適用される。次に「在日朝鮮人」同士の夫婦と「在口朝鮮人」子の親子間の法律関係は、北朝鮮家族法が適用される。しかし、日本人夫婦が「在日韓国人」子を養子にした場合や「在口朝鮮人」夫・「在日韓国

人」妻と日本人子のように、父母と子の本国法が一致しない場合は、子の常居所地法である日本法が適用される[29]。

　[韓国法、北朝鮮法]　韓国民法は、親権者は誰かなどを909条以下で[30]、親権の効力を913条以下で[31][32]、親権の喪失を924条以下で定める。北朝鮮家族法は、28条1項で「父母は子を養育し未成年の子の代理人となる」と定めるが、親子関係の詳細な内容は必ずしも明らかではない[33][34]。

4　後見に関する準拠法と韓国法、北朝鮮法

　後見とは、親権者のいない未成年者、禁治産者（心神喪失者）などの保護のための法律制度である。

　後見は、法例24条1項で「後見ハ被後見人ノ本国法ニ依ル」としながら、同条2項では「日本ニ住所又ハ居所ヲ有スル外国人ノ後見ハ其本国法ニ依レハ後見開始ノ原因アルモ後見ノ事務ヲ行フ者ナキトキ及ヒ日本ニ於テ後見開始ノ審判アリタルトキニ限リ日本ノ法律ニ依ル」との例外規定を定めている。つまり、後見は、被後見人の本国法が準拠法であるが、例外として日本に住所または居所を有する外国人に後見が開始したにもかかわらず、その後見人がいないか、後見人が存在しても後見人の権能が日本に及ばないと思われる場合は日本法が準拠法となり[35]、また法例4条2項により日本において後見開始の裁判がなされたときは日本法が準拠法となるのである。

　法例24条は、後見開始の原因、後見人、後見人の選任・辞任・解任、後見人の権利義務、後見終了の原因、後見監督人の決定権限、裁判所等による後見事務の監督、などに適用される。

　[韓国法、北朝鮮法]　韓国では、韓国民法928条以下に未成年後見に関する規定がある。未成年者に対する後見開始原因は928条に規定され[36]、遺言による後見人の指定は931条に[37]、法定後見人及びその順位につき932条、それがない場合の法院による後見人の選任は936条に定められている。また、後見の事務や後見監督機関としての法院や親族会については941条以下に、後見の終了については957条以下に規定がある。また、限定治産及び禁治産を7条で定め、その場合の後見人の規定を929条に定める。他方、北朝鮮家族法40条には「父母の世話を受けられない未成年と身体上の障害で行為能力を持たない者のために後見人を定める」との規定があり[38]、41条に法定後見

人の定め、法定後見人がいない場合またはその選定に「紛争がある場合は住民行政機関が定める」（42条）とする。また後見人の事務は、43条から45条が規定している[39]）。

　（附）　日本の成年後見開始の審判（保佐・補助）

　［準拠法］　法例4条、5条は、2000年4月に施行された日本の成年後見制度の導入に伴い、従来の禁治産、準禁治産に代えて、後見、保佐、補助と文言を改正された。

　法例4条1項は「後見開始ノ審判ノ原因ハ成年被後見人ノ本国法ニ依リ其審判ノ効力ハ其審判ヲ為シタル国ノ法律ニ依ル」とし、同条2項は「日本ニ住所又ハ居所ヲ有スル外国人ニ付キ其本国法ニ依リ後見開始ノ審判ノ原因アルトキハ裁判所ハ其者ニ対シテ後見開始ノ審判ヲ為スコトヲ得但日本ノ法律カ其原因ヲ認メサルトキハ此限ニ在ラス」としたうえで、保佐もしくは補助にも法例5条でこれを準用している。そして、法例24条2項後段は、後見の効力について「日本ニ於テ後見開始ノ審判アリタルトキニ限リ日本ノ法律ニ依ル」とし、保佐、補助についても法例25条でこれを準用している。

　以上を整理すれば、日本で後見開始等の審判を行う場合には、申立権者・原因については被後見人の本国法が適用されるが、日本に住所または居所を有する外国人に対して審判を行う場合には、その原因は日本民法上も認められていなければならない。日本で審判がなされたときは、その審判の効力は日本法が準拠法となる。

　［韓国法、北朝鮮法との関係］　「在日韓国人」が日本で後見等の審判を受けるには、後見等の開始原因は韓国法によるが、それは日本民法でも認められていなければならない。韓国には禁治産（韓国民法12条）・限定治産（韓国民法10条）という制度がある[40]）。日本民法の後見開始の審判等の原因は精神上の障害に限定している。韓国民法の禁治産は「心神喪失の常態にある者」に宣告する（同法12条、9条）ので、日本の後見審判と類似する。したがって、日本で成年後見開始の審判は可能と解釈できる。韓国民法の限定治産は「心神が薄弱である者または財産の浪費で自己若しくは家族の生活を窮迫させるおそれがある者」に対して宣告する（同法9条）。したがって、浪費者に対する後見・保佐開始の審判は行えないといえるが、保佐・補助開始の審判が受けられるかは、韓国の限定治産制度の運用により検討すべきと思

われる。申立権者については、韓国民法9条に定められている。

　他方、「在日朝鮮人」が日本で後見開始等の審判を受けるには、北朝鮮対外民事関係法47条により反致するかどうかの解釈にもよるが、もし、反致を認めないとすれば、北朝鮮家族法により後見開始の原因があることが必要になる。北朝鮮家族法は、その40条で「未成年者と身体上の障害で行為能力を持たない者のために、後見人を定める」とする。後段の「身体上の障害で行為能力を持たない者」が精神障害に限定されているのかどうかを検討しなければならないが、国家機関が審判ないし決定を行うとの規定は見当たらない。ただ、法定後見人を41条に定め、それらがいない場合または紛争がある場合にのみ「住民行政機関」が後見人を定めると規定している。このような機関の権限を家庭裁判所の審判で代行できるかどうかが問題になる。反致が認められるとすれば、日本法により後見開始原因があれば足りる。

5　おわりに

　在日の婚姻は、現在、韓国人・朝鮮人同士でないケース、つまり相手方が日本人であるケースが主流である。それは、親子の法律を複雑化させる。さらに、在日が約半世紀にわたり日本に定住していることから、日本の法規範に慣れ親しむ傾向にあるのは大きな流れといえる。親子に関する具体的な事例については、「Q＆A」を参照していただきたい。

1）大法院1983.7.12.82ム59（全員合議体）「民法844条は夫婦が同居して妻が夫の子を懐胎できる状態で子を懐胎した場合に適用されるもので、夫婦の一方が長期間にわたり海外に出ているとか事実上の離婚で夫婦が別居している場合など同棲の欠如で妻が夫の子を懐胎できないことが外観状明白な事情がある場合には、その推定が及ばないと解される。……親子関係不存在確認訴訟を提起できる」。このように解した日本の判例としては、初期には東京家審昭和40年11月26日家月18巻5号94頁、長崎地判昭和45年6月30日判時605号85頁など、最近では福岡地判平成6年9月6日判夕876号254頁など。

2）1997.3.27.95憲カ14、96憲カ7併合。この判決で、847条1項の出訴期間は、この規定が改正されるまでその適用を中止させた。韓国民法改正案で847条1項の改正が予定されている。

3) 李丙洙「朝鮮民主主義人民共和国及びベトナム民主共和国の家族法について」比較法学9巻2号（1974年）131頁によれば「結婚登録後4・5日目に子を出産した場合でも、その子の父親には出生当時の母親の夫が推定される」「第1の結婚の解消後8ヶ月目に、第2の結婚の成立後7ヶ月目に子が出産した場合にも……出生当時の母親の夫が優先的にその子の父親として認定されます」とし、明確な反証があれば裁判によりその認定が改定される、との記述がある。
4) 外観上明白に「嫡出が推定されない子」の親子関係につき北朝鮮法を適用したが、その内容は明らかでないとして条理または韓国法を適用したものに、東京地判昭和41年1月13日判タ188号177頁など。
5) 最判平成12年1月27日民集54巻1号1頁以下。「……旧法例17条によれば、子が嫡出かどうかはその出生当時の母の夫の本国法によって定めるとされており、同条はその文言上出生という事実により嫡出性を取得する嫡出親子関係の成立についてその準拠法を定めると解される。そうすると、出生以外の事由により嫡出性を取得する場合の嫡出親子関係の成立については、旧法例は準拠法決定のための規定を欠いていることになるが、同条を類推適用し、嫡出姓を取得する原因となるべき事実が完成した当時の母の夫の本国法によって定めるのが相当である。……」
6) 継親子関係は、再婚の場合に再婚当事者と前婚出生子との間に形成される。継子は未成年に限られる、継親子は同一家族を形成している必要がある、親権者は当然継親であり、継子の姓は継親と実親との合意及び継子が6歳以上の場合は継子の同意で変更され、継親子関係の消滅で離婚の場合は裁判所が諸般の事情を考慮して決定する（以上、申榮鎬「北朝鮮家族法上の法定親子制度」中川古稀記念『新世紀へ向かう家族法』（日本加除出版、1998年）687頁以下）。なお、北朝鮮では初期は法定親子関係として扱われなかった点につき、李丙洙ほか「朝鮮民主主義人民共和国の家族法」比較法学11巻1号（1976年）170頁以下。
7) 大法院1967.10.4.67タ1791「……棄児のような特殊な場合を除いては婚姻外の生母子関係は分娩したという事実で明白であり、生父の婚姻外の出生子に対する認知が形成的なものに対して生母の婚姻外の出生子に対する認知は確認的な点を考慮すれば、婚姻外の出生子と生母間にはその生母の認知若しくは出生申告を待たずとも、子の出生により当然に法律上の親子関係が生じるものと解釈する……」
8) 李前掲注3同頁によれば「結婚外出生子の父親の確定には、母親の主張が最も重要視され、もし相手方男性がそれを否認すれば、母親の訴えに基づい

てそれを判定します。従って、結婚外出生子の父親の確定は、子女当人はともかく、母親以外の何人といえどもそれを求める訴えを提起できません」と述べる。しかし、河萬得「在日朝鮮人と家族法(上)」統一評論221号（1983年）110頁以下では、「……婚姻内の子は直ちに父子関係が姻（ママ）定され、婚確（ママ）外の子は父親の認知により父子関係が確定する……」（119頁）「……共和国家族法において、いわゆる嫡出子と非嫡出子という区別は実際上意味を持たなくなり、認知さえ受ければ、全ての子女は両親への養育請求、相続権等において全く平等の取り扱いを受ける……」（121頁）と述べ、認知行為が必要との記述もある。

9) 死後認知について、北朝鮮法を適用したが不分明として近似法などで認めたものに、東京地判昭和51年3月19日下民27巻1〜4号124頁、認知請求を条理により認めたものに、東京地判昭和62年1月28日判タ655号27頁、東京地判平成元年6月30日判タ713号33頁、東京地判平成元年7月28日判タ713号33頁、がある。

10) なお、青木清「韓国法における認知無効と認知に対する異議の訴え」「定住外国人と家族法」研究会編『定住外国人と家族法Ⅳ』（自主出版、1993年）69頁。

11) 死後認知の出訴期間の韓国民法864条の規定「死亡を知った日から1年以内」が公序に反するかについて、最判昭和50年6月27日家月28巻4号83頁、大阪高判昭和55年9月24日判タ425号133頁、東京地判平成4年9月25日家月45巻5号90頁は、反しないとする。神戸地判昭和55年3月27日判タ417号154頁は、公序を適用。

12) 認知無効の出訴期間の制限規定である韓国民法864条につき公序に反するかどうか、大阪地判昭和61年11月17日判タ642号252頁は公序に反しないとし、改正前法例の適用では韓国人父に対する日本人子の認知無効の訴えについて、韓国日本いずれかの出訴期間を徒過していなければ訴えは可能とする最判平成3年9月13日民集45巻7号1151頁がある。

13) 妻以外の女との間にできた子の親生子出生申告について（大法院1976.10.26.76タ2189）、無効婚中の出生子に対する親生子出生申告（大法院1971.11.15.71タ1893）など。

14) 日本の判例で言及したものに東京家審昭和42年4月17日家月19巻11号127頁、山口地判昭和54年1月31日家月31巻7号80頁。

15) 韓国と日本の、父からの嫡出子出生届・非嫡出子出生届について、李光雄「親生子出生申告」「定住外国人と家族法」研究会編『定住外国人と家族法Ⅳ』（自主出版、1993年）91頁。また、韓国の婚外子に対する婚中子出生申

告について、金容漢「韓国戸籍制度の構造と当面問題」戸籍時報512号(2000年) 2頁以下 [5頁]。
16) 金疇洙『親族・相続法 五訂版』(法文社、2000年) 259頁、権逸ほか『改正韓国親族相続法』(弘文堂、1990年) 122頁、など。
17) 渉外的特別養子縁組の場合、日本法が準拠法であれば、養子については新戸籍が編製されたが、(昭和62・10・1民二第5000号通達第6(2))、外国法が準拠法となる断絶型養子の場合でも養親双方が外国人で日本人が養子となる場合で日本の家裁の審判などがあれば、養子について新戸籍を編製する(平成6・4・28民二第2996号民事局長通達)。
18) 韓国人日本人夫婦が15歳未満の韓国人子を養子にするについて必要的夫婦共同縁組とした上で格別にその本国法の要件を審査したものに、札幌家審平成4年6月3日家月44巻12号91頁。
19) したがって韓国人日本人夫婦は特別養子縁組をできない。それは韓国が普通養子しか認めていないからである。
20) この点について、司法研修所編『渉外養子縁組に関する研究』(法曹会、1999年) 15頁以下、木棚照一ほか『国際私法概論 新版』(有斐閣、1991年) 200頁、溜池良夫『国際私法講義』(有斐閣、1993年) 481頁。
21) 改正前法例の適用事例であるが、韓国人未成年者の家裁の許可の要否につき、韓国法では家裁の許可は不要となっているとしつつ養親子双方の要件とみて家裁の許可審判をした事例として、東京家審昭和40年12月28日家月18巻8号80頁、日本人後見人が韓国人被後見人である未成年者を養子にするについて、改正前韓国民法871条、872条の父母・親族会の同意に代えて家裁が許可したものに、福岡家小倉支審昭和51年3月5日家月29巻1号111頁。
22) 日本人夫婦が韓国人未成年者を特別養子にした審判として、福島家会津若松支審平成4年9月14日家月45巻10号71頁。
23) なお、巻末資料参照。韓国家族法改正案は、908条の2以下で親養子という日本民法の特別養子類似の制度を掲げる。
24) 判例は幾度かの変遷を経たが、大法院1977.7.26.77夕492全員合議体判決により養子縁組としての効力を認めた。なお、朝鮮民事令下の事件ではあるが養子縁組を認めなかった日本の判例に、最判昭和49年12月23日民集28巻10号2098頁。
25) 金容漢・前掲注14) 6頁に、虚偽親生子出生申告による入養、の解説がある。
26) 夫婦必要共同縁組かは、養親について単独養子縁組は許されないという記述(大内憲昭『法律から見た北朝鮮の社会』明石書店、1995年、212頁)と

配偶者の同意を得なければならないという記述（李丙洙ほか「朝鮮民主主義人民共和国の家族法」『比較法学』11巻1号（1976年）159頁）がある。養子の姓については夫婦で養子縁組した場合は養父の姓に従い、養母単独で養子縁組した場合は養母の姓に従う（李前掲164頁）。

27) 北朝鮮法を適用したが法不分明として同一民族の法として韓国法を適用し養子縁組を許可したものに、大阪家審昭和37年8月22日家月15巻2号163頁、同じく韓国、ソ連養子法を参照したものに、東京家審昭和38年6月13日家月15巻10号153頁。

28) 法例改正後の法定代理人の書面につき、「法例の一部を改正する法律の施行に伴う不動産登記事務の取り扱いについて」平成元・12・5民三第5239号民事局長通達。

29) 「在日朝鮮人」と日本人の離婚に、改正前法例20条の父の本国法により朝鮮親子法が適用され共同親権とされていたが、法例21条の改正により子の常居所地法である日本法が適用されるとして日本民法819条1項が適用されて母に親権者を変更した事例として、福岡家小倉支審平成4年5月14日家月45巻9号54頁。

30) 韓国民法施行後の親権者について、横山正司「帰化許可の申請等における法定代理人について」民事月報48巻1号（1993年）11頁以下［31頁］、北朝鮮法が準拠法とされた場合は、同34頁注44で「……北朝鮮家族法によることになると解されよう」とする。

31) 韓国民法921条の親権者と子との利害相反行為が認められた事例として、1 親権者が自己の債務に関して未成年である子を代理して重畳的（併存的）引き受け契約をする行為、2 親権者の債務に関して未成年者である子を連帯債務者とする行為、3 親権者が自己の債務のために未成年者である子の不動産を担保に提供する行為、4 親権者が子の財産をもって自己の債務を弁済する行為、5 親権者が自己の債務を子に転嫁するために子を代理してする更改契約、6 合名会社社員が自己の親権に服従する未成年者をその会社に新たに入社させる行為に対して同意を与える行為、7 子を代理して子の代金債権を放棄してその債務者の親権者に対する債権を免除させる行為、8 親権者が未成年者を代理して行う相続財産分割協議。以上は、金疇洙『親族・相続法 五訂版』（法文社、2000年）323頁。

32) 1958年韓国民法の適用場面の親権者について、夫婦別居中に他の男との間にできた子についてその後離婚した場合には、909条5項は適用されず、同3項の規定を準用して母を親権者とした判例に、名古屋家審昭和49年7月8日家月27巻7号87頁、山口家審昭和51年8月18日家月29巻9号119頁。

1977年改正韓国民法の適用場面で、909条5項の母が親権者になれない規定もしくは親権者の変更を許さない点について、公序を適用した判例は、第1章概説の注参照。90年改正韓国民法の909条4項により親権者変更を家裁が行ったものに、金沢家小松支審平成8年3月11日家月48巻8号102頁。

　韓国人の相続登記で遺産分割につき、未成年者に遺産の全部が帰属する場合も親子間の利益相反行為として特別代理人を選任する必要があるかについて、札幌地判昭和45年7月10日訟務月報16巻11号1316頁は利益相反説、反対は札幌高判昭和46年4月27日訟務月報17巻8号1284頁。

　また検察官相手に日本人父を相手に死後認知請求をするにつき、韓国民法909条1項により離婚した朝鮮人男が「その家にある父」（58年韓国民法）として親権者となるので、親権者とその子が利益相反するとして同法921条1項により母を特別代理人に選任した事例：東京家審昭和50年6月12日家月28巻6号84頁。

　子の引渡につき韓国民法837条2項を類推適用して認めたものに、京都家審平成5年2月22日家月46巻2号174頁。

33) 北朝鮮民法では未成年とは17歳未満をいう（同20条）。また親権には子女の教養と子女の利益保護（法定代理人）があり、子女が他人に与えた損害の責任と他からの権利侵害について代理する権限と義務があり、親権剥奪と回復の権限が裁判所にあるとされる。（李丙洙ほか「朝鮮民主主義人民共和国の家族法」比較法学11巻1号、1976年、147頁以下、[153頁]）。なお北朝鮮家族法22条で夫婦が離婚した場合に養育当事者を決めるとの規定があるが、同28条が「父母」と定めているように離婚後も共同親権であると解される。

34) 離婚後の親権者指定につき北朝鮮法を適用したが、父母は離婚後も子に対して平等な権利を持つとして「男女平等権に関する法令施行細則」や「離婚事件審理に関する規定」を根拠に養育者または監護者を決めた判例として、札幌地判昭和43年4月16日下民集19巻3＝4号190頁、東京家審昭和59年3月23日家月37巻1号120頁、東京地判平成3年3月8日判タ773号21頁など多数があり、他に朝鮮親子法が共同親権の形骸化を期待していないとして親権者の変更を認めた事例：仙台家審昭和57年3月16日家月35巻8号149頁、親権者指定を定めない北朝鮮法の適用を公序で排除したものに、山口家下関支審昭和62年7月28日家月40巻3号90頁がある。

35) 法例24条2項の後見事務を行う者がない場合について、いずれの国にもいない場合か、日本にもいない場合を含むか解釈が分かれている（木棚ほか『国際私法概論（新版）』（有斐閣、1991年）210頁）。改正前法例23条の「後見開始の原因あるも後見人の事務を行う者なきとき」として日本法を適用し

たものに、熊本家審昭和32年4月4日家月9巻4号58頁、水戸家麻生支審昭和51年5月19日家月29巻3号99頁など。
36) 改正前韓国国籍法3条2号で韓国人父に認知された者が、同12条7号で同国籍を喪失すれば60年韓国民法909条1項でいう「その家にある父」の家に入らず、日本国籍になるとして、日本法を適用して日本民法838条1号で後見人を選任したものに、大阪家審昭和51年8月6日家月29巻10号158頁、熊本家審昭和52年7月11日家月30巻8号74頁。
37) 韓国民法932条は、同931条でいう父が死亡しかつ遺言で後見人を指定しない場合の規定と解して、父が親権を事実上行使できない場合は936条が適用されるとの解釈で、家裁が後見人を選任したものに、東京家審昭和41年6月7日家月19巻2号132頁、広島家呉支審昭和46年1月23日家月23巻7号74頁、水戸家麻生支審昭和51年5月19日家月29巻3号99頁があり、それに対して932条を直接適用したものに、名古屋家審昭和59年2月24日家月36巻12号87頁がある。
38) 北朝鮮では、行為能力者とは17歳に達した者で、部分的行為能力者とは16歳に達した公民で受け取った労働報酬の範囲内で独自に取引を行うことができる者、行為無能力者とは16歳に達しない未成年者もしくは精神障害のある者で父母もしくは後見人が代理人を通して民事行為を行い、父母もしくは後見人は特別な手続がなくても行為無能力者の代理人となる。代理しない行為無能力者の行為は無効な行為として取り消すことができる。社会科学院法学研究所『民事法辞典』（社会安全部出版社、1997年）703頁。
39) 北朝鮮の法が不分明として条理により後見人を選任したものに、浦和家審昭和36年8月31日家月13巻11号65頁。
40) 心神耗弱状態にある韓国人に限定治産者（準禁治産者）宣告をなすのに、韓国民法9条を適用し、韓国民法929条により後見人を選任しなければならないとして、改正前法例23条を適用して韓国民法933条により事件本人の直系血族である長男を後見人に選任した事例：長野家飯田支審昭和46年12月23日家月24巻10号113頁。

（西山　慶一）

在日未成年者の法律行為

Q4-1 私は、今年高校生になる在日です。私は未成年なのでレンタルビデオ店の会員になる際にも親の同意書を求められます。何故そのような要求をされるのでしょうか。

A

　高校生であるあなたが、レンタルビデオ店の会員になろうとしたり、読み終えた本やゲームソフトを売ったりするときに親の同意書を求められることは、よくあることだと思います。これらは、それぞれ契約の一つですが、契約は、一人一人の十分な判断にもとづいて結ばれなければなりません。しかし、未成年者がいつでも自由に一人で契約を結ぶことができるとしたら、思慮や経験不足のために取引の現場で、大人の犠牲になったり、思わぬ損害を受けてしまうことも考えられます。

　そこで世界各国の法律は、独立して契約などの財産的行為ができる資格、すなわち「行為能力」を、未成年者については一律に制限しています。たとえば、日本の法律は、未成年者が財産的な法律行為をするには、原則としてその法定代理人の同意を得なければならないとし（日本民法4条1項）、同意を得ないでした行為は取消すことができるとして（同条2項）、未成年者の財産の保護と同時に取引の相手方を警戒させることで取引の安全を図っています。

　ご存知のとおり、成年年齢は国によって異なっており、日本の法律では、成年となる時期を満20歳と定めています（日本民法3条）。しかし、あなたは在日の高校生ですので、渉外的な私法関係とみて判断されます。日本の法例3条1項は、人の能力はその本国法によってこれを定めるとして、年齢にもとづく行為能力については、その人の本国法が準拠法となるとしています。

　そこで、あなたが「韓国法を本国法とする在日」である場合を検討してみ

ましょう。韓国民法をみると、成年時期については満20歳であり（韓国民法4条）、日本と同じです。そして、未成年者の法律行為については、原則として、法定代理人の同意を要すること、これに違反した行為は取消すことができることについても日本の民法と同じ規定があります（同法5条1項2項）。したがって、あなたが「韓国法を本国法とする在日」の場合、満20歳未満であれば、ビデオレンタル店の会員になるときに、親権者である父母の同意が必要です。

次に、あなたが、「北朝鮮法を本国法とする在日」である場合を検討します。北朝鮮の民法20条は、成年年齢を17歳としていますが、16歳の者も「自身の得た労働報酬の範囲内で、民事法律行為を独自におこなうことができ……」と規定しています。しかし、同法21条は、16歳に至らない者は、「父母または後見人を通じて民事法律行為をおこなう」と定めています。

あなたは、今年高校生になるというのですから満15歳でしょうか。そうであれば、父母の同意では足りず、父母を通じてでなければレンタルビデオ店の会員になれないことになります。しかし、北朝鮮の国際私法である北朝鮮対外民事関係法18条によれば、「外国に住所を有する共和国公民の行為能力には、住所を有する国の法を適用することができる」とありますので、法例32条の反致によって住所を有する国の法である日本民法を適用することも考えられます。その場合は、親権者である父母の同意があれば、レンタルビデオ店の会員になることができます（日本民法4条1項本文）。もっとも、反致を認めることに反対する見解もあります。

ただ、いずれにしても実際の契約の場面で、本国法の認定をおこなうことは考えにくいと思われます。現実としては、あなたも、日本人の同級生と全く同じように、日本民法にしたがい父母の同意を求められると思います。

（関連項目）在日の本国法の認定基準はQ1－4参照。　　　　　　　　　（金　秀司）

韓国人男性と日本人女性夫婦の子の親権者

Q4-2 私は、在日韓国人男性ですが、1987年に日本人女性と結婚しました。翌年、私たち夫婦の間に子が生まれましたが、その子の親権者は、私たち夫婦でしょうか。

A

1985年1月1日に、日本の改正国籍法が施行されました。改正の最大の眼目は、男女平等をはかるということです。改正前は、日本人父の子として出生した場合のみ日本国籍を取得しましたが、この改正により、日本人を母として出生した子も、日本国籍を取得することになりました。あなた方夫婦の子は、父親の韓国国籍と母親の日本国籍の、その両方の国籍を出生により取得したことになります。また、やはり、男女平等化を掲げて、日本の改正法例が施行されたのが1990年1月1日で、韓国の改正民法が施行されたのが1991年1月1日です。

さて、未成年の子の親権者は誰かという問題は、親子間の法律問題ですから、その準拠法を定めた法例の条文に当ることになります。改正前の法例20条は、「親子間ノ法律関係ハ父ノ本国法ニ依ル若シ父アラサルトキハ母ノ本国法ニ依ル」とあって、父の本国法である韓国民法が適用されました。お子さんが生まれたとき、すなわち1988年当時の韓国民法909条1項は、「未成年者である子の親権は、父母が共同して行使する。但し、父母の意見が一致しない場合は、父が行使する」と規定されていましたので、何か事件が起こったような場合には、男である父の意見が優先しました。

改正後の法例21条は、「親子間ノ法律関係ハ子ノ本国法ガ父又ハ母ノ本国法若シ父母ノ一方アラザルトキハ他ノ一方ノ本国法ト同一ナル場合ニ於テハ子ノ本国法ニ依リ其他ノ場合ニ於テハ子ノ常居所地法ニ依ル」と変更されました。あなたのお子さんは日韓の二重国籍ですが、お子さんの本国法を決定

第4章 在日の親子関係の法律について 181

する場合は、法例28条1項但書によれば内国（日本）国籍を優先させるので、日本法があなたのお子さんの本国法になります。そうすると母の本国法と同一なので、子の本国法である日本法が準拠法となります。日本民法818条3項本文に準拠するときは、「親権は、父母の婚姻中は、父母が共同してこれを行う」ことになります。

　親子間の法律関係のような継続的な法律関係については、法例が改正されて準拠法が異なることとなった場合は、その変更後の準拠法によることになります。したがって1988年に生まれたお子さんは、1989年12月31日までは、改正前の法例20条により父の本国法である韓国民法、それ以降は、日本民法に準拠して親権者や親権の行使方法が定まります。韓国民法が準拠法であった2年間程は、お子さんが乳呑児のかわいい盛りでかつ夫婦愛もまだ冷めていないので、「父母の意見が一致しない」ことはあまり考えられず、「父が行使する」場面もなかったのではないかと思います。

　なお、1991年1月1日施行の改正韓国民法の上記条文は、「未成年者である子は、父母の親権に服する」と規定し、その2項は、「親権は、父母の婚姻中は、父母が共同で行使する。但し、父母の意見が一致しないときは、当事者の請求によって、家庭法院が、これを決定する」として、完全に男女平等化が達成された規定になっています。

　したがって、準拠法が日韓いずれであるにせよ、1年の差で、実質は同じという結論になります。ただ、日本民法によれば、父母の婚姻中に父母の意見が一致しないときに、裁判所に親権者を決めてもらうということはできませんから、子供の勉学や進路の問題などは、あくまで夫婦でよく話し合って（もちろん子供の意見を尊重して）決めなければならないでしょう。

　（関連項目）離婚後の親権者はQ4－3、Q4－4、Q4－5参照。

（小西　伸男）

離婚後の親権者──韓国人同士の離婚

Q4-3 私は、在日韓国人男性ですが、韓国人である妻と今年（2001年）離婚したいと考えており、妻も協議離婚に応じる様子です。私ども夫婦の未成年の子の親権はどのようになるのでしょうか。

A

あなたも、奥さんも「韓国法を本国法とする在日」としてお答えします。従来、夫婦が離婚するときに、未成年の子がいる場合、誰が親権者になるのかということについては、法例16条の離婚に関する問題か、法例21条の親子間の問題なのかに、考え方が分かれていました。しかし、現在は親子間の問題として法例21条による考え方が有力となり、戸籍実務上も法例21条によって運用されています（平成1・10・2民二3900号民事局長通達参照）。

法例21条によれば、子の本国法が父母のどちらかと一致した場合は、その本国法によって、親権の問題を判断することになります。

あなた方夫婦の未成年の子の親権の問題は、あなた方夫婦とお子さんの本国法が韓国法ですので、韓国法が準拠法となります。

韓国民法909条4項によれば「……父母が離婚した場合には、父母の協議で親権を行使する者を定める。協議が調わないとき、又は協議をすることができないときは、当事者の請求によって、家庭法院が、これを決定する」としています。

ただ、この条文の解釈としては「親権保有者である父母が存しながらも、その父母が婚姻外で共同親権を円満に行使できないため、未成年者が充分に保護されない問題点を解決すべく共同親権主義に対する例外を認め、単独親権行使者を指定できるよう配慮したもの」（崔學圭『改正韓国戸籍法』テイハン、1992年）131頁）として離婚の際に必ず親権者を定めなければならないものではないとの見解もあります。

さて韓国民法909条4項に「家庭法院が定める」という規定があります。

あなた方親子は在日ですので、日本の裁判所に管轄権が認められています。したがって、日本の家庭裁判所が親権者を決定することになります。

以上のように、あなた方夫婦が協議離婚をする場合、夫婦で離婚後の親権者を誰にするのか協議して決定し、協議が成立しないときは家庭裁判所に親権者の決定を請求することになると思われます。

（関連項目）離婚後の親権者は他にＱ４－４、Ｑ４－５参照。　　（金山　幸司）

離婚後の親権者──朝鮮人同士の離婚

Q4-4 私ども夫婦は，共に在日朝鮮人ですが、今回故あって離婚します。その場合私ども夫婦の未成年の子の親権はどのようになるのでしょうか。

A

あなた方夫婦を「北朝鮮法を本国法とする在日」としてお答えします。

離婚における親権の問題は、法例21条により、親子の同一本国法である北朝鮮法が準拠法となります。

準拠法となる北朝鮮家族法22条1項は「夫と妻が離婚する場合、子を養育する当事者は、子の利益の見地から当事者が合意して定める。合意が成立しない場合には裁判所が定める」と規定しています。

ところで、北朝鮮家族法には離婚の際の養育者についての定めはありますが、親権者を定める規定はありません。そして「夫婦は、子どもにたいする関係においても平等である。子どもを養育し教育する権利と義務を内容とする親権は、父親と母親に、平等に付与される」とし（大内憲昭『法律からみた北朝鮮の社会』（明石書店、1995年）203頁）、「離婚を原因にして親権者を一人に定めるということはできない」（崔達坤『北朝鮮家族法』（日本加除出版、1982年）149頁）とされていることからも、北朝鮮では、両親は離婚後も婚姻中と同じく共同で親権を行使する考えのようであり、離婚時において、どち

らか一方を親権者に指定することはできないものと思われます。

したがって、あなた方夫婦のお子さんに対する親権は離婚によって影響を受けることはありませんが、養育者は定めなければならないでしょう。

ただ、日本の裁判所では、親権者の指定が行われないことにより、子の福祉が保護されないとの趣旨から親権者指定や親権者の変更を認めた例があります。例えば、離婚判決により監護人とされた者が、その後親権者の指定を申し立てた事件において「円満な状態で親権を共同行使できないときまで、北朝鮮の法制に従い親権者をいずれとも定めず不確定のまま放置することはわが国の公序良俗に反し、法例30条により許されない」（山口家下関支審昭和62年7月28日家月40巻3号90頁）として親権者指定をした例があります。また、協議離婚の際に定めた親権者の変更申立事件において「親権者が子の監護や教育を放棄している場合まで共同親権の形骸化を放置することを朝鮮親子法が期待しているとは解せられない」（仙台家審昭和57年3月16日家月35巻8号149頁）として親権者変更を認容した例等があります。

（関連項目）離婚後の親権者は他にQ4－3、Q4－5参照。　　（金山　幸司）

離婚後の親権者――韓国人日本人夫婦の離婚

Q4-5 私は在日韓国人ですが、日本国籍の妻と離婚したいと考えています。その場合、夫婦間の子（1999年出生）の親権はどうなるのでしょうか。

A

あなたが「本国法を韓国法とする在日」であるとしてお答えしましょう。

離婚の際の親権者決定の問題は、法例21条による考え方が大勢です。それによれば、子の本国法が父母のどちらかと一致した場合は子の本国法が準拠法となり、一致しない場合は子の常居所地法が準拠法になるとしています。

さて、あなたのお子さんは1999年に出生していますから、日本国籍、韓国国籍の二重国籍となります（日本国籍法2条1号、韓国国籍法2条1項1号）。
　それでは、あなたのお子さんのような、二個以上の国籍を有する場合の本国法はいかに決定されるのでしょうか。法例28条1項但書によれば、複数ある国籍の一つが日本国籍である場合には日本法が本国法となるとしています。
　したがって、あなたのお子さんの本国法は日本法となり、法例21条により母親との同一本国法である日本民法が準拠法となります。
　日本民法は、協議離婚する場合には協議によって、裁判離婚の場合は裁判所が親権者を定めるとしています（日本民法819条1項、2項）。
　以上により、あなたが協議離婚する場合は夫婦間の話し合いによって親権者を決定することになり、話し合いがつかない場合にはあなた方どちらかの請求により、家庭裁判所が審判によってどちらか一方を親権者として指定することになります（日本民法819条5項）。
　（関連項目）離婚後の親権者は他にQ4－3、Q4－4参照。　　（金山　幸司）

離婚後の子の引渡

Q4-6　私は朝鮮人女性です。故あって一昨年朝鮮人夫と別れました。私は、二人の間にできた今年5歳になる男の子を育てていたのですが、夫は私が家を留守にしている間にその子を連れ去り、現在その子は、夫の実家で暮らしています。私の下で育てたいと思い、夫や夫の家族と交渉するのですが、埒があきません。どうすればいいのでしょうか。

A
　2年前に別れた夫が、知らぬ間に今年5歳になる男子を連れ去り、交渉しても埒があかないとのことですから、あなたは子の引渡しを求める訴えを起

こすことになるでしょう。

　ここでは、あなたもあなたのお子さんも「北朝鮮法を本国法とする在日」としてお答えします。

　子の引渡請求には、二つの方法があります。一つは、人身保護法2条にもとづく請求をし、裁判所の命令を得て子を取り戻す方法です。これはあくまで元夫が子を強制的に連れ出したことによってつくられた状態を解消するためのものです。もう一つとして、その上で、より本格的に継続して子を養育するために子の監護権を裁判所に認めてもらう方法が考えられます。子の監護に関する問題は、親子間の法律関係に関する法例21条によって準拠法を定めるべきとされています。あなたの場合、子の本国法と母の本国法が同一ですので、北朝鮮法が準拠法となります。

　そこで、北朝鮮家族法をみていきますと、「子と母の利益を特別に保護することは、朝鮮民主主義人民共和国の一貫した施策である。国家は、母が子を健全に養育し教育することのできる条件を保障することに、先次的な関心をはらう」（北朝鮮家族法6条）とあります。

　また、「夫と妻が離婚する場合、子を養育する当事者は、子の利益の見地から当事者が合意して定める。合意が成立しない場合には、裁判所が定める。やむを得ない事由がない限り、3歳未満の子は、母親が養育する」（北朝鮮家族法22条）としています。

　このように、北朝鮮における離婚事件および子の監護に関する問題が、子の福祉を中心に置いて解決されていることを考えると、在日においても、北朝鮮家族法を適用して妥当な解決が図られるのではないかと思われます。あなたの場合、おそらく2年前の離婚成立時に、別れた夫との合意で、あなたを養育者として定め、以後はあなたが子を健全に養育し教育してきたのでしょう。

　子の監護に関する事件の国際裁判管轄権については、子の福祉に着目し、「子が日本に住所を有するときは、わが国に国際的裁判管轄があることを認めるべきである」（南敏文『渉外子の監護事件・子の引渡し』判タ996号（1999年）182頁）と考えられています。

　したがって、あなたは、離婚した夫を相手に裁判を起こし、父母のどちらに監護されることが子の幸福に適するかを裁判所において判断してもらうこ

とになります。

　なお、「韓国法を本国法とする在日」の事案ですが、韓国民法837条2項に定めている養育者の決定を類推適用して「子の年齢、その他子の福祉に関わる事情を参酌して」子の引渡しを認めた審判例があります（京都家審平成5年2月22日家月46巻2号174頁以下）。

　（関連項目）北朝鮮家族法の変遷はＱ１－６、北朝鮮離婚法と裁判管轄権はＱ３－19、朝鮮人夫婦の離婚後の親権者はＱ４－４、離婚後の子の扶養はＱ４－７参照。

(金　秀司)

離婚後の子の扶養

Q4-7　わたしは、在日朝鮮人ですが、5年前（1995年）に朝鮮人男性と離婚して、その間にできた子を育てています。ところが、別れた夫は子の養育費を渡そうとしません。このような場合、子の養育費を請求できますか。請求できるとすればその方法を教えてください。

A
　あなたのように、離婚してから未成年の子を育てている場合、離婚した元の夫に養育費を請求できるかどうか、その点に関する準拠法はどこの国の法律でしょうか。

　日本では、「扶養義務の準拠法に関する法律」がそれを定めています。あなた方は「北朝鮮法を本国法とする在日」とみてお答えします。離婚に基づく離婚当事者間の扶養の問題は、北朝鮮法によると思われますが（同法4条）、子に対する扶養については、同法2条により「扶養権利者の常居所地法」である日本法により判断されます。

　ところで、日本民法では、親の子に対する扶養は「生活保持義務」、すなわち自己の最低生活を割っても自分と同程度の生活をさせる義務、といわれます。ただ、現代では、公的な扶助制度も発達しているので、そのことも考

慮されるでしょう。

　さて、あなたは未成年の子を育てているのですから、当然離婚したその子の父に扶養料を請求できます。その額は、先ほど述べた公的扶助との関係、離婚した夫やあなたの収入などの要素が総合的に判断されるでしょう。なお、過去の扶養料や立て替えた扶養料の請求は現在では肯定的に考えられていますので、それも合わせて請求されることも考えられたらいいでしょう。

　いずれにしても、両者の話し合いがまとまらなければ、家庭裁判所に扶養に関する処分について審判を申し立てて下さい（日本民法878、879条、家事審判法9条1項乙類8号）。

　（関連項目）扶養はQ3—9、Q4—8、Q4—17参照。　　　　（西山　慶一）

韓国人未成年者の後見・扶養

Q4-8　私は在日韓国人ですが、私の子供夫婦に最近男の子が生まれ、初孫と喜んでいたところ、子供夫婦が交通事故で亡くなりました。法律上、初孫の面倒は誰が見ることになるのでしょうか。また、子供の親代わりは誰がすることになるのでしょうか。

A

　お孫さんの両親が交通事故で亡くなられたとのことですが、ここでは、お孫さんが「韓国法を本国法とする在日」としてお答えします。

　まず、お孫さんの親権者である両親が死亡したことにより、未成年後見が開始するかどうかが問題になります。未成年後見とは未成年者を保護する制度であり、後見人は任務として未成年者の監護教育と財産管理などをおこないます。

　日本の法例24条1項は、「後見ハ被後見人ノ本国法ニ依ル」と定めています。したがって、被後見人であるお孫さんの本国法である韓国法をみていくことが必要です。

第4章　在日の親子関係の法律について　189

韓国民法は、未成年者に対し親権者がないときは後見人をおかなければならないと規定しています（韓国民法928条）。つまり、親権者である両親の死亡は後見の開始原因となるため、未成年者のために後見人をおかなければならないということになります。

　それでは、実際に、誰が後見人になるかについて検討します。まず、未成年者に対し親権を行使する父母は、遺言で未成年者の後見人を指定することができ、遺言による後見人の指定がないときは、未成年者の直系血族、3親等以内の傍系血族の順位で後見人となります（韓国民法931、932条）。あなたは被後見人である孫の祖父母、すなわち直系血族ですので、お孫さんの両親が遺言で後見人を定めていない限り、あなたが後見人となり、お孫さんの監護教育と財産管理などを行うことになります。

　次に、お孫さんに対して扶養義務を負うのは誰かを検討しましょう。「扶養義務の準拠法に関する法律」2条1項本文は、「扶養義務は、扶養権利者の常居所地法によって定める」としています。お孫さんの常居所地は日本と思われますから、日本の法律が準拠法となります。日本民法877条1項は「直系血族及び兄弟姉妹は、互に扶養をする義務がある」と定めていますので、直系血族であるあなたは、お孫さんに対して扶養義務を負うことになります。

　なお、扶養には、生活保持義務と生活扶助義務といわれるものがあります。親が未成年の子に対して負う扶養義務は生活保持義務です。そのため生活保持義務は、扶養する者が生活に余裕がある限度で相手方に扶助する義務を負うにすぎないとされる生活扶助義務以上の内容をもっています。しかし、あなたとお孫さんとの間には、生活保持義務ではなく、生活扶助義務があるにとどまります。

　（関連項目）在日の親に対する扶養はQ4－17、Q4－18参照。　　（金　秀司）

日本人夫婦が韓国人を養子・特別養子にする場合

Q4-9 私は在日韓国人ですが、私の4歳になる子供を夫婦ともに30歳になる日本人夫婦の養子にしたいと思いますが、それは可能ですか。また、特別養子縁組をすることはいかがでしょうか。

A

あなたのお子さんが「韓国法を本国法とする在日」で日本人夫婦の養子になる、このような養子縁組は、どこの国の法律によることになるのでしょうか。

法例20条1項は、養子縁組は縁組の当時の養親の本国法によると規定しています。ただし、養子縁組の濫用を防止し養子を保護するため、養子の本国法が養子縁組の成立について養子や第三者の承諾・同意又は公の機関の許可等を必要とする場合には、その承諾・同意等を得なければならないと定めています（同条1項後段）。

さて、あなた方の養子縁組の場合、養親となる者は日本人夫婦ですから、養親の本国法である日本民法が適用されることになります。そうすると、あなたの子供と日本人夫婦間の普通養子縁組は、日本民法792条から800条の養子縁組の要件に関する規定が適用されます。養親となる夫婦は30歳ですので、あなたの子はその夫婦の養子になることが可能です（同法792条、795条）。

一方、あなたの子供は「韓国法を本国法とする在日」ですので、韓国民法が定める保護要件をも備える必要があります。

あなたの子供は15歳未満ですから、あなたが子の法定代理人として養子縁組の承諾を子に代わって行うことになります（韓国民法869条）。

ところで、養親の本国法である日本民法は、未成年者を養子とする場合には家庭裁判所の許可を得なければならないと規定していますが、養子の本国

表8　渉外養子縁組の認容件数と「養子の国籍」が韓国・朝鮮人の当事者の推移

年　　度		1988	1989	1990	1991	1992	1993	1994	1995	1996	1997	1998
認 容 総 数		448	385	361	381	359	337	339	298	278	272	261
普通養子	総　　数	445	370	346	366	329	312	315	273	260	244	244
養子の国籍	韓　国	7	20	10	17	21	11	5	9	8	9	7
	北朝鮮	—	2	2	1	—	2	1	—	—	—	—
特別養子	総　　数	3	15	15	15	30	25	24	25	18	28	17
養子の国籍	韓　国	—	1	1	1	4	—	3	—	2	1	1
	北朝鮮	—	1	—	—	—	—	—	—	—	—	—

出所：『司法統計年報』各年より作成。

法である韓国民法には、そのような規定がありません。ところが、そのような場合も日本の家庭裁判所での許可の審判が必要です（札幌家審平成4年6月3日家月44巻12号91頁）。

　さて次に、特別養子縁組を行なう場合も法例20条1項により養親である日本民法が適用されることになります。

　なお、日本民法上は特別養子縁組の制度がありますが、養子の本国法である韓国民法上は、現在のところ特別養子縁組制度は存在しません。このような場合、養親の本国法に特別養子縁組制度があれば、その制度がない国の子を特別養子とすることができるとされています。

　日本民法の特別養子縁組の規定は、同法817条の2以下に定められています。

　あなたの子供を30歳になる日本人夫婦の特別養子にすることは認められる可能性はあります（同法817条の3、817条の4、817条の5、817条の6など）。

　家庭裁判所は、養親となる日本人夫婦があなたの子供を6か月以上の期間監護した状況を考慮した上で、最終的に実方の血族との親族関係が終了する特別養子縁組の審判を行ないます（同法817条の2、817条の7、817条8）。

　（関連項目）養子縁組は他にQ4－10、Q4－11参照。　　　　　　　　　　（徳山　善保）

在日夫と日本人妻が日本人を養子にする場合

Q4-10 私は30歳になる在日韓国人です。妻は日本人で結婚してから約10年になりますが、子を授かりません。そこで、今年4歳になる日本人の子を養子にしたく思っていますが、それは可能でしょうか。また、特別養子縁組をする場合はどうですか。

A

　あなた方のように養親となる夫婦の国籍が異なる場合、養子縁組についていずれの国の法律が適用されるのかが問題となります。

　この点については、それぞれの養親についてその本国法を適用することになります。この場合、一方の本国法を適用するに当たり、他方の配偶者の本国法は考慮する必要はないとされています（法務省民事局法務研究会編『改訂国籍実務解説』（日本加除出版、1994年）171頁）。

　また、戸籍実務上も、「配偶者のある者が単独縁組をできるかどうかは、当該者の本国法による。配偶者又は養子の本国法が夫婦共同縁組を強制していても、これを考慮する必要はない」とされています（平成元・10・2民二第3900号民事局長通達第5養子縁組1(3)参照）。

　ですから、あなたが「韓国法を本国法とする在日」であれば、あなたについては韓国民法が適用されることになり、一方、妻については日本民法が適用されることになります。あなた方については韓国民法と日本民法の規定をそれぞれ適用した結果、縁組要件を具備するならば、あなた方は4歳になる日本人の子を養子とすることができます。

　さて、特別養子縁組ができるかどうかは、養親となる養父の本国法および養母の本国法が、特別養親子縁組の制度を規定しているかどうかによって判断されることになります。

　あなたが「韓国法を本国法とする在日」である場合、あなたの本国法であ

第4章　在日の親子関係の法律について

る韓国民法には、現行法上特別養子縁組制度の規定がありません。他方、妻の本国法である日本民法は、特別養子縁組制度を規定しています。

このように、養親の一方の本国法上特別養子縁組の規定がない場合には、特別養子縁組をすることはできないとされています（法務省民事局内法務研究会編『改正法例下における渉外戸籍の理論と実務』（テイハン、1989年）286頁）。

したがって、あなた方は4歳になる日本人の子を特別養子とすることはできないことになります。

なお、現在、韓国では民法改正の作業が行なわれており、その改正案908条の2から908条の8によれば特別養子に類似する「親養子」制度を新設しています。韓国でこの「親養子」が法制化されれば、あなた方が特別養子縁組できる余地があるのではないかと思われます。

（関連項目）養子縁組は他にQ4－9、Q4－11、韓国家族法改正案は資料編参照。
（徳山　善保）

韓国人夫婦が韓国人を養子にする場合

Q4-11 私も私の夫も在日韓国人で現在40歳です。今度私の妹の子で韓国人である4歳の子を私達夫婦の養子にしようと考えています。養子縁組の方法を教えてください。

A

養子縁組が成立するために必要とされる要件は、養親となる者の本国法の規定が適用されますが、養子の保護のための要件は、養子となる者の本国法の規定も適用されます。

あなた方の場合、養親となる者も養子となる者も、ともに「韓国法を本国法とする在日」のようですから、養子縁組の成立要件および養子の保護要件は、全て韓国民法の規定が適用されることになります。

韓国民法は866条から882条までに養子縁組の成立および養子の保護要件を

規定しています。

　そこで、あなた方は40歳になる夫婦ですので、養子となる子の父母の同意を得て養子縁組をすることができます（韓国民法866条、869条、874条）。

　次に養子縁組が法律的に成立するための手続は、法例22条によって養子縁組の成立を定めた国の法律、すなわち韓国民法を適用することもできますし、養子縁組を行なった国の法律、すなわち日本民法によってもできると規定しています。

　韓国民法は、養子縁組は戸籍法の定めるところにより、届出をすることによってその効力を生じると規定しており（韓国民法878条1項）、その届出は当事者双方と成年者である証人二人の連署した書面でしなければならないと規定しています（同法878条2項）。

　ですから、あなた方は、韓国の役場に養子縁組届出を提出することも、駐日韓国領事館に届出をすることもできます（韓国民法882条）。

　また、日本民法の規定に従い、日本の役場に養子縁組の届出をすることも可能ですが、その届出には届出書のほか養子縁組の要件が具備されているという証明書（要件具備証明書）を提出しなければなりません。

　（関連項目）養子縁組は他にＱ4－9、Ｑ4－10参照。　　　　　（徳山　善保）

養子縁組の届出

Ｑ4-12　私は、在日韓国人です。私は長男なので、韓国の墓の面倒を見てもらうために韓国在住の甥と昨年（1999年）養子縁組をしました。その事実は韓国の戸籍に記載されています。しかし、日本の役場に届けていません。この養子縁組は有効なのでしょうか。

Ａ

　あなたは、あなたの故郷にある祖先代々の墓を守るため、故郷に住む甥に草刈などの管理を任せられるとともに、甥があなたの養子になれば将来もあ

なたを継いで韓国の墓を守ってもらえるという期待から養子縁組をされたのでしょう。

さて、あなたは、甥との養子縁組届を日本の役場にしていないのですから、甥との養子縁組の申告を韓国の役場に出されたのか、それとも在日韓国領事館経由で申告されたのでしょう。そうでなければ韓国の戸籍に記載されるはずがありません。

ここでは、ご質問の趣旨を、日本でもこの養子縁組の方式が有効と考えられるのかと理解して、お話しをします。

あなたは、「韓国法を本国法とする在日」と思われます。日本では、養子縁組の方法、つまり縁組の合意でよいのか、それとも裁判所の決定によるのかなど、という点は法例20条により「縁組当時の養親の本国法」が準拠法です。あなたの本国法は韓国法ですが、韓国民法には日本のような特別養子縁組の制度はなく、普通養子だけが認められています。

次に、養子縁組の方式、つまり申告（届出）などの手続については、日本では、法例22条により判断されます。それによれば、「法律行為の成立を定める法律」による方式であっても「行為地法」の方式であっても有効ということになります。

あなたの場合は、「法律行為の成立を定める法律」である韓国民法の方式によって韓国の役場または在日韓国領事館経由で申告されているのですから、日本ではその養子縁組の方式は有効と判断されます。ところで、行為地が日本である場合、つまり養子縁組をした場所が日本であれば、日本法（日本民法799条、739条）の方式であっても有効と判断されます。韓国でも、日本法に従う届出という方式は、有効とされています（韓国渉外私法10条2項）。

以上から、あなたと甥との養子縁組は日本の役場に届けられていなくても、日本では、法例22条によりその方式は有効と判断されます。

（関連項目）韓国の戸籍制度はＱ2—10、養子縁組はＱ4—9、Ｑ4—10、Ｑ4—11参照。

（西山　慶一）

離縁の方法

Q4-13 私は、在日韓国人男性で独身で子もいないので、1980年に当時5歳になる私の弟の次男を養子にしました。ところが、その子は放蕩で親を親とも思いません。私は、今年(2000年)離縁したいと思っています。その方法を教えてください。

A

　ご質問は、あなたがあなたの養子にほとほと手を焼いているから、離縁したいということですね。ここでは、あなたが「韓国法を本国法とする在日」という前提でお答えします。

　離縁が許されるのか、離縁の方法、離縁の効力などは、法例20条2項により「縁組当時の養親の本国法」が準拠法になります。縁組当時も、あなたの本国法は韓国法と考えられますので、離縁は縁組当時の韓国法により判断されることになります。1980年の縁組当時の韓国法は、現在の韓国民法の経過規定によってその内容が決められます。90年改正韓国民法の附則2条は、「この法律に特別な規定がある場合を除いては、既に旧法……によって生じた効力に影響は及ぼさない」としながらも、同法附則8条では、90年改正韓国民法により離縁の事由がなければ裁判上の離縁はできないという特別規定を定めています。

　以上を踏まえて、1980年当時の韓国民法の離縁について考えてみましょう。まず、離縁の方法には協議上の離縁（韓国民法898条）と裁判上の離縁（韓国民法905条）があります。そして、離縁すれば養子縁組による親族関係は終了します（韓国民法776条、772条）。

　現在あなたの養子は25歳になられているので、あなたとあなたの養子2人で離縁を協議により合意し、日本の役場に協議上の離縁届をすることは可能です（韓国民法898、899、900、903、904条、法例22条但書、日本民法811条1項、813条）。ただし、あなたの養子が、離縁届に協力しなければ、裁判上

の離縁を求めることになるでしょう。

　裁判上の離縁原因は、韓国民法905条に列挙されています。あなたの養子が「放蕩で親を親とも思わない」とあなたは言いますが、それが韓国民法905条1号の「家族の名誉を汚瀆し、又は財産を傾倒した重大な過失があるとき」に該当するか、それとも同条に定める他の事由に該当するかは、裁判所の判断によると思われます。

　なお、離縁の請求権が消滅する可能性や（韓国民法907条）、裁判上の離縁の場合は、養子もしくは養親に損害賠償請求権がある点は注意すべきでしょう（韓国民法908条）。

　また、あなた方は在日と思われますので、日本の裁判所に離縁の訴えを起こすことは可能でしょう（最高裁判所事務総局編『渉外家事事件執務提要(下)』（法曹会、1992年）32頁以下）。

　このように、あなたはあなたの養子と協議して、離縁届を日本の役場に届け出るか、それとも裁判所にその判断を仰ぐかということになります。

　（関連項目）養子縁組はQ4-9、Q4-10、Q4-11、Q4-12参照。

（西山　慶一）

韓国人夫婦とその子の利益相反行為

Q4-14　私達は在日韓国人夫婦ですが、自宅を新築するために銀行から融資をうけ、私達の未成年の子が祖父から贈与された不動産に、融資の担保として抵当権を設定しようと考えています。この場合、子供のために特別代理人を家庭裁判所で選任しなければならないと聞きましたが、それはどういう意味で、どういう手続が必要ですか。

A　あなた方が銀行から融資をうける担保にあなた方の未成年の子所有の不動産に抵当権を設定する場合に、親が子を代理できるかなどの親子間の問題

は、法例21条により適用される国の法律によって解決することになります。

法例21条は、親子間の法律関係は子の本国法が父または母の本国法もし父母の一方あらざるときは他の一方の本国法と同一なる場合においては子の本国法により、その他の場合においては子の常居所地法によると規定しています。

この規定によると、あなた方夫婦と未成年の子は「韓国法を本国法とする在日」であるとしますと、子の本国法と父母の本国法が同一ですから、子の本国法たる韓国民法が適用されることになります。

韓国民法は、子が自己の名義で取得した財産をその特有財産として法定代理人である親権者が管理するとし（韓国民法916条）、子の財産に関する法律行為につき法定代理人である親権者がその子を代理すると規定しています（同法920条）。

そうすると、あなた方夫婦は未成年の子名義の不動産について、あなた方の債務を担保するために、子を代理して、子の不動産に抵当権を設定できることになります。

しかし、そのような行為を親権者だけの判断で自由にできるとすると親権者の恣意的な意図で、子の利益を害するおそれがあります。

そこで、法定代理人である親権者とその子の間の利害相反する行為については、親権者は、法院に、その子のために特別代理人の選任を請求しなければならないと規定し（同法921条1項）、あなた方のように親権者が自己の債務のために未成年者である子の不動産を担保に提供する行為は利益相反行為に該当するとしています（金疇洙『親族・相続法　五訂版』（ソウル・法文社、2000年）323頁）。なお、日本民法も同様の見解を採っています。

それでは、日本に居住する在日韓国人が、韓国の法院ではなく日本の家庭裁判所に韓国民法に基づく特別代理人選任の申立ができるのかということが問題になります。

これについては、あなた方親子が日本に居住している場合には、日本の家庭裁判所に裁判管轄権が認められていますから、日本の家庭裁判所に特別代理人選任の申立を行なうことができます。

そして、その特別代理人があなた方の未成年の子の代理人となり、銀行からあなた方への融資の担保として、未成年の子所有の不動産に抵当権を設定

表9 渉外家事事件の年度別新受件数

	年度	1988	1989	1990	1991	1992	1993	1994	1995	1996	1997	1998	1999
	総数	3,260	3,293	3,165	3,320	3,565	3,747	3,905	3,850	3,937	4,345	4,908	5,370
審判	総数	1,837	1,688	1,598	1,615	1,684	1,819	1,822	1,773	1,801	1,940	2,274	2,527
	養子縁組	456	450	516	477	409	461	419	434	382	403	450	446
	特別養子	24	13	20	35	28	23	32	18	30	23	29	26
	特別代理人選任(利益相反)	209	139	97	106	120	89	80	90	84	74	76	90
	相続放棄	166	163	126	204	245	350	377	390	503	546	754	994
	保護者選任・順位変更	317	217	171	164	173	167	192	162	181	166	207	224
	乙類審判	118	165	156	142	192	189	162	203	157	205	212	222
	その他	547	541	512	487	517	540	560	476	464	523	546	525
調停	総数	1,423	1,605	1,567	1,705	1,881	1,928	2,083	2,077	2,136	2,405	2,634	2,843
	婚姻中の夫婦間の事件	740	883	825	905	963	1,001	1,133	1,133	1,161	1,239	1,394	1,458
	婚姻外の男女間の事件	20	40	25	31	39	32	38	34	33	34	42	42
	法23条の事件	182	159	233	306	325	328	308	295	318	379	406	439
	乙類調停	416	447	380	360	444	453	483	500	505	621	666	784
	その他	65	76	104	103	110	114	121	115	119	132	126	193

出所：家庭裁判月報51巻2号31頁、52巻1号30頁、53巻1号30頁、平成11年『司法統計年報』より作成。

する行為を行ないます。

（関連項目）親権者はＱ４－２参照。　　　　　　　　　　（徳山　善保）

婚外子の任意認知

Q4-15 私は在日韓国人女性ですが、婚姻関係にない日本人男性との間に、最近、子が生まれました。その子を相手方が認知するといいますが、どのような点に注意すべきですか。また、私が在日朝鮮人の場合はどうでしょうか。

A

　あなたのご質問の場合に、認知が許されるかどうか、また、認知について子や第三者の承諾が必要かどうか等については、どこの国の法律で考えればいいのでしょうか。そのために、まず、あなた方の国籍について整理しておきましょう。

　あなたと日本人男性とは婚姻関係になく男性による胎児認知もないのですから、あなたの子供は、母であるあなたと同じ韓国国籍のみとなります。これは、子の出生が、日本、韓国の両国籍法の改正前後（日本は1985年１月１日、韓国は1998年６月14日から改正国籍法を施行しています）のどちらであっても同じです。したがって、認知をしようとする父は日本国籍、認知をされる子は韓国国籍、子の母も韓国国籍ということになり、ここでは、あなたと子供が「韓国法を本国法とする在日」であるという前提で考えてみたいと思います。

　さて、日本において、外国人の関係する認知について認知ができるか等を判断するわけですから、日本の国際私法である「法例」の規定を調べる必要があります。法例18条によれば、認知については、子の出生当時の父の本国法や、認知当時の認知者の本国法または認知当時の子の本国法によるとされています。その結果、ご質問の場合は、日本法または韓国法により父からの認知が許されるならば、父は子を認知できるということになります。

日本民法（779条）、韓国民法（855条）ともに父からの認知を認めていますが、ここでは、日本民法に基づいて認知の可否等について考えてみましょう。

　嫡出でない子（あなた方の子供のように、法律上の夫婦でない男女間に出生した子）は、その父が認知することができます（日本民法779条）。成年の子を認知するにはその子の承諾が必要ですが（日本民法782条）、未成年であるあなたの子にはあてはまりません。また、子の出生前、すなわち胎児のときに父が認知するのであれば、母であるあなたの承諾が必要となりますが（日本民法783条1項）、ご質問は、すでに出生している子に対する認知の場合ですから、その承諾も必要とはなりません。

　ただし、認知当時の子の本国法である韓国民法に、第三者の承諾等を要する旨の規定があればその承諾等が必要となりますが（法例18条1項後段）、韓国民法にはそのような規定は存在しません。

　認知の方式、たとえば認知をするにはどのような届出をすればよいのかについては、認知の成立の準拠法または行為地法によりますが（法例22条）、父が、日本で、日本法により認知する場合ですから、いずれにしても日本民法781条が定めるところに従い、日本の役所に認知届を提出することになります。

　あなたと子供が外国人登録上「朝鮮」籍である場合も、日本人父が、日本民法により認知できることは同じ結論になります。あなた方が「北朝鮮法を本国法とする在日」である場合に、子の本国法たる北朝鮮家族法には認知に関する規定は存在しませんので、第三者の承諾等は要件としていないものと解されるでしょう。

　（関連項目）父死亡後の認知はＱ4－16参照。　　　　　　　　（李　光雄）

婚外子の死後認知

Q4-16 私は、在日韓国人である父と内縁関係にある日本国籍の母から、1980年に生まれました。その父が最近亡くなったので、裁判所に認知の訴えを起こしたいと思っています。どのような点に注意すればいいですか。

A

事実上の父の死亡後に認知を求めることを、死後認知といいますが、それが認められるかどうか、また、認められるとすればいつまでに認知の訴えを提起しなければならないのか等の問題が生じます。それらについてはどの国の法律が適用されるのでしょうか。

亡父が「韓国法を本国法とする在日」であったこと、そして、あなたは韓国人父とは法律上の親子関係がなく日本人母の子として生まれたので、日本国籍であることを前提に考えてみましょう。

少し難しいのですが、認知については、子の出生当時の父の本国法や、認知当時の認知者の本国法、または認知当時の子の本国法によって判断することになります（法例18条1項2項）。子の出生当時の父の本国法および認知当時（法例18条3項により死亡当時）の認知者の本国法はいずれも韓国法であり、子であるあなたの本国法は日本法ですから、韓国法、日本法のいずれかによって死後認知が認められるならば認知の請求が可能となります。

日本民法によれば、あなたは、父の死亡の日から3年を経過するまでは認知の訴えを提起することができます（日本民法787条）。訴えの相手方は、父が死亡しているため検察官となります（人事訴訟手続法32条2項による2条3項の準用）。

一方、韓国法によっても、あなたは、父の死亡を知った日から1年内であれば、検事を相手方として認知請求の訴えを提起することができます（韓国民法863、864条）。

日本民法によれば「父の死亡の日から3年内」であり、韓国民法によれば

「父の死亡を知った日から1年内」という微妙な違いがありますが、いずれにしろご質問の場合は、日本民法によって、父の死亡後3年内なら検察官を相手に認知請求の訴えを提起できることになります。

ただし、仮にあなたの母が日本人でなく、父と同様に在日韓国人であるとすれば注意が必要です。この場合は、子であるあなたの国籍は韓国国籍となりますから、認知については韓国民法だけが適用されることになります。ですから、認知請求の訴えは父の死亡を知った日から1年内に限られ、父の死亡をその日に知れば、日本民法と比較して2年も短いということになります。

なお、韓国民法の「父の死亡を知った日から1年内」とする規定の適用が、日本の法例32条の公序良俗に反するかについて、否定する裁判例がありますので（最判昭和50年6月27日家月28巻4号83頁、大阪高判昭和55年9月24日判タ425号133頁）、訴えを提起する時期は実際に重要な問題となります。

（関連項目）婚外子の国籍はQ2－7、生前認知はQ4－15、認知と姓はQ6－5参照。

(李　光雄)

在日の親に対する扶養

Q4-17 私は在日朝鮮人女性ですが、私の母はひとり暮しで、無収入です。私には兄と弟がいますが、母への仕送りをどうするかなどについて兄や弟とも話し合っていますが、なかなかまとまりません。どのように考えればいいのでしょうか。

A

扶養とは、自分の力だけでは生活を維持できない者に対して、仕送りをするといった経済的な援助のことをいいます。

在日社会では、親に対する扶養は慣習的に長男が行なってきたように思われます。

しかし、扶養の問題を法律的に考えてみますと、あなたのお母さんも日本

で扶養が問題になりますので、「扶養義務の準拠法に関する法律」（昭和61年6月12日法律第84号）が適用されることになります。扶養義務の準拠法に関する法律2条は「扶養義務は、扶養権利者の常居所地法によって定める」と規定していますから、あなたの母の常居所地の法律、すなわち日本民法が適用されることになります。

ところで、日本でいう扶養には、一般的に生活保持義務と、生活扶助義務があるといわれます。あなたとあなたの母の間の扶養は生活扶助をする義務に立つ関係です。

生活扶助義務とは、子の親に対する義務のように、本来は生活の単位を異にしている親族が偶発的・例外的に負う義務であり、要扶養者が最低限度の生活にもこと欠く場合に、義務者が自分の相当な生活水準を破壊することなく給付できる程度の扶養でよいとされているものです（島津一郎編『基本法コンメンタール　第三版親族』〔西原道雄〕（日本評論社、1995年）212頁）。

日本民法は、直系血族および兄弟姉妹は互に扶養する義務があると規定していますから、あなた方兄弟は直系血族である母親を扶養する義務があります（日本民法877条）。

そして、扶養の順序については、扶養する義務のある者が数人の場合には、まず、扶養する義務ある当事者の協議により、協議が調わないときや、協議ができないときは家庭裁判所が順序を定めると規定しています（同法878条）。

さらに、扶養の程度と方法については、当事者間での協議、協議が調わないときや、協議ができないときは家庭裁判所が扶養権利者の需要、扶養義務者の資力その他一切の事情を考慮して定めるとしています（同法879条）。

このように、扶養の順序や扶養の程度・方法があなた方兄弟と母親間で協議が調わないときや協議ができない場合には、あなたやあなたの兄弟もしくは母親が、相手方となる兄弟の誰か一人の住所地の家庭裁判所に、調停を申し立て、場合によっては、審判の申立を行なうことになります。

しかし、このような扶養問題についてはご兄弟でよくよく話し合いをして、解決されることをお勧めいたします。

（関連項目）常居所地の認定はＱ１－３、扶養はＱ３－９、Ｑ４－７参照。

（徳山　善保）

在日の後見開始の審判

Q4-18 私は在日韓国人です。夫を早く亡くし、1人で子供を育てました。私の子供は現在15歳ですが、生まれたときから脳に障害があり1人では生活できません。将来のことも考えて、日本で2000年に制定された成年後見制度を利用しようと思うのですが、その手続などを教えてください。

A

　ここでは、あなたもあなたの子供も、「韓国法を本国法とする在日」であることを前提とします。また、将来あなたのような親権者が亡くなった場合に、あなたの子供の保護の問題が発生します。このような場合にあなたの子供についての後見開始の審判がなされるかどうかという点について考えてみましょう。

　まず、あなたの子供が未成年のときに、親権者であるあなたが亡くなった場合は、後見の問題となり、韓国民法が適用されます（法例21条、24条1項）。

　それによりますと、未成年者の親権者が亡くなれば後見が開始し（韓国民法928条）、親権者である父母が、遺言で未成年者の後見人を指定していればその指定された人が後見人になり、その指定された後見人がいなければ、誰がその未成年者の後見人になるのか、その順位を定めています（同931条、932条、935条）。

　しかし、現実に後見人となる人がいない場合には日本民法の適用をうけることとなり（法例24条2項）、日本の家庭裁判所が未成年者後見開始の審判をすることとなります（日本民法840条）。

　ところで法例24条2項は、日本に住所または居所を有する外国人の後見はその本国法によれば後見の開始原因があるのに、後見の事務を行う者がいないときは、日本の法律によるとしています。「後見の事務を行う者がいない」という意味については、見解が分かれていますが、韓国法により後見人とさ

れた者が、日本において現実に後見の事務を行いえないときは、日本法により後見が開始すると考えられます。そして、後見に関する日本民法の規定が適用されます（日本民法839条以下）。

次にあなたの子供が成人になった場合の後見を考えてみましょう。

成年後見制度は、従来の禁治産および準禁治産制度を改正した制度です。それによれば家庭裁判所は、痴呆性高齢者や精神上の障害などにより判断能力が不十分な人を保護するために適切な保護者、すなわち法定後見人を選びます。

法定後見人は、本人の希望を尊重しながら、本人のために介護契約、施設入所契約、医療契約等について代理人として契約したり、本人の財産の管理などを行います。

また、家庭裁判所は必要があると認める場合には、それらの法定後見人を監督するために、成年後見監督人を選ぶことができるとされています（日本民法849条の2）。

外国人の後見開始の審判についての原因は、被後見人の本国法で判断することになりますので（法例4条1項）、あなたの子供の「後見開始の審判の原因」は、本国法である韓国法によります。

韓国民法12条を見ますと「心神喪失の常態にある者に対しては、法院は、第9条に規定する者の請求により、禁治産の宣告をしなければならない」と定めています。

この禁治産の宣告がなされると、本人のために後見人がおかれ（韓国民法929条）、その後見人が本人のため、療養監護に日常の注意を払い（同法第947条）、その財産を管理する（同法第949条）ことになります。

ところで、日本法上の「後見開始の審判の原因」は、「精神上の障害により事理を弁識する能力を欠く常況にある者」となっていますが（日本民法7条）、韓国民法12条の禁治産宣告の原因である「心神喪失の常態にある者」とほぼ同じです。

このことから、あなたの子供の「後見開始の原因」は韓国民法上も、日本民法上も存在し、裁判管轄権も日本にあると考えられますので、日本で後見開始の審判がなされることになります（法例4条2項及び同項但書）。

日本において後見開始の審判がなされますと、その審判の効力は日本法に

よることとなり（法例24条2項）、日本法によって後見人が選任されます（日本民法8条）。

　後見開始の審判の請求権者は、本人の本国法となりますので（法例4条1項）、本人、配偶者、4親等内の親族等が請求権者となります（韓国民法12条、9条）。

　つまり、あなたが将来高齢者となったり、あるいは亡くなったりした場合に、家庭裁判所による後見開始の審判により、あなたの子供のために、成年後見人を家庭裁判所で選んでもらうことは可能なのです。

　後見開始の審判により、家庭裁判所は職権で成年後見人を選びますが、後見開始の審判の請求権者から成年後見人の候補者をあげることもできます。その場合、家庭裁判所がその候補者が適当と判断すれば、その候補者が成年後見人となることも可能です。

　できれば、あなたやあなたの子供の事情に詳しい信頼できる人に、あなたの子供の成年後見人になってもらう方がよいと思われます。詳しくはお近くの司法書士会リーガルサポート成年後見センターや家庭裁判所の家事相談係で相談してみてください。

（姜　信潤）

在日親子間の親子関係不存在

Q4-19 私は、在日朝鮮人で、今年50歳（1950年生まれ）になります。人伝に聞いたところによれば、私は、日本人夫婦の間に生まれた子で、生後2か月で朝鮮人である父母が貰い受けたとのことです。父母との親子関係をはっきりしたいと思うのですが、それはどのような方法でできますか。

A

　ご質問に答える前に、前提としての事実を次のように少し整理してみます。

　あなたは、1950年にある朝鮮人夫婦の間の「嫡出子」として虚偽の出生届

が提出され「朝鮮戸籍」に登載されたが、この時点では日本国籍を有していた。その後1952年4月28日サンフランシスコ条約発効（日本は朝鮮の独立を承認して朝鮮に対するすべての権利等を放棄する）に先だって発せられた法務府民事局長通達（昭和27・4・19民事甲438号）によって、朝鮮人は条約発効の日から「内地に在住する者を含めてすべて日本の国籍を喪失する」に至った、そういうことでしょう。ここでは、あなた方親子が「北朝鮮法を本国法とする在日」として、お話をします。

そうすると、あなたは、真実は日本人夫婦の子で日本国籍を有する可能性が大きいにしても、あなたの表見上（見かけ上）の国籍で親子関係を判断することになります。さて、あなた方親子に親子関係があるかどうかは、いずれの準拠法で判断するのでしょうか。このような事例についての学説・判例には争いがあります。嫡出親子関係の成立に関する法例17条や非嫡出親子関係の成立に関する18条を段階的または同時的に適用する説、法例23条または17条、18条の類推適用により当事者双方の本国法を累積的に適用する説、あるいは父母と子の本国法の選択的適用説など、種々の見解が主張されています。しかし、いずれにしてもあなたの場合は、当事者全員の本国法が北朝鮮法なので、北朝鮮法が準拠法となり適用されます。

ところで、北朝鮮の対外民事関係法47条は、「外国に住所を有する共和国公民の養子縁組、離縁、父母と子女の親子関係、後見、遺言には、住所を有している国の法を適用することができる」と規定しています。これが法例32条の「反致」規定、すなわち本国法に「従ヒ日本ノ法律ニ依ルヘキトキハ日本ノ法律ニ依ル」に該当するとすれば、準拠法は日本法ということになります。しかし、上記47条が「……の法を適用することができる」という選択的適用主義をとっているので、この場合は「日本ノ法律ニ依ルヘキトキ」ではないとして反致を否定する見解があります。

さて、準拠法が北朝鮮法・日本法のいずれかであるとして、次に問題になるのが国際裁判管轄の問題です。あなたの場合は、あなたが原告となって、表見上の父母を相手（被告）に、裁判所に対して親子関係不存在確認の訴えを提起したうえで、判決によって父母との親子関係をはっきりさせることが必要となります。あなた方親子（原告・被告）は、ともに日本に住所があると思われますので、日本の裁判所に当然に裁判管轄があると考えられます

(もし、一方または双方が死亡している場合は検察官が被告となる場合があります)。

以上により、親子関係不存在の事実を証明する証拠を収集して、日本の裁判所に親子関係不存在確認の訴えを提起してみるのがよいと思われます。

(関連項目)在日の日本国籍喪失の理由はQ2－2、母子関係不存在と管轄裁判所はQ4－20参照。　　　　　　　　　　　　　　　　　　(小西　伸男)

母子関係不存在とその裁判管轄権

Q4-20　私は、在日韓国人で、今年70歳になります。妻は日本人です。子供は2人いて、私ども夫婦の子として戸籍に記載されていますが、実を言えば妻以外の間に生まれた子を、妻との間に生まれた子として出生届を出したのです。今般、子供が帰化するうえで、そのことをはっきりさせたいと思うのですが、日本の家庭裁判所でそのようなことをしてもらえるのですか。また、その、手続を教えてください。

A　あなたの二人の子(以下、X_1、X_2という)は、あなたと日本人である妻(以下、Y_1という)の「嫡出子」として出生届が出されたとのことですが、あなたの年齢から判断して、日本の国籍法が父母両系主義に改正(1985年1月1日施行)される前に生まれた子で、父の国籍の韓国国籍を取得したものと考えられます(1997年改正前韓国国籍法2条1項)。そして、子2人の真実の母が、「韓国法を本国法とする在日」なのか日本人なのかはっきりしませんが、仮に「韓国法を本国法とする在日」であるとしましょう(以下、Y_2という)。

ご質問の手続は、X_1、X_2が原告となって、Y_1を被告として、母子関係不存在確認の訴えを提起し、場合によっては、Y_2を被告として、母子関係存

在確認の訴えを提起するということになります。このとき問題となるのは、渉外的親子関係存否について、日本の裁判所が裁判管轄権を有するかということです。ご質問の事例が、日本に住所を有するX_1・X_2と、日本に住所を有するY_1やY_2との間の親子関係存否確認の訴えであるとすると、両当事者の住所がともに日本にあり、問題なく日本に裁判管轄権が認められます。そして日本のなかでは、人事訴訟手続法27条により、子が住所を有する地を管轄する地方裁判所の管轄となります。

　次に、裁判所は、何を準拠法として裁判してくれるかが問題になります。なお、X_1とX_2の出生は、いずれも改正法例が施行された日（1990年1月1日）より相当前と思われますので、改正法例附則2項により、「従前の例」すなわち改正前の法例を適用することになります。

　この事例を、表見的に見てX_1とX_2がY_1の「嫡出子」であるか否かが問題になっていると考えれば、改正前の法例17条により準拠法を決定するという解釈となり、また、親子関係の存否自体が問題になっていると考えれば、法例に該当する規定がないので法例17条、18条の類推適用または法例23条によって当事者双方の本国法を累積的に適用して処理するという立場をとることも可能です。

　前者の考えをとれば、改正前法例17条本文は、「出生ノ当時母ノ夫ノ属シタル国ノ法律ニ依リ」子の「嫡出子」であるか否かを定めると規定しているので、母であるY_1の夫、つまりあなたの本国法である韓国民法によることになります。後者の考えをとれば、X_1とX_2およびY_2が「韓国法を本国法とする在日」、Y_1は日本人なので本国法は日本法となり、子が嫡出子でないということは、両方の本国法により嫡出子でないと判断されなければならないということになります。

　これと類似した事例で、「その準拠法は当事者双方の本国法を累積的に適用するのが相当である」と判示した裁判例があります（福岡地判平成6年9月6日判タ876号254頁）。

　裁判所が韓国法のみを適用するか、日韓両方の法律を適用して、母子関係不存在についての判断をするか、いずれとも断定できません。しかし、母子関係については、両国の民法では、分娩と妊娠という事実により母子関係が発生するというのが通説・判例であり、父子関係と異なり、特に「認知」と

いうような意思行為を要求していません。したがって、裁判では、自然的な事実関係がどうであったかが重要な争点になると思われます。

　以上を参考に裁判手続を進めてください。

　（関連項目）在日親子間の親子関係不存在はＱ４－21参照。　　　（小西　伸男）

第5章　在日の相続の法律

1　はじめに

　人が死亡した場合に、故人の財産はどのような法律により規律され、結果、どの相続人に承継されるのであろうか。被相続人が日本人の場合に日本民法によるということについては、あまり疑問を持つことはない。しかし、在日の死亡により開始した相続がこの日本の地で問題となったとき、それはどのように処理されるのであろうか。

　1910年の韓国併合により、朝鮮半島に暮らす人々は、当時すでに日本に居住していた者も含めてすべて日本人になったと日本では解釈されているが[1]、そのあたりからの歴史的背景をも理解しないと、在日の相続の問題については適切な対応ができない場合がある[2]。さらには、在日の国籍・戸籍・外国人登録等の変遷についての十分な理解がないと、準拠法を決定するための在日の「本国法」さえ確定できないであろうし、韓国の相続法の内容は把握できたとしても、不動産相続登記において添付すべき相続証明書についてはよくわからないといったことが生じうる[3]。また、逆に在日の国籍等の変遷についての理解があれば、在日を取り巻く家族法分野以外の問題もみえてくるであろう。

　本章では、在日の相続についての概説を試みる。最初に、そもそも在日の相続にはどこの国の法律が適用されるのか、という問題から述べていく。

2　相続の準拠法

　在日が死亡し、その相続が日本で問題となった場合に、その遺産も推定相続人も日本に存在する場合には日本の民法が適用されるのであろうか。日本で生まれ育った在日、中でも三世、四世の世代にとってはこのように考えるのがごく自然なことかもしれないが、実際には、在日の相続の問題についていきなり日本の民法が適用されるというシステムにはなっていない。

　在日の相続という渉外的法律関係に適用すべき最も適切な法律は何か。そこで適用される法律のことを準拠法というが、こうした準拠法を決定するため、各国は国際私法という法律を定めている。

　日本の国際私法たる「法例」は、その26条において「相続ハ被相続人ノ本国法ニ依ル」と定めている。被相続人の本国法とは、故人の死亡当時の本国の法律を意味する。例えば、外国人登録上の国籍が「韓国」である在日が死

亡し、その相続が日本で問題になったとする。その場合、まず、被相続人たるその在日の本国法を決定しなければならないが（在日の本国法について詳しくは第1章を参照）、ここでは、死亡当時の外国人登録上の国籍が韓国であるから、一応、被相続人は「在日韓国人」であったとする。次に、このケースが本国法適用事例であるため、法例32条に基づき、本国法たる韓国の国際私法により反致が成立するかを検討しなければならない。

韓国の国際私法たる「渉外私法」26条も、日本の法例と同様に相続は被相続人の本国法による旨を規定しているので、韓国法からの反致は成立しない。したがって、その相続についての準拠法は韓国法となり、韓国の相続法、すなわち韓国民法を理解する必要性が生じてくる。韓国民法については、韓国で解釈されている通りに解釈しなければならないのが原則であり、そのためには韓国の判例等の理解も必要となる。

ところで、韓国民法は数度改正されているが、新旧いずれの相続規定が適用されるかについては、韓国民法の附則規定等、準拠法所属国の法律の定めるところによる[4]。韓国民法（1958.2.22法律第471号）は1960年1月1日に施行されているが、同法附則25条は、施行日前に開始した相続については旧法の規定を適用するとしている。この場合の「旧法」とは、日本が朝鮮を統治していた時代に制定され、戦後も韓国において適用されていた「朝鮮民事令」である。同令1条によれば、民事に関する事項については、原則としていわゆる日本の旧民法による旨が規定されていたが、朝鮮人の親族・相続については、同令11条により「慣習」によるとされていた。したがって、相続については、相続の承認及び財産の分離に関する規定を除き、日本の旧民法が適用されることがないまま戦後を迎えたのである。その後の韓国においても、民法が制定・施行されるまでは朝鮮民事令が継続して親族・相続に関する法源であったので[5]、1959年12月31日までに開始した韓国人の相続については、その当時の朝鮮の慣習が適用されることになった[6]。

被相続人だけが「在日韓国人」で、韓国民法に定める第1順位の相続人がすべて帰化し日本国籍を取得していても、相続の準拠法は韓国法となる。被相続人以外はすべて日本国籍という事例は、帰化及び日本人との国際結婚[7]の増加により、将来的に増加していくことが予想され、相続における国籍の連結点としての実効性が問題とされることも考えられるが、帰化しても「在

日」としての生き方を模索している人も多く、簡単には結論が出せない。

次に、「在日朝鮮人」が死亡した場合を検討してみる。外国人登録上の国籍欄の「朝鮮」は、国籍ではなく地域を示すにすぎないと解されているため、それだけでは必ずしも「在日朝鮮人」であるとはいえないが、日本との国交がない未承認国である北朝鮮の法律も準拠法として指定され得ると解されている[8]。しかし、従来は、被相続人が「在日朝鮮人」として認定された場合でも、北朝鮮の相続法の内容が不明であり、そうだとすればいかなる法を適用するのかがさらに問題となった[9]。

3　北朝鮮家族法、北朝鮮対外民事関係法

北朝鮮においては、1990年10月24日最高人民会議常設会議決定第5号により「朝鮮民主主義人民共和国家族法」が採択され、同年12月1日より施行されている。相続についても、第5章として46条から53条までの全8か条が規定されている[10]。しかし、同決定第5号の付属決議第3項は「家族法は、外国で永住権を有している朝鮮公民には適用しない」と規定した[11]。したがって、日本で永住権を有して暮らしている在日には適用されないと考えられるため、はたして適用されないのであれば、どのように考えればいいのかが大きな問題であった。この条項が、国際私法上の意義を有し、永住権を有して居住する日本の法律に反致する意義を有するとは必ずしもいい難い。反致が成立しないものと解するならば、「在日朝鮮人」にとっては、北朝鮮の相続法の内容が不明という状態ではなくなったものの、準拠法を決定する作業についてはなお困難な状態が継続していたものと考えざるを得ない[12]。

しかし、その後、国際私法規定としての「朝鮮民主主義人民共和国対外民事関係法」（以下、「北朝鮮対外民事関係法」という）が、1995年9月6日最高人民会議常設会議決定第62号として採択され、同日に施行されている。北朝鮮における初めての国際私法典といえるであろう。ここに、相続の準拠法については、一応の決着をみることとなった。日本の法例や韓国の渉外私法は、不動産・動産を区別しない相続統一主義を採用しているが、北朝鮮対外民事関係法は中国法と同じように相続分割主義を採用した。

北朝鮮対外民事関係法45条1項は「不動産相続には、相続財産が所在する国の法を適用し、動産相続には被相続人の本国法を適用する。ただし、外国

に住所を有する共和国公民の動産相続には被相続人が最後に住所を有していた国の法を適用する」としている[13]。

「在日朝鮮人」の相続の準拠法を決定するについて、北朝鮮対外民事関係法を考慮するならば、日本に所在する不動産・動産いずれの相続についても日本法への反致が成立する。少なくとも、同法施行日以後に開始した相続については、被相続人が「在日朝鮮人」である限り日本民法がその相続の準拠法となる、といえるであろう[14]。

4　相続準拠法の適用範囲

具体的には相続のどのような内容について、指定された準拠法による解決がなされるべきなのであろうか。

①　法例26条の「相続」は財産相続たると身分相続たるとを問わない。したがって、1990年改正前の韓国民法における戸主相続（現行法上は「戸主承継」と変更され、第4編親族の第8章として規定されている）のような身分相続についても適用があり、戸主たる「在日韓国人」が日本に帰化し韓国国籍を喪失した場合に、財産の承継を伴う相続が開始するかどうかも韓国法による。

相続開始の原因・時期等については相続準拠法によるが、失踪宣告が相続開始の原因となるかどうかも同様である。ただし、外国人が、法例6条により日本の裁判所で失踪宣告を受けた場合には、日本にある財産に限り、相続が開始するかどうか、およびその時期は日本法による。例えば、行方不明となった在日の生死不明が7年間以上継続しその者の財産が日本にある場合には、法例6条により日本の法律によって失踪の宣告がなされ得る。この場合に、相続が開始するかどうか、およびその時期については日本民法によるが、相続人、相続分等の問題は相続の準拠法による。

在日が日本に不動産を遺して死亡したが、その共同相続人の一人である在日が行方不明という場合がある。行方不明である相続人の法定相続分が、その者の日本にある財産であると解することができれば、この場合についても失踪宣告の申立が認められるであろう[15]。

②　だれが相続人であるか、相続人の順位、代襲相続、被相続人が遺言により相続人を指定できるか、相続人の廃除や欠格事由についても相続準拠法

による。相続の承認・限定承認・放棄や法定相続分・寄与分・遺留分・特別受益者の相続分についても同様である。

　韓国民法上の配偶者の相続権を日本民法のそれと比較すれば、その法定相続分（韓国民法1009条参照）はもちろんのこと、被相続人に兄弟姉妹等の2親等以上の傍系血族がいても配偶者が単独相続人となること（同法1003条1項）、配偶者も代襲相続権をもつこと（同法1003条2項）など、かなりの差異がある。なお、韓国民法には相続人廃除、遺留分の放棄の規定がないことにも注意を要する。

　相続に関する事項を内容とする遺言がある場合の、遺言執行者の指定・選任及び権限、遺言の執行に関する問題や、遺産分割の時期・方法・基準・効果、また相続回復請求権に関する諸問題も同様で、おおよそ相続に関するほとんどの問題は相続準拠法に従うことになる。

　在日の相続の場合にも遺産分割協議書が作成されることは珍しくない。韓国民法1013条によれば、共同相続人は、遺言による分割方法の指定等がない場合に協議により相続財産の分割をすることができるのだが[16]、同条が根拠となるからこそ、被相続人が「在日韓国人」の場合に分割協議書を作成することは意義のある行為となる。

　限定承認や放棄をする場合に韓国民法では家庭法院への申告を要する（韓民1030、1041条参照）。「在日韓国人」が、日本の家庭裁判所で限定承認や放棄ができるのかということについては、限定承認や放棄の方式の問題であるから、これは法例8条により行為地たる日本の裁判所での申述によっても認められるであろう[17]。ところで、日本民法では、子が全員相続放棄をすれば次順位の直系尊属が相続人となる（日本民法889条）。しかし、韓国民法1000条1項は、第1順位の相続人を「被相続人の直系卑属」と規定しているので、子が全員放棄すれば、次に近親の直系卑属たる孫が相続人となる。この点[18]、日本民法と異なる。孫についても相続を避けたい場合は、孫も相続放棄しなければならない。

　③　相続人の不存在確定後の問題について、法例26条によるべきかどうかについては見解が分かれている[19]。相続の問題から切り離し、財産所在地法によるべきとする見解が有力である[20]。その見解によれば、「在日韓国人」が日本に財産を遺して死亡し、相続の準拠法たる韓国民法により相続人が存

在しない場合は、韓国民法1058条ではなく財産所在地法たる日本民法959条によって、結果的に、被相続人の遺産は国庫（日本）に帰属する。

また、特別縁故者への分与についても、相続人不存在の場合における財産の帰属の問題とみることにより、財産所在地法すなわち日本民法によるべきとする見解が有力である[21]。1990年の改正まで韓国民法には特別縁故者への分与規定がなかったため、この問題を相続の問題として処理しようとすれば、例えば、内縁の妻に特別縁故者としての財産の分与を認めることはできなかったのであるが、現在では日本法によっても韓国法によっても分与が認められる（韓国民法1057条の2参照）。

5　相続の前提としての先決問題

「在日韓国人」が死亡し相続が開始した場合、その相続人はすでに述べたように韓国法により判断される。韓国民法における第1順位の相続人は、被相続人の直系卑属と配偶者であり、被相続人の子と配偶者がすべて生存していれば、子と配偶者が共同相続人となる。しかし、法律上の親子関係または婚姻関係がなければ相続人とは認められず、相続人が相続人として認められるための、被相続人との親子関係、婚姻関係の存否については、相続準拠法とは別個の準拠法によって判断する必要がある[22]。この場合、相続の問題を本問題というのに対し、親子関係や婚姻関係の存否の問題のような本問題解決のための前提問題を、国際私法上、先決問題という。先決問題をどのように解決すべきかについては見解の対立があり、主なものとして準拠法説と法廷地法説がある[23]。

例えば、「在日韓国人」夫婦の夫が死亡しその妻が相続人であるというためには、婚姻が法律上有効に成立している必要がある[24]。韓国渉外私法（15条1項但書）も日本の法例（13条2項）も、婚姻の形式的成立要件である婚姻の方式については、婚姻挙行地法によることを原則としている。したがって、「在日韓国人」夫婦が日本民法及び戸籍法の定めるところにより婚姻届を提出し受理されているならば、準拠法説と法廷地法説のいずれによっても法律上の妻となり、配偶者として相続人となる[25]。

先決問題については、最近、注目すべき最高裁判決が出ている。平成12年1月27日第一小法廷判決[26]は、相続の前提問題としての親子関係についてで

はあるが、その理由中において「……、その前提問題は、本問題の準拠法によるのでも、本問題の準拠法が所属する国の国際私法が指定する準拠法によるのでもなく、法廷地である我が国の国際私法により定まる準拠法によって解決すべきである」と述べ、法廷地法説を採用することを明らかにしている。改正法例の施行後に、韓国人と日本人間の婚姻届を誤って駐日韓国領事館が受理し、韓国の本籍地に送付したような事例は、法廷地法説によれば、法例13条2項及び3項が適用され当該婚姻は成立しない[27]。したがって、この事例において配偶者の一方が死亡しその相続が日本で問題になった場合、たとえ韓国において婚姻が有効とされ韓国の戸籍に婚姻の旨が記載されていたとしても、他の一方は相続人たる配偶者として認められないことになる。

6 遺言

　在日の相続の場合、共同相続人の一部が北朝鮮や韓国にいる場合がある。また、戸籍や外国人登録等によっても、法律上の親子関係等を証明するのが困難な例や、逆に韓国戸籍を見て初めてほかにも相続人がいることを知る場合もある。このような場合に、遺言が作成してあれば、相続財産承継の実際上の手続面で大きな威力を発揮する。

　① 遺言の方式については「遺言の方式の準拠法に関する法律」による。同法2条は、行為地法、遺言者が遺言の成立または死亡の当時国籍を有した国の法律、同様に住所あるいは常居所を有した地の法律、不動産に関する遺言については不動産の所在地法の、いずれかに適合するときはその方式を有効としている。また、同法3条は、遺言を取り消す（撤回の意味）遺言の方式についても準拠法を広く認めている。在日が遺言を作成する場合、その本国法の定める方式も認められるが、日本民法上の公正証書遺言の方式によることが後日の紛争を避けるためにも望ましいと思われる。

　② 遺贈、相続人の指定や廃除、相続分の指定、遺産分割方法の指定が遺言によってできるかどうかや、また、その場合の、遺留分、遺言執行者の指定・選任及びその権限、さらには遺言の執行に関する問題については相続の準拠法による。

　韓国民法により、遺言で認められる相続法上の事項は、相続財産の分割方法の指定ないし指定の委託（韓国民法1012条前段）、相続財産の分割禁止

（同1012条後段）、遺言執行者の指定ないし指定の委託（同1093条）、そして遺贈（同1074条以下）である[28]。遺贈には包括遺贈と特定遺贈がある。相続分の指定については明文の規定はない[29]。

　遺言で遺言執行者の指定または指定の第三者への委託がなされていない場合、日本民法では、利害関係人から家庭裁判所に対して遺言執行者の選任を請求することになるが（日本民法1010条参照）、韓国民法によれば、このような場合、相続人が当然に遺言執行者となる（韓国民法1094、1095条参照）。遺言の内容が相続人にとって不利な内容であれば、相続開始後に遺言執行者たる相続人がその任務を履行せず、遺言内容の実現が困難となることも考えられるので、遺贈をする場合には必ず遺言執行者を指定しておくことが必要である[30]。

　③　「在日韓国人」が、遺言作成後、帰化して日本国籍となった場合、帰化する前に作成した遺言を撤回できるのか。遺言に関する撤回の許容性については遺言の効力の問題とされており、法例27条1項により遺言成立当時の遺言者の本国法すなわち韓国法による。また、帰化後に前の遺言と内容的に抵触する遺言を作成した場合に、前の遺言が撤回されたものとみなされるかどうか。これは、遺言の内容に関する問題であるから、遺言の実質的内容の準拠法によるべきとされている。例えば、先になされた遺贈と後になされた遺贈とで内容が異なるときにどうなるかは、法例26条による相続の準拠法、すなわち日本法によることになる[31]。

7　相続人の確定——相続を証明する書面

　相続を証明する書面といえば、広い意味では遺産分割協議書や遺言書等も含まれるが、ここでは、被相続人と相続人との親族関係を証明する書面という意味に限定する。

　①　在日名義の不動産の相続登記を申請する場合や、遺産分割の調停を申し立てる場合、さらには、在日たる被告が死亡しておりその相続人に対して訴訟を提起する場合、だれがその法定相続人であるかを証明する必要がある。在日の相続の準拠法が韓国法または日本法のいずれであろうとも、被相続人の配偶者と子が第1順位の法定相続人となるが、それぞれ配偶者であること、また子であることを証明する書面を、前述した先決問題を意識しなが

ら集めなければならない。また、その配偶者及び子以外には法定相続人がいないことも証明しなければならない[32]。

　②　韓国には戸籍制度がある。したがって、被相続人が出生により初めて登載された戸籍から、死亡により除籍された旨の記載がある戸籍までのすべての謄本、並びに相続人と推定される者の戸籍の謄本等を収集すれば、戸籍によって法定相続人を探し出すことができることになる。ただ、この方法は韓国内に居住している韓国人には当てはまっても、在日の場合は必ずしもそうであるとは限らない。すなわち、在日の場合、日本の戸籍法の適用を受けて、日本の役場への出生届や死亡届等は当然のように提出しているが、韓国戸籍法上の申告をしていないこともあるからである。申告をしている場合でも、韓国人としての韓国戸籍法上の申告義務があるということについては理解していないのが一般的であろう。日本では婚姻届を提出しても韓国戸籍法上の婚姻の報告的申告がされていない例や、長男については出生申告がされていても二男についてはまだされていないという例が、少なからず存在する。

　しかし、1965年に日韓条約が締結され、日韓法的地位協定に基づく協定永住権が在留資格として認められてから、外国人登録法上の国籍を朝鮮から韓国へ変更する人が増え、同時に韓国戸籍法上の申告をする在日が増加したと思われる。さらに、在外国民の戸籍法上の便宜を図るため、韓国において「在外国民就籍・戸籍訂正及び戸籍整理に関する臨時特例法」[33]が1973年に公布・施行されたことに加え、最近は、海外旅行のためのパスポートの必要性からも多くの在日が韓国戸籍法上の申告をするようになり、韓国戸籍にも在日の身分関係がかなり正確に反映されるようになった。

　ところが、北朝鮮を支持する在日、多くは外国人登録上の国籍欄を「朝鮮」としている人々であるが、その人たちは韓国法に基づく戸籍の申告等はしないのが普通である。北朝鮮には、戸籍制度も、在外公民たる在日のための身分登録制度も存在しないと思われるが、その人たちが記載されている戸籍というものは全くないと考えていいであろうか。

　③　本書でいう在日は、その外国人登録上の国籍が「朝鮮」または「韓国」のどちらであろうとも、戦前に朝鮮半島から渡ってきた人々およびその子孫を意味するのであり、しかもその大部分が、現在の韓国に属する地域か

らの出身者またはその子孫である[34]。戦前においては、在日が日本の役所に婚姻届や出生届を提出した場合に、その朝鮮人に関する戸籍届書は当該事件本人の朝鮮の本籍地へ送付され、いわゆる「朝鮮戸籍」にその届書に基づく内容が記載されていたのだが、日本の敗戦によりそのシステム[35]は崩壊し、その後の在日の戸籍届書は朝鮮の本籍地へ送付されることはなく、日本の役所に保管されることになった[36]。

　在日の大部分が、現在の韓国に属する地域からの出身者またはその子孫であるということは、現在の外国人登録上の国籍が朝鮮籍であろうとも、その人たちが登載されている戸籍または登載されるべき戸籍は、戦災等により滅失していない限り、その出身地（本籍地）を管轄する韓国の役所に保存されているということを意味する。これは、朝鮮籍が、北朝鮮国籍を意味するのかどうかということとは別問題である。仮に、朝鮮籍であるから、その人の戸籍は韓国に存在しないと考えるのであれば、それは必ずしも正しい考えとはいえない[37]。

　④　韓国の戸籍以外に在日の親族関係が把握できるものといえば、外国人登録のほかにはない[38]。外国人登録の是非はともかく、その登録事項によりある程度の親族関係を把握することができる。

　外国人登録の原票記載事項証明書には、現在の世帯主を基準として「世帯主との続柄」が表示される。例えば、被相続人たる父がその死亡前に世帯主であり、子が同一世帯の家族として登録されていたならば、相続人たる子の登録原票記載事項証明書に世帯主との続柄の変更事項をも記載してもらうことにより、外国人登録上の被相続人と相続人の続柄が明らかになる。また、平成4年の外国人登録法改正時に新設された、いわゆる「家族事項[39]」を被相続人の登録原票記載事項証明書に記載してもらうことによって、家族事項が登録された時点での被相続人の同一世帯の家族構成が明らかになる。ただ、外国人登録はあくまでも本人の申請に基づくものであり、登録原票記載事項証明書も、申請に基づいて登録されている内容を証明しているにすぎないものとされる[40]。

　いずれにしても在日の相続人を判断するためには、準拠法の内容を十分に把握し、関係者から親族関係を詳しく聴取した上で、戸籍や外国人登録その他の書面を収集することが大切となる。

8 おわりに

　本章では、在日の相続の諸問題について、その解決の糸口を見出そうとしたにすぎない。在日が苦労を重ねて築いてきた財産を、その相続人が承継するということは当然のことではある。しかし、同じ在日でもその本国法が異なる場合もあり、かなり困難な問題も生じ得る。それは、とりもなおさず在日が在日であることの一つの証左である。

　なお、相続の問題を考えるにおいては、前提問題としての国籍や戸籍、夫婦や親子等についての理解が不可欠な要素であり、それらについては必ずそれぞれの章の概説や設問を参照していただきたい。

1）「……韓国の併合は条約によるものであって、平和的手段による併合ということができる。……したがって、日韓併合条約により、韓国人は、併合の当時、韓国内に居住していたと否とにかかわらず、ことごとく日本国籍を取得したのである」江川英文ほか『国籍法〔新版〕法律学全集59―Ⅱ』（有斐閣、1989年）190頁。これに対して、現在の韓国では、併合条約自体が強迫による無効の条約と考えられている。趙均錫ほか『大韓民国新国籍法解説』（日本加除出版、1999年）45頁以下参照。

2）朝鮮は1897年に国号を「大韓帝国」と改めている。したがって、1910年の韓国併合という場合の「韓国」は、朝鮮全体を意味することさえ、あまり理解されていないように思える。

3）例えば、外国人登録上の国籍が「朝鮮」であれば北朝鮮国籍だと判断し、なぜ北朝鮮国籍の人の戸籍が韓国にあるのかわからないといった疑問が典型例であろう。

4）法例26条の「被相続人ノ本国法」とは、被相続人の死亡当時の本国法であるが、「新旧いずれの法が適用されるべきかは準拠法所属国の時際法の問題である」とされる。木棚照一ほか『国際私法概論［新版］』〔木棚〕（有斐閣、1991年）225頁参照。

5）朝鮮半島は、日本の敗戦によりその統治から解放されたが、北緯38度線以南は1945年9月7日より米軍軍政が施行された。1945年11月2日米軍軍政令第21号は「すべての法律、および朝鮮総督が発布した法律的効力を有する規則、命令、告示、その他の文書で、1945年8月9日現在施行中のものは、その間すでに廃止されたものを除き、現に効力を有するものは、軍政庁の特別命令で廃止するまでは完全に効力を有し、また地方の諸法規および慣例も当

該官庁がこれを廃止するまではその効力を有する」としている。その後、現在の大韓民国が成立したが、朝鮮民事令すなわち慣習が原則として親族・相続に関する法源であることに変わりはない。權逸ほか『改正韓国親族相続法』(弘文堂、1990年) 4～6頁参照。

6) 韓国の旧慣習上の相続について「大韓民国においては、昭和31年当時には、……家族の一員である配偶者のある男子の死亡した場合、その遺産は、被相続人の妻および男女を問わずすべての直系卑属がこれを共同相続する慣習上の相続権を有していたものと認めるのが相当である」とする判例がある(最判昭和37年8月10日民集16巻8号〔1712～1713頁〕)。これに対して、同様の事例について韓国では解釈が異なる。韓国の大法院1990.2.27.タカ33619全員合議体判決は「1960年1月1日、民法が公布、施行される前においては、朝鮮民事令第11条の規定により、親族並びに相続に関しては慣習によるものとされていたところ、戸主でない家族が死亡した場合には、その財産は同一戸籍内にいる直系卑属子女等が均等に相続するというのが、当時のわが国の慣習であった」と判示し(李時潤編『判例小法典』(青林出版、2000年) 794頁)、これを受けて、「現行民法の施行前において、戸主でない家族がその配偶者と直系卑属を遺して死亡した場合、その財産は配偶者である夫や妻ではなく、同一戸籍内にある子女等に均等に相続されるというのが、当時のわが国の慣習であった」という法院行政処長の通牒が、1990.4.11.登記第716号として発せられている(『大法院例規(質疑回答)集』(法文出版社、1996年) 1147頁)。

7) 例えば、韓国人男性と日本人女性が婚姻し、その間に生まれた子は、韓国と日本の二重国籍になる。韓国人父が死亡した場合、相続の準拠法は韓国法となるが、妻や子の本国法は日本法である(法例28条1項但書参照)。

8) 木棚・前掲注4、63頁。「国際私法上準拠法として指定されるためにはその国家ないし政府が法廷地の国家により国際法上承認されていることを要するかどうかについては、肯定説と否定説がある。……本来、国際法上の承認は外交的、政治的な意味をもつにすぎず、法廷地国により承認を受けていない国家ないし政府の法律であっても、それが一定の地域で現実に施行されている以上、国際私法上これを適用することを妨げるべきではないからである。わが国の多数の判例および通説は否定説に従っている……」なお、詳しくは第1章参照。

9) 外国法の内容が不明な場合、「主なものとして、請求棄却説、内国法適用説、条理説、近似法説がある。……当該の外国法と近似している蓋然性が最も高い国の法、つまり、民族的、経済的、政治的に近似した国の法を適用す

べきであるとするのが最近の有力説である。たとえば、朝鮮民主主義人民共和国の法については、大韓民国法および中国……法がこれにあたるであろう」木棚・前掲注4、70～71頁参照。

10) 北朝鮮家族法46条は、「公民が死亡すれば、その財産は配偶者または子、父母に相続される」と規定し、続いて「配偶者、子、父母がいない場合には、孫と祖父母および兄弟姉妹に相続される」と規定している。さらに、49条は「相続人が被相続人より先に死亡した場合、死亡した相続人の子は、その者の相続順位を占める」と規定し、代襲相続を認めているようである。遺産分割が可能かについては、該当条文が見当たらず、他の相続人が放棄をしなければ法定相続するしかないのであろうか。47条2項「相続人の中で相続を拒否した場合、その者の相続分は残りの相続人に相続される」を根拠として分割可能と考えられないだろうか。いずれにしても、在日に適用するとなれば、解釈上非常に困難な問題が生じると思われる。なお、家族法は、施行されて3年後の1993年9月23日、最高人民会議常設会議においてその一部が改正されているが、基本的内容には変更がないとされている。ただ、52条において「相続の承認および放棄」という用語が使用されたことが注目される。本書資料編IVの解説参照。

11) この決定は、北朝鮮の国際私法が制定されるまでの、在外公民すなわち在日に対する配慮であったのではなかろうか。条文を読めばわかるように、北朝鮮の家族法が在日に適用されると、いろいろと問題が生じ得ることは容易に想像できるからである。

12) 北朝鮮の相続法の内容が不明という意味は、国際私法規定をも含めた相続法の内容が不明であるという意味だとすると、外国で永住権を有し、生活する朝鮮公民には家族法を適用しないということは、すなわち、在日には適用されないことが明らかなだけであり、依然として、国際私法規定をも含めた相続法の内容は、不明な状態が継続しているものと考えられないだろうか。そうだとすると、条理説や近似法説にしたがうことになるだろう。なお、付属決議第3項の解釈について、本渡諒一ほか『Q＆A100韓国家族法の実務』〔本渡〕（日本加除出版、1992年）334頁は、「……在外朝鮮公民については家族法の分野における法律として北朝鮮家族法を適用しないで、永住権を取得し生活している当該他国の法律を適用するということであろうと理解されます。……」としている。

13) 北朝鮮対外民事関係法は、最高人民会議常任委員会政令第251号により、1998年12月10日改正がなされている。本文中の45条1項の規定は改正後のものであり、当初の規定と比較すると、但書中に、「最後に」という文言が挿

入されている。本書資料編Ⅳの解説参照。
14) 北朝鮮対外民事関係法45条1項による日本法への反致という考えに対して、日本に不動産を有する「朝鮮民主主義人民共和国（北朝鮮籍）者」の相続について、北朝鮮対外民事関係法第45条1項及び同法第14条（「本法に従い外国法を準拠法として適用する場合に、その外国の法が朝鮮民主主義人民共和国法に反致しているときは、共和国法に従う」）を根拠として、二重反致の考えにより、「最終的には、同国の実質法たる家族法本則への再度送致というかたちで、本国法準拠のもと処理すべきであると考える」とする見解もある。東広島法務研究会『実務相続登記法』（日本加除出版、1996年）179～180頁参照。
15) 失踪宣告は韓国戸籍法上も申告事項であるが（韓国戸籍法95条）、日本の裁判所の失踪宣告によっては韓国戸籍にその旨は記載されない。韓国戸籍例規504項（前掲注6、大法院例規（質疑回答）集、1684頁）は「在日同胞に対する日本国の失踪宣告は、その効力が、日本にある不在者の財産と日本の法律によるべき不在者に関する法律関係に及ぶのであり、戸籍法により申告すべき事項ではない」としている。
16) 韓国民法においても、相続人間において分割協議が成立しない場合は法院に分割を請求できるが（韓国民法1013条2項、269条参照）、日本の家庭裁判所を利用できるかについては「被相続人の死亡当時の住所地国または遺産所在地国の裁判所に一般的管轄権があると解するのが妥当である」とされている。山田鐐一『国際私法』（有斐閣、1992年）481～482頁。
17) 「相続人が限定承認または放棄をしようとするときは、裁判所へその旨の申述・届出をしなければならないとする法制が多い。かような申述・届出は、限定承認または放棄の方式の問題であるから、被相続人の本国法または行為地法によるべきである」山田・前掲注16、482頁。また、相続放棄の申述、限定承認の申述及びこれらの取消の申述事件の国際裁判管轄権について「相続の要素は、被相続人、遺産及び相続人の三つであるが、これらの要素がすべて日本にある場合はもちろん、遺産が日本に所在する場合には、その他の要素が外国にあっても日本に一定の関係を有すれば、我が国に国際裁判管轄権が認められるものと考えられている」最高裁判所事務総局編『渉外家事事件執務提要(下)』（法曹会、1992年）63頁参照。いずれにしても、在日が被相続人の場合、その最後の住所や遺産のほとんどが日本にあり、その相続人も日本にいる場合が多く、現実問題としては日本の家庭裁判所に申し立てざるを得ないであろう。
18) 「……子が全員相続開始前に相続権を失うかまたは相続開始後に相続権を

放棄すれば、孫が直系卑属として相続人となる。したがって、例えば直系卑属である子の中の一人が相続開始前に死亡し、彼に子があるときには代襲相続をすることになるが、被相続人の子が全員死亡するかまたは欠格者となった場合には、孫は子の配偶者がいれば代襲相続をすることになるが、子の配偶者がなければ代襲相続をするのではなく本位相続をすることになる」（金疇洙『親族・相続法―家族法―〔第5全訂版〕』法文社、2000年、493～494頁）。韓国大法院判決1995.4.7.94タ52751は「第1順位の相続権者である妻と子がすべて相続権を放棄した場合には、孫が直系卑属として相続人となる」と判示し、また、同1995.9.26.95タ27769は「債務者である被相続人がその妻と同時に死亡し、第1順位の相続人である子全員が相続を放棄した場合、相続を放棄した子は相続開始時から相続人でなかったものと同様の地位に置かれるので、同順位の他の相続人がなくその次の近親直系卑属である被相続人の孫が、次順位の本位相続人として被相続人の債務を相続することになる」と判示している。李時潤編・前掲注6、794頁。

19) なお、相続人が不明であり、その不存在が確定するまでの、相続財産の管理清算、相続人の捜索の方法、公告の期間等については、相続準拠法によるというのが多数説である。木棚・前掲注4、230頁は「相続人の存否の確定は、潜在的相続人の失権等の効果を含むものであり、相続の問題として相続準拠法によるべきであって、財産所在地法によるべきでないことはいうまでもない」としている。

20) 木棚・前掲注4、229～230頁、山田・前掲注16、485頁参照。

21) 木棚・前掲注4、230～231頁、山田・前掲注16、487頁参照。

22) 木棚・前掲注4、228頁、山田・前掲注16、481頁参照。

23) 「在日韓国人」が死亡しその配偶者の相続権が日本で問題となった場合に、その婚姻が有効に成立しているかについて、本問題の準拠法所属国の国際私法である、韓国渉外私法によって先決問題の準拠法を決定すべきであるとするのが準拠法説、先決問題を本問題と別個独立の単位法律関係とみて、法廷地国際私法たる、日本の法例によって準拠法を決定すべきであるとするのが法廷地法説である。また、「原則として法廷地法説をとりながら、具体的に利益衡量をして準拠法説による方がより望ましい結果が得られる場合にのみ例外的に準拠法所属国の国際私法に従うべきことを主張する」折衷説も有力説である。木棚・前掲注4、73頁参照。

24) 「婚姻が法律上有効に成立している必要がある」というのは、相続の準拠法たる韓国法上の相続人たる配偶者が、法律上の配偶者を意味するからである。「ここで夫と妻というのは婚姻申告をした法律上の配偶者をいう」金疇

洙・前掲注18、497頁。
25) ただし、韓国人男女が日本の方式による婚姻の届出をしても、それだけでは韓国戸籍に婚姻の旨が記載されることはなく、婚姻が成立した旨の韓国戸籍法上の申告をして初めて記載されることになる。
26) 所有権移転登記手続等請求事件、最判平成12年１月27日判時1702号73～83頁参照。
27) 第３章「３　④在日と日本人の婚姻の場合」参照。
28) なお、遺言で認知や養子縁組等ができるかどうかは、相続の準拠法によるのではなく、それぞれの行為の準拠法によるべきとするのが通説である。木棚・前掲注４、233頁参照。ちなみに、韓国法上、遺言による認知は認められているが（韓国民法859条２項）、遺言による養子縁組は、1990年の韓国民法改正時に削除されている（1990年改正前韓国民法880条参照）。
29) 金疇洙・前掲注18、534頁。金疇洙教授は指定相続分について「被相続人は遺言によって共同相続人の相続分を指定することができる」とし、反対の見解があることを認めつつも「しかし、民法においては遺贈の自由が認められているので、相続人に対して、法定相続と異なる比率による相続分を指定する遺言をすることができると見るのが正しい」としている。金容旭ほか『新しい韓国・親族相続法』〔金〕（日本加除出版、1992年）239頁も「相続分は第一に被相続人の指定によって定まり、指定なきときは民法の規定によって定まる。……民法は指定相続分に関して直接規定はしていないけれども、遺言自由の原則により遺言で直接共同相続人の相続分を指定することができると解する」としている。
30) 金容旭・前掲注29、303頁によれば、相続人が法定遺言執行者となる場合に「相続人は、その遺言の執行と利害が相反する場合が多いから、家庭法院がその者を選任するのがよいと解する」としているが、韓国の通説かどうかは定かではない。
31) 木棚・前掲注４、237～238頁、山田・前掲注16、494頁参照。
32) ほかに法定相続人はいないことの証明は、実は最も難しい。日本も韓国も、出生や死亡については戸籍法上の届出義務を課し、婚姻や養子縁組は戸籍法上の届出がなければ効力が生じないのを原則としている。したがって、戸籍を見れば、親族関係はすべて判明する建前にはなっている。しかし、日本人の場合でも外国へ移民した場合や中国残留孤児のように、日本の戸籍上全く変化のない例も多数あり、外国という要素を含む相続については、法定相続人を確定するためのパターン化されたものはないと考えた方が無難である。

33)「在外国民就籍・戸籍訂正及び戸籍整理に関する臨時特例法（1973.6.21法律第2622号）」により、例えば出生・死亡・婚姻（報告的）等の戸籍上の整理や、生年月日や名前の訂正、本籍不明による就籍等を、在外国民が迅速かつ簡便にできるようになった。同法は大韓民国国民として在外国民登録法（1949.11.24法律70号）の規定により登録された者だけに適用される（特例法2条1項）。また、同法は西暦2000年12月31日まで効力を有する時限立法であったが（附則2項）、2000年12月29日法律第6309号「在外国民就籍・戸籍訂正及び戸籍整理に関する特例法中改正法律」により、附則2項は削除され、その題名も「在外国民就籍・戸籍訂正及び戸籍整理に関する特例法」と改められた。

34)「在日朝鮮人の……出身地は、『満州』やシベリアへの移民とは対照的に、地理的な条件からして、おのずから南部朝鮮に集中していた」（姜在彦・金東勲『在日韓国・朝鮮人―歴史と展望』（労働経済社、1989年）50頁）。「……1938年末に、慶尚南・北道、全羅南道（済州島を含む）の三道出身者だけでも81.2％であったのが、1974年にも慶尚南道が38.6％、慶尚北道が24.8％、済州道（全羅南道から分離して道に昇格）15.9％、全羅南道が9.6％、この四道出身者だけで88.9％を占めている」同書117頁。

35) 共通法、朝鮮民事令、朝鮮戸籍令等に基づく法体制のシステムについては第2章を参照のこと。

36)「内地人女と朝鮮人男との婚姻事項は、記載例……による。なお、夫の本籍に送付する届書は市町村で保管しておく」昭23・10・11民甲3097号民事局長回答。しかし、出生届書が1949年に朝鮮の本籍地へ送付されたことによる出生事項の記載を、韓国の戸籍謄本上で見ることもある。なお、小原薫『新訂一目でわかる渉外戸籍の実務』（日本加除出版、1992年）9頁には「……朝鮮・台湾への戸籍届書類の発送は、『朝鮮・台湾に送付すべき戸籍届書類は、当分の間その発送を保留せざるを得ない。』とされた、昭和20年10月15日までということになろうかと思います。しかし、当時のいわゆる戦後の混乱期ということを考えると、必ずしも全国各市区町村でこの取扱いが統一され得たかどうか疑問であり、各市区町村によって異なっているものと思います」と記述されている。

37) 例えば、すべて朝鮮籍である、1950年生まれの在日甲およびその家族がいるとする。この場合、韓国の当該役所には、甲の両親の婚姻事項並びにいわゆる戦前生まれの兄や姉の出生事項も記載されている戸籍が保存されているのが通常である。甲が「登載されるべき戸籍」とはその戸籍を意味する。このような場合、在外国民登録法による韓国国民としての登録をして、「在外

国民就籍・戸籍訂正及び戸籍整理に関する特例法」に基づく戸籍整理をすることができる。例えば甲の姉が、韓国籍の男性乙と婚姻するとともに在外国民登録を完了し、婚姻の戸籍整理の申請により親家からの除籍及び夫乙の戸籍への入籍を済ませたならば、甲の姉については、韓国の戸籍に現在の状態が反映されることになる。

38)「外国人登録令」が公布・施行（1947年5月2日）されたことに伴い、1947年6月1日付をもって内務省調査局長から各都道府県知事あてに示された外国人登録事務取扱要領によれば、登録の対象となる「朝鮮人」は、朝鮮戸籍令の適用を受けるべき者であり、また、内地人と朝鮮人との婚姻関係、養親子関係等は法律上の届出の有無を基準とするように指示されていた。外国人登録事務協議会全国連合会法令研究会編『新版外国人登録事務必携』（日本加除出版、1988年）154頁参照。なお、詳しくは、第2章参照。

39)「指紋押捺に代わる同一人確認手段として採用した複合的手段の一つである家族事項の登録にいう家族事項とは、外登法第4条第1項第18号及び第19号に定める事項であり、①世帯主の場合は、世帯を構成する者（世帯主を除く。）の氏名、生年月日、国籍及び世帯主との続柄②本邦にある父母及び配偶者（世帯主の場合は、世帯を構成する父母及び配偶者を除く。）の氏名、生年月日及び国籍である」（法務省入国管理局外国人登録法令研究会編『Ｑ＆Ａ新しい外国人登録法』（日本加除出版、1993年）62頁）。また、「父母及び配偶者とは、いずれも法律上親子関係又は婚姻が成立している者をいい、……。ただし、これら親子関係又は婚姻の成立の有無は、法例に基づき準拠法とされる国の法律により判断されるものであり……」とある。同書67頁。

40)「本来、代理権の存在や相続などの法律関係においては、本国における身分関係の証明書類が公証書類として用いられるべきである。外国人登録は、原則として本人の申請に基づいて行われ、これは家族事項の登録についても同じである。家族事項として登録された父母や配偶者の氏名等の内容も、基本的には、本人の申請したものを登録したものに過ぎず、登録済証明書も、申請に基づき登録されている内容を証明しているものに過ぎない。したがって、家族事項の登録が身分関係そのものを公証するものではないことに留意する必要がある」法務省入国管理局外国人登録法令研究会編・前掲注39、72頁。

(李　光雄)

在日の相続の準拠法

Q5-1 在日について相続が開始した場合、日本の法律を適用して解決するのでしょうか。もし、違うとすれば、どこの国の法律を適用するのですか。死亡した在日の外国人登録法上の国籍が「朝鮮」の場合と、「韓国」の場合とでは適用される法律が異なるのでしょうか。

A

　死亡した在日の相続が、日本で問題となり日本で解決がはかられる場合は、法例26条「相続ハ被相続人ノ本国法ニ依ル」の規定に従います。つまり、被相続人が死亡したときの本国法を準拠法とし、それを適用して解決をはかることになります。したがって、被相続人が「韓国法を本国法とする在日」であれば韓国民法を、「北朝鮮法を本国法とする在日」であれば北朝鮮家族法を適用して、在日の相続問題を規律することになります。

　相続の問題として規律されるのは、次のような問題です。誰がどういう順位で相続人となるのか、その相続分はいくらか、被相続人より前に相続人が死亡していた場合にその子または配偶者が代襲相続人となるか、相続人による遺産分割協議はできるか、遺言による相続はできるか、相続の放棄や限定承認などは認められるか、またその仕組みや内容はどういうものか、寄与分や遺留分の主張はできるか等々です。

　注意すべき点は、次のような問題は相続問題ではないので、相続とは異なる準拠法により問題の解決がはかられることです。

　まず一つは、被相続人に相続人がいない場合に、その遺産は国庫に帰属するのかまたは特別縁故関係にある者が何らかの手続により取得できるのかという問題です。それから、遺産分割協議などの場面で相続人である親と未成年の子との間や後見人と被後見人との間で利益が相反するときは、親権者・後見人の代理権の行使が制限されて特別代理人の選任を要するかという問題です。

さらに注意点として、たとえば配偶者の相続権の問題（本問題）の前に、婚姻の有効性の問題（先決問題）を先に解決すべき場合があります。このような先決問題の解決は本問題の準拠法によるのか、それとも法廷地である日本の法例により定まる先決問題の準拠法によって解決すべきであるのかについて、判例・学説には争いがありました。傍論ではありますが、後者であるとする最高裁の判決が最近ありましたので一つの参考になると思われます（最判平成12年1月27日民集54巻1号1頁）。
　ところで、韓国にも北朝鮮にも、日本の法例に相当する法律（＝国際私法）があります。韓国のそれである「渉外私法」は、26条で渉外（国際）相続問題について日本の法例と同様に被相続人の本国法を準拠法と定めています。しかし、北朝鮮対外民事関係法45条の規定の仕方は、次のとおり日本・韓国とはまったく異なっています。
　「不動産相続には相続財産の所在する国の法を適用し、動産相続には被相続人の本国法を適用する。但し、外国に住所を有する共和国公民の動産相続には被相続人が最後に住所を有していた国の法を適用する（以下、略）」
　したがって、「北朝鮮法を本国法とする在日」が死亡した場合、不動産相続には「財産の所在する国の法」、動産相続には、「被相続人が最後に住所を有していた国の法」が適用され、それらは通常はいずれも日本民法になると思われます。すなわち、法例32条が規定する、「当事者ノ本国法ニ依ルヘキ場合ニ於テ其ノ国ノ法律ニ従ヒ日本ノ法律ニ依ルヘキトキハ日本ノ法律ニ依ル（但書は略）」に該当し、「反致」が成立するのです。反致とは、外国の国際私法の規定（この場合は、北朝鮮対外民事関係法）をも考慮して準拠法を決定するという原則です。
　よって、在日の相続について、「韓国法を本国法とする在日」には韓国民法、「北朝鮮法を本国法とする在日」には、不動産・最後の住所が日本にあれば日本民法が適用されます。
　（関連項目）在日の本国法の認定基準はＱ1－4参照。　　（小西　伸男）

韓国相続法の変遷

Q5-12 私は、在日韓国人ですが、韓国の相続に関する法律もたびたび改正されたと聞きます。その経過と主要な改正点を教えていただけませんか。

A

　現行の韓国民法（1958年2月22日法律第471号）には、その第5編に相続に関する規定がおかれ、1960年1月1日から施行されています。その後の主な改正として、1977年の改正（1979年1月1日施行）、1990年の大改正（1991年1月1日施行）があり、現在に至っています。

　1977年の主な改正点としては、①財産相続における法定相続分の調整をしたこと、②特別受益者の相続分の調整をしたこと、③財産相続における遺留分の制度を新設したことを挙げることができます。

　財産相続における法定相続分については、財産相続人が同時に戸主相続する場合の相続分の五割加算は維持したものの、同一家籍内男女の相続分は均分とするとともに、妻の相続分を増加させました（韓国民法1009条）。また、財産相続における遺留分の規定を新設し、遺留分権利者としては、直系卑属と配偶者および直系尊属のみならず兄弟姉妹をも含め、直系卑属と配偶者には相続分の2分の1を、また、直系尊属と兄弟姉妹には相続分の3分の1の遺留分を認めました（同法1112条）。

　そして、現在施行されている1990年の改正法は、男女間の平等、法の下の平等という精神を基調として、大幅な改正がなされたといわれています。

　その主要な改正点としては、①戸主相続制度を廃止し、財産相続のみとしたこと、②相続人の範囲を縮小したこと、③配偶者の相続法上の地位を平等にしたこと、④法定相続分を平等としたこと、⑤寄与分制度と特別縁故者制度を新設したこと等を挙げることができます。

　相続人の範囲の縮小とは、第4順位の相続人を、被相続人の8親等以内の

傍系血族から4親等以内の傍系血族（同法1000条1項4号）にしたことを意味します。配偶者の相続法上の地位を男女平等にしたことについては、一例として、「配偶者の相続の順位」の規定（同法1003条）を挙げることができます。改正前は被相続人が夫の場合と妻の場合とでは、相続人に差異がありました。現在はどちらが被相続人であっても、その配偶者は直系卑属または直系尊属と共同相続人となり、直系卑属や直系尊属がいないときには、被相続人の配偶者は単独相続人となります。

そして、「法定相続分」の規定では、男女の法定相続分を完全に均分とし、また、戸主相続制度の廃止により戸主相続人の相続分の五割加算の規定を削除したことなどを挙げることができます（同法1009条1項）。さらに、相続人の中に被相続人の財産の維持または増加につき特別に寄与した者や被相続人を特別に扶養した者がある場合に、その者の寄与分を原則として相続人の協議により定めるという、寄与分制度を新設しました（同法1008条の2）。

また、相続人が不存在のときに被相続人と生計を同じくしていた者、被相続人の療養看護に努めた者やその他被相続人と特別の縁故があった者に、相続財産の全部または一部を分与するという特別縁故者制度も新設されました（同法1057条の2）。

（関連項目）韓国家族法の変遷はＱ1－5、何時の相続法かはＱ5－5参照。

（徳山　善保）

朝鮮人に適用される相続法

Q5-3 私は、在日朝鮮人ですが、北朝鮮では相続に関してどのような法律がありますか。その法律は在日朝鮮人の相続にも適用されるのでしょうか。もし、適用されないとすれば朝鮮人の相続はどのように考えればいいのでしょうか。

A

北朝鮮では、1990年に「家族法」が制定され（最高人民会議常設会議決定

第5号)、相続については、その第5章「相続」の第46条から第53条までの僅か8か条において規定されるところとなりました。あなたが、「北朝鮮法を本国法とする在日」であると想定して、もしあなたが死亡したときに開始する相続問題に、北朝鮮「家族法」が準拠法として適用されるか否かについては後半に述べることにして、まず相続規定の内容をみてみましょう。

第1順位の相続人は、配偶者または子、父母、第2順位の相続人は、孫と祖父母および兄弟姉妹、そして、これらの相続人がいない場合には、近い親戚の順に相続され（46条）、同じ順位の相続人が複数いる場合、それらの相続分は同じである、と規定されています（47条）。死亡者を生前に酷く虐待したり、意識的にその者の世話を怠った者、相続条件を故意に作成した者は、相続欠格者とされ、相続権が与えられません（48条）。また、相続人が被相続人より先に死亡した場合、死亡した相続人の子は、代襲相続人となります（49条）。法定相続分とは異なる遺言による相続もできますが、遺言が遺言人の扶養を受けた公民の利益を侵害した場合は、無効とされます（50条）。相続人は、相続した財産の範囲内で、死亡者が負った債務について責任を負えばよく（51条）、相続は、相続の承認、放棄が6か月以内に行われなければならず、6か月以内に相続人が現れなかった場合または相続権をすべて放棄する場合、その財産は国庫に納めることになります（52条）。相続に関連した紛争は裁判所が解決する、とされます（53条）。

北朝鮮では、土地・建物は原則として国家所有であり、「相続は、個人財産に対する法的保護の継続である。国家は、個人財産に対する相続権を保障する」（5条）とされています。相続の対象となる「個人財産」は、消費対象の物品に限られることから、相続規定が上記のように簡潔である一因と考えられます。そして、家族法は、家族法付属決議第3項において、「外国で永住権を有している朝鮮公民には適用しない」と決定されました。これは、1条にその目的として謳われた「社会主義的婚姻、家族制度を強化発展させ、全社会を睦まじい団結した社会主義大家庭となるようにすることに寄与する」家族法の規定を、在外公民にそのまま適用することは妥当ではないと配慮されたのかもしれません。したがって、額面どおりに家族法領域の法律問題すべてについて「北朝鮮法を本国法とする在日」に一律に一切適用しないとの解釈は学問的に疑問のあるところです（木棚照一「在日韓国・朝鮮人の

相続をめぐる国際私法上の諸問題」(立命館法学223・224号、1992年) 649頁以下)。

この後1995年に、北朝鮮では初めての国際私法典として北朝鮮対外民事関係法が制定されるに至りました。よって、今後は前記付属決議第3項によらず、婚姻・離婚・親子・養子縁組・相続等の法律関係ごとに北朝鮮対外民事関係法の規定を参酌すべきことになりました。

相続に関する北朝鮮対外民事関係法45条1項は、「不動産相続は相続財産の所在する国の法、動産相続は被相続人の本国法を適用する。但し、外国に住所を有する共和国公民の動産相続は、被相続人が最後に住所を有していた国の法を適用する」と規定します。日本の法例32条は、「当事者ノ本国法ニ依ルヘキ場合ニ於テ其ノ国ノ法律ニ従ヒ日本ノ法律ニ依ルヘキトキハ日本ノ法律ニ依ル (但書以下略)」とするので、「反致」が成立します。

すなわち、「北朝鮮法を本国法とする在日」の相続問題は、日本に所在する不動産だけでなく、被相続人の最後の住所が日本にある場合には動産についても、北朝鮮家族法ではなく日本民法が準拠法として適用される、ということになります。

(関連項目) 在日の相続の準拠法はQ5−1参照。　　　　　(小西　伸男)

韓国人の相続——相続人の国籍・相続分

Q5-4 私は、日本人ですが、私の夫は韓国人です。万一、夫が死亡すれば私の相続分などはどうなるのでしょうか。夫婦間に子がある場合といない場合とではどんな違いがあるのでしょうか。

A

ある人が死亡した場合に、誰が相続人となり、その相続分がどのくらいになるかは、被相続人、つまりその死亡した人の本国法によることになります (法例26条)。あなたの夫が「韓国法を本国法とする在日」であるならば、あ

なたの夫が死亡した場合はあなたが日本人であっても、日本民法ではなく夫の本国法である韓国民法に従うことになります。

韓国民法は相続の順位として、被相続人の直系卑属（子や孫）を第1順位、直系尊属（父母や祖父母）を第2順位、兄弟姉妹を第3順位、4親等以内の傍系血族を第4順位と定めています（韓国民法1000条1項）。また、被相続人の配偶者（妻または夫）は、第1順位の直系卑属が相続人となるときおよび第2順位の直系尊属が相続人となるときは、その相続人と同順位で共同相続人となり、第1順位と第2順位の相続人がいないときは、配偶者のみが単独相続人になるとしています（韓国民法1003条1項）。なお、1990年改正前の韓国民法では、被相続人が夫であるときの配偶者たる妻の相続順位は、現行法と同じ内容ですが、逆に被相続人が妻であるときは、その内容が異なっていました。その場合に、配偶者たる夫は、妻の直系卑属と共同相続人となり、直系卑属がいないときは、直系尊属がいても単独相続人になるとされていました（改正前韓国民法1002条参照）。

以下、現行法に基づいて、ご説明します。

あなたの夫に直系卑属も直系尊属もいない場合は、夫に兄弟姉妹がいても、妻であるあなたが夫の兄弟姉妹に優先して単独で相続人となります。この点、被相続人の兄弟姉妹と配偶者が共同相続人になるとする日本民法と大きく異なります。韓国民法が準拠法となる限り、法律上の配偶者がいる者に相続が開始した場合に、兄弟姉妹が共同相続人となることはありません。

あなた方夫婦に子がいる場合は、被相続人の子は第1順位の相続人ですので、あなたは子と同順位で相続人となります。あなたの相続分は、子の相続分の5割増しとなり、子が一人の場合は、子：あなた＝1：1.5の割合で、子が二人の場合は、子：子：あなた＝1：1：1.5の割合で相続します（韓国民法1009条2項）。

そして、あなたの夫に子や孫らの直系卑属がいない場合は、あなたは第2順位である夫の直系尊属と共同して相続人となります。このときのあなたの法定相続分は、直系尊属の相続分の5割を加算した割合となります（韓国民法1009条2項）。たとえば、夫に父母がいる場合は、夫の父：夫の母：あなた＝1：1：1.5の割合で共同相続します。

なお、子が、夫より先に死亡している場合は、Q5－6を参照してください。

（関連項目）在日の相続の準拠法はＱ５－１、何時の相続法かはＱ５－５、妻の相続分はＱ５－８、配偶者の代襲はＱ５－９参照。　　　　　　　（金　秀司）

韓国人の相続──何時(いつ)の相続法か

Q5-5　私は在日韓国人ですが、私の祖父は1954年頃に亡くなりました。祖父名義のままの不動産があります。このような場合、韓国の法律で相続人などを考えると聞きましたが、それは現在の韓国の法律ですか。それとも、死亡当時の韓国の法律なのか、どちらでしょう。

A

　あなたの祖父が「韓国法を本国法とする在日」である場合には、その相続については法例26条により韓国の相続法が適用されることになります。

　ところが、国際私法たる法例は、どこの国の法律によるかを規定しているのみで、いつの時点の法律が適用されるかは、相続に適用される国の法律の時際法規定によります。ところで、韓国民法（1958年2月22日法律第471号）は、1960年1月1日から施行されています。あなたの祖父は1954年頃に亡くなったということですから、韓国民法施行以前に相続が開始していたことになります。

　このように韓国民法の施行以前に開始した相続については、どの法律が適用されるのかが問題となります。このような場合には、韓国民法が定める時際法によって解決されることになります。

　韓国民法は、その附則25条に相続に関する経過規定をおいています。同条1項は「本法施行日前に開始された相続に関しては、本法施行日後にも、旧法の規定を適用する」として、1960年1月1日より前に開始した相続については旧法を適用するとしています。

　旧法とは朝鮮民事令（明治45年3月18日制令第7号）をいいます。朝鮮民事令は日本の朝鮮統治時代に制定され、その11条は「朝鮮人ノ親族及相続ニ

関シテハ別段ノ規定アルモノヲ除クノ外……慣習ニ依ル」と規定し、朝鮮人の相続に関しては「朝鮮の慣習」を適用するものとしています。

　そうすると、あなたの祖父は1954年頃に亡くなられたということですから、韓国民法施行以前に開始した相続ということになり、あなたの祖父の相続については旧法の規定、すなわち朝鮮民事令下の朝鮮の慣習が適用されることになります。

　ところで、朝鮮の慣習法については、朝鮮総督府などの当時の統治者が慣習調査を実施し、その調査結果をもとに、同じく総督府が法的規範性をもつ「慣習」を認定するといった作業がなされていました。つまり、法的基準たる「慣習」を見つけ出す作業に、行政当局が大きく関与していたわけです。こうしたことから、恣意的な、行政当局にとって都合のいい「慣習」の調査ないし認定がなされたりしたようです（青木清「韓国民法の特色を踏まえて」定住外国人と家族法研究会編『在日韓国・朝鮮人の相続──定住外国人と家族法Ⅱ』（自主出版、1989年）88頁）。

　いずれにしても、あなたの祖父の相続については、朝鮮民事令当時の朝鮮の慣習が適用されることになります。ただし、あなたの祖父が戸主であるか家族にすぎないかによって、相続人や相続分等が異なりますので、具体的事例ごとに判断する必要が生じます。

　（関連項目）在日の相続の準拠法はＱ５－１、韓国相続法の変遷はＱ５－２参照。

（徳山　善保）

韓国人の相続 ―― 第1順位の相続人の意味

Q5-16 韓国民法では、第1順位の相続人は「被相続人の直系卑属」となっていますが、日本民法では「被相続人の子」となっています。どのような違いがあるのか教えてください。

A

ある人からみて、その人の子、孫、ひ孫……を、直系卑属といいます。被相続人(死亡した人)が「韓国法を本国法とする在日」である場合、その相続人がだれであるかやその相続分等については、韓国の法律によって判断することになります(法例26条)。例として、韓国人である父が死亡し、二人の子A、Bと、孫a(Aの子)、孫bおよびc(Bの子)がいる場合を考えてみましょう。

① 子と孫は、同順位の相続人なのか

子も孫も直系卑属ですが、子は被相続人からみて1親等で孫は2親等です。子A、Bがすべて生存している場合には、近親者である子A、Bが優先して相続人となり(韓国民法1000条2項)、孫a、b、cは相続人とはなりません。子も孫も直系卑属だからといって共同して相続人となるのではなく、この場合は結果的には日本民法と同じになります。

② 子の全員が、被相続人である父より先に死亡している場合等

子A、Bが、二人とも父より先に死亡している場合や、相続欠格者(本来、相続人となる者が法定の該当事由により相続資格を失うこと。韓国民法1004条参照)となった場合はどうでしょうか。日本民法の場合は、孫a、bおよびcは代襲相続人(代襲相続とは、aが死亡したAに代わって相続することをいいます)となり、その相続分はa:(b+c)=1:1となります(日本民法901条1項)。

しかし、この場合に、韓国民法では孫a、b、cが代襲相続するのではな

第5章 在日の相続の法律について 241

く、孫は固有の権利に基づき本位相続をします。したがって、直系卑属たる孫として第1順位の相続人となり、相続分も同順位の相続人として平等であり、a：b：c＝1：1：1となります（韓国民法1009条1項）。

なお、子A、Bが二人とも父より先に死亡している場合でも、子A、Bの配偶者がいる場合には注意が必要です。子A、Bのどちらにでも配偶者がいる場合には、孫a、b、cは本位相続をしないのです。子の配偶者は代襲相続人となりますから（韓国民法1003条2項）、この場合は、子A、Bの配偶者と孫a、b、cが、全員代襲相続人となることに注意してください。子の配偶者が代襲相続人になるというのは、日本民法と大きく異なる点です。法定相続分は、（Aの配偶者＋a）：（Bの配偶者＋b＋c）＝1：1となります。

③　子の一部が、先に死亡している場合

子Bだけが、父より先に死亡している場合（相続欠格の場合も同じです）はどうなるでしょうか。この場合は、孫b、cの二人が子Bを代襲して、子Aと共同相続することになります（韓民1001条）。代襲相続ですから、相続分も、A：（b＋c）＝1：1となります。ここまでは日本民法と同じですが、子Bに配偶者がある場合には、その配偶者も孫b、cとともに代襲相続人になるということを忘れないで下さい。

④　子が相続放棄をした場合

次に、子Aが相続放棄をしたとしましょう。相続放棄は、韓国民法上も代襲原因ではないので、子Aの配偶者や孫aは代襲相続人とはならず、子Bだけが相続人となります。ここまでは、日本民法によっても同じです。

しかし、子A、Bが二人とも、すなわち子が全員相続放棄した場合には、日本民法と大きく異なります。日本民法上の第1順位の相続人は、直系卑属ではなく「子」ですから、子が全員相続放棄した場合は、孫は代襲相続人にもならず、次順位の直系尊属（父母や祖父母等）が相続人となります。ところが、韓国民法では、子A、Bが二人とも相続放棄した場合には、孫a、b、cが直系卑属として本位相続すると解釈されていますから、ひ孫がいなければ、孫も全員相続放棄をして初めて、次順位の直系尊属が相続人となります。

⑤　その他

直系卑属である子、孫というのは、普通は、自然血縁関係にある場合を想像しますが、被相続人の直系卑属の中には、当然、法定親子関係である養子も含まれることについては、韓国・日本両国でも違いはありません。

　ところで、養親と、「養子縁組前に出生した養子の子」との間に、法定血族関係が生じるでしょうか。日本民法上は、養子縁組前に出生した養子の子は、養親との法定血族関係がありません（もちろん、養子縁組が成立した後に養子の子が生まれた場合には、法定血族関係が発生します）。したがって、被相続人に実子と養子があり、養子が被相続人よりも先に死亡している場合、養子縁組前の養子の子は被相続人の直系卑属ではないので、代襲相続人とはならないのです（日本民法887条2項但書）。

　しかし、韓国民法の場合、「養子の直系卑属は、養子縁組成立前に出生しようと成立後に出生しようとを問わず、養親とその血族に対して法定血族関係が発生するとみなければならない」（金疇洙『親族・相続法〔第5全訂版〕』ソウル法文社、2000年、407頁）、「養親の養子の直系卑属に対する関係は、その出生……が縁組の前後に生じても差しつかえない……」（金容旭・崔學圭『新しい韓国・親族相続法』日本加除出版、1992年、15頁）とされています。その解釈を前提とすれば、養子縁組前に出生した養子の子は代襲相続人になると考えられます。

　（関連項目）相続の準拠法はＱ5－1、相続分はＱ5－4、Ｑ5－8、配偶者の代襲相続はＱ5－9、相続放棄はＱ5－13参照。

(李　光雄)

韓国人の相続 —— 兄弟姉妹の場合

Q5-7 私は在日韓国人女性ですが、1999年に私の兄が亡くなりました。在日韓国人である兄には子供はなく、両親も他界しています。私と兄の両親は同じですが、ほかに、母の前夫との子である姉がいます。この場合、兄の財産はだれが相続するのでしょうか。兄に妻がいる場合といない場合とで違いがあるでしょうか。

A

お兄さん（以下「兄」という）が、「韓国法を本国法とする在日」という前提でお答えします。だれが相続人であるか等は韓国民法によりますが（法例26条、韓国渉外私法26条）、韓国民法では、被相続人の兄弟姉妹は第3順位の相続人とされています（韓国民法1000条1項3号）。

兄の死亡時には、第1順位の直系卑属も第2順位の直系尊属もいない、すなわち、兄には、子、孫等もなく、両親や祖父母等も、兄よりも先に死亡されているものと仮定して考えてみましょう。

兄に妻がいるかどうかにより相続人が異なる結果となります。被相続人の「配偶者」は、第1順位の直系卑属たる相続人と同順位で共同相続人となり、直系卑属がいない場合は、第2順位の直系尊属とも同順位で共同相続人となります。しかし、直系卑属も直系尊属もいないときには、単独で相続人となります（韓国民法1003条1項）。したがって、兄に妻がいれば妻だけが相続人となり、妻は兄弟姉妹とは共同相続人にならないのです。日本民法では、兄弟姉妹と配偶者は共同相続人となりますから（日本民法890条）、この点は大きく異なります。

兄に妻がいない場合、すなわち生涯独身であったり、妻と死別したり離婚している場合はどうでしょうか。兄には、直系卑属、直系尊属がいないのですから、この場合は第3順位の兄弟姉妹が相続人となります。

ご質問によりますと、あなたと兄の父母は同じですが、ほかに、父は異な

るが、母が同じであるお姉さん（以下「姉」という）がおられます。従前の韓国の大法院の判例は、「被相続人の兄弟姉妹というのは被相続人の父系傍系血族をいう」（大法院1975.1.14.74タ1503）としていました。つまり、男系血統を重んじ、母が同じであっても、父の異なる兄弟姉妹は相続人には含まれないものとされていたのです。しかし、最近になって大法院は「被相続人の兄弟姉妹というのは、民法改正（1990年1月13日改正）時、親族の範囲において父系と母系の差別をなくし、相続の順位や相続分に関しても、男女間または父系と母系間に差別をなくした点等に照らしてみるとき、父系及び母系の兄弟姉妹をすべて含むものと解釈するのが相当であり、したがって、亡人と母親のみを同じくする異姓同腹の関係にある場合、被相続人の兄弟姉妹に該当する」（大法院1997.11.28.96タ5421）と判示しました（金疇洙『親族・相続法〔第5全訂版〕』（ソウル法文社、2000年）417〜418頁参照）。

　以上のことから、あなたの兄に妻がいない場合、母のみを同じくするあなたの姉も相続人であり、あなたと姉の二人が共同相続人になるでしょう。

　なお、日本民法は、父母の一方のみを同じくする兄弟姉妹の法定相続分は、父母の双方を同じくする兄弟姉妹の相続分の2分の1と定めていますが（日本民法900条4号参照）、韓国民法では、あなたと姉の法定相続分は等しくなります（韓国民法1009条1項）。

　また、相続人となるべき兄弟姉妹が、被相続人よりも先に死亡した場合や欠格者となった場合に、その兄弟姉妹に、直系卑属や配偶者がいるときには代襲相続が認められていますので（韓民1001条、1003条2項）、例えば、姉が、兄よりも先に死亡した場合に、姉の夫と子は代襲相続人になることを理解しておいてください。

　　（関連項目）相続の準拠法はＱ5−1、第1順位の相続人はＱ5−6、配偶者
　　　の相続はＱ5−8、Ｑ5−9参照。　　　　　　　　　　　　（李　光雄）

韓国人の相続 —— 妻の相続分

Q5-18 私は、在日韓国人の主婦ですが、韓国人の夫が亡くなったので、子供と相続分のことを話し合っています。韓国法を調べていると配偶者の妻の法定相続分が変化していますが、どのような変遷があったのでしょうか。

A

韓国民法は1958年2月22日に制定され、1960年1月1日から施行されました。民法典中の第4編親族・第5編相続は、立法に際して封建的かつ慣習的制度を根底に置いたため、個人の尊厳と両性の本質的平等という理念に相反する規定が数多く設けられました。その後は、個人の尊重と男女平等の原則に立脚し、両性間の差別を是正すべく改正がなされ、妻の相続分および女子の相続分についても、過去二度にわたり改正がなされています。そこで、韓国民法1009条（法定相続分）の変遷をみていきます。

なお、相続分についての改正が行なわれた場合に、改正前と改正後のどちらの法律が適用されるかは、とても気になるところだと思います。この点、韓国民法の附則は、制定時を含めて過去二度とも、相続開始の日に施行されていた法律を適用することを明らかにしています。したがって、被相続人が、いつ亡くなられたかで、相続分に違いが出てくることに注意して下さい。

① 1960年1月1日以後1978年12月31日までに開始した相続について

被相続人の「妻」の相続分は、直系卑属と共同で相続するときは、男子の相続分の2分の1です。たとえば、被相続人に男の子供、子A男と子B男の2名がいて、子A男、子B男と妻が法定相続する場合の相続分の割合は、子A男：子B男：妻＝2：2：1となり、相続財産に対して妻の相続分の占める割合は5分の1にすぎません。なお、直系尊属と共同で相続するときの妻の相続分は、男子の相続分と均分となります。

次に、女子の相続分ですが、同順位の相続人が数人あるときは、女子の相

続分は男子の相続分の2分の1です。たとえば、上の例で被相続人の子供2名のうちBが女子の場合、子A男：子B女：妻＝2：1：1の相続分となります。さらに、同一家籍にない女子の相続分は男子の相続分の4分の1とされるため、子B女が婚姻により他家へ入籍している場合は、子A男：子B女：妻＝4：1：2となります。

　また、戸主の死亡により、財産相続人が同時に戸主相続をする場合は、その者の相続分はその固有の相続分に5割を加算することになっていました。

② 1979年1月1日以後1990年12月31日までに開始した相続について

　被相続人の「妻」の相続分は、直系卑属と共同で相続するときは、同一家籍内にある直系卑属の相続分の5割を加算します。たとえば、被相続人に同一家籍内の子供、子A男、子B男がいて、子A男、子B男と妻が法定相続するときの相続分の割合は、子A男：子B男：妻＝2：2：3となり、相続財産に対して妻の相続分の占める割合は7分の3となります。なお、被相続人の妻が直系尊属と共同で相続するときも、直系尊属の相続分の5割を加算します。

　次に、女子の相続分ですが、同順位の相続人が数人あるときに、女子の相続分を男子の相続分の2分の1とする規定は削除され、均分となりました。ただし、同一家籍内にない女子の相続分を、男子の相続分の4分の1とする規定はそのままです。また、財産相続人が同時に戸主相続をする場合は、5割を加算します。このときの改正では、被相続人の配偶者の相続分を「妻」に限って有利に取り扱ったこと、同一家籍内における同順位の男女間の相続分の差がなくなったことが特徴的です。

③ 1991年1月1日以後、現在までに開始した相続について

　被相続人の配偶者、すなわち妻または夫の相続分は、直系卑属と共同で相続するときは、直系卑属の相続分の5割を加算し、直系尊属と共同で相続するときは、直系尊属の相続分の5割を加算します。

　女子の相続分についても、同一家籍内にない女子の相続分は男子の相続分の4分の1とする規定は削除され、性別、同一家籍内か否かに関係なく同順位の相続人の相続分は均分となりました。たとえば、被相続人に男の子供である子A男および婚姻して他家へ入った女の子供である子B女がいて、子A男、子B女と妻が法定相続するときの相続分の割合は、子A男：子B女：

妻＝2：2：3となります。なお、財産相続人が同時に戸主相続をする場合の相続分の加算規定は削除されました。

以上のように妻および女子の相続分についての差別的規定は、二度の民法改正により是正されています。

(関連項目) 韓国家族法の変遷はQ1－5、韓国相続法の変遷はQ5－2、何時の相続法かはQ5－5、第1順位の相続人の意味はQ5－6、配偶者の代襲はQ5－9参照。

(金　秀司)

韓国人の相続──配偶者の代襲

Q5-9 私たち夫婦は共に在日韓国人ですが、最近夫が亡くなりました。夫の父は健在ですがかなり高齢です。夫の母もすでに死亡しており、夫の父は現在独り身です。夫の父が将来亡くなったとき、私に相続する権利があるでしょうか。

A

すでに夫が亡くなられていて、その後に夫の父が亡くなられた場合に、夫の父の相続人が誰であり、あなたに相続権があるのかを知りたいということですね。ここでは、夫の父が「韓国法を本国法とする在日」であり、将来、夫の父が亡くなられた場合は韓国民法が適用される（法例26条）ことを前提にお答えします。

夫の父が亡くなられたとすると、被相続人の子であるあなたの夫は、本来は第1順位の相続人となります（韓国民法1000条1項1号）。しかし、あなたの夫は、父の相続開始前にすでに亡くなっているため相続人となりえません。そこで、代襲相続に関する規定が問題になります。

あなたの夫の父に、2人の子供（あなたの夫とその姉）がいるとしましょう。夫の父が亡くなったとすると、本来は、あなたの夫とその姉が、第1順位の相続人ということになります。しかし、あなたの夫はすでに死亡しています。この場合に、あなた方に子があるときは、その子はもちろんのこと

(韓国民法1001条)、配偶者であるあなたも夫を代襲して相続人となります（韓国民法1003条2項）。

　このように、あなたと子は、夫の姉とともに共同相続人となるのですが、その相続分は、（あなた＋子）：夫の姉＝1：1となります。代襲相続権を死亡した者の子などの直系卑属のみならず、死亡した者の「配偶者」にも認めている規定は、日本民法にはないものであり、韓国民法の特徴といえるでしょう。ご参考までに、1990年の改正前は、配偶者でも「妻」にだけ代襲相続が認められていましたが、改正により夫にも認められることになりました。

　ところで、もしも亡夫との間に子供がいないとしても、あなたが代襲相続人であることに変わりありません。ですから、亡夫の姉も父より先に死亡していて、その姉には夫も子供もいない、すなわち姉には代襲相続人がいないとすると、あなたが亡夫の代襲相続人として単独相続することになります（韓国民法1003条2項）。

　なお、代襲相続人となる配偶者は、法律上の配偶者でなければならないことはもちろんですが、一方が死亡した後に再婚した場合は姻戚関係が消滅するので（韓国民法775条2項）、代襲相続権はないと考えられています（金疇洙『親族・相続法』〔第5全訂版〕（法文社、2000年）503頁）。妻にのみ代襲相続権を認めていた当時ではありますが、韓国における登記実務においても「民法1003条2項の"死亡した者の妻"というのは、夫の死亡後にも、継続して婚家との姻戚関係が維持される妻を意味するので、夫の死亡後、再婚した妻は前夫の順位に代わる代襲相続人となることができない」（1990年1月9日登記第28号各地方法院長に対する法院行政処長通牒）とされています。

　（関連項目）相続分はＱ5－4、第1順位の相続人の意味はＱ5－7、妻の相続分はＱ5－8参照。　　　　　　　　　　　　　　　　　　（金　秀司）

韓国人の相続——戸主相続と戸主承継

Q 5-10 私は、在日韓国人で長男です。韓国には戸主相続というものがあると聞きましたが、それは一体どういうものなのでしょうか。また父の財産は全て長男の私が相続できるのでしょうか。

A

　ご質問の「戸主相続」制度は1990年の韓国民法改正時に廃止され、現在は「戸主承継」制度となっています。「戸主」には家長、家族の代表といった意味があり、戸籍を編製する場合の基準にもなっています。ご質問の戸主相続と現在の戸主承継では、その内容にかなりの違いがあります。

　前述の民法改正までは、韓国の相続制度には「戸主相続」と「財産相続」の二種類がありました。戸主相続は戸主たる地位の承継をいい、戸主相続の発生原因としては戸主の死亡のほかに戸主の国籍の喪失等があります。その点で財産相続の発生原因が死亡のみであることとは大きな違いがあったといえるでしょう。

　戸主相続の目的は家系や血統の承継といわれ、戸主相続人は墳墓に属する一町歩以内の禁養林野と六百坪以内の墓土である農地、族譜と祭具の所有権をも承継していました（改正前韓国民法996条）。

　また、長男がいる場合はその者が結果的に第1順位の戸主相続人となり、戸主相続人となるべき者が相続開始以前に死亡した場合、その者に男の子がいれば、その子が代襲相続することになっていました（改正前韓国民法984条1号、985条1項、2項、990条）。また、戸主相続人となるべき者は戸主相続権を放棄することが禁止されていました（改正前韓国民法991条）。さらに、戸主が死亡し戸主相続と財産相続が同時に開始した場合、戸主相続人には、戸主としての義務を負う代わりに自分の固有の相続分に5割を加算した相続分が認められる優遇規定がありました（改正前韓国民法1009条1項但書）。戸主相続人が、前戸主のすべての財産を相続するというものではなか

ったのです。

　この戸主相続制度は、1990年の改正により、現在は相続制度と完全に分離された「戸主承継」制度として従来の相続編から親族編に規定されています。したがって、現在は韓国における相続は財産相続のみを意味します。

　戸主承継制度では戸主承継権の放棄が認められていますし（改正後韓国民法991条）、戸主承継人と祭祀主宰者を分離したことなど大幅な変更が見受けられます。これらの背景としては、国際化の流れにより戸主となるべき者が外国で生活していて実際上、墳墓などの管理をし、祭祀主宰者としての務めを果たすことが困難ではないか等の事情が考えられます。その点を考慮し改正後の韓国民法は墳墓等は戸主承継人ではなく、祭祀主宰者が承継するとしています（改正後韓国民法1008条の3）。その一方で、戸主承継権は放棄できるようになったものの、戸主承継人となるべき者の順位は男系優先主義となっており、従来の戸主相続と類似する部分もあります（改正後韓国民法984条）。

　戸主が死亡した場合には財産相続と戸主承継が開始しますが、従来、戸主相続人に認められていた相続分の加算規定のようなものは、戸主承継人に認められていません。

　以上のことから、長男のあなたが戸主承継人であったとしても、お父さんの財産のすべてを相続できるわけではなく、財産の相続については相続人の協議によることが原則となります。

　（関連事項）韓国の相続法はＱ5－2、相続分はＱ5－4、相続人の順位はＱ
　　5－6、Ｑ5－7、Ｑ5－8参照。　　　　　　　　　　　　（金山　幸司）

韓国人の相続──相続人不存在、特別縁故者

Q5-11 私は在日韓国人女性ですが、結婚関係にない韓国人男性と長年生活してきました。その男性が昨年（2000年）亡くなりました。二人の間には子供はなく、その男性は一人っ子で両親もすでに亡くなっています。その男性と長年生活した家屋がその男性名義のままですが、この場合、私にその家屋の名義を変えることは可能でしょうか。

A

　あなたのように、婚姻届を出さないまま事実上の婚姻関係を継続している夫婦の関係は、法律的には日本では通常「内縁」といいますが、韓国では「事実婚」といいます。事実婚関係にある夫婦の間では、韓国・日本ともに相続権は認めていません。つまり、同居していた男性に相続人がいれば、あなたが生活している家屋の所有権を相続では取得できないのです。ただし、その男性に相続人がいなければ、一定の諸手続を経てその所有権を取得する制度があります。「特別縁故者への相続財産の分与」といわれる制度です。

　そこで、あなたと事実婚関係にあった韓国人男性に相続人がいるのかを、明確にする必要があります。「韓国法を本国法とする在日」の相続は、法例26条を根拠として韓国法が準拠法となります。被相続人の配偶者は、第1順位または第2順位の相続人がいれば、それらの人と共同相続人となり、それらの相続人がいなければ単独相続人となります（韓国民法1000条1項1号2号、1003条）。あなたの場合は、被相続人と婚姻関係にないので、配偶者としての相続はできません。

　ところで、被相続人には、子供はなく両親もいないようですが、兄弟姉妹や4親等以内の傍系血族がいれば、それらの人が相続人となります（韓国民法1000条1項3号4号）。

　さて、以上の相続人の存在が戸籍上も事実上も判然としない場合は、相続

人の存否が不明という状態になります。

　相続人がいるのかどうか分からない場合には、その相続財産の管理や相続人の捜索などを行う財産管理人が必要になります。その財産管理人の選任の裁判管轄権は、被相続人の最後の住所地国、または相続財産の所在地国に管轄があるといわれています（最高裁判所事務総局編『渉外家事事件執務提要（下）』（法曹会、1992年）65頁以下）。いずれにしても被相続人の最後の住所地は日本であり、相続財産は日本にあるので、日本に管轄権があるといえます。そこで、利害関係人であるあなたが、被相続人の住所地または相続開始地の家庭裁判所に相続財産管理人選任を申し立てます（家事審判規則99条）。

　この場合の相続財産管理人の要件や権限の準拠法については、相続準拠法（韓国法）とする考えと財産所在地法（日本法）とする考えなどがあります（前掲最高裁：65頁）。韓国法（韓国民法1053条以下）と日本法（日本民法951条以下）の相違点として、日本法では相続人のあることが明らかでない相続財産は法人となりますが、韓国法ではその規定がない点、韓国法では相続人捜索の期間が日本法より長い点などを挙げることができます。

　いずれにしても、相続財産管理人は債権者等への公告や相続人の捜索の公告を行います。それらにより、債権者などへの支払により残った財産があり、相続権を主張する者が見当たらなければ、「特別縁故者への相続財産の分与」が行われるのです。

　なお、この「特別縁故者への相続財産の分与」は、財産所在地法つまり日本法を準拠法と考えるのが大勢です（前掲最高裁：65頁、木棚照一ほか編『基本法コンメンタール　国際私法』（日本評論社、1994年）139頁、名古屋家審平成6年3月25日家月47巻3号79頁）。したがって、「被相続人と生計を同じくしていた者、被相続人の療養看護に努めた者その他被相続人と特別の縁故があった者」の請求により、家庭裁判所が審判により決定します（日本民法958条の3第1項）。ただし、この請求は相続人捜索の期間満了後3か月以内に行う必要があります。（同条2項）。

　あなたは、「被相続人と生計を同じくしていた者」ですから、特別縁故者としての請求が可能です。相続財産管理の手続により清算後もなお家屋が残存していれば、家庭裁判所はあなたに特別縁故者として家屋を分与すべきとの審判をするでしょう。それにより被相続人の家屋はあなたの名義に変更で

きます。

　(関連項目)　韓国の法定相続人はQ5－6、Q5－7、Q5－8、Q5－9、Q5－13参照。
(西山　慶一)

遺産分割と家裁の調停・審判

Q5-12　私は、在日韓国人の男性ですが、私と同居していた父が最近亡くなりました。家族は、母、私そして私の弟と、それに父の前妻の子が二人いるそうです。父の遺産は、私と母が住んでいる土地建物だけで、それを私名義にしようと思うのですが、韓国にいる前妻の子が同意してくれません。どうしたらいいのでしょうか。

A　あなたの父上は「韓国法を本国法とする在日」と想定されますから、法例26条により準拠法は韓国民法になります。そして、準拠法の韓国民法は1013条で、共同相続人は協議により相続財産を分割することができること、もし分割協議が不調・不能の場合は当事者の申請により家庭法院が調停または審判をすることを規定しています。このことを前提に、以下、国際裁判管轄と送達の問題を中心にして、ご質問にお答えします。

　共同相続人の間で遺産分割協議が調わない場合には、裁判所でそれを行わざるをえませんが、あなたの事例のような渉外相続（遺産分割）事件について、どの国の裁判所が国際裁判管轄権を有するのかが、まず問題となります。

　法律にこの点についての明文の規定はありませんが、被相続人の死亡当時の住所地国または遺産所在地国の裁判所に一般的管轄権があると解されています（最高裁判所事務総局編『渉外家事事件執務提要(下)』(法曹会、1992年) 60頁、民事訴訟法5条14号15号参照)。あなたの亡くなった父上の最後の住所および遺産である土地建物がともに日本にあるので、当然、日本の裁判所に裁

判管轄権があると考えられます。

　続いて問題になるのは、韓国に在住する者に対して、どのようにして期日の呼出状やその他の文書の送付あるいは審判の告知をすればよいのか、ということです。家事事件については、「相当と認める方法」によるとされていますが（家事審判法7条、非訟事件手続法18条2項）、外国に居住している当事者に対しては、書類の送付の確実性が求められるので、民事訴訟法に規定する「送達」によるべきことになると思われます。

　同法108条により、「外国においてすべき送達は、裁判長がその国の管轄官庁又はその国に駐在する日本の大使、公使若しくは領事に嘱託してする」ことになっています。こうした外国での送達や、証拠調べなどを行うことは、日本の裁判権の行使になるので、相手国の合意が必要です（外国の裁判所が日本で同様の行為を行う場合も同じ）。ある国の裁判手続に相手国の機関が協力することを、「国際司法共助」と呼び、そのために二国間合意や多国間条約の締結等がなされています。多国間条約に、「民事訴訟手続に関する条約」（民訴条約）、「民事又は商事に関する裁判上及び裁判外の文書の外国における送達及び告知に関する条約」（送達条約）などがあります。

　韓国は、上記民訴条約および送達条約のいずれについても締約国ではなく、また日本との間で二国間の国際司法共助に関する合意（取決め）もされていません（平成11年11月1日現在。最高裁判所事務総局監修「国際司法共助ハンドブック」（法曹会、1999年）350頁）。したがって、民事訴訟法108条による、韓国の「管轄官庁」または韓国に駐在する「日本の領事等」に嘱託して行う送達はなされていないと思われます。

　しかし、現実には、条約や取決めによらないで司法共助はなされています。民訴条約6条1項または送達条約10条(a)（相手国が拒否を宣言しない限り、外国にいる利害関係人に対して直接に文書を郵送する権能は妨げられないという趣旨の規定）を適用ないし準用して、日本の裁判所が韓国在住者に対して直接郵便による送付を行うものです。そして、これは「相当と認める方法」と解される余地があります。また、民事訴訟法110条1項3号「外国においてすべき送達について、第108条の規定によることができず、又はこれによっても送達することができないと認めるべき場合」という要件に該当すれば、「公示送達」（裁判所の掲示板に掲示して一定期間が経過したときに

送達の効力が発生する、とする)という方法によることができます。

以上を参考に、日本の家庭裁判所に、遺産分割調停ないし審判の申立をしてみてはいかがでしょうか。

(関連項目)相続証明書はＱ５－20参照。　　　　　　　　　　(小西　伸男)

韓国人の相続――相続放棄と相続人

> **Q5-13** 私の父は事業に失敗し多くの負債を抱えています。父は高齢ですので父の死亡後のことも考えねばならず、相続放棄をしたいと考えています。もちろん、父も私も在日韓国人ですが、私を含めて子供全員が相続放棄をすればどうなるのか教えてください。

A

あなたのお父さん(以下「父」という)が「韓国法を本国法とする在日」であるとして、相続放棄(以下「放棄」という)ができるかどうかは、韓国の法律に従います(法例26条、韓国渉外私法26条)。

韓国民法によれば、相続の開始があったことを知った日から、３か月以内に放棄することができ(韓国民法1019条１項)、また、放棄は家庭法院にその申告をしなければならないとされています(韓国民法1041条)。したがって、将来父が亡くなられた場合に、遺産や父の最後の住所、相続人の住所が日本にある場合には、日本の家庭裁判所に放棄の申述をすることができると思われます(最高裁判所事務総局編『渉外家事事件執務提要(下)』(法曹会、1992年)65頁以下参照。日本の家庭裁判所への相続放棄の受理証明書を添付した登記申請を認めた登記先例として、昭37・12・20民甲3626民事局長回答参照)。

なお、韓国では、「相続の開始があったことを知った日」というのは、「相続開始の原因となる事実の発生を知ることにより、自己が相続人となったことを知った日」であり、「相続財産または相続債務の存在を知った日」をいうのではないとされています(大法院1991.6.11.91ス１、金疇洙『親族・相続

法〔第5全訂版〕』（ソウル・法文社、2000年）577～578頁参照）。

　ここでは、あなたの母（すなわち、父の妻）も放棄され（またはすでに父より先に亡くなっておられ）、さらに、子供以外の相続人も放棄される場合のことをご説明します。

①　被相続人の直系卑属（韓国民法1000条1項1号）

　韓国民法では、第1順位の相続人は直系卑属と規定され、被相続人の子のすべてが放棄した場合でも、孫がいる場合は、孫が直系卑属として当然に相続人となりますから、孫も放棄をする必要があります。孫が未成年であるときは、法定代理人から申し立てることになるでしょう。ひ孫についても同様です。

　子の中に、被相続人より先に死亡している者がいる場合は注意が必要です。例えば、三人姉妹のうちの二女がすでに死亡している場合に、二女の子や配偶者は代襲相続人となりますから（韓国民法1001条、1003条3項）、生存している長女および三女とともに放棄する必要があります。

②　被相続人の直系尊属（韓国民法1000条1項2号）

　直系卑属が全員放棄すれば、次に直系尊属（父母や祖父母）が相続人となります。直系尊属がすでにおられないか、またはすべて放棄されれば、兄弟姉妹が相続人となります。

③　被相続人の兄弟姉妹（韓国民法1000条1項3号）

　兄弟姉妹の場合も、例えば、被相続人の弟が被相続人より先に死亡している場合に、その弟の子と配偶者は代襲相続人となりますから、他の兄弟姉妹とともに放棄する必要があることは①の場合と同様です（韓国民法1001条、1003条2項）。

④　被相続人の4親等以内の傍系血族（韓国民法1000条1項4号）

　日本民法では、兄弟姉妹が放棄すれば相続人不存在の問題へと移行します。しかし、韓国民法では、次に3親等の者が相続人となり、3親等の者が放棄すれば4親等の者が相続人となり、4親等の者が放棄して初めて、相続人不存在の問題へと移行します。

　相続債務の問題を解消するためには費用面で問題はあるかと思われますが、限定承認も考えてみられてはいかがでしょうか。

　（関連項目）配偶者の代襲相続はQ5－9、第1順位の直系卑属の相続はQ5

―6、兄弟姉妹の相続はＱ5―7、相続人不存在はＱ5―11、限定承認はＱ5―14参照。　　　　　　　　　　　　　　　　　　　　　　　　　（李　光雄）

韓国人の相続――限定承認制度

Q5―14　私の亡父は在日韓国人ですが、私は亡父の相続について限定承認をしたいと考えています。しかし、他の兄弟は私の考えに応じず、遺産分割を主張しています。限定承認について教えてください。

A

　あなたのお父さん（以下、「亡父」という）が「韓国法を本国法とする在日」であるとして、限定承認ができるかどうかについては韓国の法律によりますが（法例26条、韓国渉外私法26条）、韓国民法によっても限定承認が認められています（韓国民法1028条以下）。
　限定承認とは、相続によって取得する財産の限度において、被相続人の債務および遺贈を弁済することを条件に、相続を承認することをいいます（韓国民法1028条）。
　ですから、限定承認によれば、被相続人の債務の弁済は相続財産の範囲ですむことになります。
　相続放棄によっても債務を免れることができますが、第1順位から第4順位の相続人まですべて相続放棄するのは大変ですし（韓国民法1000条参照）、また、亡父の財産と債務を、例えばすべて長男が相続する旨の遺産分割協議が成立したとしても、長男が現実に債務を履行しなければ他の相続人は安心できません。
　相続は承認するけれども、被相続人の債務の弁済は相続財産の範囲にとどめたいという場合、すなわち、亡父が負っていた借金等の方がはるかに多いような場合やどちらが多いかわからないという場合に、限定承認は有効な方法となります。ただし、限定承認による場合でも、手続が繁雑なことや費用

面での問題はあります（例えば、債権者等への公告や相続財産の換価の必要があります）。

　限定承認をするには、相続の開始があったことを知った日から3か月以内に、相続財産の目録を添付した上、法院に限定承認を申し出る必要がありますが（韓国民法1030条）、亡父の遺産や最後の住所、相続人の住所が日本にある場合には、日本の家庭裁判所に申述することができると思われます（最高裁判所事務総局編『渉外家事事件執務提要(下)』（法曹会、1992年）65頁以下参照）。

　問題は、共同相続人全員で限定承認をする必要があるかどうかです。日本民法は、清算が複雑になるのを避けるため、共同相続人の全員が共同してのみできるものとしています（日本民法923条）。韓国民法上も、もちろん共同相続人全員から限定承認できますが、相続分に応じて取得すべき財産の限度において、相続分に応ずる被相続人の債務等を弁済することを条件に、一人の相続人からの限定承認も認めています（韓国民法1029条）。ですから、一人の相続人からの限定承認も可能であるといえますが、現実には日本の家庭裁判所へ申し立てることになるでしょうし、全員でされるのが無難ではないかと考えます。

　限定承認できる期間も限られていますし、亡父の財産と債務をよく確認され、相続人間でもう一度話し合われることをおすすめします。なお、話し合いがまとまらない場合、あなただけが相続放棄することも考えられてはいかがでしょうか。

　（関連項目）遺産分割はＱ5－12、相続の放棄はＱ5－13参照。　　（李　光雄）

在日の遺言の方式と遺言内容

Q5-15 私は、在日韓国人ですが、後々の事を考えて遺言を残しておこうと思います。遺言書を作成する場合に気をつけることを教えてください。また在日朝鮮人の場合はいかがですか。

A

まず、遺言書を作成する場合には、法律で決まっている一定の形式を満たしていなければなりません。そうしなければ、せっかくあなたが遺言書を残したとしても、あなたが亡くなった後、その遺言書は法律上無効となる場合があるからです（日本民法960条、韓国民法1060条）。

それでは、法律で決まっている一定の形式とはどのようなものでしょうか。例えば、日本民法で定める自筆証書遺言は、遺言者が、その全文、日附および氏名を自署し、これに印を押さなければならないとされています（日本民法968条）。このように、法律で決まっている遺言の一定の形式のことを、遺言の方式といいます。

さて、「韓国法を本国法とする在日」のあなたが、日本で遺言をする場合、その方式は、どこの国の法が適用されて有効となるのでしょうか。

遺言の方式については、行為地法、遺言者が遺言の成立または死亡の当時に国籍か住所または常居所を有した地の法律、不動産に関する遺言についてはその不動産の所在地法、それらのうち、いずれかの法律の方式であれば有効となります（遺言の方式の準拠法に関する法律第2条）。したがって、あなたの遺言の方式は日本民法の方式でも、あるいは韓国民法の方式でもよいということになります。

日本の民法では、遺言の方式については、967条以下に規定があります。自筆証書遺言の他に969条の公正証書遺言や、970条の秘密証書遺言があります。また、病気などで死亡の直前に遺言する場合の方式等については、976条（死亡危急者の遺言）以下に規定されています。

韓国の民法では、遺言の方式については、1065条以下に規定があります。1066条の自筆証書遺言、1067条の録音遺言、1068条の公正証書遺言、1069条の秘密証書遺言、1070条の口授証書遺言があります。

　それでは、次に遺言の内容についてはどうでしょうか。現在の日本の国際私法の考え方は、遺贈や相続人・相続分の指定など相続法上の行為については、法例26条によって定まる準拠法によるとされています。また遺言による認知ができるかについては、法例18条1項、2項の定める準拠法によるとされています。したがって、それぞれ韓国法が準拠法と指定された場合には、韓国法が認める遺言事項を検討する必要があります。

　さて、韓国民法が準拠法になる場合、つまり韓国民法で遺言内容として記載できるものには、嫡出否認（850条）、認知（859条2項）、後見人の指定（931条）、相続財産分割方法の指定または委託（1012条前段）、相続財産分割禁止（1012条後段）、相続分の指定「被相続人は遺言によって共同相続人の相続分を指定出来る」（金疇洙『親族・相続法第5全訂版』（ソウル・法文社、2000年）534頁）、遺贈（1074条以下）、遺言執行者の指定または委託（1093条）等があります。

　次に「北朝鮮を本国法とする在日」の場合はどうでしょうか。遺言の方式については、さきほどの「遺言の方式の準拠法に関する法律」により日本民法上の方式が可能です。

　遺言の内容については、法例32条の反致の適用をうけ、不動産、動産の相続に限り、北朝鮮対外民事関係法45条により日本民法によりますので、遺言の内容として、日本民法の相続財産の分割方法の指定（908条）、相続分の指定（902条）、包括遺贈・特定遺贈（964条）などが可能です。

　また、遺言する能力があるのかどうか、遺言という意思表示が有効にできるかどうかについては、遺言の成立の当時における遺言者の本国法による（法例27条1項）とされ、あなたの場合は韓国民法が準拠法になります。遺言能力については、韓国民法1062条以下に規定があります。

　なお、あなたのような「本国法を韓国法とする在日」の場合は、遺言書に遺贈としたときに、遺言執行者を指定しておかないと、法定相続人が遺言執行者となるので（韓国民法1095条）、遺言の内容を実現することが困難となる場合があります。また、後々の紛争を防ぐためにも、遺留分（韓国民法

1012条以下)についても配慮して下さい。

　最後に、「本国法を韓国法とする在日」であれ、「北朝鮮を本国法とする在日」であれ日本で遺言する場合は普通、自筆証書遺言か日本民法上の公正証書遺言を作成することになろうかと思いますが、家庭裁判所の検認手続をしなくてよい点からも(日本民法1004条2項)、公正証書遺言をおすすめします。

　(関連項目)韓国人の遺言はＱ5―16、Q5―17、Q5―18を参照。

(姜　信潤)

韓国人の遺言 ――「相続させる」の遺言書

Q5-16 私は在日韓国人ですが、長男が事業を継いでいるので、私の死後、私名義の不動産を長男名義にさせるのに、遺言しておこうと思います。その場合、遺言書に「相続させる」と書いておいた方が、登記その他で便利だと聞きました。それはどういう意味で、韓国人にもそれは可能でしょうか。

A

　日本では、例えば、ある不動産を「長男に相続させる」という内容の公正証書遺言等が、実際上はかなり多く作成されています。

　あなたは、「韓国法を本国法とする在日」と思われますので、ご質問のような遺言をすることができるかどうかについては、法例26条により韓国民法によります。

　つまり遺言書に「相続させる」と記載しても、それが韓国民法上有効となるかどうかを確認しなければなりません。

　そこで韓国民法1012条をみますと、「被相続人は、遺言で相続財産の分割方法を定め」ることができるものとされています。また、明文の規定はありませんが、「被相続人は遺言によって共同相続人の相続分を指定できる」(金

瞕洙『親族・相続法〔第5全訂版〕』（ソウル・法文社、2000年）534頁）とする見解も有力です。

したがって、あなたが遺言書に「長男に相続させる」という遺言書を作成しておけば、あなたが亡くなるとあなたの不動産は長男に所有権が移転しますので、長男名義にすることは可能です。ただし韓国民法1112条以下に遺留分の規定があるので注意してください。

次に、遺言書に「相続させる」と書いておいた方が便利というのは、遺言で「遺贈する」と書いてある場合に比べて次のような利点があることをいいます。①遺言で不動産登記をするときに、他の相続人全員または遺言執行者と共同で申請しなくていいので、あなたの長男だけが、ある一定の書面によって単独で自己名義に変えられるという点、②登記の際の登録免許税の税率が遺贈の時の税率1000分の25より少ない1000分の6となるという点です。

ところで、日本において、遺言書に「相続させる」と書くことの意味については、「遺産分割方法の指定」と「相続分の指定」という考えとが対立していましたが、最高裁は「遺産分割方法の指定」と判断しました（最判平成3年4月19日民集45巻4号47頁）。

（関連項目）韓国人の遺言はQ5－15、Q5－17参照。　　　　　　（姜　信潤）

韓国人の遺言——遺留分

Q5-17 私は在日韓国人女性です。最近、父が亡くなったのですが、父の遺言書が出てきました。それによると韓国にいる先妻の子に、母と私が住んでいる不動産を渡すという内容でした。このような場合、私と母には何も権利がないのでしょうか。

A

あなたが在日韓国人ということから、あなたのお父さんは「韓国法を本国法とする在日」であり、さらに、遺言の成立や方式等については、法律上有

効であるという前提でお答えします。

　ご質問の遺言書は、あなた方にとってはたいへん大きな問題です。遺言により財産を自由に処分できるのかについて、例えば遺贈をすることができるのか、また相続分の指定ができるのかといった点については、父の本国法たる韓国法によって判断することになります（法例26条）。

　韓国にいる先妻の子も、当然亡父の法定相続人であることから、ご質問の遺言の内容が、特定遺贈（遺言によって特定の財産を与える行為）であるのか、または相続分の指定や相続財産の分割方法の指定であるのかという問題も出てきます。しかし、いずれに該当するとしても、亡父の遺言の内容は相続の準拠法たる韓国民法によっても有効と思われます。

　このような場合、他の法定相続人であるあなたと母（父の妻としての相続人）は、どうすることもできないのかといいますと、実は遺留分というものが認められています。遺留分というのは、被相続人死亡後の遺族の生活を保障するために、相続財産の一定部分を一定範囲の相続人のために留保させる制度ですが、これについても韓国法（韓国民法1112条以下）に従うことになります。

　あなた方の遺留分を算定してみましょう。

　相続人が、あなたの母、あなた、そして先妻の子の3名とすると、あなた方の法定相続分は、3：2：2となります（韓国民法1009条）。したがって、母とあなたの法定相続分の合計は全体の7分の5となります。そして、あなた方の遺留分は、法定相続分の2分の1とされていますから（韓国民法1112条1号、2号）、つまり全体の14分の5が遺留分ということになります。

　具体的な遺留分は、亡父の相続開始時の所有財産に贈与財産の価額を加算し、債務の全額を控除して算定されます（韓国民法1113条）。亡父が生前に贈与をしたこともなく、また借金等の債務もなく、あなた方が住んでおられる家とその敷地だけが唯一の財産であるとすると、その家と敷地の価額の14分の5については、返還を請求できるということになります（韓国民法1115条1項）。

　しかし、現実にはあなた方が居住しているのですから、遺留分に相当する金銭をもらっても問題は解決しないともいえます。

　遺言については、必ずしも遺言の内容通りに従う必要はなく、先妻の子と

話し合いの上、別の方法によることもできます。例えば、それ相応の金銭を先妻の子に渡す代わりにあなたが相続することで合意が成立するのなら、それも可能です。遺留分の返還請求は、どちらかといえば最後の手段ということになります。韓国民法の条文上は、遺留分返還請求という文言が使われていますので、一見請求権にすぎないようにもみえますが、形成権と捉えるのが通説です。したがって、相手方に対し、例えば内容証明郵便などで遺留分返還請求の意思を表示すれば直ちに効果が発生します。

　ただし、この返還請求権は、相続の開始および返還しなければならない贈与または遺贈があったことを知ったときから1年内に行使しないときや、また相続の開始から10年経過したときには時効により消滅しますから（韓国民法1117条）、十分に注意する必要があります。

　（関連項目）韓国人の相続分はＱ5－4、Ｑ5－8、韓国人の遺言はＱ5－15、Ｑ5－16、Ｑ5－18参照。
(李　光雄)

韓国人の遺言 ── 相続人の廃除

Ｑ5-18　私は、今年（2000年）80歳になる在日韓国人です。私の二男は放蕩息子で家族や親戚に迷惑ばかりかけています。遺言で、この子を相続人から外したいと思いますが、そのようなことは可能でしょうか。

Ａ

　遺言とは一般的には死者から生者へのメッセージといわれますが、遺言が法律的に効果が発生するのは、その遺言の形式と遺言の内容が法律で認められている場合に限られます。

　ここでは、あなたの遺言の形式が法律上有効なもので、さらにあなたが「韓国法を本国法とする在日」と考えてお話ししましょう。

　あなたは、あなたのお子さんが放蕩息子なので、相続人から除外したいというご希望のようですね。推定相続人を相続人から除外することを、法律的

には「廃除」といいます。日本民法では、遺言でも生前でも「廃除」できる規定があります。しかし、「廃除」するという意思表示だけで当然に相続人から除外されるのではなく、生前の申立であれ、遺言による意思表示であれ、「廃除」を家庭裁判所に請求し、その可否を家庭裁判所が判断します。「廃除」が相当とする審判が下れば、その効力が発生します（日本民法892、893条）。

さて、あなたの遺言の内容に関する事項についてはどこの法律が適用されるのでしょうか。「廃除」は相続の問題と考えられますので、法例26条により、あなたの本国法である韓国法が適用されます。

ところが、韓国では、あなたの二男を相続人から外すために必要な推定相続人の「廃除」の規定は存在しません。ただ、相続分の指定は可能であるとの考えが大勢ですので（金疇洙『親族・相続法』（法文社、2000年）534頁）、あなたの二男以外の方に相続させるような遺言を作成することは可能です。ただ、二男の方にも遺留分があることは留意すべきでしょう。

（関連項目）遺言の準拠法はＱ５－15、遺言の相続分指定はＱ５－16、遺留分はＱ５－17参照。　　　　　　　　　　　　　　　　　　　（西山　慶一）

朝鮮人の相続——相続人行方不明の場合

Ｑ5-19　私は在日朝鮮人女性ですが、昨年（2000年）父が亡くなりました。それで、父の不動産の名義を変更しようと思うのですが、私の兄や姉は、40年前（1960年）に北朝鮮へ帰国し、最近では生きているのか死んでいるのか全く音信がありません。このような場合、名義の変更はどのようにすればいいのですか。

А

音信のない兄や姉が北朝鮮へ帰国している状況などから考えて、ここでは被相続人であるあなたのお父さんは、「北朝鮮法を本国法とする在日」との

前提で話を進めます。

　そうすると、あなたのお父さんの相続の準拠法は、法例26条により北朝鮮法となりますが、北朝鮮対外民事関係法45条が「不動産相続には相続財産の所在する国の法を適用し、……」と規定していますので、不動産相続については、法例32条の反致規定により日本法へ反致して、日本民法所定の相続法が適用されることになります。

　したがって、お父さんの配偶者であるあなたのお母さんが既に死亡していれば、あなたとあなたの兄や姉だけが相続人となります（日本民法887条1項）。

　ところで、兄姉の消息が不明というのですから、あなたのお父さんの相続財産の処分方法を話し合うこともできません。

　このような場合には、兄姉を不在者として財産を保全する制度を利用するか、兄姉を死亡したと擬制し、不確定な身分上・財産上の法律関係を確定させる制度を利用することが考えられます。前者が不在者の財産管理制度で、後者が失踪宣告の制度です。

　あなたのケースでは、いずれの制度を利用するにしても、不動産が日本に所在するのですから、日本の裁判所に管轄権はあると思われます（法例6条）。しかも、前者の、不在者の財産管理の準拠法は財産所在地法である日本法であり、後者の失踪宣告の準拠法は、法例6条により日本法といえるでしょう。その意義や効果は、前者は日本民法25条以下、後者は日本民法30条以下に規定されています。

　さて、その手続については、前者も後者も、まず不在者の住所地の家庭裁判所に申し立てます（家事審判規則31、38条）。申立により、前者は、兄姉のために選任された不在者の財産管理人が、その権限として保存改良行為を行うのですが、その権限を越える行為、例えば処分するなどの行為をするのには、改めて家庭裁判所の許可が必要です（日本民法28条）。あなたの場合には、不在者である兄姉のために財産管理人を選任してもらいその財産管理人が遺産分割などの処分を行うのですから、家庭裁判所の許可を得る必要があります。その上で、財産管理人と共同して遺産分割を行い、あなた名義に不動産の名義を変更することになります。

　つぎに、失踪宣告は、不在者の生死が7年以上不明という条件のもとに死

亡を擬制します。失踪宣告の審判が下りれば、兄と姉は死亡したとみなされます（日本民法31条）。

なお、不在者である兄姉の所在が後に明らかになったときのために、不在者の財産管理制度では、財産目録の調整などを財産管理人に義務付けています（日本民法27条）。また、失踪宣告の場合は、失踪者が生存していたりして取り消されると、失踪宣告により得た財産は「現存利益」がある限り返還義務があることなどは留意すべきでしょう（日本民法32条1項2項）。

（関連項目）準拠法はQ5-3、相続証明書はQ5-20、Q5-22、Q5-23参照。

（西山　慶一）

相続証明書——相続人が北朝鮮へ帰国している場合

Q5-20 私は在日朝鮮人です。私には姉と兄がいますが、どちらも北朝鮮に帰国していてたまに音信がある程度です。最近、父の病状がよくありません。万一、父が死亡した場合、父名義の不動産の相続手続はどうすればいいのでしょうか。

A

不動産の相続において、相続人が日本国外にいるケースはかなり困難な事例となります。あなたのお姉さんとお兄さん（以下「姉」「兄」という）が、北朝鮮に帰国されていることからも、あなたのお父さんは（以下「父」という）は、「北朝鮮法を本国法とする在日」であるという前提でお答えします。

将来、父が死亡されたとします。父の相続については、結果的に、不動産の所在地の法律である日本の民法によることになります（法例26条、32条、北朝鮮対外民事関係法45条）。北朝鮮にいる姉と兄以外には兄弟姉妹がいないとすると、あなた方のお母さん（父の妻）、あなた、姉、兄の4人が相続人になるでしょう。

表10　帰国事業による北朝鮮への帰国者数

年	帰国者数	朝鮮人	年	帰国者数	朝鮮人
1959	2,942	2,717	1973	704	
1960	49,036	45,094	1974	479	
1961	22,801	21,027	1975	379	
1962	3,497	3,311	1976	256	
1963	2,567	2,402	1977	180	
1964	1,822	1,722	1978	150	
1965	2,255	2,159	1979	126	
1966	1,860	1,807	1980	40	38
1967	1,831	1,723	1981	38	34
1968	中断		1982	26	24
1969	中断		1983	0	0
1970	中断		1984	30	
1971	1,318	1,260		93,340	
1972	1,003	981			

出所：森田芳夫『数字が語る在日韓国・朝鮮人の歴史』180頁（明石書店、1996年）より作成。

　あなたが現在居住している家屋とその敷地が父名義であれば、父の死後は、相続人名義への相続による所有権移転登記が必要となります。ここでは、あなた名義に相続登記をすることを考えてみましょう。

　姉、兄との音信があるというのは辛いです。相続登記をするためには、あなたが遺産を取得するという内容の遺産分割協議書を送り、署名押印してもらわなければなりません。同時に、「父の法定相続人はだれか、および他には法定相続人がいない旨」の書面も送付し、署名押印してもらうことが必要です。日本でいう住民票や戸籍に該当する証明書も必要であり、印鑑証明書も必要となります。前者は、父の子であること、および署名時に生存していることを証明するために、後者は、その人が間違いなく遺産分割協議の意思表示をしたことを証明するために必要となります。しかし、日本と同様の住民登録制度や戸籍制度、また印鑑証明制度が北朝鮮には存在するかどうか定かではありません。北朝鮮の然るべき機関により、遺産分割協議書に署名したものが誰であるかを証明してもらうことになるでしょう。すなわち、北朝鮮にいる姉や兄が、間違いなく遺産分割協議の内容に同意し、署名したとい

表11　126-2-6 該当者の単純出国者数　　　　　　　　　　（1956年〜1964年）

年	単純出国者数（A）	Aのうち北朝鮮へ帰還	Aのうち北朝鮮へ帰還を除く
1956	748	―	748
1957	698	―	698
1958	591	―	591
1959	2,630	2,105	525
1960	35,114	34,588	526
1961	16,043	15,588	455
1962	2,584	2,297	287
1963	1,930	1,699	231
1964	1,336	1,135	201
計	61,674	57,412	4,262

出所：森田芳夫『数字が語る在日韓国・朝鮮人の歴史』180頁（明石書店、1996年）より作成。

うことの証明が大切なのです。

　姉や兄の、北朝鮮への出国により閉鎖された外国人登録原票の記載事項証明書も、遺産分割協議書に署名した者との同一性を確認するためには必要な場合があるでしょう。北朝鮮に帰国後、名前を変更しているような場合はその旨も証明してもらわねばなりません。

　ほかには、お母さんについては妻であること、あなた方については父の子であることの証明が必要となります。父の出身地が現在の韓国に属する地域で、韓国の戸籍謄本が請求可能であれば、それを添付すればよいでしょう。戸籍謄本により、両親が法律上の夫婦であること、あなた方が父と法律上の父子関係があることの証明が容易になり、また、法定相続人がだれかの証明にも役立ちます。「朝鮮」籍なのに韓国の戸籍謄本というのは奇異に感じられるかもしれませんが、父母の婚姻や、あなた方の出生の時期によってはその記載がされている可能性があるからです。その戸籍謄本がなければ、婚姻届または出生届記載事項証明書を請求する必要もあるでしょう。ほかには、外国人登録原票の記載事項証明書を利用することにより、夫婦関係や親子関係を証明することになります。

　いずれにしろ、父が死亡されれば、北朝鮮の姉や兄に連絡を取らなければ

ならず、かなり面倒な作業を覚悟しなければなりません。なお、父が元気な間に、遺言、それも公正証書遺言を作成しておけば、将来、上の作業は不要となりますので、一度父と相談されてはいかがでしょうか。

（関連項目）韓国戸籍を探す方法はＱ２－12、北朝鮮の身分登録制度はＱ２－11、朝鮮人の相続法はＱ５－３、相続証明書はＱ５－21、Ｑ５－22、遺言はＱ５－15参照。

(李　光雄)

相続証明書——戸籍謄本

Q5-21 私は、在日韓国人ですが、先般父が亡くなり、父名義の定期預金を解約しようと銀行へ行ったところ、相続人全員の韓国の戸籍謄本と父の韓国の除籍謄本が必要だと言われました。本当に必要なのでしょうか。

A

あなたの父の相続については、法例26条により、あなたの父が「韓国法を本国法とする在日」であったならば、韓国民法が適用されることになります。

誰が相続人であるのか、相続分はどうなるのか、また、どのような財産が相続財産を構成するのかといったことについては、韓国民法の適用を受けることになります。

さて、韓国民法は、「相続人は、相続開始の時から、被相続人の財産に関する包括的権利義務を承継する。ただし、被相続人の一身に専属したものは、この限りでない」（韓国民法1005条）と規定していますから、あなたの父名義の定期預金も相続財産に含まれることになります。そして、同順位の相続人が他にいる場合には、この預金は他の相続人と共同して相続することになります。

そこで、銀行としては、あなたは相続人なのか、また、あなた以外の相続人が誰なのか等を確認したうえでなければ、預金の払戻しには応じてくれな

いでしょう。なぜなら、銀行が相続人の確認等をしないで預金を払い戻した後に、あなたが相続人でなかったとか、あなた以外にも相続人がいたとかという場合、銀行は本来の相続人や他の相続人に対して、預金をあなたに払い戻してしまったにもかかわらず、二重に支払わなければならない可能性があるからです。

　ですから、あなたの父の預金を受け取る場合には、あなたの父の相続人が誰であり、そのほかにはいないことの証明として、相続人の韓国の戸籍謄本と父の韓国の除籍謄本の提出を求められるのが原則となるわけです。

　（関連項目）在日の相続準拠法はＱ５－１、韓国の戸籍制度はＱ２－１０、相続分はＱ５－４、第１順位の相続人はＱ５－６参照。　　　　　　（徳山　善保）

相続証明書──戸籍謄本がない場合

Ｑ5-22　私は、在日朝鮮人です。昨年（2000年）父が亡くなりました。父の不動産の名義を私達子供の名義に移すためには、私達子供が父の相続人であることを証明する書類が必要だといわれました。どのようにすればいいのでしょうか。

Ａ

　ここでは、あなた方およびあなたのお父さんが、「北朝鮮法を本国法とする在日」との前提で話を進めます。

　まず、不動産登記手続では、登記原因が相続の場合には相続証明書が必要です。その根拠は、不動産登記法41条です。それによれば、「登記原因カ相続ナルトキハ相続ヲ証スル市町村長若シクハ区長ノ書面又ハ之ヲ証スルニ足ルヘキ書面ヲ添付スルコトヲ要ス」と定めています。

　ここでは、戸籍またはそれに類する書面で、被相続人と相続人との身分関係を証する書面に絞ってお話しします。

　ところで、あなたのお父さんが、解放前に朝鮮半島で生まれ、本籍地が韓

国に属する地域（例えば慶尚道・済州道・全羅道など）にあれば、お父さんが記載されている戸籍がその本籍地役場にある可能性は高いでしょう。ただ、あなたのお父さんが、日本に渡来してから政治的または信条的な理由により韓国との接触を避けていた場合は、韓国の戸籍にあなたの兄弟を登載する手続をしていない可能性が高いと思われます。また、あなた自身はそのような手続をした経験はあるのでしょうか。

　さて、あなたのお父さんやあなた達が、何らかの理由で韓国との接触を避け、北朝鮮を信条的に支持していたとしましょう。北朝鮮に戸籍制度はないとのことですが、国内では身分関係を示す公民証制度があり、そこには家族との身分関係が表示されているようです。しかし、北朝鮮が在日の身分登録をしているのかは定かではありません。

　そうなると、あなたのお父さんとあなた達との身分関係を証明する書面が本国にある可能性は低いといえます。

　そのような場合、何をもって証明すればいいのでしょうか。先ほど述べたように、あなたのお父さんが解放前に朝鮮半島で生まれていれば、お父さんは韓国の戸籍に記載されているかもしれません。それを一度取り寄せてみることも必要です。そのほかには、日本の法制度を利用するなどして身分関係を証明するしかありません。一例としては、外国人登録の登録原票に記載される、「世帯主との続柄」、「……世帯を構成する者の氏名（当該世帯主を除く）、出生の年月日、国籍及び世帯主との続柄」「本邦にある父母及び配偶者（……世帯主である場合には、その世帯を構成する者である父母及び配偶者を除く。）の氏名、出生の年月日及び国籍」（外国人登録法4条17、18、19号）欄を記載した登録原票記載事項証明書（旧外国人登録済証明書）です。その登録原票記載事項証明書は、お父さんとあなた方全員のものが必要になります。

　その上に相続人全員による「それ以外に相続人はいない旨」の宣誓書（印鑑証明書付き）が必要になるでしょう（昭和35・11・10民甲2797号民事局長回答など）。

　いずれにしても、在日の中の少なからざる人が、家族・親族との身分関係を証明しようとする場合、困難な場面に遭遇します。

　＊在日本朝鮮人総連合会の相続証明書が、法的な書面となるかどうかは、

金具培「朝鮮民主主義人民共和国の家族法」法律時報33巻10号（1961年）79頁、金敬得ほか編『韓国・北朝鮮の法制度と在日韓国人・朝鮮人』（日本加除出版、1994年）180頁以下を参照していただきたい。

（関連項目）韓国戸籍を探す方法はＱ２−12、韓国の戸籍整理はＱ２−13、相続証明書はＱ５−20、Ｑ５−21、Ｑ５−23参照。　　　　　　　　（西山　慶一）

相続証明書──外国人登録原票記載事項証明書

Ｑ５−23　私は1970年に結婚しましたが、私も、1998年に死亡した夫も在日朝鮮人です。夫名義の自宅の相続登記を申請するに際し、婚姻届記載事項証明書（婚姻届の写し）が必要だといわれました。外国人登録上、亡夫の妻であることが明らかなのに、なぜ必要なのでしょうか。

Ａ

　在日朝鮮人である夫が亡くなられて相続が開始したわけですが、亡夫が「北朝鮮法を本国法とする在日」という前提で、ご質問にお答えします。

　配偶者である妻が相続人であるかについて、日本にある不動産の相続については日本の民法によることになります（法例26、32条、北朝鮮対外民事関係法45条）。日本の民法によれば配偶者たる妻は相続人ですが（日本民法890条）、ただ、この場合の妻というのは、法律上の婚姻関係のある配偶者を意味します。したがって、いわゆる内縁関係にあって、亡夫の事実上の妻として何十年間も一緒に暮らしてきたとしても、それだけでは相続人とは認められないことになります。そして、相続登記を申請するためには法律上の妻であることを証明しなければなりません。

　あなた方は1970年に結婚されたそうですが、日本の役所に婚姻届を提出されたでしょうか。提出されたのであれば、あなたは法律上の妻であり、亡夫の相続人の一人となります。

外国人登録法上は、法律上の婚姻関係にある夫婦の場合に、夫が世帯主であれば、妻の登録原票記載事項証明書（従来の外国人登録済証明書）には「世帯主との続柄　妻」と記載され、内縁関係の場合は「妻（未届）」と記載されるのが原則です（外国人登録事務協議会全国連合会法令研究会『改訂外国人登録事務必携』（日本加除出版、1993年）42頁参照）。

　あなた方の場合も夫が世帯主であったとして、かつての、あなたの登録原票記載事項証明書に「世帯主との続柄　妻」と記載されていたのであれば、あなたは法律上の婚姻関係にある妻であったことになります。ですから、必ずしも婚姻届記載事項証明書が必要であるとはいえないと考えます。

　ただ、外国人登録の内容は、原則として本人の申請に基づくものであり、法律上の妻であることを確実に証明する、すなわち、婚姻届が提出されたということを証明するためには、婚姻届記載事項証明書が望ましいというわけです。どうしても必要な場合には、朝鮮人同士の婚姻届は役所に保存されていますから、婚姻届を提出された役所を思い出して、そこで婚姻届記載事項証明書を請求してください。

　なお、あなた方にはあてはまりませんが、婚姻届が1947年頃以前に提出されている場合には保存されていません。その場合に、朝鮮戸籍令当時の韓国の戸籍謄本の請求が可能であれば、そこに婚姻の旨が記載されていると思われます。

　（関連項目）韓国の戸籍制度はＱ２─10、婚姻の方式はＱ３─５、朝鮮人の相続準拠法はＱ５─３、相続証明書はＱ５─22参照。　　　　　　（李　光雄）

第6章　在日の姓（氏）の法律

1　はじめに

　在日にとって姓（氏）とは、どのように捉えられるものであろうか。姓（氏）をめぐってはいろいろな観点から考えることができる。本章では、在日の姓（氏）が、法律の上でどのように規律されているのかという点を中心に考えてみたい。

　「在日韓国人」、例えば「朴」姓の男性と「金」姓の女性が婚姻する場合、夫は「朴」姓を称し、妻は「金」姓を称する。そして両者は、それぞれの姓を生涯そのまま継続して称することになる。このことは、「在日韓国人」同士、「在日朝鮮人」同士、あるいは「在日韓国人」と「在日朝鮮人」が婚姻した場合、いずれのケースにあっても、当事者からすれば当然のこととされよう。他方、在日の多くは本名（姓名）とは別に日本風の氏名、いわゆる「通称名」を持っているが、在日同士の夫婦が婚姻後、通称名を称する場合には、いずれかの通称名を称して、同氏としてそれを使用するのが一般的であろう。

　このように、在日の場合、家族の名前として姓と通称名を持つ人が多く、かつ、婚姻後の使用形態をみてもそれらが同じものでないことを、ほとんどの在日は知っている。では、なぜこのような本名（姓名）と通称名（氏名）の両者があり、それぞれを使い分けているのであろうか。

　日本は、1910年8月29日に、大韓帝国を武力により併合し植民地とした。その後制定された「朝鮮民事令」（明治45年3月18日制令第7号）を1923年7月1日に改正（大正11年制令第13号）し、朝鮮に「朝鮮戸籍令」（大正11年12月18日朝鮮総督府令第154号）を施行し、日本と同様の戸籍制度を導入した。また、皇民化政策の一環として、「朝鮮民事令」を改正し、「朝鮮民事令中改正の件」（昭和14年11月10日制令第19号、昭和15年2月11日施行）により「創氏」制度を強要した。これにより、朝鮮人は従来から名乗っていた自らの「姓」とは別に、戸籍上の「氏」を設定しなければならなくなった（同附則2項、3項）。同時に「朝鮮人の氏名に関する件」（昭和14年11月10日制令第20号、昭和15年2月11日施行）により正当事由があれば、裁判所の許可により氏名変更（改氏改名）ができるとして手続的な整備も併せてなされた（同2条）[1]。いずれにせよ、この「創氏改名」制度により、日本風の氏名が、朝鮮人に強要されることになった。しかし、1945年8月15日の日本

の敗戦により、植民地朝鮮は解放され、それとともに「創氏改名」制度も廃止された[2]。5年間とはいえ、「創氏改名」制度が残した影響は大きく、その際の氏がその後通称名として使われることが多かったので、解放後50年以上経った今も、在日に問題を投げかけている。

　ところで、日本社会の在日に対する差別は、植民地時代はもとより解放後も、仕事、教育等日常生活のあらゆる場面におよんだ。こうした状況下にあっても、在日の親は、毎日の糧を得るため、あるいは子供に食事を与えるため、さらには教育を受けさせるために働かなければならなかった。そのため、在日は、通称名を使用して在日であることを隠さざるを得ず、例えば仕事の取引先にそれとさとられないように通称名を名乗っていた。この通称名が「創氏改名」制度の残滓であることは、前述した通りである。

　日常生活で通称名を名乗っている在日男性と日本人女性が婚姻した場合の婚姻後の姓（氏）についても、後述するようにいくつか問題が生じている。こういう在日と日本人の婚姻が、現在、急速に増加している。因みに、1996年においては、夫婦とも在日のカップルの婚姻件数が1,438件に対し、在日と日本人のカップルの婚姻件数は7,241件である[3]。

　このように在日の姓（氏）については、歴史的な問題を始めとして、一部では日本人配偶者をも巻き込んだ形で、本来の姓とともに、後で述べるように通称名を含めた実に様々な問題を法律上提起しているのである。

2　韓国と北朝鮮の姓

　朝鮮半島における「姓」制度は、高麗時代（918～1392年）に中国から伝来、承継されたものといわれている[4]。そもそも、姓は同じ男系血統を表示するものとして機能し、幾世代を経てもその同一性が維持されるものと認識されてきた。

　人の血統は生涯変わることがないように、姓も同じく生涯変わることがないと認識された。これが「姓不変の原則」である。今日の韓国においても、北朝鮮においても、この「姓不変の原則」は、その体制の相違にもかかわらず、そこに暮らす人々に当然のこととして捉えられている。加えて、姓には「本」（または「本貫」ともいう）が付いている[5]。男系血族の祖先発祥の地を意味する「本」というものが、姓とともに男系血統に付随して継承されて

いる[6]。一般的に、朝鮮半島ではこの「姓」と「本」の両者を用いて、男系血統を表記している。

韓国では法律上、姓はどのように規定されているのであろうか。韓国民法は、夫婦の姓に関する明文の規定をおいていない。しかし、夫婦は婚姻後も、婚姻前の各自の姓をそのまま称するものと解釈されている[7]。子については、韓国民法781条1項本文によれば、原則として、「父の姓と本を継いで、父の家に入籍する」と規定されている。これらのことから、韓国における姓は、父系血統を表示し、そこでは「姓不変の原則」、「父姓追従の原則」が貫かれている。例外的に同条2項は、「父の知れない子は、母の姓と本を継いで、母の家に入籍する」としている[8]。1998年6月14日施行の改正国籍法(1997年12月13日法律第5431号)が、日本と同様に父母両系主義を採用したために外国人夫と韓国人妻の間に生まれた子も韓国国籍を取得することとなった(韓国国籍法2条1項1号)。この場合、この子の国籍が問題となるが、韓国民法は781条1項に但書を設け、「ただし、父が外国人であるときは、母の姓と本を継いで、母の家に入籍する」という例外を定めた。国際化のなか、父母両系主義の採用が、若干ではあるが「父姓追従の原則」に変化をもたらしている。

韓国の国際私法である大韓民国渉外私法(1962年1月15日法律第966号)は、姓について明文の規定をおいていないが、夫婦の姓の準拠法については、多数説は、婚姻の身分的効力の準拠法によるとする[9]。その準拠法を定める同法16条によれば、婚姻の身分的効力は夫の本国法となる。例えば、在日韓国人男性と日本人女性が婚姻をすれば、夫の本国法である韓国法が適用され、「姓不変の原則」によりその夫婦は、それぞれの姓(氏)を称することになる。

北朝鮮の姓の規定をみてみる。北朝鮮は、1990年12月1日に朝鮮民主主義人民共和国家族法(1990年10月24日最高人民会議常設会議決定第5号)を公布、施行した。同法17条は、「夫と妻は、自己の姓と名前をそのまま有」するとしており、ここでは「姓不変の原則」が明文上維持されている。

また、子の姓については、同法26条によれば、原則として「子は父の姓に従う」が、「父の姓に従うことができない場合には、母の姓に従う」ことになる[10]。北朝鮮社会にも、「姓不変の原則」、「父姓追従の原則」が伝統的規

範として存在していると思われる[11]。

3　韓国・北朝鮮の戸籍（身分登録）

　北朝鮮には戸籍制度は存在しないが、身分登録制度があるので、出生、死亡、婚姻、離婚等の身分変動があった場合は、身分登録機関に登録をすることになる。しかし、その詳細と在日が登録されているかどうかは明らかではない[12]。

　他方、韓国では、一般に男女が婚姻をすれば「姓不変の原則」により、姓を異にする者同士が同じ戸籍に入籍することになる。例えば「朴」姓の男性と「金」姓の女性が婚姻すれば、夫である「朴」と妻である「金」が同一戸籍に登載される。夫たる「朴」に「鄭」姓の母がいれば、同一戸籍に三つの姓が存在することになる。このように同一戸籍に、いくつもの「姓」が記されるのが韓国の戸籍の大きな特徴である。

　ところで、現在は、韓国人男性が日本人女性と婚姻すれば、夫の戸籍の身分事項欄に婚姻事由が記載されるのみで、日本人妻がその戸籍に入籍する取扱いはされない[13]。ただし、1997年改正前の韓国国籍法3条1号によれば、大韓民国の国民の妻となった者は、婚姻により、いったん韓国の国籍を取得することになっていた。したがって、1998年6月13日以前は韓国人夫と婚姻した日本人妻は、いったん韓国人夫の戸籍にその氏のまま入籍していた。

　この場合、その後、6か月以内に妻が日本国籍を離脱すれば韓国国籍のみ保有することになった[14]。

　また、現在では、韓国人女性が日本人男性と婚姻すれば、韓国人妻は基本的に親家の戸籍から除籍され、一家創立により新戸籍が編製されることになる[15]。

4　日本の国際私法上の姓（氏）の準拠法について

　「在日韓国人」と「在日朝鮮人」が婚姻すれば、日本の国際私法上、姓の問題はどのようになるのであろうか。また、在日と日本人が婚姻した場合、あるいは、在日と日本人との間に出生した子の姓は、どうなるのであろうか。

　日本の国際私法上、「氏は、名と組み合わされ、人の呼称として人の同一

性を表示する機能を営むものである。かような氏名の使用ないし変更に関する問題は、氏名権なる一種の人格権に関するものであるから、一般原則として本人の属人法によるもの」[16]と解されている[17]。

国際結婚をした者の姓（氏）等、身分変動による姓（氏）については、日本の国際私法学界の見解と戸籍実務では大きな隔たりがある。

① 国際私法上の見解

イ．人の意思による姓の変更

例えば「李」姓を「朴」姓に変えるという本人の意思による姓の変更は、多数説によれば人格権の問題として、本人の属人法である本国法によるとする[18]。したがって、在日であればそれぞれの本国法である韓国法、北朝鮮法に準拠して姓の問題を考えることになる。ただ、韓国、北朝鮮とも「姓不変の原則」が維持されているので、本人の意思による姓の変更は認められないと考えられよう[19]。

ロ．身分変動による姓の変更

身分変動による姓の変更とは、婚姻、離婚、養子縁組等、一定の身分変動に伴い姓が変更する場合をいう。

・婚姻、離婚

第1は、婚姻による夫婦の姓（氏）の問題は、法例14条により婚姻の効力の準拠法によるとする説である（多数説）[20]。例えば、この説によると「在日韓国人」女性と「在日朝鮮人」男性が婚姻した場合、第一次的準拠法たる夫婦の同一本国法がないので、第二次的準拠法たる夫婦の同一常居所地法たる日本法が適用される。日本民法750条によれば、「夫婦は、婚姻の際に定めるところに従い、夫又は妻の氏を称する」ことになる。

同様に、離婚による夫婦の姓（氏）の問題も、法例16条でいう離婚の準拠法によるとされる[21]。

第2は、姓（氏）を人格権の問題として捉え、夫婦それぞれの本国法を適用する説である[22]。例えば、「在日韓国人」女性と「在日朝鮮人」男性の婚姻後の姓に関する準拠法は、それぞれ韓国法、北朝鮮法が適用され、その場合、いずれも「姓不変の原則」により姓が変わることはない。

・子の姓

子が出生して、どのような姓を称することになるのか、また、養子縁組後

どのような姓を称するのかは、多数説によれば親子関係の効力の問題とみて法例21条による[23]。

養子の姓についても、親子間の法律関係の準拠法に関する法例21条によるとするのが多数説である[24]。日本人夫婦が「在日韓国人」の子と養子縁組をした場合、同条によれば常居所地法によることになるので、日本法が適用される。日本民法810条により養子は、養親の氏を称することになる[25]。

② 戸籍実務

日本の戸籍実務は、従来から日本人の氏を実体法上のものとしてではなく、「戸籍制度上の公法的性格のもの」として運用をしている[26]。したがって、氏の準拠法といったものは観念されない。つまり、氏は日本人についてのみ観念されると考えている。例えば、外国人と婚姻した日本人の婚姻後の氏については、準拠法を考えることなく、戸籍制度の枠組みの中で処理をしている。具体的には、その氏を外国人配偶者の称している氏に変更しようとするときは、日本戸籍法107条2項に基づく届出により、家庭裁判所の許可を得ることなく変更することができる。あくまでも、戸籍法を根拠とする変更であるので、氏を変更した日本人配偶者については、その民法上の氏に変更をきたしていないと考えるのが戸籍実務の立場である[27]。

養子縁組の場合も戸籍実務は、国際私法によることなく、養子が養親の氏を称する場合は、家庭裁判所の許可を得て、その氏を外国人である父または母の称している氏に変更する旨の届出をすることができるとしている（戸籍法107条4項）[28]。

5　在日の姓の諸問題

① 在日の名の変更に関して

「在日韓国人」が姓名のうち名を変更することは、可能であろうか。韓国では、家庭法院の許可を得て、新しい名に変更することを「改名」という（韓国戸籍法113条1項）。

一般に韓国では、一族の同世代の者は、名前の中に同一の文字（行列字）を用いるが、韓国の改名は、それが符合しない場合や珍奇な名を命名された場合、さらには男子であるのに女子らしく命名された場合、またはその逆の場合などに認められる。日本の審判例にも、例外的に「在日韓国人」の改名

を認めたものがある[29]。

② 日本人妻が在日の通称名に氏を変更する場合

多くの在日は生活を維持していく上で、やむを得ず、通称名を使用しているのが現状である。こうした現状を踏まえて、在日男性と婚姻した日本人女性が、在日男性の通称名への変更を希望する、氏の変更の申立が従来から少なからずある。この氏の変更は、戸籍法107条１項に基づくものであり、したがって同項にいう「やむを得ない事由」があるかどうかによって決定される。通称名への変更に関し、具体的事例の如何によって、許可をした審判例もあればそれを否定したものもある[30]。

③ 帰化前の姓への変更

在日は、日本を永住の地として定め、日々の労苦に耐えながら生活している者も多い。

そのなかで、子にだけは親と同じ苦労をかけたくないと思い、子の将来を案じ、家族による帰化を選択していった例も多くある。統計によれば、帰化した在日の数は1952年から1996年までに207,377人を数える[31]。ところが、家族と一緒に帰化した子が、思春期を迎えはじめ、やがて民族意識に目覚める等の理由で、自己の氏を帰化前の民族名に戻したいとする者が現れてきた。裁判所は当初、否定的傾向であったが、近時、この点は戸籍法107条１項の「やむを得ない事由」にあたるとしてこれを認めた例がある[32]。

6　おわりに

いま、本名を名乗って生きていくことに、抵抗を感じない在日の若者が増えつつあるといわれている[33]。今後、在日の生き方が多様化し、また、国際結婚もますます増えていくことが予想され、それとともに、姓（氏）の問題も、より複雑さを増していくと思われる。姓（氏）の問題は、その歴史的経緯や家族制度との密接な繋がりから在日の過去や未来を語るとき、必ず話されるトピックとなろう。

1）宮田節子ほか『創氏改名』（明石書店、1992年）68〜69頁によれば、氏名変更の「正当事由」について「裁判所（地方法院）」にあてた朝鮮総督府法務

局長の通牒（1940年9月25日付）は、次のように明確に指示している。……一、姓の名称そのままの氏を内地人式に変更するは、一視同仁の御聖旨を奉戴する内鮮一体の統治方針にかく恪遵し、皇民化に精進せんとするものなるをもって、それ自体正当の事由あり。三、氏が内地人式になると、はたまた姓そのままなるとを問わず、朝鮮人式名を内地人式名に変更するは、第一項と同一理由により、それ自体正当の事由あり。……この通牒の内容が、改氏・改名の制度目的を言いつくしている。すなわち、創氏によって朝鮮人も『氏名』を有するようになったが、その氏や名を朝鮮人式のものから日本人式のものに改めることが、『内鮮一体』の統治にそう皇民化である。そして、その皇民化こそ『正当の事由』である」と金英達の説明がある。
2）創氏改名制度は、解放後のアメリカ軍政下の韓国では1946年10月23日軍政法令第122号により廃止されたが、その2条には「日本統治時代の法令に起因した創氏制度に依つて朝鮮姓名を日本式氏名に変更した戸籍記載はその創初より無効なることを宣言す」とある。大内憲昭『法律からみた北朝鮮の社会』（明石書店、1995年）140〜141頁にソヴィエト軍が進駐した北朝鮮では、「1945年11月16日の司法局布告第2号『北朝鮮において施行する法令に関する件』は植民地法の廃止を宣言し……。1946年3月23日、臨時政府の『20ケ条政綱』では『日本帝国主義の支配当時に行使され、またその影響を受けている一切の法律と裁判機関の廃止』が宣言され」創氏改名制度は廃止された。
3）徐海錫編「ヒューマンレポート」18号（自主出版、1998年）91頁参照。また、同誌によれば、いわゆる在日ではなく、「日本人の配偶者等」の韓国・朝鮮人の外国人登録者数は、1996年現在21,090人である。また福岡安則『在日韓国・朝鮮人』（中央公論社、1993年）68頁によれば、「『韓国・朝鮮人』と『日本人』の婚姻のなかには、かなりの割合で『本国の韓国人』と『日本人』との婚姻が含まれている。1990年の場合、そのような婚姻件数は4000あまりと推定される。だが、それを差し引いても、『日本人との婚姻』対『韓国・朝鮮どうしの婚姻』の割合は、およそ7対2で、『日本人との婚姻』のほうが多数を占める。婚姻の件数ではなく、個人を単位にすれば、在日韓国・朝鮮人11人が結婚する場合、そのうちの7人は『日本人』と結婚し、4人が『在日』どうしで結婚したことになる」また、「第2に、日本人との婚姻という場合、『在日』の女性と日本人男性の結婚が多く、『在日』の男性と日本人女性との結婚は少ない、ということ」とある。
4）青木清ほか『韓国家族法入門』（有斐閣、1986年）13頁参照。
5）「韓国においては、昔から（統一新羅以前）漢字の姓を使い、それは、父

系血統の標識として機能をしている。姓はこのように、父系血統を対外的に表章するものであるから血統が一生を通じて変わることがないように、姓も一生を通じて変わることがない。これを姓不変の原則という」（金疇洙「韓国家族法とその改正について」早稲田大学比較法研究所機関誌『比較法学』26巻1号（1992年）51頁）。大内憲昭・前掲注2、220頁に韓国高麗大学校法科大学の崔達坤教授が1992年11月に早稲田大学で開催された国際シンポジウム「アジアの伝統的慣習法と近代化政策」で「韓国・北朝鮮家族法における伝統的規範」と題して報告した内容として両国に共通の伝統的規範として「姓不変の原則」、「父姓追従の原則」を指摘している。

6）「本は、本貫、貫籍、籍貫ともいわれるもので、略して、本、または貫と呼んでいます。やはり、男系血統に付随して継承されるものです。一般的には、それは、自己が属する男系血族の祖先の発祥地名をいい、場合によっては、祖先が有した領地などの縁のあった地名を用いていることもあります。その由来はともかく、韓国の社会では従来から、この本と前述の姓の両者を用いて、同一男系血族に属するか否かの判断をしてきました。したがって、例えば同じ『金さん』であっても、いずれの『金さん』であるかを示すために、姓に本を冠して、慶州出身の『金さん』であれば慶州金氏、金海出身の『金さん』であれば金海金氏などと表示します。この場合の『氏』は、敬称の意味も含まれていると思われますが、本質的には、その一族を意味していると考えるべきでしょう」青木清・前掲注4、14頁。

7）金疇洙『法學叢書 親族・相続法―家族法―』〔第5全訂版〕（法文社、2000年）236頁参照。

8）大法院戸籍例規279項には、「父が認知しなかった婚姻外出生子でも、父の姓と本を知ることができる場合には、父の姓と本を継ぐことができるが、申告書並びに戸籍簿父母欄には父の姓名を記載することはできず、戸主との関係だけ記載すればよい」（1965.2.6法政第34号、清州地方法院管内戸籍公務員会議時質疑回答要旨、1991.7.9法政第1095号通牒）とし、280項には「民法第781条第2項の、父の知ることのできない子というのは、母が父と認定すべき者を知ることができない子を意味するのであり、婚姻外子といっても、父の姓と本を知ることができる場合には父の姓と本を継ぐことができ、父の認知がない限り、父を知ることができない子として、その入籍は民法第782条第2項の規定によるべきである」（1962.11.19.法政第1610号通牒、1991.7.9.法政第1095号通牒）としているが、これに対し、金疇洙・前掲注7、451〜452頁は「姓は出生の血統を表示するものとして、父子関係が法律上認められなければ、出生の系統に従い母の姓と本を称するほかにないので

ある。それにもかかわらず、戸籍例規は父子関係が成立しなかった場合、すなわち婚姻外の出生子として父から認知を受けられなかった場合にも、父の本と姓を継ぐこととしているが、これは出生の血統を表示する姓の本来の意義を忘却したものとして賛成できず民法規定の体系をみても不当な有権解釈である」として批判している。

9) 青木清「夫婦の氏の準拠法について」南山法学17巻3号（1994年）9頁には多数説のほか、「夫婦の姓……は人格権の問題ゆえ夫婦各自の属人法によるべき」とする少数説を紹介している。

10) 最高人民会議常設会議決定第5号は付属決議第3項で、北朝鮮家族法は「外国で永住権を有し、生活する朝鮮公民には適用しない」として、家族法が在日朝鮮人に適用されるかどうかが問題となった。

11) 北朝鮮の姓について「従来の、父親の『姓』にしたがうことによって、一定の血縁的連携を表示し、その変更を許容しなかった事実、つまり夫婦は結婚後も各自本来の『姓』を使用するのが妥当だと考えたからだと理解しているようである。いずれにしても、北朝鮮では、父親の『姓』に基づいて子女の『姓』が決定され〔父系血統優先主義〕父親が不分明な場合に限り副次的に母親の『姓』にしたがった子女の『姓』も、父親が確定すれば、それにしたがって変更される」「また、最近の報道でも、ピョンヤン市内の平均的なサラリーマン家庭のルポ記事の中で、『夫は崔某で妻は朴某』と紹介し、夫婦の姓が違うのは、結婚しても改姓する習慣がないからだ〔『朝日新聞』1985年5月21日朝刊〕と解説していた。要するに、北朝鮮でも、従来のように、『姓』に対する、父系血統優先主義と不変の原則を踏襲しているわけである」（李丙洙「朝鮮の姓」黒木三郎ほか編『家の名・族の名・人の名―氏』（三省堂、1988年）269頁、276頁～277頁参照）。

12)「身分登録機関は国内においては市、郡（区域）安全部の下部分駐所であり、国外においては当該国に駐在する共和国の外交代表部又は領事代表部である」大内憲昭「朝鮮民主主義人民共和国の国籍法・対外民事関係法に関する若干の考察」（関東学院大学文学部紀要90号、2000年）139頁参照。

13) 大法院戸籍例規557号参照。

14) 改正前韓国国籍法12条本文は、「大韓民国の国民であって、次の各号の一に該当する者は、国籍を喪失する」として同条7号は「外国人で大韓民国の国籍を取得した者が6月経過してもその外国の国籍を喪失しないとき」と規定していた。青木清・前掲注9、12頁、大法院戸籍例規436号参照。

15) 大法院戸籍例規436号参照。

16) 山田鐐一『国際私法』（有斐閣、1992年）467頁、木棚照一ほか『国際私法

概論〔新版〕』(有斐閣、1991年) 213頁参照。

17) 氏名を公法的側面から捉えて、本国法主義の根拠とする氏名公法論は、澤木敬郎「人の氏名に関する国際私法上の若干の問題」家月32巻5号1頁以下、1980年参照。

18) 山田鐐一・前掲注16、467頁、木棚照一ほか・前掲注16、213頁参照。

19) 京都家審昭和55年3月31日家月33巻5号97頁は、在日朝鮮人と婚姻した日本人女が朝鮮の国籍を取得したのち朝鮮人男の姓に変更する申立をしたが、北朝鮮に慣習法として「姓不変の原則」が行われているとして却下した事例である。

20) 山田鐐一・前掲注16、370頁、467頁、木棚照一ほか・前掲注16、214頁、池原季雄ほか編『渉外判例百選　第三版』(有斐閣、1995年) 185頁、東京家審昭和47年8月21日家月25巻5号62頁参照。

21) 山田鐐一・前掲注16、388頁、467〜468頁、木棚照一ほか・前掲注16、214頁参照。

22)「人格権説の論拠に加えて、氏には個人の呼称としての性格のほかに各国それぞれの文化や習慣を反映した側面をもち、こうした側面を考慮する必要を感じることから、氏については各自の本国法によることが妥当である」青木清・前掲注9、20頁参照。また、木棚照一ほか・前掲注16、215頁によれば、「原則として、当事者の本国法によるものとしつつ、当事者に準拠法選択を認めて身分関係の効力の準拠法によることもできるものと解釈する方が条理にかなう」とする。人格権説をとった判例として静岡家熱海支審昭和49年5月29日家月27巻5号155頁。

23) 山田鐐一・前掲注16、441頁、木棚照一ほか・前掲注16、214頁参照。

24) 山田鐐一・前掲注16、441頁、木棚照一ほか・前掲注16、214頁参照。

25) 韓国の戸籍例規によると「わが国国民が外国人に入養したとしても、養子の戸籍上、姓と本が変更されるのではなく〔姓不変の原則〕、……養子の戸籍中身分事項欄に、入養事項と養父の国籍及び姓名が記載される」(1975年3月10日法政第141号外務部長官対法院行政処長回答要旨) として戸籍実務上は姓の変更はない。

26)『渉外判例百選』189頁、191頁、澤木敬郎・前掲注17、1頁以下参照。

27)「外国人と婚姻をした日本人の氏の取扱いについては、現在の実務では、周知のとおり、民法750条の規定は、外国人と婚姻した者には適用されず、したがって、婚姻によっては氏の変更はないとして取扱われている。これに反対する説もあり得るが、民法が改正されたわけではないし、実務の取扱いを変更するだけの合理的理由も見当たらない……。そこで外国人と婚姻した

ことにより、新戸籍が編製される場合でも、その者の氏は、婚姻の前後を通じ変更はなく……」（法務省民事局内法務研究会編『改正国籍法・戸籍法の解説』（金融財政事情研究会、1985年）63〜64頁参照）。

28）「法107条4項は、戸籍法の原則からすると当然に日本人父又は母の氏を称してその戸籍に同籍すべき者につき、特に別の氏を称して他の戸籍を編製することを認めたものであるから、氏を変更するにつき相応の理由がある場合に限定して適用があるものと解される。すなわち、日本人たる父又は母の氏を称している子が、敢えて氏の呼称を外国人父又は母の呼称と同一に変更する社会生活上の必要性が認められるときに限られるべきである」（法務省民事局内法務研究会編・前掲注27、173頁）。

29）在日の名の変更として申立人の「氏名は……韓国語・朝鮮語で……動物を思わせるもので……珍名・奇名であることから、韓民族の慣習とされる行列に従って行列文字……を付した通名……を25年余の長期間にわたり使用し」、それが「申立人の名として社会的に通用・定着し、個人についての同一性の認識を害するおそれがなく、また、社会一般に支障を与えるおそれがないものと認められるから……韓国の戸籍法上も正当な事由があるとして」改名を許可したものとして千葉家市川出審平成8年5月23日家月48巻10号170頁がある。

30）札幌家審昭和60年5月11日家月37巻12号46頁は、「夫と婚姻して以来15年間、『正田』姓を使用、申立人の氏を『正田』姓に変更することの申立人と子の利益は大きく、変更による社会的影響は少なく、改正国籍法に伴う戸籍の改正で配偶者の氏に変更できるとする法律の趣旨にも反しない」ことを「やむを得ない事由」にあたるとして許可した。

31）前掲注3「ヒューマンレポート」18号96頁参照。

32）前審（京都家審昭和59年10月11日家月37巻11号67頁）では却下されたが「前審判後国籍法の改正があり、前記（帰化）手引書から『日本的氏名』の指導文句が削除されていること、申立人ら一家がやむをえない公的以外はほとんど『金』姓を称してから6年を経過し、その使用期間は比較的短期間であるが同通称姓が申立人ら家族の氏として社会的にほぼ定着しているものとみられること、『金』姓が常用漢字である事等を勘案すれば、本件申立は戸籍法……に該当するものとして認容」した京都家審昭和62年6月16日家月39巻9号57頁がある。

33）「調査対象は、在日韓国人コリアンをふくむI市に外国人登録をしている18歳以上の外国人市民である。標本数は、調査対象者の性別・年齢別構成比をもとに、全世帯から各1名を抽出し、1822名となった。このうち韓国・朝

鮮籍の在日コリアンは1326名で、全体の73パーセントを占めた。……回収された調査票は442名であり……このうち韓国・朝鮮籍は308名で回収率は23.2パーセント」の調査で「名前について……二世が多くを占める50代や40代では、民族名の使用者は7パーセントであるが、二世から三世の過渡期にあたる30代になるとその比率は約16パーセント、三世、四世に突入した20代になるとその比率はじつに21パーセントまで上昇している」（朴一『在日という生き方』（講談社、1999年）19頁以下）。　　　　　　　　　　（高山　駿二）

在日の姓の準拠法

Q6-1 私は、在日の女性ですが、近々日本人男性と結婚する予定です。私の姓（氏）は、結婚によって影響を受けるのでしょうか。

A

　氏名は、人の呼称として人の同一性の機能、言い換えれば、社会において自分が自分であることの確認の作用を果たすものです。だから、氏名は、その人にとって、かけがえのないものであり、奪い得ないものであると言えます（日本統治下における、「創氏改名」が朝鮮民族に与えた苦痛を想起されたい）。したがって、氏名を保持することは、人格権という、一つの権利であると言えます。「市民的及び政治的権利に関する国際規約」（国際人権規約B規約または自由権規約という）24条や「児童の権利に関する条約」7条・8条は、子供は出生後ただちに氏名を取得しそれを保持する権利を有すると規定しています。

　氏名（取得・保持・変更）について、人格権という捉え方をすると、氏名はその人の属人法である本国法によって考えるべきこととなります（人格権説）。そうすると、あなたの本国法は韓国法または北朝鮮法なので、結婚しても姓は変わらないということになります。

　一方、氏名は個人的なものであると同時に、その人が、氏名により夫婦や親子、その他の親族共同体などに属していることを示すものでもあります。一定の身分関係（家族関係）にあることを示すという意味で、家族法の領域の法律問題であるとも捉えることができます。この考え方を前提にすると、国際結婚をした場合の氏の問題は、婚姻の効力の準拠法を定めている法例14条によることになります（婚姻の効力説）。法例14条は、夫婦の本国法が同一でない場合で、夫婦の常居所地が同一の場合について、常居所地法を準拠法に指定しています。したがって、あなたと日本人夫との婚姻の効力につい

ては、常居所地法である日本民法が準拠法となり、その750条によれば、「夫婦は、婚姻の際に定めるところに従い、夫又は妻の氏を称する」こととなるわけです。

しかし、日本の戸籍実務（昭和40.4.12民甲838号回答等）は、こうした国際私法が当たり前のこととする考え（通説）を採用せず、人格権説を標榜してはいるものの、日本独自の戸籍簿本位の戸籍法中心主義的な考え方による方法を採り続けています。

それは、戸籍が「日本国籍」を持つ者のみを対象にして、かつ戸籍を一組の夫婦と氏を同じくする子について「同一の氏」を基準にして編製されていることを根拠にしています（戸籍法6条）。あなたは、日本人と結婚しても日本国籍を取得するわけではありませんから、日本の戸籍に登載されることもありません。つまり、国際結婚があった場合の戸籍の取扱いは、日本人夫について新戸籍を編製して、外国人妻については、夫の身分事項欄に何々国籍の誰々と婚姻した旨を記載する、というものです（戸籍法16条3項、戸籍法施行規則36条2項・35条4号）。

1984年に新設された戸籍法107条2項は、外国人と婚姻した日本人は、婚姻の日から6か月以内であれば、家庭裁判所の許可を得ないで外国人配偶者の氏を称する旨の届出ができると規定しました。しかし、この規定は、あなたの場合には該当しません。

あなたの場合は、仮にあなたに強い希望があって日本人夫の姓に変更したいのだとしたら、日本の家庭裁判所に対して戸籍法107条1項にもとづく氏変更の許可の申立をする方法に限定されるでしょう。そこで、日本の家庭裁判所が、戸籍法107条1項の「やむを得ない事由」を認定して許可をする可能性があるかを考えてみます。まず、外国の公簿（戸籍、公民証など）に記載・登録される氏名の変更には日本の家庭裁判所の管轄権が原則として及ばないこと、そして、あなたの本国法が婚姻による姓不変の法制度を採っていること、以上いずれかの理由により許可の可能性は相当少ないのではないかと考えられます。しかし、在日のように長く日本に居住する場合に属地的な氏名の変更を認める見解もあります。

　　（関連項目）姓の変更はＱ6－3、在日の姓はＱ6－4参照。　　　（小西　伸男）

韓国・日本戸籍上の子の姓（氏）

Q6-12 私は、韓国人女性で、昨年（2000年）日本人男性と結婚しました。近々子供を出産しますが、日本の役場にはもちろん出生届をしますが、韓国にも届けようと思います。子供は韓国・日本の戸籍にそれぞれどのように登載されるのでしょうか。

A

　ここでは、あなたがた夫婦の婚姻前の姓（氏）が、あなたが「金」の姓で、あなたの夫が「鈴木」の氏で、夫婦ともに今も、戸籍上婚姻前の姓（氏）のままであることを前提にお話しします。

　ところで、あなたと夫の間に生まれた子は、韓国国籍法（2条1項1号）、日本国籍法（2条1号）により、韓国・日本の二重国籍です。

　あなたは、まず子の出生届を父の本籍地または夫婦の所在地もしくは子の出生地で行うことになります（日本戸籍法25、51条）。そうすると、筆頭者を夫とする「鈴木……」の単独戸籍（夫の身分事項欄にあなたとの婚姻事項が記載されている戸籍）（日本戸籍法16条3項）にその子が登載され、その子の母の欄にあなたの名である「金……」が記載されます。あなたの子の日本戸籍上の氏は「鈴木」です。

　また、あなたがその子に関して、韓国の本籍地または駐日韓国領事館で出生申告を出されると、その子はあなたを戸主とする「金……」の単独戸籍（あなたの事項欄には夫と婚姻した旨の記載があります）に入籍します（大法院戸籍例規436号、大法院戸籍例規544号）。

　ところで、その子の父親欄にはどのように記載されるのでしょうか。子は父の姓と本を継ぐのが男系血統主義を貫く韓国の姓の大原則ですから、子の姓は子の父の氏「鈴木」を継承するのですが（韓国民法781条1項本文、「本は不要」）、97年改正韓国国籍法により、母の姓と本を継ぐことも可能になりました（韓国民法781条1項但書）。したがって、あなたの子は、あなたの韓

国戸籍に、「金」または「鈴木」の姓で入籍が可能になります。

いずれにしても、韓国のあなたの戸籍には、その子の父の欄に、夫の氏「鈴木……」が漢字で記載されます（大法院戸籍例規548号。夫の氏名は括弧書きでハングル表記、大法院戸籍例規547号）。結論としては、「金」姓か「鈴木」姓かは別にして、あなたの子はあなたの韓国の戸籍に入籍します。

そして、日本戸籍上で、あなたの子の氏を父の氏である「鈴木」から、あなたの姓の「金」に変更しようとする場合には、日本の家庭裁判所の許可により変更が可能です。ただし、その場合は、子単独の新戸籍が編製されます（日本戸籍法107条4項、20条の2第2項、昭和59・11・1民二第5500号通達第24(3)）。

（関連項目）在日の姓の準拠法はＱ6－2、在日の子の姓はＱ2－14、Ｑ6－6参照。

(西山 慶一)

日本人男性と婚姻した韓国人女性の姓の変更

Q6-3 私は、在日韓国人女性ですが、日本人男性と結婚しようと思っています。その場合、私の姓を日本人男性の氏に変更したく思います。それは可能でしょうか。

A

現在の日本では、氏の同一性により家族の一体性を表すという考えが一般的です。夫婦別姓の時代になれば別ですが、現在では将来生まれてくるお子さんのことも考えれば、あなたのご相談の内容はよく理解できます。

さて、渉外的な氏に関しては、当事者の本国法とする考え方と身分変動の効力とする考え方に大きく分かれます。あなたが「韓国法を本国法とする在日」との前提に立てば、あなたの本国法である韓国の法律を適用するのか、それともあなたと夫の常居所地法である日本法を適用するのか（婚姻の効力

を規定する「法例」14条の第2段階)、ということになります。

ところが、日本戸籍の取扱いは、氏の準拠法を、氏名権という夫婦それぞれの人格権に関する問題であるとして当事者の本国法によって判断しています(昭和55・8・27第5218民事局長通達参照)。

さらに、外国人の姓の変更は、日本には原則的にその変更を行う権限、すなわち管轄権がないという考えが大勢です(最高裁判所事務総局編『渉外家事事件執務提要(下)』(法曹会、1991年)79頁)。また、日本の戸籍行政は、氏名変更の裁判管轄権は本国にのみその管轄権があるという理由で、外国裁判所の氏名変更の裁判に基づいて日本人の氏名を変更できないという取扱いをしていると思われます(昭和47・11・15民甲4679号民事局長回答参照)。

他方、韓国では、韓国民法および戸籍の取扱いともに、韓国人の姓は、「姓不変の原則」という慣習を前提に運用されていて、ごく例外的な場合を除いては「姓」を変更できる余地はありません(韓国戸籍法には姓変更に関する条項はない)。

したがって、あなたの「姓」を、あなたの夫の日本人の氏に変更できる余地はないと考えられ、韓国でも日本でも現在は不可能と思われます。

(関連項目)姓(氏)の準拠法はQ6-1、韓国の姓はQ3-3、Q6-4、名の変更はQ6-11参照。 (西山 慶一)

在日の姓——姓とは何か、身分変動により姓は変わるか

Q6-4 私は在日三世ですが、私の姓は父の姓を受け継ぐと聞きました。これは結婚しても養子になっても変わらないのでしょうか。韓国でも北朝鮮でもそれは同じですか。

A

朝鮮(韓国および北朝鮮を含む全体)の家族制度は、歴史的に見ると、中

国の影響を大きく受け、中国に由来する宗法制と儒教思想をその基本理念としています。

宗法は、中国の春秋戦国時代に始まり、祖廟（祖先の位牌などを安置して祖先の霊を祀る殿堂）を中心とする血族的祭祀集団を統率するシステムのことでしたが、徐々に、家父長的家族制度を意味するようになりました。李氏朝鮮の時代には、仏教に代えて、祖先崇拝と祭祀本位の儒教思想を国教としたので、男系血統主義の宗法的家族制度が朝鮮社会にしっかりと根付くようになりました。

したがって、朝鮮では、「姓」は、宗法的男系血統集団に属していることを表象するものであるため、姓は絶対に変わらないという観念が形成されたのです。このようにして、この「姓不変の原則」や、同一の宗法的男系血統集団の内部にある者同士での婚姻を禁じる「同姓同本不婚の制度」、そして異姓の者の養子を認めない「異姓不養の原則」などが、男系血統中心主義の家族制度に深く関連するものとして定着してきたのでした。

男子優先の家族制度は、韓国では、近代化・民主化に伴う数度の民法改正により、また北朝鮮では、社会主義的国家建設の理念にもとづき、男女平等化がはかられてきています。

あなたのご質問のように、あなたが父の姓を受け継ぐこと、また、結婚しても姓が変わらないことは、現代においても韓国・北朝鮮でともに効力を保っています（北朝鮮家族法17条「夫と妻は、自己の姓と名をそのまま有し、希望と才能にしたがい職業を選択し、社会政治生活に参加することができる」。同26条「子は父の姓に従う（以下略）」。韓国民法781条1項「子は、父の姓と本を継いで、父の家に入籍する（但書以下略）」。韓国民法には、結婚による姓不変についての明文規定はないものの大原則として厳にある）。ただ、養子については、事情が少し違うようです。

北朝鮮では、養子をする場合は、未成年の子を養子とすることに限られ（家族法30条）、養子・養父母関係が成立すると実父母との関係は消滅する（33条後段）と定めています。すなわち、宗法的な男系血統を守るための養子制度ではなく、子の養育を目的とする養子制度（断絶養子または完全養子という）を採り入れています。33条前段は、養親子関係は、実親子関係と同じであると規定しているので、養子は養親の父の姓に従うと思われます。

韓国の養子制度は、普通養子制度であり（実親子関係が断絶しない）、また、成年を養子とすることも可能です。しかし、旧来の養子制度（死後養子、直系卑属長男子の養子縁組禁止、婿養子制度、異姓養子の戸主承継禁止、遺言養子（旧民法867、868、875、876、877②、880条））は廃止され（1991.1.1施行の改正民法）、さらに、99年の民法改正案によれば、980条の2以下の7か条を新設して「親養子」制度（断絶養子・完全養子のこと）を導入するとしています。また一方で、18歳未満の要保護児童については、入養を促進し養子となる者の保護と福祉の増進をはかることを目的に、「入養の促進及びその手続に関する法律」が制定されており、8条1項は、「本法により養子となる者は養子が望むときは養親の姓と本を受け継ぐ」と規定しています。養子制度は、子の養育のための現代型養子制度へ向けて大きく舵を切り、一分野ですが姓不変の原則一辺倒ではなくなっています。
　しかし、婚姻により姓が変わらないという取扱いは、日本の夫婦別姓論議において議論されたように、女性の生き方や人格権・自己決定権を尊重するという時代の趨勢に合致するところがあり、当分の間は維持されるのではないかと思われます。
　（関連項目）在日の姓はＱ３－３、Ｑ６－１を参照。　　　　（小西　伸男）

認知と子の姓（氏）

Ｑ６－５　私は、独身の在日韓国人女性ですが、結婚していない日本人男性との間の子供が、来年（2001年）生まれます。その子の姓（氏）は、生まれる前に男性が認知した場合と生まれてから認知した場合とでは違うのでしょうか。

Ａ

　ここでは、あなたが「韓国法を本国法とする在日」という前提で考えてみましょう。
　あなたのお子さんのように、婚姻関係にない男女間から生まれた婚外子と

その父母との間に親子関係が成立しているかは、法例18条1項、2項により判断されます。母との関係は、「子の出生当時の母の本国法」が準拠法ですので、韓国民法855条の内容により判断されます。しかし、日本と同じく韓国でも、母との親子関係は原則として妊娠・分娩という事実により当然に発生するというのが学説・判例の立場で、原則として母の認知は不要です（金疇洙『親族・相続法　第5全訂版』（法文社、2000年）48頁、大法院1967.10.4.67タ1791参照）。したがって、あなたとあなたの子の母子関係は、認知によらなくても生じます。

　他方、あなたの子と結婚関係にない日本人男性とは、法例18条により、「子の出生当時の父の本国法」「認知当時の認知する者の本国法」「認知当時の子の本国法」のいずれかの本国法が、生父の子に対する認知を認めていれば親子関係が発生します。韓国法、日本法いずれも、生父からの胎児認知（韓国民法858条、日本民法783条）、および出生後の認知を認めていますので（韓国民法855条、日本民法779条）、あなたの子に対して日本人男性が行った認知により父子の親子関係が成立します。

　ところで、あなたの子の国籍は、どうなるのでしょうか。あなたの国籍である韓国国籍を承継するのは当然ですが（韓国国籍法2条1項1号）、あなたの子は父の日本国籍を承継するのでしょうか。

　日本国籍法2条1号は、「出生の時に父又は母が日本国民であるとき」と定めています。日本での国籍の取扱いは、出生の時に「法律上の父」でなければならない、すなわち出生前に認知（胎児認知）していなければ、父の国籍である日本国籍を承継していないという見解に立って運用されています。

　したがって、父があなたの子の出生前に認知していて、あなたの子が出生すれば日本国籍を承継しますので、あなたの子は日本と韓国の二重国籍者となり、韓国戸籍、日本戸籍に入籍する事由が生じます。その場合、韓国戸籍にはあなたが入籍している戸籍にあなたの子が入籍し、「母の姓」か「父の姓」を称します（大法院戸籍例規434号、1989.12.7.法政第1920号通牒）。ところで、日本戸籍は、あなたの子の出生届があっても、「子は嫡出でない子であるから、当然には父の氏を称して父の戸籍には入ることはできない」ので、氏および本籍を設定した上で、新戸籍が編製されます（法務省民事局内法務研究会編『改正法例下における渉外戸籍の実務と理論』（日本加除出版、1989

年) 247頁、日本戸籍法22条、昭和29・3・18民甲611号民事局長回答、昭和31・12・3民(2)発619号民事局第2課長電報回答)。

他方、出生後に父が認知した場合ですが、あなたの子は日本国籍を取得せず、韓国国籍のみを取得します。そこで、あなたの子は出生すれば、あなたが入籍している韓国戸籍にあなたの「姓」を称して入籍する事由が生じます。その後、認知があれば、認知の事由が記載されるに留まります(同前大法院戸籍例規)。

(関連項目) 認知による国籍はＱ2－7、認知はＱ4－15、Ｑ4－16、姓はＱ6－1、Ｑ6－2、Ｑ6－3参照。　　　　　　　　　　　　　　(西山　慶一)

日本人妻は韓国人夫の姓に氏を変更できるか

Q6-6 私は、「金」という韓国人ですが、「鈴木」という日本人女性と一昨年(1999年)に結婚して、昨年(2000年)子供が生まれました。妻の氏を私の姓に変更することは可能でしょうか。また子供はどうでしょう。

A

まず、婚姻によりあなたの妻「鈴木」を筆頭者とする新戸籍が編製されていますが、あなたの妻は、あなた方夫婦の婚姻の日から6か月以内であれば、その氏「鈴木」を、「金」とする変更の届出をすることができました(日本戸籍法107条2項)。具体的には、その妻の戸籍の氏名欄「鈴木」が朱抹され、「金」が氏として記載されます。

あなたの子供は、韓国と日本の二重国籍(韓国国籍法2条1項1号、日本国籍法2条1号)となり、あなたの妻が筆頭者である「金」戸籍に記載され、「金」が子供の氏となります。

しかし、あなた方夫婦は、婚姻の日から6か月を過ぎています。この場合はどうなるか考えてみましょう。あなたの妻が「鈴木」という氏を、あなた

の夫の姓「金」に変更するには、家庭裁判所の許可が必要です。そのためには、その変更が「やむを得ない事由」であることを認めてもらい、許可してもらう必要があります（日本戸籍法107条1項）。

次に、あなたの子供だけ、氏をあなたの姓に変える場合はどうでしょうか。あなたの子供は、韓国と日本の二重国籍ですから、あなたの妻が筆頭者である「鈴木」戸籍に登載されています。あなたの子供の氏「鈴木」を「金」に変更するには、家庭裁判所の許可が必要です（日本戸籍法107条4項、同法107条1項）。この許可によりあなたの子供の氏「鈴木」を「金」に変更する届出をしますと、あなたの子供は、あなたの妻が筆頭者である「鈴木」戸籍より除籍され、あなたの子供が筆頭者である「金」戸籍が新たに編製されます（日本戸籍法20条の2第2項）。なお、あなたの子供は15歳未満ですので、法定代理人であるあなたとあなたの妻が氏変更の届出をすることとなります。

（関連項目）韓国人の姓はQ6－1、Q6－4参照。　　　　　　（姜　信潤）

離婚した韓国人妻の姓に子の姓を変更できるか

Q6－7 私は韓国人で、離婚した前夫も韓国人です。子供は私が育てています。子供の姓は前夫の姓と同じですが、私の姓に変更できないでしょうか。

A

あなたの子供の生来的な姓については、親子間の法律関係に属する問題として法例21条の指定する準拠法によるとする考えや、姓の問題は氏名権という一種の人格権に関するものであるから、子供の本国法によるとする考えが主張されています。

ところで、あなたの子供の場合、法例21条によっても、子供の本国法によ

ったとしても、「韓国法を本国法とする在日」である子供の姓は、韓国法に従い決定されることになります。

あなた方は「韓国法を本国法とする在日」同士の婚姻であると思われますので、子供の姓については、韓国民法が適用されることになります。

韓国民法は、子は父の姓と本を継いで父の家に入籍すると規定（韓国民法781条1項）し、子供が生まれた場合には、必ず父の姓と本を継ぐとしています。

例外として、父の姓と本を継がない場合があります。父の知れない子が、母の姓と本を継いで母の家に入籍するときや父母の知れない子が、法院の許可を得て、姓と本を創設して一家を創設する場合等です。

そして、韓国には明文の規定はありませんが、姓や本は婚姻や離婚によっては変更しないという姓不変の原則があります。

したがって、あなたの場合、子供が出生時に父の姓と本を継いだ以上、あなた方が離婚してあなたが子供を養育しているとしても、子供の姓をあなたの姓に変更することはできません。

（関連項目）在日の姓の準拠法はQ6－1、韓国人の姓はQ6－4、Q6－6参照。
（徳山　善保）

通称名とは何か

Q6-8 私には韓国人としての姓がありますが、ずっと通称名を使用しています。この通称名というのは、いつどのようにしてできたのですか。また、現在においては、どのように使われているのですか。

A

通称名は、通名とか日本名とも呼ばれ、本名とは別にその人自身を表わす呼称です。

在日の多くは、通称名を持ち、あるいは通称名を使用して生活していま

す。この通称名の発祥については、日本による朝鮮の植民地支配における「創氏改名」を抜きに語ることができません。

1910年の日韓併合条約により、日本に併合された朝鮮では、1912年4月1日に朝鮮民事令が施行され、朝鮮人の民事に関する事項は、日本の法律によることとされました（朝鮮民事令1条）。しかし、朝鮮社会固有の伝統的家族制度をいきなり日本の法律によって規律することには無理があったので、朝鮮人の親族および相続に関しては原則として朝鮮民事令1条によらず、慣習によるとされ（同令11条本文）、伝統的家族制度と深い関わりを持つ朝鮮人の姓に関しては、依然慣習により規律されていました。

朝鮮では、姓と本（本貫）をもって父系の血統を表わし、姓は本とともに同族であるかどうかを識別する基準になっていました。朝鮮の姓は一生不変です。ですから、婚姻しても姓は変わらないという姓不変の原則や、養子となる者は養父と同姓同本の者に限られるという異姓不養の原則が守られてきたのです。

一方、日本の旧民法下の氏は、家制度における家の呼称として、婚姻、離婚、養子縁組など一定の身分関係の成立、変動に伴って、所属する家が変わると変更されました。このように、姓と氏は、その本質を異にするものにほかなりません。

ところが、1931年に満州事変がおこり、1937年に日中戦争が全面化すると、朝鮮は日本の大陸侵略のための後方支援などの役割を担わされ、内鮮一体のスローガンの下、戦争への総動員体制の構築（朝鮮における徴兵制度の実施は1944年）に向けて朝鮮人に対して皇国臣民化政策が推し進められます。そして、1940年2月11日に朝鮮民事令の第三次改正（昭和14年制令19号）として、「創氏改名」が断行され、朝鮮の慣習にはなかった「婿養子制度」も新設されます。

「創氏改名」は、姓と本を朝鮮戸籍の中の記載事項としては残しつつ、日本式氏を創設し改名するものでしたが、「たんに朝鮮式のネームを日本式のネームに変えようとしただけではなく、より本質的には、人のネーミングの仕組みを規定するその社会の親族構造を変えようとしたのである。したがって、創氏改名は名前の問題であるというよりも、家族制度の問題であるといった方がより的確だと思う」（宮田節子・金英達・梁泰昊『創氏改名』（明石書

店、1992年）51頁）とあるように「創氏改名」の目的は、内鮮一体の完成のために外地朝鮮の呼称制度および家族制度を内地式に組み替えることにあったと指摘されています。

　朝鮮総督府令219号により、1940年2月11日から施行された「創氏改名」においては、6か月以内の届出期間内に朝鮮人戸主の約8割が届出により創氏し（設定創氏、昭和14年制令19号附則2項）、届出をしなかった朝鮮人戸主は戸主の姓をもって氏とされました（法定創氏、昭和14年制令19号附則3項）。このとき、朝鮮人の多くは、できる限りの抵抗をおこない、創氏に際して姓の、たとえば「金」を、氏の一部に含めて「金○」としたり、本貫の地名をそのまま氏にする人々がたくさんいたのです。

　日本の敗戦後の1946年10月23日、朝鮮姓名復旧令（米軍軍政令122号）により、朝鮮姓名復旧令に背馳する法令などは、その創設の日から無効とされました。

　しかし、戦争終結後も日本に残らざるを得なかった在日一世の多くは、厳しい差別に直面する中で、その後も創氏改名した際の日本式氏名を通称名として使用し続けます。

　外国人登録においても、「終戦直後の混乱期に行われた最初の登録が、氏名等の身分事項に係る確実な疎明資料が必ずしも得られないままに、通称名で登録したというような事例が多く、この通称名での登録を基礎として、入学、就職、商業登記、不動産登記、自動車登録などの手続が既に幾重にも積み上げられ」たことにより、「通称名は、法律的にみて正式な氏名ではないが、我が国に長年居住し通称名を用いて取引その他に従事する外国人の便宜を図って、登録事項ではないものの特に登録原票、登録証明書に記載することを認められているものである」と取り扱われています（外国人登録事務協議会全国連合会法令研究会編著『新版外国人登録事務必携』（日本加除出版、1988年）30頁）。そして、「本名以外に通称名がある場合、それを登録原票の氏名欄に括弧書きして併記する」取扱いがなされています（前掲『新版外国人登録事務必携』29頁）。

　在日も三世から四世への時代に入っていますが、通称名は日常の生活になじんでいると考えられます。しかし他方では、若い世代の中には、本名を使用する人も若干ながら増加しはじめているという統計もあります。在日の通

称名の使用は、日本の国際化の進展や多様な生き方の選択と尊重、日本社会の有り様により変化すると思われます。

やや古い資料ながら参考までに、通称名の使用状況の実態調査をみると、全体の91.2％の人々が通称名を「持っている」と答え、「持っていない」と答えた人々6.9％を大きく上回っています（1989年9月から1990年4月の調査、大阪府を中心とする近畿地域とその近辺に在住する1989年9月現在満15歳以上の在日韓国人男女を対象、任栄哲「在日韓国人の名前の使い分け」天理大学「朝鮮学報」（141輯、1991年）48頁）。

（関連項目）通称名は他にQ6－9参照。　　　　　　　　　　　　（金　秀司）

日本人妻は韓国人夫の通称名に氏を変更できるか

Q6-9 私は、韓国人ですが、日本人女性と結婚しています。妻の氏は私の通称名とは当然異なりますが、このままではもうすぐ生まれてくる子供も妻の氏になると聞き、特に私の両親が納得しません。妻の氏を私の通称名と同じくする方法はないでしょうか。

A

あなたの妻である日本人女性の氏を、あなたの韓国姓ではなく、あなたの通称名に変更したいというご質問ですね。

日本人の氏の変更に関しては、日本の戸籍法107条に規定があります。

まず、戸籍法107条2項を見ると、「外国人と婚姻をした者がその氏を配偶者の称している氏に変更しようとするときは、その者は、その婚姻の日から6箇月以内に限り、家庭裁判所の許可を得ないで、その旨を届け出ることができる」とあります。ここでいう「外国人配偶者の称している氏」とは、外国人の本国における氏（姓）を指すのであり、通称名は含まれません。したがって、婚姻の日から6か月以内であっても、この規定によっては、妻の氏

をあなたの通称名に変更することはできません。

　次に、日本の戸籍法107条1項は、「やむを得ない事由によって氏を変更しようとするときは、戸籍の筆頭に記載した者及びその配偶者は、家庭裁判所の許可を得て、その旨を届け出なければならない」としています。この規定によると、「やむを得ない事由」があり、それに基づく「家庭裁判所の許可」があれば、氏の変更届出ができることになります。あなたの妻も家庭裁判所の許可を得れば、氏の変更が可能です。しかし、その場合に問題になるのが「やむを得ない事由」です。

　過去、日本人妻が申し立てた裁判例から「やむを得ない事由」を探ると、通称名の永年にわたる使用を判断基準の一つとしていることがわかります。つまり、通称名の使用が長期にわたる場合は、その氏は、社会生活上定着しているので、変更を認めないと不都合が生じることを重視して、その変更が「やむを得ない事由」に該当すると判断したのです。

　しかし、永年使用と認められるには、どれくらいの期間が必要なのかは、「従来の裁判例を見ると、ここにいう『永年』とは、短くても10数年を要するものと解されているようである」（荒川秀明「裁判例評釈　夫の通称である氏への変更」家月39巻7号124頁）といわれていました。

　また、かつて申立を認めなかった事案の中には、通称名への変更を認めると夫の氏でもなく妻の氏でもない第三の氏を創設することになることを理由とするものもあります（大阪高決昭和60年10月16日家月38巻2号134頁、大阪家審平成元年7月13日家月42巻10号68頁など）。これらも、「全く新しい氏の創設ゆえ、やはり前の場合と同様、当事者個人の氏としての社会的定着度を示す時間的要素が重視される」（佐藤やよひ「日本人配偶者の氏の外国人配偶者の通称への変更」ジュリスト、平成4年重要判例解説、292頁）というものでした。

　以上は、これまでの一般的な傾向です。しかし、国籍法および戸籍法の一部を改正する法律（昭和60年1月1日施行）により、国際結婚をした夫婦の一方が日本人である場合、その日本人が外国人配偶者の氏を称しようとするときは、戸籍法107条2項の定めにしたがい、婚姻の日から6か月以内であれば、届出のみで外国人の氏を称することができるようになったことから、徐々にではあれ、日本人妻の通称名の継続使用が永年といえない場合でも、

申立が認められる裁判例が出てきました。

　ご紹介しますと、改正された戸籍法の趣旨から見て、夫婦が同一の氏を称することは望ましいことや在日韓国人特有の歴史的・社会的事情等を考慮した上で、夫との間に幼い子がいる日本人妻（通称名の使用期間は3年余り）の氏の変更を認めたものがあります（広島家三次支審平成2年5月24日家月42巻11号58頁）。

　さらに、①外国人配偶者の通氏が永年使用と認められる程度に定着していること、②日本人が婚姻後、外国人配偶者の通氏を夫婦共同体の呼称として使用し、将来も使用を継続する見込みがあることを要件として、氏の変更を認めた審判（申立時に夫婦間に子はなく、日本人妻の通称名の使用期間は2年余り）があります（横浜家小田原支審平成9年12月25日家月50巻4号110頁）。

　しかし、すべての家庭裁判所がこれらと同じ判断をするとは限りません。ただ、あなたの通称名が社会的に定着していて、妻による通称名の使用期間が一定期間あれば、結婚生活を円満に営む上で、妻による夫の通称名への氏の変更許可の申立について、「やむを得ない事由」が認められる可能性はあると思われます。

　（関連項目）通称名はＱ6－8参照。　　　　　　　　　　（金　秀司）

帰化者は氏を韓国風・朝鮮風に改められるか

Q6-10　私は、幼い頃、両親と共に帰化し、現在は日本国籍です。氏を韓国風・朝鮮風に改めた人がいると聞きましたが、私も変更できるでしょうか。

A

　氏は、日本では個人の呼称だとする考え方が一般的です。しかし、在日に

とっての氏は、自分のルーツ（出自）を表したり、自己実現の梃子（てこ）としての機能があるのは理解できます。

さて、あなたは日本国籍ですので、日本戸籍法に基づく「氏」変更が可能かどうかをお話しすることで、あなたのご質問に答えることになります。

氏の変更は、「やむを得ない事由」があるのかを、家庭裁判所が判断して許可するかどうかを決めます。その許可により初めて戸籍上のあなたの氏を変更できます（日本戸籍法107条1項）。氏の変更を家庭裁判所の許可によるものとしているのは、氏は名と一体になり、人の同一性の認識と不可分で、国家や社会と深い関係があるからと思われます。

氏の変更についての具体例としては、珍奇・難解・難読な氏、同姓同名で社会生活上甚だしい支障がある場合、永年の通姓使用などが紹介されています（谷口知平『戸籍法第3版』（有斐閣、1986年）268頁以下）。

では、日本戸籍上の氏を外国式にすること、ここでは韓国風・朝鮮風にすることを日本の戸籍行政は認めてきたのでしょうか。それについては、従来の日本の帰化行政が参考になります。すなわち、帰化許可申請書の様式の注意書きに、「氏名は日本人としてふさわしいものにして下さい」と書かれ、そのように行政指導されていたといわれるからです（金英達『在日朝鮮人の帰化』（明石書店、1990年）46頁以下）。

ところで、日本は1984年改正国籍法の際、戸籍法を改正し、日本人が外国人配偶者の氏を称する場合は、婚姻から6か月以内であれば届出により可能としました（日本戸籍法107条2項、昭和59・11・1民二第5500号民事局長通達第24）。このことは、日本戸籍に外国式の姓を記載するという大きな流れを形作ることになりました。

家庭裁判所は、当初は、韓国風・朝鮮風に氏を改める申立に対して、氏は帰化の際、自らの意思で決めたこと、現在民族名を使用しているのは自ら作為したもので、「かかる民族意識、民族感情の存在は、……やむを得ない事由に該当するとは」解せられない（京都家審昭和59年10月11日家月37巻1号118頁以下）としたり、15歳で家族帰化し、高校になり民族問題で悩み、大学進学後は「金」姓を使用している者に「わが国の現行帰化制度、戸籍上の氏、昭和59年法律第45条による国籍法および戸籍法の一部を改正する法律の各趣旨を斟酌しても……戸籍法107条1項所定の氏を変更するに足るやむを

得ない事由に該たるものとはいえない」として（大阪高決昭和60年10月18日家月38巻2号136頁）、却下していました。

しかし、前記京都家審と同一事案で「申立人……の氏が元来『金』姓であったこと、前審判後国籍法の改正があり、前記（帰化：著者挿入）手引書から『日本的氏名』の指導文句が削除されていること、申立人ら一家がやむを得ない公的以外はほとんど『金』姓を称してから6年を経過し、その使用期間は比較的短期間ではあるが、同通称姓が申立人ら家族の氏として社会的に定着しているものとみられること、『金』の文字が常用漢字である事等を勘案して」その申立を認めた審判例があります（京都家審昭和62年6月16日家月39巻9号57頁以下）。

このように申立を認めた事案もあります。しかし、「やむを得ない事由」の基準が、韓国風・朝鮮風の氏を通称として永年使用しているか、その氏が家族の氏として社会的に定着しているのか等ある点は、注意すべきでしょう。

（関連項目）氏の変更はQ6－6、Q6－9参照。　　　　　　（西山　慶一）

裁判管轄権――名の変更

Q6-11 私は、在日韓国人男性です。私の名を改名したい場合、日本の家庭裁判所はそのような変更を行ってくれるのでしょうか。また韓国戸籍の名と同じように外国人登録の名を変更するのはいかがでしょうか。

A

あなたのご質問は、あなたの名を改名してそれを韓国戸籍に反映させたいということですね。

ところで、日本に韓国人の名を変更する裁判をする権限、すなわち裁判管轄権はあるのでしょうか。一般的には、氏名変更の管轄権は、原則として本国にあるといわれます。

日本の裁判所でも、外国人の名の変更に関して、日本に管轄権があるのかの判断は分かれています（否定は東京家審昭和50年6月25日家月28巻5号65頁、大阪家審昭和56年9月21日家月34巻9号88頁など、肯定は千葉家市川出審平成8年5月23日家月48巻10号170頁）。肯定した審判は、氏名変更の準拠法は、原則として本人の本国法によるべきものとしつつ、「……氏名の変更は、原則としてそれが記載または登録される本国の国際裁判管轄権を認めるのが相当である。しかしながら、本国にのみ国際裁判管轄権を認めると、本国を離れて住所地国に永住している外国人に不便を強いる結果となるので、氏名変更の裁判が本国で承認されることが明らかな場合には、例外的に住所地国にも管轄権を認めるのが相当」（千葉家市川出審平成8年5月23日家月48巻10号172頁、山田鐐一『国際私法』（有斐閣、1992年）470頁参照）としています。

　さて、韓国での改名も日本（日本戸籍法107条の2）と同様に、正当な理由があれば「家庭法院」が許可するもので、その正当な事例としては、行列字に改名、珍奇・難解な名の改名、日本式名を改名、韓国に帰化した者が韓国式名に改名、等が紹介されています（韓国戸籍法113条、崔學圭『改正韓国戸籍法』（テイハン、1992年）217頁以下）。

　いずれにしても家庭裁判所の改名の許可審判があれば、外国人登録の名は変更できます（外国人登録法9条、「昭和44年9月11日第99回戸籍事務連絡協議会結果」家月22巻3号179頁）。ただ、それを韓国の戸籍役場が認めるかどうかは別の問題ですので、よく確かめる必要があります。

　なお、韓国家庭法院の改名許可により韓国戸籍の名を変更する手続は、韓国戸籍法113条に定められています。具体的手続は、韓国領事館でお確かめ下さい。

　ご質問の後段部分は、韓国の公の書面に記載されているのですから、それに基づいて外国人登録の名を変更できるのは当然です。詳しくは、あなたの居住地の市区町村役場に問い合わせてください。

　（関連項目）韓国戸籍の訂正はＱ2－13、姓の変更はＱ6－3参照。

（西山　慶一）

資料編

I　駐日大韓民国公館一覧表

公　館　名	所　在　地	電話番号
大韓民国大使館	〒106-8577 東京都港区南麻布1-2-5	(03)3452-7611
大使館領事部	〒106-8577 東京都港区南麻布1-7-32	(03)3452-2601
札幌総領事館	〒064-0823 札幌市中央区北三条西21-9-1	(011)621-0288
仙台総領事館	〒980-0011 仙台市青葉区上杉5-5-22	(022)221-2751
新潟総領事館	〒951-8131 新潟市白山浦2-1-13	(025)230-3411
横浜総領事館	〒231-0862 横浜市中区山手町118	(045)621-4531
名古屋総領事館	〒450-0003 名古屋市中村区名駅南1-19-12	(052)586-9221
大阪総領事館	〒542-0086 大阪市中央区西心斎橋2-3-4	(06)6213-1401
神戸総領事館	〒650-0004 神戸市中央区中山手通2-21-5	(078)221-4853
広島総領事館	〒730-0017 広島市中区鉄砲町5-12	(082)502-1151
福岡総領事館	〒810-0065 福岡市中央区地行浜1-1-3	(092)771-0461

(2001年1月現在)

II 大韓民国渉外私法改正法律案

〔仮訳〕司法書士　**西山慶一**・南山大学法学部教授　**青木　清**（共訳）

〈渉外私法改正法律案〉　2000年11月　法務部
1．議決主文
　　渉外私法改正法律案を、別紙のように議決する。
2．提案理由
　　1962年に制定されて以来、内容的に改正されずに現在に至り、時代の変化に対応しえなくなっているという指摘に従い、この間の国際社会の変化を受容し、国際私法分野の著しい理論の発展を積極的に反映させ、国際化時代の私法的法律問題を解決する基本法として充分な役割を果たすことができるようにする。
3．主要骨子
　イ　構成の変更
　　・現行の3章47か条を10章64か条に再編。
　　・法律の名称を、現行の'渉外私法'から'国際私法'に変更。
　ロ　男女平等の実現
　　・現行法は、婚姻の効力、夫婦財産制、離婚、親子、親子間の法律関係等の親族法分野において、夫又は父単独の本国法を準拠法としていることから、憲法が保障している男女平等の原則に反するという批判を受けてきたため、男女平等の原則に適合するように夫婦共通の本国法等を準拠法として指定することにより、違憲の色彩を払拭（第20条乃至第23条、第28条）。
　ハ　本国法主義の維持及び'常居所'概念の導入
　　・人、親族、相続の分野の準拠法を決定するに際して、原則として従来の本国法主義を維持（第11条、第13条、第19～26条、第28～33条）。
　　・国際的な潮流に合わせて、国際条約及び多数の立法例において使用される常居所（habitual residence）を、住所に代えて新しい連結点として導入し、常居所地法を補充的、選択的に採用（第28条、第29条、第31～第33条等）。
　ニ　国際裁判管轄の規定の新設
　　・総則において、国際裁判管轄の決定に関する一般原則を宣言し（第2条）、債権編において、社会的・経済的弱者である消費者および労働者を保護するため消費者契約及び労働契約に関連する事件の国際裁判管轄に関する特則を規定（第42条、第43条）。
　ホ　法の欠缺の補充
　　・現行法に全く規定のない、権利能力、法人又は団体、任意代理、準正、運送手段、移動中の物件、債権等に対する担保物権、知的財産権、債務引受、法律による債権の移転等に関する規定を新設して、法の不備を補完（第11

条、第16条、第18条、第25条、第35条、第37条、第38条、第39条、第50条、第51条等)。
- ヘ 「最も密接な関連」原則の貫徹
  - 多様な連結対象に対して、最も密接な関連のある国家の法を準拠法として指定。
  - 当事者が契約の準拠法を選択しない場合、現行法の機械的な行為地法原則を捨てて、最も密接に関連のある国家の法を準拠法として指定（第41条）。
  - 法定債権において当事者間の既存の法律関係を規律する法を準拠法として第一に適用することにより、法律関係と準拠法の実質的関連性を担保（第45条、第46条、第47条第3項）。
  - 具体的な事件に国際私法を適用した結果が、この原則に適合しない例外的な場合には、最も密接に関連のある国家の法を適用するべく例外条項を設定（第8条）。
- ト 弾力的な連結原則の導入
  - 現行法上、法律行為の方式に関してのみ認められている選択的な連結方法を大幅に認め法律関係の成立を容易にし、段階的連結方法も新たに導入して多様な連結点を媒介とする弾力的な連結が可能となるようにした（第20条、第21条、第23～25条、第33条第3項）。
- チ 反致の成立範囲の拡大
  - 現行法上、反致は、属人法として本国法が適用される場合に限って認められるが、このような制限をなくし、本国法以外の他の法が適用される場合にも反致が可能となるようにして、その成立範囲を拡大（第9条）。
- リ 当事者自治の原則の拡大
  - 現行法上、契約分野に限り許される当事者自治の原則を、夫婦財産制、相続、法定債権の分野にまで制限的に認めて、その適用範囲を拡大（第21条、第32条、第48条）。
- ヌ 実質法的内容の考慮
  - 社会的・経済的弱者である消費者及び労働者を保護するための各種の実質法上の内容を考慮して、彼らの保護に関する規定を新設（第42条、第43条）。
- ル 国際条約の考慮
  - 契約の準拠法に関する先進的な条約である「契約債務の準拠法に関する1980年EC条約（ローマ条約）」の内容を大幅に採用（第40～44条、第50条、第51条）。
  - 扶養及び遺言については、「扶養義務の準拠法に関する1973年ハーグ条約」及び「遺言の方式に関する［法律の抵触に関する―訳者補充］1961年ハーグ条約」中の主要な内容を反映させて国際的判決の調和を企図（第29条、第33条）。

4．参考事項（略）

　　法律第　　号

渉外私法改正法律案

渉外私法を次のように改正する。
国際私法
第1章　総　則
第1条（目的）　本法は、渉外的要素のある法律関係に関して、国際裁判管轄に関する原則と準拠法を定めることを目的とする。
第2条（国際裁判管轄）　①法院は、当事者又は紛争となる事案が大韓民国と実質的関連がある場合、国際裁判管轄権を有する。法院は、実質的関連の有無を判断する際には国際裁判管轄の配分の理念に適合する合理的な原則に従わなければならない。
②法院は、国内法の管轄規定を斟酌して国際裁判管轄権の有無を判断するが、前項の趣旨に照らして国際裁判管轄の特殊性を充分に考慮しなければならない。
第3条（本国法）　①当事者の本国法によるべき場合、当事者が二個以上の国籍を有するときは、当事者と最も密接な関連のある国家の法をその本国法と定める。但し、その国籍の中の一つが大韓民国であるときは大韓民国法による。
②当事者が国籍を有しない又は当事者の国籍を知ることができないときは、当事者が常居所を有する国家の法により、常居所がないときは当事者が居所を有する国家の法による。
③当事者が地域により法を異にする国家の国籍を有するときは、その国家の法の選択規定に従い指定される法により、そのような規定がないときは、当事者と最も密接な関連のある地域の法による。
第4条（常居所地法）　当事者の常居所地法によるべき場合、当事者の常居所を知ることができないときは、当事者が居所を有する国家の法による。
第5条（外国法の適用）　法院は、本法により指定された外国法の内容を職権で調査・確定しなければならず、このため、当事者にそれに対する協力を求めることができる。
第6条（準拠法の範囲）　本法により準拠法として指定された外国法は、公法的性格を有するという理由のみでその適用が排除されることはない。
第7条（大韓民国法の強行的適用）　立法目的に照らし、準拠法に関係なく当該法律関係に強行的に適用しなければならない大韓民国法は、本法により外国法が準拠法として指定される場合にも適用される。
第8条（準拠法指定の例外）　①本法により指定された準拠法が当該法律関係とわずかな関連しかなく、当該法律関係と最も密接な関連のある他の国家の法が明白に存在している場合は、その国家の法による。
②前項の規定は、当事者が合意により準拠法を選択する場合、これを適用しない。
第9条（反致）　①本法により外国法が準拠法として指定され、その国家の国際私法によれば大韓民国法が適用されるべき場合は、大韓民国の実質法による。但し、それが本法の指定の趣旨に反する場合は、その国家の実質法が指定されたものとみなす。

②当事者は、合意により準拠法を選択する場合、実質法のみを選択することができる。また、本法により契約の準拠法として指定される法は、当該国家の実質法を意味する。

第10条（社会秩序に反する外国法の規定）　外国法によるべき場合、その外国法を適用した結果が大韓民国の善良な風俗その他社会秩序に明白に違反するときは、これを適用しない。

第2章　人

第11条（権利能力）　人の権利能力は、その本国法による。

第12条（失踪宣告）　法院は、外国人の生死が明らかでない場合、大韓民国にその者の財産があるとき若しくは大韓民国法によるべき法律関係のあるとき又はその他正当な事由があるときは、大韓民国法によって失踪宣告をすることができる。

第13条（行為能力）　①人の行為能力は、その本国法による。行為能力が婚姻により拡大される場合も同様である。
②既に取得した行為能力は、国籍の変更によって喪失又は制限されない。

第14条（限定治産及び禁治産宣告）　法院は、大韓民国に常居所又は居所を有する外国人に対して、大韓民国法によって限定治産又は禁治産の宣告をすることができる。

第15条（取引保護）　①法律行為を行った者と相手方が同一の国家内にいる場合、その行為者が本国法によれば無能力者であっても法律行為が行われた国家の法によって能力者であるときは、その行為無能力を主張できない。しかし、相手方が法律行為の当時その行為無能力を知っていた又は知ることができた場合はこの限りではない。
②前項の規定は、親族法又は相続法の規定による法律行為及び行為地以外の国家にある不動産に関する法律行為には、これを適用しない。

第16条（法人及び団体）　①法人又は団体は、その設立の準拠法による。但し、外国で設立された法人若しくは団体が大韓民国に主たる事務所を有する場合又は大韓民国において主たる事業を行う場合は、大韓民国法による。
②法人又は団体は、取引の相手方の常居所又は主たる事務所のある国家の法が認めない能力の制限又はその機関若しくは代理人の代表権若しくは代理権の制限を、主張することができない。但し、相手方がこの制限を知っていた又は知ることができた場合は、この限りではない。

第3章　法律行為

第17条（法律行為の方式）　①法律行為の方式は、その行為の準拠法による。
②行為地法によって行われた法律行為の方式は、前項の規定にかかわらず、有効である。契約締結時に当事者が互いに異なる国家にいるときは、その国家のうちいずれの国家の法が定めた法律行為の方式によっても有効である。
③代理人による法律行為の場合は、代理人がいる国家を基準に第2項の行為地を定める。
④物権その他登記しなければならない権利を設定又は処分する法律行為の方式に関しては、前2項を適用しない。

第18条（任意代理）　①本人と代理人の関係は、その間の法律関係の準拠法による。
②代理人の行為によって本人が第三者に対して義務を負うかどうかは、次の各号の国家の法による。
　1．代理人が営業所を有する国家
　2．代理人が営業所を有していない又は営業所を有していても第三者がこれを知ることができない場合は、代理人が実際に代理行為をした国家
③代理人が本人と労働契約関係にありかつその営業所を有していない場合は、本人の主たる営業所をその営業所とみなす。
④前2項の各規定にかかわらず、本人は、代理の準拠法を選択することができる。準拠法の選択は、代理権を証明する書面に明示された場合又は本人若しくは代理人によって第三者に書面により通知された場合に限り、その効力が生じる。
⑤代理権を有しない代理人と第三者の関係は、第2項により指定された法による。

第4章　親　族

第19条（婚姻の成立）　①婚姻の成立要件は、各当事者に関してその本国法による。
②婚姻の方式は、婚姻挙行地法又は当事者の一方の本国法による。但し、大韓民国で婚姻を挙行する場合に当事者の一方が大韓民国国民であるときは、婚姻の方式は大韓民国法による。
第20条（婚姻の一般的効力）　婚姻の一般的効力は、次の各号の順位に従って定まる法による。
　1．夫婦の共通本国法
　2．夫婦の共通常居所地法
　3．夫婦と最も密接な関連のある地の法
第21条（夫婦財産制）　①夫婦財産制は、婚姻の一般的効力の準拠法による。
②夫婦が合意により書面で次の各号の法のうちいずれかを選択した場合、夫婦財産制は、その法による。但し、その書面は、日時があり夫婦が記名捺印又は署名したものに限り、その効力が生じる。
　1．夫婦の一方の本国法
　2．夫婦の一方の常居所地法
　3．不動産に関する夫婦財産制に関しては、その不動産の所在地法
③外国法による夫婦財産制は、大韓民国で行われた法律行為及び大韓民国にある財産に関しては、これを善意の第三者に対抗することができない。この場合、その夫婦財産制によることができないときは、第三者との関係に関しては、夫婦財産制は大韓民国法による。
④外国法により締結された夫婦財産契約は、大韓民国で登記した場合、前項の規定にかかわらず、これを第三者に対抗することができる。
第22条（離婚）　離婚は、婚姻の一般的効力の準拠法による。しかし、夫婦の一方が大韓民国に常居所を有する大韓民国の国民である場合は、離婚は、大韓民国法による。
第23条（婚姻中の親子関係）　①婚姻中の親子関係の成立は、子の出生当時の夫婦の

一方の本国法又は現在の子の常居所地法による。但し、子は、その常居所地法により婚姻中の親子関係を否認することができない。
②前項の場合、夫が子の出生前に死亡したときは、死亡当時の夫の本国法をその本国法とみなす。

第24条（婚姻外の親子関係）　①婚姻外の親子関係の成立は、子の出生当時の母の本国法による。しかし、父子間の親子関係の成立は、子の出生当時の父の本国法又は現在の子の常居所地法によることもできる。
②認知は、前項に定める法のほか、認知当時の認知する者の本国法によることもできる。
③前項の場合、認知する者が認知前に死亡したときは、死亡当時の本国法をその本国法とみなす。

第25条（準正）　①準正は、その要件である事実の完成当時の父若しくは母の本国法又は子の常居所地法による。
②前項の場合、父又は母が準正の要件である事実が完成する前に死亡したときは、死亡当時の本国法をその本国法とみなす。

第26条（養子縁組及び離縁）　養子縁組及び離縁は、養子縁組当時の養親の本国法による。

第27条（同意）　第24条乃至第26条による親子関係の成立に関して、子の本国法が子又は第三者の承諾又は同意等を要件とするときは、その要件も備えなければならない。

第28条（親子間の法律関係）　親子間の法律関係は、父母と子が全て同一の本国法を有する場合子の本国法により、その他の場合は子の常居所地法による。

第29条（扶養）　①扶養の義務は、扶養を受ける権利者の常居所地法による。但し、その法によれば扶養を受ける権利者が扶養義務者から扶養を受けることができないときは、当事者の共通本国法による。
②前項の規定にかかわらず、韓国で離婚が成立する又は承認された場合は、離婚した当事者間の扶養義務は、離婚の準拠法による。
③傍系血族又は姻戚間の扶養義務の場合、扶養義務者は、扶養を受ける権利者の請求に対して、当事者の共通本国法、そのような法がないときは扶養義務者の常居所地法によって、扶養義務がないことを主張することができる。
④扶養を受ける権利者と扶養義務者が全て大韓民国国民で、扶養義務者が大韓民国に常居所を有している場合は、大韓民国法による。

第30条（その他の親族関係）　親族関係の成立及び親族関係から発生する権利義務に関して本法に特別な規定のない場合は、各当事者の本国法による。

第31条（後見）　①後見は、被後見人の本国法による。
②大韓民国に常居所又は居所を有する外国人に対する後見は、次の各号の場合、大韓民国法による。
1．その本国法によれば後見開始の原因があってもその後見事務を行う者がない場合又は後見事務を行う者がいても後見事務を行うことができない場合
2．大韓民国において限定治産又は禁治産を宣告した場合
3．その他被後見人を保護しなければならない緊急の必要がある場合

第5章　相　続

第32条（相続）　①相続は、死亡当時の被相続人の本国法による。

②前項の規定にかかわらず、被相続人が遺言に適用される方式によって明示的に次の各号の法を指定したときは、相続はその法による。

1．指定当時の被相続人の常居所地法。しかし、被相続人が死亡当時その国家に常居所を有していない場合は、その指定は効力が生じない。
2．不動産の相続に関しては、その不動産の所在地法

第33条（遺言）　①遺言は、遺言当時の遺言者の本国法による。

②遺言の変更又は撤回は、その当時の遺言者の本国法による。

③遺言の方式は、遺言当時又は死亡当時の遺言者の本国法又は常居所地法による。しかし、遺言当時の行為地法によることも、また不動産に関する遺言の方式の場合はその不動産の所在地法によることも可能である。

第6章　物権（略）
第7章　知的財産権（略）
第8章　債権（略）
第9章　手形・小切手（略）
第10章　海商（略）

附則

第1条（施行日）　本法は、2001年7月1日から施行する。

第2条（国際裁判管轄に関する経過規定）　本法施行当時、法院に係属している事件は、本法に従い国際裁判管轄権がない場合も、従前の規定に従い国際裁判管轄権があればそれに従う。

第3条（準拠法適用の時間的範囲）　本法施行以前に生じた事項に対しては、従前の渉外私法による。但し、継続的な法律関係に関しては、本法施行以後の法律関係に限り本法の規定を適用する。

第4条（他の法律の改正）　仲裁法第29条1項中「渉外私法」を「国際私法」に改正する。

（注）　本法律案は、2001年3月8日、修正もなく韓国の国会を通過した。施行日は、附則1項により2001年7月1日であり、名称は「国際私法」となる。

III 1999年大韓民国家族法改正案（現行法・改正案対照表）

〔仮訳・解説〕南山大学法学部教授 青木 清

現 行 法	改 正 案
第4編　親族 　第3章　婚姻 　　第2節　婚姻の成立 **第814条【外国での婚姻申告】**　①外国にある本国民間の婚姻は、その外国に駐在する大使、公使又は領事に申告することができる。 ②前項の申告を受理した大使、公使又は領事は、遅滞なくその申告書類を本国の<u>所管戸籍吏</u>に送付しなければならない。 　　第3節　婚姻の無効と取消 **第819条【同意のない婚姻の取消請求権の消滅】**　第808条の規定に違反した婚姻は、その当事者が<u>成年</u>に達した後若しくは禁治産宣告の取消後3月を経過し又は婚姻中に懐胎したときは、その取消を請求することができない。 　　　　（新設） 　　第5節　離婚 　　　第1款　協議上の離婚 **第837条【離婚と子の養育責任】**　①当事者は、その子の養育に関する事項を協議により定める。 ②第1項の養育に関する事項の協議が調わず、又は協議をすることができないときは、家庭法院は、当事者の請求により、その子の年齢、父母の財産状況その他の事情を参酌して、養育に必要な事項を定め、いつでもその事項を	第4編　親族 　第3章　婚姻 　　第2節　婚姻の成立 **第814条【外国での婚姻申告】**　①外国にある本国民間の婚姻は、その外国に駐在する大使、公使又は領事に申告することができる。 ②<u>第1項</u>の申告を受理した大使、公使又は領事は、遅滞なくその申告書類を本国の<u>本籍地を管轄する戸籍官署</u>に送付しなければならない。 　　第3節　婚姻の無効と取消 **第819条【同意のない婚姻の取消請求権の消滅】**　第808条の規定に違反した婚姻は、その当事者が<u>20歳</u>に達した後若しくは禁治産宣告の取消後3月を経過し又は婚姻中に懐胎したときは、その取消を請求することができない。 **第824条の2【婚姻の取消と子の養育等】**　第837条及び第837条の2の規定は、婚姻の取消の場合における子の養育責任及び面接交渉権に関して、これを準用する。 　　第5節　離婚 　　　第1款　協議上の離婚 **第837条【離婚と子の養育責任】**　①当事者は、その子の養育に関する事項を協議により定める。 ②第1項の養育に関する事項の協議が調わず、又は協議をすることができないときは、家庭法院は、当事者の請求<u>又は職権</u>により、その子の年齢、父母の財産状況その他の事情を参酌して、養育に必要な事項を定め、いつでもそ

変更し、又は他の適当な処分をすることができる。
③第２項の規定は、養育に関する事項外では、父母の権利義務に変更をもたらさない。
第837条の２【面接交渉権】 ①子を直接養育していない父母の一方は、面接交渉権を有する。
②家庭法院は、子の福利のため必要なときは、当事者の請求により面接交渉権を制限し、又は排除することができる。

　　第４章　父母と子
　　　第１節　親生子
第846条【子の嫡出否認】 夫は、第844条の場合において、その子が嫡出子であることを否認する訴を提起することができる。
第847条【嫡出否認の訴】 ①否認の訴は、子又はその親権者である母を相手方とし、その出生を知った日から１年内に提起しなければならない。

②親権者である母がないときは、法院は、特別代理人を選任しなければならない。

第848条【禁治産者の嫡出否認の訴】 ①夫が禁治産者であるときは、その後見人は、親族会の同意を得て、否認の訴を提起することができる。
②前項の場合において、後見人が否認の訴を提起しなかったときは、禁治産者は、禁治産宣告の取消があった日から１年内に、否認の訴を提起することができる。
第849条【子死亡後の嫡出否認】 子が死亡した後でも、その直系卑属があるときは、その母を相手方とし、又は母がないときは、検事を相手方とし、否

の事項を変更し、又は他の適当な処分をすることができる。
③第２項の規定は、養育に関する事項外では、父母の権利義務に変更をもたらさない。
第837条の２【面接交渉権】 ①子を直接養育していない父母の一方は、面接交渉権を有する。
②家庭法院は、子の福利のため必要なときは、当事者の請求又は職権により面接交渉を制限し、又は排除することができる。

　　第４章　父母と子
　　　第１節　親生子
第846条【子の嫡出否認】 夫婦の一方は、第844条の場合において、その子が嫡出子であることを否認する訴を提起することができる。
第847条【嫡出否認の訴】 ①嫡出否認の訴は、夫又は妻が他の一方を相手方として、その事由があることを知った日から１年内に、その子が出生した日から５年内に提起しなければならない。
②第１項の場合、相手方になる者が死亡したときは、その死亡を知った日から２年内に検事を相手方として、嫡出否認の訴を提起することができる。
第848条【禁治産者の嫡出否認の訴】 ①夫又は妻が禁治産者であるときは、その後見人は、親族会の同意を得て、否認の訴を提起することができる。
②第１項の場合において、後見人が否認の訴を提起しなかったときは、禁治産者は、禁治産宣告の取消があった日から２年内に、否認の訴を提起することができる。
第849条　削除

認の訴を提起することができる。

第850条【遺言による嫡出否認】　夫が遺言によって否認の意思を表示したときは、遺言執行者は、否認の訴を提起しなければならない。

第851条【夫の子出生前の死亡と嫡出否認】　夫が子の出生前又は第847条第1項の期間内に死亡したときは、夫の直系尊属又は直系卑属に限り、その死亡を知った日から1年内に、否認の訴を提起することができる。

第852条【嫡出否認権の消滅】　夫がその子の出生後に嫡出子であることを承認したときは、重ねて否認の訴を提起することができない。

第853条【訴訟終結後の嫡出承認】　夫は、否認訴訟の終結後でも、その嫡出子であることを承認することができる。

第854条【詐欺又は強迫による承認の取消】　前2条の承認が詐欺又は強迫によるときは、これを取り消すことができる。

第861条【認知の取消】　詐欺、強迫又は重大な錯誤によって認知したときは、詐欺若しくは錯誤を知った日又は強迫を免れた日から6月内に、法院の許可を得てこれを取り消すことができる。

第864条【父母の死亡と認知請求の訴】前2条の場合において、父又は母が死亡したときは、その死亡を知った日から1年内に、検事を相手方として、認知に対する異議又は認知請求の訴を提起することができる。

（新設）

第865条【他の事由を原因とする親生子関

第850条【遺言による嫡出否認】　夫又は妻が遺言によって否認の意思を表示したときは、遺言執行者は、否認の訴を提起しなければならない。

第851条【夫の子出生前の死亡等と嫡出否認】　夫が子の出生前に死亡するか、夫又は妻が第847条第1項の期間内に死亡したときは、夫又は妻の直系尊属又は直系卑属に限り、その死亡を知った日から2年内に、嫡出否認の訴を提起することができる。

第852条【嫡出否認権の消滅】　子の出生後に嫡出子であることを承認した者は、重ねて否認の訴を提起することができない。

第853条　削除

第854条【詐欺又は強迫による承認の取消】　第852条の承認が詐欺又は強迫によるときは、これを取り消すことができる。

第861条【認知の取消】　詐欺、強迫又は重大な錯誤によって認知したときは、詐欺若しくは錯誤を知った日又は強迫を免れた日から6月内に、家庭法院にその取消を請求することができる。

第864条【父母の死亡と認知請求の訴】前2条の場合において、父又は母が死亡したときは、その死亡を知った日から2年内に、検事を相手方として、認知に対する異議又は認知請求の訴を提起することができる。

第864条の2【認知と子の養育等】　第837条及び第837条の2の規定は、子が認知された場合における子の養育責任及び面接交渉権に関して、これを準用する。

第865条【他の事由を原因とする親生子関

係存否確認の訴】 ①第845条、第846条、第848条、第850条、第851条、第862条及び第863条の規定によって訴を提起することができる者は、他の事由を原因として、親生子関係存否確認の訴を提起することができる。 ②前項の場合において、当事者の一方が死亡したときは、その死亡を知った日から1年内に、検事を相手方として、訴を提起することができる。 　　第2節　養子 　　　第1款　養子縁組の要件 第869条【15歳未満者の養子縁組の承諾】養子となる者が15歳未満であるときは、法定代理人がこれに代わって養子縁組の承諾をする。 　　　第2款　養子縁組の無効と取消 第886条【養子縁組取消請求権者】　養子縁組が第870条の規定に違反したときは、同意権者がその取消を請求することができ、第871条の規定に違反したときは、養子、法定代理人又は同意権者がその取消を請求することができる。 　　　第3款　離縁 　　　　第1項　協議上の離縁 第899条【15歳未満者の協議上の離縁】養子が15歳未満であるときは、第869条の規定によって養子縁組を承諾した者が、これに代わって離縁の協議をしなければならない。ただし、養子縁組を承諾した者が死亡その他の事由によって協議をすることができないときは、実家の他の直系尊属がこれをしなければならない。 （新設）	係存否確認の訴】 ①第845条、第846条、第848条、第850条、第851条、第862条及び第863条の規定によって訴を提起することができる者は、他の事由を原因として、親生子関係存否確認の訴を提起することができる。 ②第1項の場合において、当事者の一方が死亡したときは、その死亡を知った日から2年内に、検事を相手方として、訴を提起することができる。 　　第2節　養子 　　　第1款　養子縁組の要件 第869条【15歳未満者の養子縁組の承諾】養子となる者が15歳未満であるときは、法定代理人がこれに代わって養子縁組の承諾をする。ただし、後見人が養子縁組を承諾する場合は、家庭法院の許可を得なければならない。 　　　第2款　養子縁組の無効と取消 第886条【養子縁組取消請求権者】　養子縁組が第870条の規定に違反したときは、同意権者がその取消を請求することができ、第871条の規定に違反したときは、養子又は同意権者がその取消を請求することができる。 　　　第3款　離縁 　　　　第1項　協議上の離縁 第899条【15歳未満者の協議上の離縁】①養子が15歳未満であるときは、第869条の規定によって養子縁組を承諾した者が、これに代わって離縁の協議をしなければならない。ただし、養子縁組を承諾した者が死亡その他の事由によって協議をすることができないときは、実家の他の直系尊属がこれをしなければならない。 ②第1項の規定による協議を行うにつき、後見人又は実家の他の直系尊属が協議をする場合は、協議した内容に対して家庭法院の許可を得なければならない。

第2項　裁判上の離縁	第2項　裁判上の離縁
（新設）	第4款　「特別」養子
（新設）	**第908条の2【「特別」養子縁組の要件等】** ①「特別」養子をしようとする者は、次の各号の要件を備えて、家庭法院に「特別」養子縁組の請求をしなければならない。 　1．5年以上婚姻中の夫婦が、共同で養子縁組をすること。ただし、夫婦の一方が配偶者の実子を「特別」養子とする場合は、この限りでない。 　2．「特別」養子となる者が、7歳未満であること。 　3．「特別」養子となる者の実父母が、「特別」養子縁組に同意すること。ただし、父母の親権が喪失され、又は死亡その他の事由によって同意することができない場合は、この限りでない。 　4．第869条の規定による法定代理人の養子縁組の承諾があること。 ②家庭法院は、「特別」養子となる者の福利のため、その養育状況、「特別」養子縁組の動機、養親の養育能力その他の事情を考慮して、「特別」養子縁組が適当ではないと認められる場合は、第1項の請求を棄却することができる。
（新設）	**第908条の3【「特別」養子縁組の効力】** ①「特別」養子は、出生したときから夫婦の嫡出子とみなす。 ②「特別」養子の縁組前の親族関係は、第908条の2第1項の請求による「特別」養子縁組が確定したときに終了する。ただし、夫婦の一方がその配偶者の実子を単独縁組する場合、配偶者及びその親族と実子との間の親族関係は、この限りではない。
（新設）	**第908条の4【「特別」養子縁組の取消等】** ①「特別」養子となる者の実父又は実母に責任なき事由により第908条の2

	第1項第3号但書の規定に基づき同意をすることができなかった場合は、「特別」養子縁組の事実を知った日から6月内に家庭法院に「特別」養子縁組の取消を請求することができる。 ②第883条及び第884条の規定は、「特別」養子縁組に関して、これを適用しない。
(新設)	第908条の5【「特別」養子縁組の離縁】 ①養親、「特別」養子、実父若しくは実母、又は検事は、次の各号のいずれかの事由がある場合、家庭法院に「特別」養子の離縁を請求することができる。 　1．養親が、「特別」養子を虐待又は遺棄し、その他「特別」養子の福利を著しく害するとき 　2．「特別」養子の養親に対する人倫に反する行為によって、「特別」養親子関係を維持することができなくなったとき ②第898条及び第905条の規定は、「特別」養子の離縁に関して、これを適用しない。
(新設)	第908条の6【準用規定】　第908条の2第2項の規定は、「特別」養子縁組の取消又は離縁に関して、これを準用する。
(新設)	第908条の7【「特別」養子縁組の取消・離縁の効力】　①「特別」養子縁組が取消又は離縁されたときは、「特別」養親子関係は消滅し、縁組前の親族関係が復活する。 ②第1項の場合、「特別」養子縁組の取消の効力は、遡及しない。
(新設)	第908条の8【準用規定】　「特別」養子に関して本法に特別な規定がある場合を除いては、その性質に反しない範囲内で養子に関する規定を準用する。
第3節　親権 　第1款　総則	第3節　親権 　第1款　総則
第909条【親権者】　①未成年者である	**第909条【親権者】**　①父母は、未成年

子は、父母の親権に服する。

②親権は、父母が婚姻中であるときは、父母が共同でこれを行使する。

③父母の一方が親権を行使することができないときは、他の一方がこれを行使する。
④婚姻外の子が認知された場合及び父母が離婚した場合には、父母の協議により親権を行使する者を定め、協議をすることができず又は協議が調わない場合には、<u>当事者の請求により家庭法院が決定する</u>。親権者を変更する必要がある場合も同様である。
⑤<u>養子は、養父母の親権に服する。</u>

第910条【子の親権の代行】 親権者は、その親権に服する子に代わって、その子に対する親権を行使する。

（新設）

　　　第2款　親権の効力
第921条【親権者とその子の間又は数人の子の間の利害相反行為】 ①法定代理人である親権者とその子との間で利害が相反する行為をするには、親権者は、法院に、その子の特別代理人の選任を請求しなければならない。
②法定代理人である親権者が、その親権に服する数人の子の間で利害が相反する行為をするには、法院に、その子の一方の特別代理人の選任を請求しなければならない。

者である子の親権者となる。<u>養子の場合、養父母が親権者となる。</u>
②親権は、父母が婚姻中であるときは、父母が共同でこれを行使する。<u>ただし、父母の意見が一致しない場合は、当事者の請求により家庭法院がこれを定める。</u>
③父母の一方が親権を行使することができないときは、他の一方がこれを行使する。
④婚姻外の子が認知された場合及び父母が離婚した場合には、父母の協議により<u>親権者を定めなければならず</u>、協議をすることができず又は協議が調わない場合には、<u>当事者は、家庭法院にその指定を請求しなければならない。</u>

⑤<u>家庭法院は、婚姻の取消、裁判上の離婚又は認知請求の訴の場合には、職権で親権者を定める。</u>
⑥<u>家庭法院は、子の利益のため必要と認められる場合は、子の4親等以内の親族の請求により、親権者を他の一方に変更することができる。</u>

第910条【子の親権の代行】 親権者は、その親権に従う子に代わって、その子に対する親権を行使する。

第912条の2【親権行使の基準】 親権を行使するに際しては、子の福利を優先的に考慮しなければならない。
　　　第2款　親権の効力
第921条【親権者とその子の間又は数人の子の間の利害相反行為】 ①法定代理人である親権者とその子との間で利害が相反する行為をするには、親権者は、法院に、その子の特別代理人の選任を請求しなければならない。
②法定代理人である親権者が、その親権に従う数人の子の間で利害が相反する行為をするには、法院に、その子の一方の特別代理人の選任を請求しなければならない。

第5章　後見
　　第1節　後見人
第940条【後見人の解任】 <u>後見人に顕著な非行があり、又はその任務に関し不正な行為その他後見人の任務に適さない事由があるときは、法院は、被後見人又は第777条の規定による親族の請求によって、後見人を解任することができる。</u>

第8章　戸主承継
　　第1節　総則
第980条【戸主承継開始の原因】　戸主承継は、次の各号の事由によって開始する。
　1．戸主が死亡し、又は国籍を喪失したとき
　2．養子である戸主が養子縁組の無効又は取消によって離籍したとき
　3．女戸主が実家に復籍し、又は婚姻によって他家に入籍したとき

第5編　相続
　第1章　相続
　　第1節　総則
第999条【相続回復請求権】　①相続権が僭称相続権者によって侵害されたときは、相続権者又はその法定代理人は、相続回復の訴を提起することができる。
②第1項の相続回復請求権は、その侵害を知った日から3年、<u>相続が開始された日から10年を経過したときは、消滅する。</u>
　　第2節　相続人
第1004条【相続人の欠格事由】　次の各号に該当する者は、相続人となることができない。

第5章　後見
　　第1節　後見人
第940条【後見人の変更】　①<u>家庭法院は、被後見人の福利のため後見人を変更する必要があると認める場合は、被後見人の親族若しくは検事の請求、又は職権により後見人を変更することができる。</u>
②<u>第1項の場合、第932条乃至第935条に規定された後見人の順位にかかわらず、4親等以内の親族その他適切な者を後見人に定めることができる。</u>

第8章　戸主承継
　　第1節　総則
第980条【戸主承継開始の原因】　戸主承継は、次の各号の事由によって開始する。
　1．戸主が死亡し、又は国籍を喪失したとき
　2．養子である戸主が養子縁組の無効・取消又は<u>離縁</u>によって離籍したとき
　3．女戸主が実家に復籍し、又は婚姻によって他家に入籍したとき

第5編　相続
　第1章　相続
　　第1節　総則
第999条【相続回復請求権】　①相続権が僭称相続権者によって侵害されたときは、相続権者又はその法定代理人は、相続回復の訴を提起することができる。
②第1項の相続回復請求権は、その侵害を知った日から3年、<u>相続権の侵害行為があった日から10年を経過したときは、消滅する。</u>
　　第2節　相続人
第1004条【相続人の欠格事由】　次の各号のいずれかに該当する者は、相続人となることができない。

1．故意に直系尊属、被相続人、その配偶者又は相続の先順位若しくは同順位に在る者を殺害し、又は殺害しようとした者 2．故意に直系尊属、被相続人又はその配偶者に傷害を加えて死亡に至らせた者 3．詐欺又は強迫によって、被相続人の養子その他相続に関する遺言又は遺言の撤回を妨害した者 4．詐欺又は強迫によって、被相続人の養子その他相続に関する遺言をさせた者 5．被相続人の養子その他相続に関する遺言書を偽造、変造、破棄又は隠匿した者 　　第3節　相続の効力 　　　第1款　一般的効力 （新設）	1．故意に直系尊属、被相続人、その配偶者又は相続の先順位若しくは同順位に在る者を殺害し、又は殺害しようとした者 2．故意に直系尊属、被相続人又はその配偶者に傷害を加えて死亡に至らせた者 3．詐欺又は強迫によって、被相続人の相続に関する遺言又は遺言の撤回を妨害した者 4．詐欺又は強迫によって、被相続人の相続に関する遺言をさせた者 5．被相続人の相続に関する遺言書を偽造、変造、破棄又は隠匿した者 　　第3節　相続の効力 　　　第1款　一般的効力 **第1008条の3【扶養相続分】**①共同相続人中に被相続人と相当期間同居しつつ扶養をした相続人（被相続人の配偶者を除く）の相続分は、その固有の相続分の5割の範囲内でこれを加算する。 ②第1項の被相続人を扶養した相続人の指定及び加算する相続分の比率は、共同相続人らの協議によって定め、協議が調わない又は協議をすることができないときは、被相続人を扶養した相続人の請求によって、家庭法院がこれを定める。 ③第2項の規定による請求は、第1013条第2項又は第1014条の規定による請求がある場合にこれを行うことができる。
第1008条の3【墳墓等の承継】　墳墓に属する1町歩以内の禁養林野及び600坪以内の祭祀用農地、族譜並びに祭具の所有権は、祭祀を主宰する者がこれを承継する。 　　第4節　相続の承認および放棄 　　　第1款　総則	**第1008条の4【墳墓等の承継】**　墳墓に属する1町歩以内の禁養林野及び600坪以内の祭祀用農地、族譜並びに祭具の所有権は、祭祀を主宰する者がこれを承継する。 　　第4節　相続の承認および放棄 　　　第1款　総則

第1019条【承認又は放棄の期間】 ①相続人は、相続の開始があったことを知った日から3月内に、単純承認若しくは限定承認又は放棄をすることができる。ただし、その期間は、利害関係人又は検事の請求によって、家庭法院が、これを延長することができる。
②相続人は、前項の承認又は放棄をする前に、相続財産を調査することができる。

第3款　限定承認
第1030条【限定承認の方式】　相続人が限定承認をするには、第1019条第1項の期間内に、相続財産の目録を添付して法院に限定承認の申告をしなければならない。

第1034条【配当弁済】　限定承認者は、第1032条第1項の期間の満了後、相続財産をもって、その期間内に申告した債権者及び知れた債権者に対して、各債権額の比率によって弁済しなければならない。ただし、優先権を有する債権者の権利を害することができない。

第1019条【承認又は放棄の期間】　①相続人は、相続の開始があったことを知った日から3月内に、単純承認若しくは限定承認又は放棄をすることができる。ただし、その期間は、利害関係人又は検事の請求によって、家庭法院が、これを延長することができる。
②相続人は、前項の承認又は放棄をする前に、相続財産を調査することができる。
③第1項の規定にかかわらず、相続人が、相続債務が相続財産を超過する事実を重大な過失なく第1項の期間内に知ることができず、単純承認（第1026条第1号及び第2号の規定によって単純承認したものとみなす場合を含む）をした場合は、その事実を知った日から3月内に限定承認をすることができる。

第3款　限定承認
第1030条【限定承認の方式】　①相続人が限定承認をするには、第1019条第1項又は第3項の期間内に、相続財産の目録を添付して法院に限定承認の申告をしなければならない。
②第1019条第3項の規定によって限定承認をした場合、相続財産中、既に処分した財産があるときは、その目録と価額をともに提出しなければならない。

第1034条【配当弁済】　①限定承認者は、第1032条第1項の期間の満了後、相続財産をもって、その期間内に申告した債権者及び限定承認者が知っている債権者に対して、各債権額の比率によって弁済しなければならない。ただし、優先権を有する債権者の権利を害することができない。
②第1019条第3項の規定によって限定承認をする場合、その相続人は、相続財産中に残っている相続財産とともに既に処分した財産の価額を合わせて、

第1038条【不当弁済による責任】 ①限定承認者が、第1032条の規定による公告若しくは催告を怠り、又は第1033条乃至第1036条の規定に違反してある相続債権者若しくは受遺者に弁済したことによって、他の相続債権者若しくは受遺者に対して弁済をすることができなくなったときは、限定承認者は、その損害を賠償しなければならない。

②前項の場合において、弁済を受けることができなかった相続債権者又は受遺者は、その事情を知って弁済を受けた相続債権者又は受遺者に対して、求償権を行使することができる。

③第766条の規定は、前2項の場合に準用する。

　　　第6節　相続人の不存在

第1057条【相続人捜索の公告】　前条第1項の期間が経過しても相続人の存否を知ることができないときは、法院は、管理人の請求によって、相続人があるならば一定の期間内にその権利を主張することを公告しなければならない。その期間は、2年以上でなければならない。

第1057条の2【特別縁故者に対する分与】

第1038条【不当弁済による責任】 ①限定承認者が、第1032条の規定による公告若しくは催告を怠り、又は第1033条乃至第1036条の規定に違反してある相続債権者若しくは受遺者に弁済したことによって、他の相続債権者若しくは受遺者に対して弁済をすることができなくなったときは、限定承認者は、その損害を賠償しなければならない。第1019条第3項の規定によって限定承認をした場合、それ以前に相続債務が相続財産を超過することを知らないことに過失のない相続人が、相続債権者又は受遺者に弁済するときも同様である。

②第1項の場合において、弁済を受けることができなかった相続債権者又は受遺者は、その事情を知って弁済を受けた相続債権者又は受遺者に対して、求償権を行使することができる。第1019条第3項の規定によって限定承認をした場合、それ以前に相続債務が相続財産を超過することを知って弁済を受けた相続債権者又は受遺者がいるときも同様である。

③第766条の規定は、前2項の場合に準用する。

　　　第6節　相続人の不存在

第1057条【相続人捜索の公告】　前条第1項の期間が経過しても相続人の存否を知ることができないときは、法院は、管理人の請求によって、相続人があるならば一定の期間内にその権利を主張することを公告しなければならない。その期間は、1年以上でなければならない。

第1057条の2【特別縁故者に対する分与】

※上段冒頭（前ページからの続き）：第1項の弁済をしなければならない。ただし、限定承認をする前に相続債権者又は受遺者に対して弁済した価額は、既に処分した財産の価額から除外する。

①第1056条の期間内に相続権を主張する者がないときは、家庭法院は、被相続人と生計を同じくしていた者、被相続人の療養看護をした者その他被相続人と特別な縁故があった者の請求によって、相続財産の全部又は一部を分与することができる。 ②第１項の請求は、<u>第1056条</u>の期間の満了後２月以内にしなければならない。 第1058条【相続財産の国家帰属】　①<u>前条の期間内に相続権を主張する者がないときは</u>、相続財産は、国家に帰属する。 ②第1055条第２項の規定は、前項の場合に準用する。 　附則　以下省略	①<u>第1057条</u>の期間内に相続権を主張する者がないときは、家庭法院は、被相続人と生計を同じくしていた者、被相続人の療養看護をした者その他被相続人と特別な縁故があった者の請求によって、相続財産の全部又は一部を分与することができる。 ②第１項の請求は、<u>第1057条</u>の期間の満了後２月以内にしなければならない。 第1058条【相続財産の国家帰属】　①<u>第1057条の２の規定によって分与されないときは</u>、相続財産は、国家に帰属する。 ②第1055条第２項の規定は、前項の場合に準用する。 　附則　以下省略

【解　説】

南山大学法学部教授　青木　清

Ⅰ　はじめに

　1998年以来、政府主導により進められていた韓国家族法改正作業、そしてその成果としての1999年改正案について、紹介および検討をしてみたい。

　韓国家族法全般については、本書巻末の「[主要参考文献]　3　韓国家族法、北朝鮮家族法関係」に掲載されている諸文献を参照されたい。また、韓国法の現行条文については、法務大臣官房司法法制調査部編『韓国六法』（ぎょうせい、加除式）が、訳文もこなれたものとなっており、使いやすい。

Ⅱ　改正作業の背景と現状

　1958年に制定され、1960年から施行されている現行の韓国家族法は、これまで３回にわたり改正がなされてきた。制定当初の韓国家族法は、祭祀本位の儒教的家族制度の原理が全分野にわたって残されており、その結果、男系血統優先ないし男子優先主義の諸原則が存在していた。簡単にいえば、それは家父長的家族制度に立脚した家族法だったといえる。その意味では、韓国

家族法改正の歴史は、こうした伝統的家族制度からの脱却の歴史といえるかもしれない。

まず、1962年に法定分家制度[1]を創設し、次いで、1977年には、①成年者の婚姻における父母の同意権の削除、②成年擬制制度の採用、③夫婦間の帰属不明財産の共有推定、④協議離婚時の家庭法院の意思確認制度の新設、⑤婚姻中の父母の共同親権、⑥女子の相続分の是正、⑦遺留分制度の新設など、女性の地位向上を主眼とした法改正が行われた[2]。

これら2度にわたる改正は韓国家族法の近代化・合理化を促したものの、いずれも部分的な改正にとどまり、そのため、その後の韓国国内においても、家族法の全面的な改正を主張する意見が依然あとを絶たなかった。1977年改正の後いくらか沈静化していた改正運動は1980年代半ば過ぎから再び活発になり、ついには1990年に、韓国国内でも「革命的」な改正と評されるほどの大改正が実現されることとなった[3]。

この1990年の改正は遺言と遺留分を除いた家族法全般にわたるものであり、その内容を簡単には要約することはできないが、あえてその特色を列記すれば、①男系血統中心主義の是正、②戸主の役割の縮小、③両性平等の実現、④強制戸主相続の廃止、⑤離婚の際の財産分割請求権や面接交渉権をはじめとする新制度の採用、以上の5点ほどに集約できようか。いずれにしろ、その詳細は、注3）掲載の別稿を参照されたい。

とはいえ、この大改正にあっても、韓国家族法を語る際に必ずといってよいほど引用され、かつ儒教的倫理制度をその背景に持つ「同姓同本不婚」の制度（韓国民法809条1項）、すなわち姓と先祖の出身地を意味する本がともに同じである血族間では婚姻をすることができないという制度が手つかずのまま残されるなど、改正論者からするとなお不満の残る改正であった。他方で、戸主制度の大幅な改正や血族相続人の法定相続分の完全平等化など、伝統的家族制度を支持する保守派からは行き過ぎた改正であるといった批判もなされていた。

ところで、ここで紹介した1977年改正も1990年改正も、いずれも市民運動に後押しされた結果としての議員立法による改正であった。しかも、いずれも会期末のわずかな時間で審議、成立させたという事情がある。民法という基本法の改正がこのような形でなされたことについては当時から批判があっ

たが、逆にいえば、家族法改正問題に対する賛否が韓国国内であまりに激しく対立していたため、簡単には政府も手が出せない状況があったといえる。そのため、すなわち事前の政府レベルでの周到な立法準備作業がなかったことが影響してか、1977年改正および1990年改正の際には、条文相互間の不整合あるいは単純な条数標記のミスといったものが散見された[4]。

そして、1990年代後半に入り、韓国家族法は、また新たな局面を迎えることとなった。韓国の憲法裁判所が、家族法の若干の規定につき、憲法の精神に合致しないという、憲法不合致決定を相次いで下したのである。

その中でもとりわけ社会に強いインパクトを与えたのは、前述の同姓同本不婚制度に対する憲法不合致決定（1997年7月16日決定）である。韓国では、姓と本は男系血統に付随して代々継承されるので、同姓同本の血族とは同じ男系血統を継ぐ者を意味する。したがって、同姓同本不婚とは、結局、同一男系血族の間では、その親等数に関わらず、広く一律に婚姻が禁止されることになる。韓国の伝統的家族制度の根幹をなす制度と考えられてきたものではあるが、その合理性について強く批判されてきているものでもある。

このような同姓同本不婚制度を、憲法裁判所は、核家族化された今日ではもはや合理性がなく、何親等かを計算できないほどの遠い血族との婚姻禁止は人間の幸福追求権を保障する憲法の理念に反し、さらには男系血族に限って婚姻禁止をするのは両性平等原則にも反するとして、民法809条1項の適用を中止し、この条項は「立法者が1998年12月31日までに改正しない場合は、1999年1月1日よりその効力を喪失する。」と宣告した。

この他にも、憲法裁判所は、この時期と相前後して若干の憲法不合致決定を下している。1997年3月27日に、嫡出否認の訴が出生を知った日から1年以内になされなければならない（韓国民法847条1項）ことにつき、これは極端な制限であり、人間の持つ普遍的な感情に反するのみならず、人格権および幸福追求権を侵害するとし、同項が改正されるまでその適用を禁止した。また、1998年8月27日には、相続人が相続の開始があったことを知った日から3か月以内に限定承認または放棄をしなければ単純承認したとみなす法定単純承認の制度（韓国民法1026条2号）を、立法権の限界を逸脱しており、相続人の財産権を保障する憲法23条1項や私的自治権を保障する憲法10条1項に違反するとした判断を示している。

こうした一連の憲法裁判所の判断をうけて、韓国政府は、法務部内に民法改正特別分科委員会を設けて家族法の改正作業に着手した。1998年11月13日付の政府案は、これら憲法裁判所からの改正要求を取り入れるとともに、女性の再婚禁止期間の廃止、特別養子制度の創設、法定相続分としての扶養分制度の導入といったことを規定していたようである[5]。

　この改正案は、その後、韓国国会の法制司法委員会において審議され、とりわけ同姓同本不婚制度の廃止について激しく議論されたようである。そこでは、結局、809条1項の規定はそのままとされ、その削除案が改正案からはずされてしまった。効力を喪失した規定が民法典中に残された場合、当該規定はいかなる意味を持つのか、規定の存続を主張した人々のねらいはどこにあるのか等、判然としない部分が多いが、入手した1999年12月の国会案を見る限り、809条1項の削除はうたわれていない。また、同案によれば、最終的には女性の再婚禁止期間の廃止も見送られたようである。それに関する記述が全くない。これらの変更からは激しい議論の応酬があったことが窺われるが、いずれにしろ、国会に提出されたこの最終案も、2000年、国会議員の任期満了により成立することなく、結局、廃案となってしまった[6]。

　この間の詳しい経緯は、現在のところ、入手した資料にも限界があり、十分明らかにすることができない。しかし、そこで検討された内容は、憲法裁判所からの改正要請に基づくものでもあり、いずれ近いうちに実現されることになろう。その意味で、本稿では、改正法の成立より一足早く、公表されている改正案をもとに、韓国家族法の改正動向を検討してみたい。

III　改正法の内容

　今回の改正案の内容を列挙すれば、以下のようになろう。
　　　①家庭法院の役割強化
　　　②嫡出否認制度の改革
　　　③特別養子制度の創設
　　　④各種訴の提訴期間制限の緩和
　　　⑤1990年改正の再修正
　　　⑥その他
以下、順次、その内容を検討していく。

①　家庭法院の役割強化

　今回の改正案の特色としては、日本の家庭裁判所に当たる家庭法院の役割の強化が、まずあげられよう[7]。現行法上当事者の申立ないし請求を待って進められ、離婚後の子の養育責任の決定（韓国民法837条）、面接交渉権の制限ないし排除（韓国民法837条の2）、認知後ないし離婚後の子の親権者の決定（韓国民法909条）、後見人の変更（韓国民法940条）などの手続を、改正案は、家庭法院の職権により行うことができると定めている。

　現行の家族法では、離婚後の養育と親権に関する事項については、まず父母の協議によりその内容を決定するとしている。そして、その協議が調わない、または協議できない場合に、当事者の請求により家庭法院がそれらの内容を決定するという形態をとっている（韓国民法837条2項、同909条4項）。この枠組みでは、父母にその決定につきイニシアティブを持たせ、家庭法院は、いわば二次的な形でその決定に関与するものとなっている。また一方で、日本民法のように（日本民法819条1項および2項）、協議離婚の際に親権者を決定することを義務化しておらず、また裁判離婚において裁判所が親権者を決定するという手続も採用されていないため、現行韓国法では、養育に関する事項はもちろん親権に関する事項について何らの定めをしなくとも、離婚することが可能となっている[8]。

　こうした問題点を回避するため、家庭法院に、自らの判断で一部のケースでは自動的に、これらの手続を開始させることを可能にするのが改正案の趣旨といえる[9]。いわば、離婚後の養育や親権の決定過程において、第一次的優先権を有していた父母の意思を後退させて家庭法院の判断を優先させる場合があることを認めるものである。具体的には、養育責任や面接交渉権の問題については、従来からの当事者の請求による手続開始とともに家庭法院の職権による手続開始を定めている（改正案837条2項、同837条の2第2項）。離婚後の親権については、協議離婚の場合親権者の決定を義務化し、裁判離婚の場合家庭法院の職権で親権者を定めるものとしている（改正案909条4項）。なお、改正案では、婚姻取消および認知の訴の場合も、家庭法院が職権で親権者を定めることにしている（同5項）。認知後の認知された子の親権者については、現行法では、離婚後の親権者と同様に、父母の協議により、協議ができない、または不調の場合は当事者の請求により家庭法院が決

定するとして、親権者決定が義務化されていないが、今回の改正案では、必ず親権者を定めるようにしている（改正案909条4項）。さらに、改正案909条6項は、子の4親等内の親族の請求を前提とはするが、家庭法院が親権者の変更を行うことができるとする。

親子に関わる問題につき、子の福祉を実現するため、家庭法院に積極的な関与を要求しているものと理解することができる。その点については、大方の支持を得るであろうが、この職権発動をどのような要件のもと、どのような形式で行うのか。その内容については、まだ明らかにされていない。もともと職権主義に基づいている家庭法院の手続からすれば、この改正は、家庭法院に手続におけるさらなる裁量を認めるものといえる。その意味では、具体的な運用がどのように行われることになるのか、その点こそが問題となろう。

② 嫡出否認制度の改革

嫡出否認の訴は、現行韓国民法においても、日本民法同様、夫のみが子の出生を知った日から1年以内にこれを提起しなければならないとされている（韓国民法847条1項）。その要件は非常に厳しい。このため、前述したように、憲法裁判所において、この出訴制限が憲法の精神に反するとされたわけである。改正案は、この決定に従いその制限を緩やかにし、嫡出否認の事由のあることを知った日から1年以内に、もしくは子が出生した日から5年以内に、否認の訴を提起しなければならないと規定している。さらに、これに加えて、否認権者に母も加えている（改正案847条1項）。わが国においても、母による嫡出否認を認めようとする意見がかねてより主張されているが[10]、今回の韓国の改正案は、そうした考え方を日本より一足早く採用したものといえる。

このような出訴期間および否認権者の拡大は、嫡出否認制度の意義ないし機能に大きな変革を迫るものといえるかもしれない。

③ 特別養子制度の創設

前記①で述べたように、今回の改正案を支える理念の一つに子の福祉の実現という考え方がある。特別養子制度の創設も、基本的にはこれと同じ考え方に基づいている。韓国の伝統的な養子制度には、かつて「異姓不養」という姓と本をともに異にする者を養子にしてはならないという原則があった。

換言すれば、男系血統を同じくする者のみ養子とすることができるという制度である。「同姓同本不婚」の制度と並んで、韓国の伝統的家族制度を支えてきた、歴史的に非常に重要な制度であった。こうした発想からも窺うことができるが、韓国の伝統的な養子制度は、子のための養子制度というより家ないし血族のための養子制度という色合いが強かった。

現行法では、こうした旧来の養子制度的考え方は、完全に除去されている。しかし、1990年改正以前までは、長男は本家の系統を継承する場合のほかは養子となることができず（韓国民法旧875条）、また養父と同姓同本でない養子は養家の戸主となれなかった（韓国民法旧877条2項）。さらに、こうした制度が廃止された今日にあっても、姓を異にする異姓養子を迎えた場合、縁組後の養子の姓をどうするかにつき特に規定が設けられていない。こうしたことから、養子縁組の実態については、なお従来からの考え方が根強く残っているのではないかと推測される。

今回の改正案では、こうした従来からの契約型の養子縁組とは別に、決定型の特別養子縁組制度が提案されている（韓国民法908条の2～908条の8）。そこでは、「親養子」という名称を用いている。養親は5年以上婚姻関係にある夫婦、養子は7歳未満の者、さらには試験養育期間が制度化されていない等、日本民法の定める特別養子と若干異なるが、実方血族との親族関係の終了および離縁を認める点などは同じである。いずれにせよ、子の福祉のための養子縁組制度の導入を意図している。

④ 各種訴の提訴期間制限の緩和

嫡出否認の訴え提起期間の緩和が、憲法裁判所の決定に基づき、改正案の中で提案されていることは前述したとおりであるが、これと同趣旨の改正が嫡出否認以外の分野でも提案されている。まず、死後認知に関する出訴期限について改正が提案されている。現行の韓国民法は、死後認知の訴は、父（または母）の死亡を知った日から1年以内に提起しなければならないとしている（韓国民法864条）。わが国の民法が父（または母）の死亡した日から3年以内に提起することを要求している（日本民法787条）こととの関係で、わが国裁判所においても、この規定の適用が法例33条にいう公序に反しないかがしばしば問題となってきた[11]。今回の改正案では、その出訴期限を1年のばし、訴え提起期間を「死亡を知った日から2年以内」としている。

相続回復請求権に関する現行の「相続が開始された日から10年」[12]という提訴期間を「相続権の侵害行為があった日から10年」と改正する案も、実質的には、期間の延長を実現しているといえるであろう（改正案999条2項）。

⑤　1990年改正の再修正

1990年改正については、肯定的評価が大きいものの保守派からの批判があること、また立法作業上の単純ミスと推測される点が存在することは前述したとおりであるが、今回の改正案では、これらの点について修正が施されている。

まず、親権者のいない15歳未満の養子縁組が、1990年改正により、従来必要とされていた親族会の同意が不要とされ、結局、後見人の代諾のみにより成立することとなった。この改正は、親族会の役割を縮小する一環で行われた改正であるが、1990年改正では、他方で、家庭法院の役割強化も行われ、未成年者が養子となる場合は父母あるいは後見人の同意を要するとし、このうち後見人が同意する場合は家庭法院の許可も必要であるとした（韓国民法870条および871条）。このため、結果として、後見人が同意をする、養子が15歳から20歳未満の養子縁組では家庭法院の許可が必要で、後見人が代諾する、養子が15歳未満の養子縁組ではそれが不要ということになってしまった。これは明らかに均衡を失するのではないかという批判が、改正直後よりなされていた。改正案では、この点を改正し、後見人が代諾する場合も、家庭法院の許可が必要であるとしている。

つぎに、相続分について、1990年改正以前は、戸主相続をする相続人にはその相続分に5割を加算し、また同一家籍内にない女子の相続分は男子の4分の1とされていたが、同年の改正で、同順位相続人の相続分はすべて均分とされた（韓国民法1009条1項）。しかし、「すべて均分」とする点については、韓国の家族の実態にそぐわないのではないかという批判があった。今回の改正案では、この点を単に長男子であることを理由とする割り増しではなく、被相続人と同居し扶養を行った相続人に対してその加算を認めようとしている。1990年改正後に行われた韓国の法意識調査において、「現行民法は、嫁にいった娘と父母の世話をする息子のいずれに、より多くの財産を相続させようとしていますか」という質問に対し、「1　嫁にいった娘0.6％、2　父母の世話をする息子74.9％、3　全く同じである19.9％、4　よくわから

ない4.7％」というアンケート結果がでていたが[13]、今回の改正案は、そうした相続に関する国民の意識に沿う形への再修正といえるであろう。

改正案では、1990年改正の際の単純な誤記と思われた1004条3〜5項および1057条の2について、それぞれ適正に修正が施されている。

⑥ その他

憲法裁判所において憲法不合致の決定が下された法定単純承認の制度についても、改正案では修正がなされている。そこでは、相続の開始があったことを知った日から3か月が経過していた場合であっても、相続債務が相続財産を超過する事実を重大な過失なく知らない場合には、その事実を知った日から3か月以内に限定承認ができるとしている（改正案1019条3項）。

さらには、親権行使の義務性を強調するため、従来「親権に服する」としていたものを（例えば、909条1項4項、910条、921条等）、「親権に従う」という表現に変更している（例えば、910条、921条2項等）。子の福祉を中心とした親子法という理念の表れである。

以上が、今回の改正案の主な内容である。同姓同本不婚の扱いが今後の大きな焦点となりそうであるが、その点を除けば、1977年改正から続いてきた家族法の改正作業が一段落したといえるのではなかろうか。あとは、条文で規定されている内容をいかに韓国社会で内実化していくかが、ここしばらくの課題のように思われる。

1）従来、家族たる次男以下の男子が婚姻した場合、その男子が属していた戸籍に妻もさらに入籍することになっていたが、法定分家制度により、長男の婚姻のケースを除き婚姻と同時に新夫婦につき新戸籍を編製することとなった。

2）劉明子「韓国家族法の問題情況と1977年改正法」日本大学大学院法学研究年報13号315頁以下（1984年）参照。

3）1990年改正については、拙稿「韓国家族法改正とわが国渉外事件への影響（上、中、下）」戸籍時報393号16頁以下、395号23頁以下、397号27頁以下（1990年、1991年）参照。

4）例えば、1977年改正では成年擬制が導入されたにもかかわらず（826条の2）、未成年者の離婚に関する条文が残されたままであったり（1990年改正

前の835条)、1990年改正では従来必要とされていた親族会の同意を不要としたため、親権者のいない15歳未満の養子縁組が後見人の代諾のみにより成立することとなった。これは、家庭法院の許可を要する15歳以上の養子縁組のケースとの間で明らかに均衡を失する。1057条の2についても立法の過誤といわれている。詳しくは、拙稿・前掲注3)戸籍時報395号(1991年)16頁以下。

5) 申榮鎬「民法―家族法―」による。この論説は、『現代韓国法入門』の一部として、近く西山慶一氏の訳により日本において公表される予定である。

6) 申榮鎬・前掲注5)参照。

7) 金相瑢「韓国親権法改正案の新しい傾向」戸籍時報521号(2000年)37頁以下では、その内容を「国家介入の拡大」として紹介している。

8) この場合、父母の共同親権になると解されている(金疇洙『註釋親族・相續法〔第二全訂版〕』388頁(ソウル・法文社、1993年)。

9) 金相瑢・前掲注7)40頁は、「離婚後子の問題を全く父母の自立的決定に任せている現行民法の態度は、結局離婚した父母の子の福利に反する」とし、「社会的弱者である児童を保護すべき義務を有する国家が職権で介入」する必要があるとする。

10) 例えば、我妻栄『親族法』(有斐閣、1961年)222頁。

11) この点に関しては、わが国の判例上、非常に多くの事件がある。しかし、平成元年の法例改正により、認知の準拠法が父(母)または子の本国法の選択的適用となったため、この種の事件は発生しなくなった。

12) 韓国法上、この期間は除斥期間と解されている。

13) 拙稿「韓国法制研究院『国民法意識調査研究』」南山法学16巻3・4号(1993年)309頁。1994年にも同種の調査が行われているが、全く同じであるとする回答が29.1%になり、若干増加しているものの、国民の多くは父母の世話をする息子に財産の多くを相続させるという意識を持っている。

Ⅳ　朝鮮民主主義人民共和国関係法令集

〔解説〕関東学院大学文学部教授　**大内憲昭**

1　朝鮮民主主義人民共和国家族法（大内憲昭訳）

最高人民会議常設会議決定第5号1990年10月24日

朝鮮民主主義人民共和国家族法を採択することについて、朝鮮民主主義人民共和国最高人民会議常設会議は、次の通り決定する。
1．朝鮮民主主義人民共和国家族法を採択する。
2．朝鮮民主主義人民共和国家族法は、1990年12月1日から施行する。
3．朝鮮民主主義人民共和国家族法は、外国で永住権を有している朝鮮公民には適用しない。
4．当該機関では、本法を執行するための対策を立てるものとする。

　　　　朝鮮民主主義人民共和国　主席
　　　　　　　　金　日　成　　　　　平壌

　制　　定：最高人民会議常設会議決定第5号
　　　　　　1990年10月24日
　施　　行：1990年12月1日
　一部改正：1993年9月23日（最高人民会議常設会議）

第1章　家族法の基本
第1条　朝鮮民主主義人民共和国家族法は、社会主義的婚姻、家族制度を強化発展させ、全社会を睦まじい団結した社会主義大家庭となるようにすることに寄与する。
第2条　婚姻は、家庭形成の基礎である。
　　国家は、婚姻を法的に保護する。
第3条　家庭は、社会の基層生活単位である。
　　国家は、家庭を強固にすることに深い配慮をはらう。
第4条　人間の尊厳と権利を保障することは、人間を最も貴重に考える社会主義制度の本性的要求である。
　　国家は、後見制度を通じて行為能力のない公民の権利と利益を保護する。
第5条　相続は、個人財産にたいする法的保護の継続である。
　　国家は、個人にたいする相続権を保障する。
第6条　子と母の利益を特別に保護することは、朝鮮民主主義人民共和国の一貫した施策である。
　　国家は、母が子を健全に養育し教育することのできる条件を保障することに、先次的な関心をはらう。
第7条　朝鮮民主主義人民共和国家族法は、社会主義的婚姻関係と家族、親戚間の人格的および財産的関係を規制する。

第2章　婚　姻

第8条　公民は、自由婚姻の権利を有する。
　　　婚姻は、ただ一人の男子と一人の女子の間にのみすることができる。
第9条　朝鮮民主主義人民共和国において婚姻は、男子18歳、女子17歳からすることができる。
　　　国家は、青年が祖国と人民のために、社会と集団のために、生きがいのあるように働いた後、婚姻する社会的気風を奨励する。
第10条　8親等までの血族、4親等までの姻族の間では、婚姻することができない。
第11条　婚姻は、身分登録機関に登録してはじめて法的に認定され、国家の保護をうける。
　　　婚姻登録をせず、夫婦生活をすることはできない。
第12条　外国で生活する朝鮮公民の婚姻登録は、朝鮮民主主義人民共和国領事代表機関でおこない、領事代表機関がない場合、当該国の該当機関でおこなうことができる。
第13条　本法第8条―第10条に違反する婚姻は、無効である。
　　　婚姻の無効認定は、裁判所がおこなう。
第14条　無効と認定された婚姻は、初めから成立しないものとする。但し、子の養育問題は、本法第22条、第23条によって解決する。

第3章　家　庭

第15条　家庭を強固にすることは、社会の健全な発展のための重要な保証である。
　　　公民は、家庭を睦まじく朗らかなように築かなければならない。
第16条　夫と妻との関係は、婚姻によって形成される。
第17条　夫と妻は、自己の姓と名をそのまま有し、希望と才能にしたがい職業を選択し、社会政治生活に参加することができる。
第18条　家庭生活において、夫と妻は、同一の権利を有する。
第19条　夫と妻は、労働能力を喪失した配偶者を扶養する義務を負う。
第20条　夫と妻の関係は、離婚すれば消滅する。
　　　離婚は、裁判によってのみおこなうことができる。
第21条　配偶者が、夫婦の愛情と信頼をひどく裏切った場合またはその他の事由で夫婦生活を継続することができない場合には、離婚することができる。
第22条　夫と妻が離婚する場合、子を養育する当事者は、子の利益の見地から当事者が合意して定める。合意が成立しない場合には、裁判所が定める。
　　　やむを得ない事由がない限り、3歳未満の子は、母親が養育する。
第23条　子を養育しない当事者は、子を養育する当事者に、子が労働する年齢に至るまでの養育費を支払わなければならない。但し、子を養育する当事者が養育費を受け取らない場合は、支払わないこともある。
　　　養育費は子の人数に応じて、月収の10～30％の範囲内で裁判所が定める。
第24条　養育費を支払った当事者が労働能力を喪失した場合または子を託された当事者が婚姻し、その子が継父または継母の扶養を受ける場合には、利害関係者は養育費の免除を受けることについて、裁判所に要求することができる。

第25条　父母と子の関係は、血縁的関係である。
　　　婚姻生活をしない男女間に出生した子とその父母との関係は、婚姻生活家庭に出生した子とその父母との関係と同じである。
第26条　子は父の姓に従う。父の姓に従うことができない場合には、母の姓に従い、父母の分からない子の姓は、住民行政機関が定める。
第27条　子の教育は、父母の重要な義務である。
　　　父母は、子の教育を立派におこない、子をしっかりとした革命家、共産主義的な新しい人間に育てなければならない。
第28条　父母は、子を養育し、未成年の子の代理人となる。
　　　子は、父母を愛し、尊敬し、労働能力を喪失した父母の生活に責任をもって世話をしなければならない。
第29条　継父母と継子の関係は、実父母と実子間の関係と同じである。
　　　継父または継母と継子関係が成立すれば、継子と実父または実母との関係が消滅する。
第30条　公民は、他人の未成年の子を養子とすることができる。
　　　選挙権を剥奪された者、養子の健康に害を与えうる疾病がある者その他に養子を保育教育する能力がない者は、養子をすることができない。
第31条　養子縁組をしようとする公民は、養子となる者の実父母または後見人から養子にたいする同意を得なければならない。
　　　養子となる者が6歳以上である場合には、その同意も得なければならない。
第32条　養子縁組は、養父母となる者の申請によって、当該住民行政機関の承認を受け、身分登録機関に登録すれば成立する。
第33条　養父母と養子との関係は、実父母と実子間の関係と同じである。
　　　養父母と養子の関係が成立すれば、養子縁組以前の父母との関係は消滅する。
第34条　離縁は、養子と養父母または養父母と養子の実父母もしくは後見人が合意し、当該住民行政機関の承認の下に、身分登録機関に登録すれば成立する。
　　　離縁にたいする合意が成立しない場合には、裁判所が解決する。
第35条　祖父母は、父母のない孫が健全に育つように養育し、教育しなければならない。
　　　成人年齢に達した孫は、子のない祖父母の健康と生活に責任をもって世話をしなければならない。
第36条　兄弟姉妹は、肉親として互いに愛し、尊敬し、導きあわなければならない。
　　　世話をする者のない兄弟姉妹は、扶養能力のある兄弟姉妹が扶養する義務を負う。
第37条　未成年者と労働能力のない者は、扶養能力のある家庭成員が扶養する。
　　　扶養能力のある家庭成員がいない場合には、別に生活する父母または子、祖父母もしくは孫、兄弟姉妹が扶養する。
第38条　本法第37条に指摘された扶養者のない未成年者と労働能力のない者は、国家が世話をする。
第39条　離婚またはその他の事由で家庭成員が別れる場合、個別財産は各自が所有し、家庭財産は当事者の合意により分割して所有する。合意が成立しない場合

には、裁判所が解決する。

第4章　後　見

第40条　父母の世話を受けられない未成年者と身体上の障害で行為能力を持たない者のために、後見人を定める。

第41条　未成年者にたいする後見人には、祖父母、兄弟姉妹がなることができる。
　　身体上での障害で行為能力のない者にたいする後見人には、配偶者または父母もしくは子、祖父母、孫、兄弟姉妹がなることができる。
　　後見人となることのできる者が複数いる場合、後見義務の遂行にもっとも適当であると認定される者が後見人となる。

第42条　未成年者と身体上の障害で行為能力を持たない者に、本法第41条に指摘された後見人がない場合または後見人の選定において争いがある場合には、住民行政機関が後見人を定める。

第43条　後見人は、被後見人の財産を管理し、その代理人となる。

第44条　後見人は、被後見人を保育教育し、その生活と健康を世話しなければならない。

第45条　後見義務の遂行状況を監督する事業は、住民行政機関がおこなう。

第5章　相　続

第46条　公民が死亡すれば、その財産は配偶者または子、父母に相続される。
　　配偶者、子、父母がいない場合には、孫と祖父母、兄弟姉妹に相続される。
　　前項に指摘された相続人がいない場合には、近い親戚の順に相続される。

第47条　同一順位の相続人が複数いる場合、それらの相続分は同じである。
　　相続人の中で相続を拒否した場合、その者の相続分は残りの相続人に相続される。

第48条　法が定めた相続人であっても、死亡者を生前に酷く虐待したり、意識的にその者の世話をしなかった者、相続条件を故意に作成した者には、相続権を与えない。

第49条　相続人が被相続人より先に死亡した場合、死亡した相続人の子は、その者の相続順位を占める。

第50条　公民は、自己の財産を遺言で相続させることができる。但し、遺言が遺言人の扶養を受けた公民の利益を侵害した場合には、無効である。
　　遺言の無効認定は、利害関係者または検事の申請によって、裁判所が解決する。

第51条　相続人は相続した財産の範囲内で、死亡者が負った債務について責任を負う。

第52条　相続は、相続の承認、放棄が6ヶ月以内におこなわれなければならない。
　　6ヶ月以内に相続人が現れなかった場合または相続権をすべて放棄する場合、その財産は国庫に納める。
　　裁判所は、相続人が現れない場合、利害関係者の申請に従って、判定により、相続の承認、放棄期日をさらに6ヶ月間延長することができる。

第53条　相続と関連した紛争は、裁判所が解決する。

第 6 章　制　裁

第54条　本法に違反した公民には、情状に従い、該当する法的制裁を加える。
　　法的制裁の適用は、裁判所の判決または判定でおこなう。

【解　説】

　北朝鮮における家族法の歴史は、解放直後に制定された「北朝鮮の男女平等権にたいする法令」（1946年7月30日　北朝鮮臨時人民委員会決定第54号）および「北朝鮮の男女平等権にたいする法令施行細則」（1946年9月14日　北朝鮮臨時人民委員会決定第78号）に始まる。以後、北朝鮮の家族法は、婚姻・家族に関する単行法規によって規制されてきた。

　1982年12月7日、中央人民委員会は「民事規定（暫定）」（政令第247号）を制定した。民事規定（暫定）は全4章72条から構成され、その中で第2章に「婚姻および家族関係」（第10条～第26条）を置き、家族法に関するこれまでの規定を整理した。また当該規定に関連して「民事規定（暫定）施行細則」が制定されている（1983年3月19日　中央裁判所指示第2号）。当該規定は、1986年1月30日、中央人民委員会政令によって正式に採択されている。

　1990年10月24日、北朝鮮で初めての家族法典が採択され（最高人民会議常設会議決定第5号）、同年12月1日から施行された。本法には、本文の前に4項目の決定が付されている。問題となるのは、第3項の「朝鮮民主主義人民共和国家族法は外国で永住権を有している朝鮮公民には適用しない」という規定である。これによって、在日朝鮮人への本法の適用が除外されることになった。しかし、1995年9月6日、「対外民事関係法」が制定された。本法は、北朝鮮における国際私法に関する成文規定としては初めての法典である。この対外民事関係法の制定に伴い、家族法の附帯決定第3項の効力が改めて問題となる。2000年9月、筆者が訪朝した際に、北朝鮮の社会科学院法学研究所の国際法学者とその問題に関して議論したが、その法学者によれば、対外民事関係法の制定に伴い、家族法の附帯決定第3項は効力を喪失し、在外公民にも家族法は適用されると理解するのが適切である、とのことであった。

　家族法は、1993年9月23日に一部改正されている。

2 朝鮮民主主義人民共和国民法（抄・大内憲昭訳）
制　　定：最高人民会議常設会議決定第4号
　　　　　1990年9月5日
一部改正：1993年9月22日（最高人民会議常設会議）
一部改正：1998年3月24日（最高人民会議常任委員会）

第2章　民事法律関係の当事者
第19条　公民の民事権利能力は、出生と共に生じ、死亡と共に消滅する。
　すべての公民は、民事権利能力を平等に有する。法が別途に定めない限り、何人も公民の民事権利能力を制限することができない。
第20条　公民の成人年齢は、17歳である。
　17歳に達した公民は、民事法律行為を独自的におこなうことができる民事行為能力を有する。
　16歳に達した者は、自身の得た労働報酬の範囲内で、民事法律行為を独自的におこなうことができ、その範囲を超える行為は、父母または後見人の同意を得てはじめておこなうことができる。
　6歳以上の未成年者は、学用品または些細な日用品等を買う行為をおこなうことができる。
第21条　民事行為無能力者、身体機能障害者は、父母または後見人を通じて民事法律行為をおこなう。
　成人民事行為無能力者の認定は、裁判手続きでおこなう。

第4章　個人所有権
第58条　個人所有は、勤労者の個人的で消費的な目的のための所有である。
　個人所有は、労働による社会主義分配、国家および社会の追加的恵沢、住宅付属地経営をはじめとした個人副業経営から生じる生産物、公民が購入した財産または相続、贈与された財産その他の法的根拠によって生じた財産からなる。
第59条　公民は、住宅と家庭生活に必要なさまざまな家庭用品、文化用品と乗用車等の器材を所有することができる。
第60条　個人所有権の担い手は、個別的公民である。
　公民は、自己の所有財産を社会主義的生活規範と消費目的に応じて、自由に占有または利用、処分することができる。
第61条　家庭成員となった公民は、家庭の財産にたいする所有権を共同で有する。
第63条　国家は、個人所有権にたいする相続権を保障する。
　公民の個人所有財産は、法に従い相続される。公民は、遺言によっても自己の所有財産を家庭成員またはその他の公民もしくは機関、企業所、団体に引き渡すことができる。

【解　説】
　北朝鮮における民法の制定は、1958年2月1日付内閣決定第16号「朝鮮民主主義人民共和国民法および民事訴訟法を準備することに関して」によって

1958年に草案が作成されているが、法典化には至らず、個別の単行法規によって民事関係は規制されてきた。1982年、前述の「民事規定（暫定）」が制定されて整理された。本規定は、第1章一般規定（第1条～第9条）、第2章婚姻および家族関係（第10条～第26条）、第3章民事取引関係（第27条～第61条）、第4章不法行為による損害補償および不当利得の処理（第62条～第72条）から構成されている。

1990年9月5日、北朝鮮で初めての民法典が制定された。民法は、全4編（第1編一般制度、第2編所有権制度、第3編債権債務制度、第4編民事責任と民事時効制度）271条から構成されている。

1990年民法は、1993年9月23日および1998年3月24日にそれぞれ一部改正されている。本書では、公民の身分関係に関する規定を抄訳した。

3　朝鮮民主主義人民共和国民事訴訟法（抄・大内憲昭訳）
　　　　　制　　定：最高人民会議常設会議決定第18号
　　　　　　　　　　1976年1月10日
　　　　　改　　正：1994年5月25日（最高人民会議常設会議）

第5章　裁判管轄
第53条　民事裁判手続きで解決しなければならない事件は、次の通りである。
　1．仲裁または行政的手続きで解決する場合を除いた財産紛争事件
　2．離婚事件
　3．子の養育費、扶養料請求と関連した事件
　4．民事上の権利と法律的意義を有する事実にたいする確認事件
　5．この他に民事裁判手続きで解決するように規定した事件

第56条　次の事件の裁判は、原告の居住地を管轄する裁判所でおこなう。
　1．機関、企業所、団体が個別的公民を相手とする財産請求事件
　2．子の養育費、扶養料請求事件
　3．健康に害を与えたことまたは生命に危険を与えたことと関連した損害補償請求事件
　4．1歳にならない子または数名の子を持つ母親が提起する事件
　5．教化人を相手として提起する事件
　6．所在不明者を相手として提起する事件

第8章　裁判審理
第118条　裁判所は、離婚事件を審理する場合、子の養育と関連した問題、相手方当事者の扶養問題または財産分与の問題を一緒に解決しなければならない。

【解　説】

　北朝鮮において統一的な民事訴訟法典が制定されたのは、1976年1月10日の最高人民会議常設会議においてであった。前述の1958年内閣決定によって民事訴訟法草案も準備されたが、民法同様に制定には至らなかった。

　1976年民事訴訟法は、全13章177条から構成されている。1994年5月25日、最高人民会議常設会議において全面改正された。1994年民事訴訟法は、全13章182条から構成されている（第1章民事訴訟法の基本、第2章一般規定、第3章訴訟当事者、第4章証拠、第5章裁判管轄、第6章訴訟の提起、第7章裁判準備、第8章裁判審理、第9章判決・判定、第10章第二審裁判、第11章非常上訴、第12章再審、第13章判決・判定の執行）。

　改正民事訴訟法の特徴を本書に関連して述べるならば、1976年民事訴訟法で詳細に規定されていた離婚訴訟に関する規定がほとんど削除されたことである。1976年法では、第12条但書、第19条第2項・3項、第41条第3項、第26条第3項、第68条第2項、第85条、第86条、第87条第1項第6号、第90条、第99条第2項、第129条第4号、第132条、第134条第2号・4号、第138条に関連規定が置かれていた。本書では、改正において削除されなかった離婚訴訟に関する規定を抄訳した。

4　離婚訴訟規定解説

　1999年7月14日、上記の削除された離婚訴訟規定を含めて最高人民会議常任委員会政令で「離婚訴訟規定」が制定された。離婚訴訟規定は全7章97条で、次のような構成となっている。

　第1章一般規定（第1条～8条）では、離婚の未然防止問題、離婚訴訟当事者の平等権保障問題、弁護士の法律的援助問題、離婚事件を大衆に依拠して処理することに関する問題、離婚事件取扱い処理において堅持すべき原則等が規定されている。

　第2章訴訟の提起（第9条～23条）では、離婚訴訟の当事者、離婚訴訟相談とその手続き、離婚訴訟提起書類等が規定されている。

　第3章裁判準備（第24条～37条）では、証拠と収集、証人尋問、鑑定、裁判担保処分、事件棄却、裁判審理の形式と期間、上訴等が規定されている。

　第4章裁判審理（第37条～61条）では、離婚裁判を審理するための参加成

員とその権限、審理対象と手続き等が規定されている。

　第5章判決・判定（第62条〜78条）では、判決の採択手続きと方法、判決書の内容と判決宣告、判決採択事由、判決・判定に対する上訴、抗議の提起とその処理手続き、判決の確定等が規定されている。

　第6章第二審裁判（第79条〜93条）では、上訴、抗議の取扱い手続きと方法、第二審裁判の構成と権限、第二審裁判の判定に対する効力等が規定されている。

　第7章判決・判定の執行（第94条〜97条）では、判決・判定の執行時期と執行機関、執行文書の提起、判決・判定の執行において提起される問題の処理方法等が規定されている。

　【「離婚訴訟規定」は未公表であり、上記の内容は、筆者が訪朝した際に社会科学院法学研究所に提出した質問に対する文書回答の一部である。】

5　朝鮮民主主義人民共和国国籍法（大内憲昭訳）
　　　　　制　　　定：最高人民会議常設会議決定第57号
　　　　　　　　　　1995年3月23日
　　　　　一部改正：1999年2月26日（最高人民会議常任委員会）

第1条　朝鮮民主主義人民共和国国籍法は、共和国公民となる要件を定め、公民の自主的権利を擁護保障することに寄与する。
第2条　朝鮮民主主義人民共和国公民は、次の通りである。
　1．共和国創建以前に朝鮮の国籍を所有していた朝鮮人とその子女で、その国籍を放棄しなかった者
　2．外国の公民または無国籍者であったが、合法的手続きにより、共和国国籍を取得した者
第3条　朝鮮民主主義人民共和国公民は、居住地または滞留地に関係なく、共和国の法的保護を受ける。
第4条　外国に居住する朝鮮民主主義人民共和国公民は、共和国に帰国し、または自由に往来することができる。
第5条　次に該当する者は、出生により朝鮮民主主義人民共和国国籍を取得する。
　1．共和国公民間に出生した者
　2．共和国領域に居住する共和国公民と外国公民または無国籍者の間に出生した者
　3．共和国領域に居住する無国籍者の間に出生した者
　4．共和国領域において出生したが、父母が確認されない者
第6条　無国籍者または外国公民は、請願により、朝鮮民主主義人民共和国国籍を取得することができる。

第7条　外国に居住する朝鮮民主主義人民共和国公民と外国公民の間に出生した者の国籍は、次の通りに定める。
  1．14歳未満の者の国籍は、父母の意思に従い定め、父母がいない場合には、後見人の意思に従い定める。この場合、出生後3ヵ月が経過するまで父母または後見人の意思表示がなければ共和国国籍を有する。
  2．14歳以上の未成年者の国籍は、父母の意思と本人の同意により定め、父母がいない場合には、後見人の意思と本人の同意により定める。この場合、本人の意思が父母の意思または後見人の意思と異なれば、本人の意思に従い定める。
  3．成人となる者の国籍は、本人の意思に従い定める。

第8条　外国に居住する朝鮮民主主義人民共和国公民と外国公民の間に出生した子女の国籍を共和国国籍に定めようとする場合には、父母または子女が居住する国に駐在する共和国外交または領事代表機関に該当する書類を提出しなければならない。
　　共和国外交または領事機関がない場合には、近隣国に駐在する共和国外交もしくは領事代表機関または居住する当該機関に書類を提出しなければならない。

第9条　父母が朝鮮民主主義人民共和国国籍に入籍する場合またはそれから除籍される場合、子女の国籍は、次の通りに変更される。
  1．14歳未満の子女の国籍は、父母の国籍に従い変更される。
  2．14歳以上16歳未満の子女の国籍は、父母の意思と本人同意があってはじめて変更される。この場合、父母の意思表示がなく、または本人の意思と異なれば、本人の意思に従う。

第10条　朝鮮民主主義人民共和国国籍を有する父母のいずれか一方の国籍が変更されても、その子女の国籍は変更されない。

第11条　朝鮮民主主義人民共和国国籍は、結婚もしくは離婚または養子縁組もしくは離縁により変更されない。

第12条　朝鮮民主主義人民共和国国籍を喪失していた者は、請願により、共和国国籍を回復することができる。

第13条　朝鮮民主主義人民共和国国籍から除籍された者は、除籍決定があった日から共和国公民としての法的地位と権利を喪失する。

第14条　朝鮮民主主義人民共和国において国籍と関連した実務的な事業は、公民登録機関がおこなう。
　　共和国領域外においては、当該国に駐在する共和国外交または領事代表機関がおこなう。

第15条　共和国国籍への入籍請願または共和国国籍からの除籍請願にたいする決定は、最高人民会議常任委員会がおこなう。

第16条　朝鮮民主主義人民共和国が国籍と関連して締結した条約において、本法の内容と異なって定めた場合には、その条約に従う。

【解　説】

　北朝鮮では、建国以後二つの国籍法が制定されている。一つは1963年国籍

法（1963年10月9日　最高人民会議常任委員会政令）であり、他の一つは1995年国籍法（1995年3月23日　最高人民会議常設会議決定）である。1995年国籍法は、1998年の憲法改正に伴い、1999年2月26日に一部改正されている（第8条第2項、第15条）。

　1963年国籍法の原則としては、①国籍唯一の原則、②国籍（選択）の自由の原則、③父母両系血統主義、④夫婦国籍独立主義を挙げることができる。1995年国籍法の原則は、それらの原則を踏まえて、①血統主義を基本に生地主義の補充的採用、②国籍離脱の申請などに関する手続きの変更、③婚姻または離縁による国籍の不変更、④国籍に関する条約の優先、を指摘することができる。

6　朝鮮民主主義人民共和国対外民事関係法（抄・西山慶一、木棚照一仮訳）

　　　　制　　　定：最高人民会議常設会議決定第62号
　　　　　　　　　　1995年9月6日
　　　　一部改正：1998年12月10日（最高人民会議常任委員会政令第251号）

第1章　対外民事関係法の基本

第1条　朝鮮民主主義人民共和国対外民事関係法は、対外民事関係における当事者の権利と利益を擁護しかつ保障するとともに対外経済協力と交流を強固に発展させることを目的とする。

第2条　本法は、共和国の法人ないし公民、外国の法人ないし公民の間の財産及び家族関係に適用する準拠法を定め、さらに民事紛争に対する解決手続を規定する。

第3条　国家は対外民事関係において当事者の自主的権利を尊重するものとする。

第4条　国家は対外民事関係において平等と互恵の原則を具現するものとする。

第5条　国家は対外民事関係において朝鮮民主主義人民共和国の法律制度の基本原則を堅持するものとする。

第6条　対外民事関係と関連して共和国が外国と締結した条約において、本法と異なる規定を定めている場合にはそれに従う。但し、その条約が対外民事関係に適用する準拠法を定めていない場合には、国際慣例または朝鮮民主主義人民共和国法を適用する。

第7条　複数の国籍を有する当事者については次に掲げる法を本国法とする。
　1．当事者が有する国籍の中でその一つが共和国国籍である場合には、朝鮮民主主義人民共和国の法
　2．当事者が有する国籍が外国の国籍である場合には、国籍を有する国の中で住所を有する国の法
　3．当事者が国籍を有する国に全て住所を有しているか、いずれの国にも住所を有していない場合には、最も密接な関係を有する国の法

第8条　国籍を有しない当事者が、ある一つの国に住所を有している場合には、その国の法を本国法とする。但し、当事者がいずれの国にも住所を有しないか、数国に住所を有している場合には、現に居所としている国の法を本国法とする。

第9条　地方により内容が互いに異なる法を適用する国の国籍を有する者の本国法は、その国の法により定める。但し、その法がない場合には、当事者が所属している地方もしくは当事者と最も密接な関係を有する地方の法による。

第10条　共和国に住所を有しながら外国にも住所を有する者については、朝鮮民主主義人民共和国を住所を有する国の法とする。

　　　当事者が複数の異なる国に住所を有している場合には、その当事者が現に居所としている国の法を住所を有する国の法とする。

第11条　いずれの国にも住所を有しない者については、当事者が現に居所としている国の法を住所を有する国の法とする。

第12条　本法に従い準拠法と定められた外国法の内容を確認できない場合には、当事者が最も密接な関係を有する国の法を適用する。但し、当事者に最も密接な関係を有する国の法がない場合には、朝鮮民主主義人民共和国法を適用する。

　　　注（1998年12月10日改正）
　　　　改正前　「第12条　本法に従い準拠法と定められた外国法の内容を確認できない場合には、当事者が最も密接な関係を有する国の法又は朝鮮民主主義人民共和国法を適用する。」

第13条　本法に従い準拠法と定められた外国法もしくは国際慣例を適用して設定された当事者の権利又は義務が共和国の法律制度の基本原則に反する場合には、朝鮮民主主義人民共和国法を適用する。

第14条　本法に従い外国法を準拠法として適用する場合に、その外国の法が朝鮮民主主義人民共和国法に反致しているときは、共和国法に従う。

第15条　外国に住所を有する共和国公民が本法施行日以前に行った婚姻、離婚、養子縁組、後見等の法律行為は、そのような行為を無効とする事由がない限り、共和国の領域で効力を有する。

第2章　対外民事関係の当事者

第16条　対外民事関係の当事者とは、対外民事関係に関与する朝鮮民主主義人民共和国の法人ないし公民及び外国の法人ないし公民である。

第17条　法人の権利能力には法人が国籍を有する国の法を適用する。但し、朝鮮民主主義人民共和国法において異なる規定を設けている場合にはそれに従う。

第18条　公民の行為能力には本国法を適用する。

　　　本国法によれば未成年となる外国の公民が、朝鮮民主主義人民共和国法によれば成年である場合には、共和国の領域で当事者のなした行為は有効である。

　　　家族関係ないし相続関係及び外国に所在する不動産に関連する行為には、前項を適用しない。

　　　外国に住所を有する共和国公民の行為能力は、住所を有する国の法を適用することができる。

第19条　行為無能力者及び部分的行為能力者の認証条件には、当事者の本国法を適用する。但し、本国法によれば認証される場合であっても朝鮮民主主義人民共和国法によれば認証できないときは、行為無能力者及び部分的行為能力者と認

証しないことができる。
第20条　行為無能力者及び部分的行為能力者の認証の効力には、それを認証した国の法を適用する。
第21条　所在不明者及び死亡者の認証は、当事者の本国法を適用する。但し、所在不明者及び死亡者の認証が共和国国内の法人、公民または財産と関連がある場合には、朝鮮民主主義人民共和国法を適用する。

第4章　家族関係

第35条　婚姻要件には、各当事者につきその本国法を適用する。但し、本国法によれば婚姻要件が認定されたとしても、朝鮮民主主義人民共和国法によると現在存続している婚姻関係または当事者間の血縁関係が認定される等の婚姻障害がある場合にはその婚姻は許されない。
　　　　婚姻の方式には、当事者が婚姻を挙行する国の法を適用する。
第36条　婚姻の効力には、夫婦の本国法を適用する。
　　　　夫婦の国籍が異なる場合には夫婦が共通に住所を有する国の法を適用し、夫婦の住所地が異なる場合には夫婦と最も密接な関係を有する国の法を適用する。
第37条　離婚には、当事者の本国法を適用する。
　　　　離婚当事者の国籍が異なる場合には夫婦が共通に住所を有する国の法を適用し、離婚当事者の住所地が異なる場合には夫婦と最も密接な関係を有する国の法を適用する。
　　　　離婚の方式は、当事者が離婚する国の法に従った場合にも効力を有する。
第38条　離婚当事者の一方が共和国に住所を有する共和国の公民である場合には、本法第37条に拘らず、朝鮮民主主義人民共和国法を適用することができる。
第39条　実父母、実子女関係の確定には、父母の婚姻関係の如何に拘らず、出生当時の子女の本国法を適用する。
第40条　養子縁組と離縁には、養父母の本国法を適用する。但し、養父母が国籍を異にする場合には、養父母が共通に住所を有する国の法を適用する。
　　　　養子となる者の本国法において、養子となる者もしくは第三者の同意または国家機関の承認を養子縁組の要件としている場合には、それらの要件をも備えなければならない。
　　　　養子縁組及び離縁の方式は、当事者が養子縁組と離縁を行う国の法に従っている場合にも効力を有する。
第41条　父母と子女の親子関係の効力には、子女の本国法を適用する。
　　　　父母と子女いずれか一方の当事者が共和国に住所を有する共和国の公民である場合には、朝鮮民主主義人民共和国法を適用する。
第42条　後見には、被後見人の本国法を適用する。
　　　　後見の方式は、後見を行う国の法に従っている場合にも効力を有する。
第43条　共和国に住所を有し、または、在留している外国人に後見人がいない場合には、朝鮮民主主義人民共和国法に従い後見人を定めることができる。
第44条　扶養関係には、被扶養者が住所を有する国の法を適用する。
　　　　被扶養者が住所を有する国の法によれば扶養を受ける権利が認められないときには被扶養者の本国法または朝鮮民主主義人民共和国法を適用することができ

きる。
第45条 不動産相続には相続財産の所在する国の法を適用し、動産相続には被相続人の本国法を適用する。但し、外国に住所を有する共和国公民の動産相続には被相続人が最後に住所を有していた国の法を適用する。

外国に住所を有する共和国公民に相続人がいない場合、その相続財産はその公民と最も密接な関係にあった当事者が承継する。

注（1998年12月10日改正）

前段但書「但し、外国に住所を有する共和国公民の動産相続には被相続人が住所を有していた国の法を適用する。」を「但し、外国に住所を有する共和国公民の動産相続には被相続人が最後に住所を有していた国の法を適用する。」に改正。

第46条 遺言及び遺言の取消には、遺言者の本国法を適用する。

遺言及び遺言の取消の方式には、朝鮮民主主義人民共和国法、遺言を行った国の法、遺言者の住所を有する国の法または不動産の所在する国の法に従っている場合にも効力を有する。

第47条 外国に住所を有する共和国公民の養子縁組、離縁、父母と子女の親子関係、後見、遺言には、住所を有している国の法を適用することができる。

［訳注］　原文に出来るだけ忠実に翻訳することを基本としたが、英文等を参照して日本語の条文として相応しい訳に努めた。他は次のとおりである。

1　原文を直訳すれば「居住」となるところは一律に「住所」と訳した。
（7、8、10、11、15、18、33、36、37、38、40、41、43、44、45、46、47各条）

2　「結婚」は「婚姻」、「立養」は「養子縁組」、「罷養」は「離縁」、「未成人」は「未成年」、「成人」は「成年」、「我国」は「共和国」、「他国」は「外国」と訳した。

【解　説】

1995年9月6日、最高人民会議常設会議において「朝鮮民主主義人民共和国対外民事関係法」が採択され、即日施行された。本法は、第1章対外民事関係の基本、第2章対外民事関係の当事者、第3章財産関係、第4章家族関係、第5章紛争解決の全5章62条から構成されている。本法は、北朝鮮の法人と公民、外国の法人、公民間の財産、家族関係に適用する準拠法と民事紛争を解決するための手続きを規定した法であり、北朝鮮における国際私法に関する初めての成文法典である。また第5章において紛争解決のための裁判管轄に関する問題について規定しているなど、国際民事訴訟法に関する規定を置いている。本法は、1998年の憲法改正に伴い、1998年12月10日に一部改正されている（第12条、第23条、第24条、第25条、第27条、第42条、第44条、第45条）。

主要参考文献

「定住外国人と家族法」研究会は、定住と略す。

1 全 般

＊単行本——国際私法を中心に

江川英文『改訂版国際私法』(弘文堂、1972年)
池原季雄『国際私法 総論』(有斐閣、1973年)
折茂 豊『属人法論』(有斐閣、1982年)
石黒一憲『国際私法の解釈論的構造』(東京大学出版会、1980年)
溜池良夫『国際家族法研究』(有斐閣、1985年)
池原季雄他編『別冊ジュリスト 渉外判例百選(第2版)』(有斐閣、1986年)
松岡 博『国際私法における法選択規則構造論』(有斐閣、1987年)
澤木敬郎＝南敏文『新しい国際私法』(日本加除出版、1990年)
岡垣学＝野田愛子編『講座実務家事審判法5渉外事件関係』(日本評論社、1990年)
木棚照一他『国際私法概論 新版』(有斐閣、1991年)
山田鐐一『国際私法』(有斐閣、1992年)
溜池良夫『国際私法講義』(有斐閣、1993年)
櫻田嘉章『国際私法』(有斐閣、1994年)
木棚照一『国際相続法の研究』(有斐閣、1995年)
木棚照一他編『基本法コンメンタール国際私法』(日本評論社、1994年)
池原季雄他編『別冊ジュリスト 渉外判例百選(第3版)』(有斐閣、1995年)
澤木敬郎＝道垣内正人『国際私法入門 第4版』(有斐閣、1996年)
澤木敬郎他編『ジュリスト増刊 国際私法の争点(新版)』(有斐閣、1996年)
徐 希源『改訂新版国際私法講義』(ハングル、一潮閣、1998年)
道垣内正人『ポイント国際私法 総論』(有斐閣、1999年)
司法研修所編『渉外養子縁組に関する研究』(法曹会、1999年)
道垣内正人『ポイント国際私法 各論』(有斐閣、2000年)

＊単行本——実務書関係

成毛鐵二『公証制度の課題と実務』(日本加除出版、1987年)
法務省民事局内法務研究会編『改正法例下における渉外戸籍の理論と実務』(テイハン、1989年)
野田愛子＝泉久雄編『判例タイムズ臨時増刊号遺産分割・遺言215題』(1989年)
野田愛子＝人見康子編『判例タイムズ臨時増刊号夫婦・親子215題』(1991年)
最高裁判所事務総局編『渉外家事事件執務提要(上)』(法曹会、1991年)
藤原勇喜『改訂渉外不動産登記』(テイハン、1991年)
最高裁判所事務総局編『渉外家事事件執務提要(下)』(法曹会、1992年)
高妻 新『旧法・韓国・中国関係Ｑ＆Ａ相続登記の手引き』(日本加除出版、1993年)
南 敏文編著『Ｑ＆Ａ渉外戸籍と国際私法』(日本加除出版、1995年)
木村三男監修竹澤雅二郎他編著『渉外戸籍のための各国法律要件』(日本加除出

版、1996年)
佐藤勇他監修東広島法務研究会『実務相続登記法』(日本加除出版、1996年)
第一東京弁護士会司法研究委員会編『国際相続法の実務』(日本加除出版、1997年)
浦田　久他『Q＆A渉外家事問題対応の手引』(日本加除出版、1997年)
村重慶一他『人事訴訟の実務　三訂版』(新日本法規出版、1998年)
鳥居淳子他『くらしの相談室国際結婚の法律Q＆A』(有斐閣、1998年)
民事渉外手続研究会編『Q＆A民事渉外の手続と書式』(新日本法規出版、1999年)
榎本行雄編著『詳解　国際結婚の手引き　第2版』(明石書店、1999年)
加藤文雄『渉外家事事件整理ノート』(新日本法規出版、2000年)
渉外身分関係実務研究会編『渉外身分関係事務必携』(日本加除出版、2000年)
国際家族法実務研究会編『国際家族法の実務』(新日本法規出版、加除式)
法務省民事局国籍事務研究会編『渉外身分関係先例判例総覧』(日本加除出版、加除式)

＊論文──国際私法・在日家族法関係
　桑田三郎「外国法の正統性について」(民商法雑誌34巻3号29頁、1956年)
　池原季雄「我が国際私法における本国法主義」(法学協会雑誌79巻6号691頁、1963年)
　成毛鐵二「在日朝鮮人及び中国人に適用すべき本国法(1)(2)」(民事月報19巻7号81頁、19巻8号17頁、1964年)
　山田鐐一「英米国際私法における住所」(山田鐐一『国際私法の研究』(有斐閣、1969年)40頁)
　川上太郎「近似の渉外家事判例にあらわれた若干の国際私法問題」(家庭裁判月報22巻2号1頁、1970年)
　櫻田嘉章「渉外家族法における本国法主義」(『現代家族法大系1』(有斐閣、1980年)202頁)
　池原季雄他「座談会　法例改正をめぐる諸問題と今後の課題」(ジュリスト943号16頁、1989年)
　原　　優「『死亡による財産の相続の準拠法に関する条約』の成立」(国際商事法務17巻1号40頁、1989年)
　青木　清「韓国家族法の改正とわが国渉外事件への影響(上)(中)(下)」(戸籍時報393号16頁、同395号23頁、同397号27頁、1990年1991年)
　木棚照一「改正法例からみた問題点」(定住編『定住外国人をめぐる法律上の課題』(日本加除出版、1991年)87頁)
　青木　清「韓国家族法の改正とその影響」(同上108頁)
　出口治男「在日韓国・朝鮮人の家事事件」(同上126頁)
　木棚照一「在日韓国・朝鮮人の相続をめぐる国際私法上の諸問題」(立命館法学223＝224号298頁、1992年)
　趙　慶済「在日韓国・朝鮮人家族法の一断面」(在日同胞の生活を考える会編「ウリ生活」9号(自主出版、1992年)148頁)
　崔　公雄「判例を通じてみた韓国国際私法概説」(ジュリスト1025号94頁、1993

年)
　李　好珽「在日韓国人の属人法」(ジュリスト1025号94頁、1993年)
　土屋正憲「連結概念としての国籍について－在日朝鮮人を中心として」(広島法学17巻2号51頁、1993年)
　青木　清「夫婦の氏の準拠法について－日韓渉外関係から」(南山法学17巻3号1頁、1994年)
　木棚照一「日本の国際私法からみた朝鮮民主主義人民共和国の家族法の問題点」(定住編『定住外国人と家族法Ⅳ』(自主出版、1993年)38頁)
　国際私法改正研究会「『相続の準拠法に関する法律試案』の公表」(国際法外交雑誌92巻4＝5号147頁、1993年)
　西山慶一「在日韓国・朝鮮人の家族法律関係の準拠法に関して」(戸籍時報440号2頁、1994年)
　木棚照一「朝鮮民主主義人民共和国の対外民事関係法に関する若干の考察」(立命館法学249号343頁、1996年)
　青木　清「北朝鮮の国際私法」(南山法学20巻3＝4号179頁、1997年)
　青木　清「わが国での韓国・朝鮮人の離婚－国際私法上の観点から」(国際法外交雑誌96巻2号1頁、1997年)
　烁場準一他「座談会『法例』－現状と課題、将来への展望」(ジュリスト1143号4頁、1998年)
　木棚照一「法例26、27条の改正に関する一考察」(ジュリスト1143号69頁、1998年)
　崔　公雄「韓国家族法と国際私法問題」(国際私法年報1号117頁、1999年)
　大内憲昭「朝鮮民主主義人民共和国の国籍法・対外民事関係法に関する若干の考察」(関東学院大学文学部紀要90号135頁、2000年)
　木棚照一「韓国・北朝鮮、中国・台湾を本国とする者の相続をめぐる諸問題」(早稲田法学76巻3号1頁、2001年)
　(六　法)
　法務省民事局第2課職員編『戸籍六法』(テイハン　毎年出版)
　戸籍実務六法編集室編『戸籍実務六法』(日本加除出版　毎年出版)
　法務省出入国管理局監修(財)入管協会編纂『出入国管理・外国人登録実務六法』(日本加除出版　毎年出版)
　李　時潤編『判例小法典』(ハングル、青林出版、2000年)

2　国籍・戸籍(身分登録)・法的地位その他(主として第2章関連)
＊単行本——一般
　法務省民事局第5課職員編『一問一答新しい国籍法・戸籍法』(日本加除出版、1985年)
　外国人登録事務協議会全国連合会法令研究会編『外国人登録事務必携』(日本加除出版、1985年)
　田村　満『外国人登録法逐条解説』(日本加除出版、1988年)
　谷口知平『戸籍法　第三版』(有斐閣、1990年)
　法務省民事局第5課国籍実務研究会編『新訂国籍・帰化の実務』(日本加除出版、

1990年)
法務省民事局法務研究会編『国籍実務解説』(日本加除出版、1990年)
国際結婚を考える会『二重国籍』(時事通信社、1991年)
芹田健太郎『永住者の権利』(信山社、1991年)
田中　宏『在日外国人』(岩波書店、1991年)
小原　薫『新訂一目でわかる渉外戸籍の実務』(日本加除出版、1992年)
法務省入国管理局外国人登録法令研究会編『Q＆A新しい外国人登録法』(日本加除出版、1993年)
原田晃治他『ここが知りたい国籍法100題』(テイハン、1995年)
横尾継彦『帰化手続の手引き　改訂版』(日本加除出版、1995年)
利谷信義他編『戸籍と身分登録』(早稲田大学出版部、1996年)
奥田安弘『家族と国籍　国際化の進むなかで』(有斐閣、1996年)
江川英文＝山田鐐一＝早田芳郎『国籍法(三版)』(有斐閣、1997年)
富山地方法務局戸籍事務研究会編『初任者のための渉外戸籍届書のチェックポイント』(六法出版社、1999年)
手塚和彰『外国人と法　第2版』(有斐閣、1999年)
外国人登録事務法令研究会編『Q＆A外国人登録法』(日本加除出版、2000年)

＊単行本——在日関係
神奈川県内在住外国人実態調査委員会『日本の中の韓国・朝鮮、中国人』(明石書店、1986年)
大沼保昭『単一民族社会の神話を超えて』(東信堂、1986年)
山本冬彦・吉岡増雄『在日外国人と国籍法入門』(社会評論社、1987年)
大沼保昭＝徐龍達『在日韓国・朝鮮人と人権』(有斐閣、1987年)
飯沼二郎編著『在日韓国・朝鮮人—その日本社会における存在価値』(海風社、1988年)
姜　在彦＝金　東勲『在日韓国・朝鮮人　歴史と展望』(労働経済社、1989年)
坂中英徳『今後の出入国管理行政のあり方について』(日本加除出版、1989年)
朴　慶植『解放後在日朝鮮人運動史』(三一書房、1989年)
鈴木敬夫『朝鮮植民地統治法の研究』(北海道大学図書刊行会、1989年)
大沼保昭編『国際化・美しい誤解が生む成果』(東信堂、1990年)
金　英達『在日朝鮮人の帰化』(明石書店、1990年)
姜　在彦『日本による朝鮮支配の40年』(朝日新聞社、1992年)
崔　學圭『改正韓国戸籍法』(テイハン、1992年)
金　英達『日朝国交樹立と在日朝鮮人の国籍』(明石書店、1992年)
宮田節子他『創氏改名』(明石書店、1992年)
福岡安則『在日韓国・朝鮮人若い世代のアイデンティティ』(中央公論社、1993年)
金敬得・金英達編『韓国・北朝鮮の法制度と在日韓国人・朝鮮人』(日本加除出版、1994年)
伊地知紀子『在日朝鮮人の名前』(明石書店、1994年)
小熊英二『単一民族神話の起源』(新曜社、1995年)
海野福寿『韓国併合』(岩波書店、1995年)

柳　　　光『韓国戸籍の実務』（啓文社、1997年）
金　贊汀『在日コリアン百年史』（三五館、1997年）
小熊英二『〈日本人〉の境界』（新曜社、1998年）
奥田安弘＝岡克彦『在日のための韓国国籍法入門』（明石書店、1999年）
趙　均錫他『大韓民国新国籍法解説』（日本加除出版、1999年）
坂中英徳『在日韓国・朝鮮人政策論の展開』（日本加除出版、1999年）
朴　　　一『在日という生き方』（講談社、1999年）
＊論文――一般
山田三良「国際法上国籍の得喪に関する原則」（国際法外交雑誌25巻5号1頁、1926年）
江川英文「第1回国際法典編纂会議において作成せられたる国籍に関する条約(1)(2)完」（国際法外交雑誌30巻3号1頁、30巻5号50頁、1931年）
江川英文＝桑田三郎「領土変更と妻の国籍―特に民事甲第四三八号通達をめぐって」（法学新報62巻1号1頁、1955年）
溜池良夫「帰化条件としての原国籍の喪失」（法学論叢65巻4号1頁、1959年）
溜池良夫「国籍法の適用に関する若干の問題」（法学論叢67巻6号1頁、1960年）
澤木敬郎「平和条約の発効と国籍」（ジュリスト228号22頁、1961年）
溜池良夫「妻の国籍・無国籍」（『国際連合の研究』3巻238頁、1966年）
細川　清「国籍法改正中間試案の概要」（ジュリスト788号34頁、1983年）
池原季雄他「座談会　国籍法改正に関する中間試案をめぐって(上)(下)」（ジュリスト788号12頁、790号62頁、1983年）
土屋文昭「国籍法の改正について」（法律のひろば37巻8号38頁、1984年）
大沼保昭「国籍とその機能的把握」（寺沢一他編『別冊法学教室　国際法の基本問題』（有斐閣、1986年）173頁）
永田　誠「いわゆる『国籍唯一の原則』は存在するか」（日本法学51巻4号92頁、1986年）
島田征夫「入管法制の歴史的経緯と概要」（ジュリスト877号26頁、1987年）
溜池良夫「国籍の決定に関する国際法の原則について」（龍谷大学20周年記念『法と民主主義の現代的課題』（有斐閣、1989年）177頁）
小柳　稔「対日平和条約による国籍変動について」（民事月報46巻8号21頁、1990年）
木原哲郎「平和条約国籍離脱者等入管特例法について」（ジュリスト982号68頁、1991年）
山崎哲夫「外国人登録法の改正」（ジュリスト1007号99頁、1992年）
伊藤行紀「外国人登録法の一部改正」（法律のひろば45巻9号4頁、1992年）
横山正司「帰化許可の申請等における法定代理人について」（民事月報48巻1号11頁、1993年）
山野幸成「帰化手続における身分関係の整序について」（民事月報48巻7号10頁、1993年）
江橋　崇「国籍再考」（ジュリスト1101号98頁、1996年）
棚村政行「アメリカにおける身分登録制度」（利谷信義ほか『戸籍と身分登録』（早稲田大学出版部、1996年）277頁）

木棚照一「国籍法逐条解説(1)(2)(3)(4)(5)」（戸籍時報460号3頁、461号11頁、462号13頁、464号2頁、467号10頁、1998年）

＊論文──在日関係

田中　宏「日本の植民地統治下における国籍関係の推移」（愛知県立大学外国学部紀要9号61頁、1974年）

大沼保昭「在日朝鮮人の法的地位に関する一考察(1)～(6)完」（法学協会雑誌96巻3号30頁、同巻5号1頁、同巻8号1頁、97巻2号46頁、同巻3号1頁、同巻4号1頁、1979年、1980年）

松本邦彦「在日朝鮮人の日本国籍剝奪」（法学52巻646頁、1988年）

姜　信潤「在日韓国・朝鮮人の国籍及び戸籍等身分登録に関して」（定住編『研究在日韓国・朝鮮人の相続』（自主出版、1989年）146頁）

任　英哲「在日韓国人の名前の使い分け」（朝鮮学報141号43頁、1991年）

浦部法穂「憲法からみた『定住外国人』」（定住編『定住外国人をめぐる法律上の課題』（日本加除出版、1991年）10頁）

徐　海錫「在日韓国・朝鮮人の国籍と法的地位」（同上22頁）

山下　潔「定住外国人と国際人権法」（同上42頁）

朴　榮焙「大韓民国国籍法改正の動向」（戸籍時報426号2頁、1993年）

飯田剛史「現代における宗教と人間の生き方―在日コリアンの信仰から」（三沢謙一編『現代生活と人間』（晃洋書房、1993年）93頁）

朝倉敏夫「韓国の墓をめぐる問題」（藤井正雄他編『家族と墓』（早稲田大学出版部、1993年）63頁）

崔　弘基「韓国戸籍制度の発達」（利谷信義ほか『戸籍と身分登録』（早稲田大学出版部、1996年）165頁）

坂元真一「敗戦前日本国における朝鮮戸籍の研究」（韓国文化研究振興財団、青丘学術論集10号231頁、1997年）

趙　慶済「韓国改正国籍法が在日に及ぼす影響」（徐海錫編「ヒューマンレポート」18号（自主出版、1998年）2頁）

崔　喜圭「大韓民国国籍法による二重国籍者の出生申告について」（戸籍時報497号2頁、1999年）

金　容漢「韓国戸籍制度の構造と当面問題(上)(下)」（戸籍時報511号2頁、512号2頁、2000年）

（ハングル）

金　炳錫『実務戸籍法』（育法社、1981年）

景　龍國編著『戸籍実務総覧』（東民出版社、1994年）

金　鉉鎬『大法院例規（質疑回答）集』（法文出版社、1996年）

鄭　周洙『渉外戸籍事例集』（司法行政文化院、1998年）

3　韓国家族法、北朝鮮家族法関係（主として第3章～第6章関連）

＊韓国家族法関係

・単行本

権　　逸『新版韓国・親族相続法』（弘文堂、1979年）

山田鐐一＝青木清他『韓国家族法入門』（有斐閣、1986年）

本渡諒一『韓国婚姻法の実務』（日本加除出版、1986年）
金　容漢『韓国・親族相続法』（日本加除出版、1988年）
鄭　鍾休『韓国民法典の比較法的研究』（創文社、1989年）
権　逸＝権藤世寧『改正韓国親族相続法』（弘文堂、1990年）
鄭　鍾休『改正韓国家族法の解説』（信山社、1991年）
黒木三郎監修『世界の家族法』（敬文堂、1991年）
金　疇洙＝石川明編著『韓国民事法の現代的諸問題』（慶應通信、1991年）
本渡諒一他『Ｑ＆Ａ100韓国家族法の実務』（日本加除出版、1992年）
金容旭他『新しい韓国・親族相続法』（日本加除出版、1992年）
高妻　新『旧法・韓国・中国関係Ｑ＆Ａ相続登記の手引き』（日本加除出版、1993年）
金　疇洙監修／河瀬敏男他著『図解・韓国相続登記事例集』（日本加除出版、1996年）
高　翔龍『現代韓国法入門』（信山社、1998年）

・論　文
近藤貞三「朝鮮人の相続について１〜２」（登記研究146号17頁、147号15頁、1959年）
黒木三郎「南朝鮮の新親族相続法」（家庭裁判月報10巻９号、1959年）
西山国顕「在日韓国人の相続登記について」（登記研究222号67頁、1966年）
西山国顕「在日韓国人の相続登記について」（登記研究383号61頁、1979年）
青木　清「韓国法における伝統的家族制度について」（名古屋大学法制論集87号273頁、1981年）
青木　清「韓国の事実婚」（太田武雄・溜池良夫編『事実婚の比較法的研究』（有斐閣、1986年）77頁）
李　光雄「相続雑考－ある日韓国際結婚の場合」（定住編『研究在日韓国・朝鮮人の相続』（自主出版、1989年）155頁）
青木　清「有責配偶者からの離婚請求－韓国人夫婦の場合」（定住編『研究在日韓国・朝鮮人の相続』（自主出版、1989年）181頁）
西山国顕「在日韓国人の相続登記について(上)(下)」（登記研究503号127頁、506号99頁、1990年）
崔　學圭「大韓民国民法の改正について(上)(下)」（戸籍時報385号２頁、386号２頁、1990年）
住田裕子「韓国民法施行前の重婚について」（戸籍566号１頁、1990年）
西山国顕「在日韓国人の改正法施行後の相続登記について」（登記研究526号159頁、1991年）
小玉敏彦「韓国の家族法改正をめぐって」（ジュリスト988号80頁、1991年）
崔　學圭「大韓民国家事訴訟法の制定について」（家庭裁判月報43巻10号101頁、1991年）
崔　達坤「朝鮮民事令における韓国慣習適用の問題点―相続法を中心として　上下」（戸籍時報411号２頁、412号２頁、1992年）
青木　清「韓国民法意識調査について」（ジュリスト1007号22頁、1992年）
青木　清「韓国家族法と日本の家族法」（ジュリスト1007号45頁、1992年）

韓　瑃煕「韓国家族法の改正」（ジュリスト1007号50頁、1992年）
金　疇洙「韓国家族法とその改正点について」（比較法学26巻1号49頁、1992年）
金　容旭＝金　演「韓国家事訴訟法の解説1〜8」（戸籍時報416号〜435号、1992〜1993年）
金　容旭「韓国の事実婚」（戸籍時報418号51頁、1992年）
金　疇洙「韓国の家族と法」（定住編『定住外国人と家族法Ⅳ』（自主出版、1993年）2頁）
青木　清「韓国法における認知無効と認知に対する異議の訴え」（定住編『定住外国人と家族法Ⅳ』（自主出版、1993年）69頁）
李　光雄「親生子出生申告」（定住編『定住外国人と家族法Ⅳ』（自主出版、1993年）91頁）
山池　実「韓国における慣習法上の相続」（定住編『定住外国人と家族法Ⅳ』（自主出版、1993年）110頁）
朴　秉濠「韓国民法上の離婚原因について」（戸籍時報429号12頁、1993年）
青木　清「韓国相続法上の若干の問題」（南山法学19巻3号1頁、1995年）
戸籍時報編集部「韓国・同姓同本不婚規定廃止決定」（戸籍時報478号2頁、1997年）
韓　瑃煕「韓国家族法上の近親婚の範囲」（中川淳古稀記念『新世紀へ向かう家族法』（日本加除出版、1998年）523頁）
李　庚熙「韓国親子法の変化と展望」（同上539頁）
金　容旭「韓国の婚外子と親権・後見・扶養の関係」（同上559頁）
金　演「韓国養子制度の構造」（同上573頁）
文　興安「韓国における戸籍制度改編論議」（同上601頁）
金　容漢「韓国における身分相続」（同上627頁）
朴　秉濠「韓国民法における祭祀用財産の承継」（同上651頁）
朴　秉濠「韓国民法上の遺留分返還請求」（戸籍時報497号12頁、1999年）
金　相瑢「韓国親権法改正案の新しい動向」（戸籍時報521号37頁、2000年）
佐々木典子「現代家族の変動」（小林孝行編『変貌する現代韓国社会』（世界思想社、2000年）25頁）
山本カホリ「儒教規範の中の女性」（同上44頁）
崔　達坤「韓国法上の離婚」（戸籍時報523号4頁、2001年）
・ハングル
　金　疇洙『注釈親族法ⅠⅡⅢ』（韓国司法行政学会、1998年）
　金　疇洙『親族・相続法－家族法第5全訂版』（法文社、2000年）
＊北朝鮮家族法関係
・単行本
　崔　達坤著／本渡諒一他訳『北朝鮮婚姻法』（日本加除出版、1982年）
　在日本朝鮮民主法律家協会編・発行『朝鮮民主主義人民共和国の民法、家族法』（1991年）
　鈴木　賢『現代中国相続法の原理』（成文堂、1992年）
　陳　宇澄『中国家族法の研究』（信山社、1994年）
　大内憲昭『法律からみた北朝鮮の社会』（明石書店、1995年）

在日本朝鮮人人権協会編・発行『Q＆A同胞の生活と権利』（1999年）
・論文
金　具培「朝鮮民主主義人民共和国の家族法」（法律時報33巻10号72頁、1961年）
佐保雅子「ロシア共和国相続法」（比較法研究32号108頁、1971年）
李　丙洙「朝鮮民主主義人民共和国及びベトナム民主共和国の家族法について」（比較法学9巻2号131頁、1974年）
黒木三郎＝李丙洙編編訳「文献紹介　朝鮮民主主義人民共和国の家族法」（比較法学11巻1号119頁、1976年）
河　満得「在日朝鮮人と家族法(上)(中)(下)」（統一評論221号110頁・222号96頁・223号102頁、1983年）
李　丙洙「朝鮮の姓」（黒木三郎他編『シリーズ家族史3氏』（三省堂、1988年）269頁）
崔　泰治「社会主義朝鮮を本国とする定住外国人と相続」（定住編『研究在日韓国・朝鮮人の相続』（自主出版、1989年）139頁）
大内憲昭「朝鮮民主主義人民共和国の家族法」（定住編『研究在日韓国・朝鮮人の相続』（自主出版、1989年）193頁）
大内憲昭「朝鮮民主主義人民共和国の新しい家族法」（定住編『定住外国人と家族法Ⅲ』（自主出版、1991年）2頁）
大内憲昭「朝鮮民主主義人民共和国の私法―民法・家族法を中心に」（定住編『定住外国人と家族法Ⅳ』（自主出版、1993年）80頁）
大内憲昭「朝鮮社会主義法の形成と体系」（松本三郎ほか『ベトナムと北朝鮮』（大修館書店、1995年）134頁）
崔達坤「北朝鮮家族法における家族機能の強化」（中川淳古稀記念『新世紀へ向かう家族法』（日本加除出版、1998年）665頁）
申榮鎬「北朝鮮家族法上の法定親子制度」（中川淳古稀記念『新世紀へ向かう家族法』（日本加除出版、1998年）685頁）
・ハングル
社会科学院法学研究所編『法学辞典』（社会科学出版社、1971年）
社会科学院法学研究所編『民事法辞典』（社会安全部出版社、1997年）

あとがき

　本書の出版を企画したのは1999年の6月であった。出版まで2年近くの歳月を要し、執筆者全員本当に大変ではあった。しかし、1986年に研究会が発足した時点で、将来本書が出版されるということは自明の理であったのかもしれない。当事者は自覚していなくとも、すでに「在日」司法書士として生きる道を歩んでいたのではなかろうか。

　司法書士の執筆者9名のうち、発足当初からのメンバーは4名である。リーダー西山慶一は、司法書士そして在日としての問題意識を常に研究会に提起し研究会の活動をリードしていった。そして、他の3名である高山駿二、姜信潤、李光雄は、それぞれの持ち味を研究会で発揮した。研究会は、1987年に群馬全国研修会（全国青年司法書士協議会主催）の分科会を担当したが、これを契機として群馬県の小西伸男がメンバーとして定着した。その理由は、研究会が「司法書士を生きる」手応えを感じさせたからだという。

　研究会のメンバーは飲食をともにすると話が尽きず、そのときに新しい企画を練ることもしばしばあった。分科会やシンポジウムの開催、自主出版、そして今回の本書の出版という西山慶一の提案に、まず姜信潤が奮い立ち、李光雄が賛同する。そして、小西伸男の一言で勇気づけられ、話させ上手の高山駿二が最後に発言することにより、知らぬ間に議論がまとまるのが常であったような気がする。しかし、充実した研究会の終了後の、木棚照一先生をはじめとする先生方を交えての慰労会はたいへん楽しいものであり、そのような研究会でなければ継続できなかったのではないかと改めて思う。

　比較的新しいメンバーである徳山善保、金公沐、金山幸司、金秀司の4人にとっては、研究会での発表、原稿の執筆等大変な作業の連続であったが、彼等の真摯な姿勢が出版を支えてくれたし、金山幸司、金秀司は各種統計等の資料収集にも努力してくれた。大内憲昭先生には最新の北朝鮮法の内容についてご教示していただき、日本加除出版㈱の柳田承一氏には最新の韓国法の情報についての示唆をいただいた。また、木棚先生はもちろんのこと、青木清先生にもお忙しい中、各自の原稿を丁寧にチェックしていただいた。お

礼申し上げます。

　研究会は15年間継続している。その間、大勢の司法書士が入退会し新陳代謝を繰り返してきた。本書の執筆に関わった司法書士は9名であるが、研究会の活動をともに支えてきた会員諸氏がほかにも大勢いたからこそ本書が出版できたのである。本書は研究会15年の成果ともいえる。本書の出版の喜びを関係者全員と分ち合いたい。

（李　光雄）

　この本をここまで仕上げて出版したことに……、学習・議論・執筆その反復等の一連の作業にたずさわった者の一員として、大きな喜びと充実感を覚える。それと同時に、司法書士および司法書士制度の今後の方向や来し方に思いを馳せ自問自答せずにはいられない。

　二十数年前の1978年に、司法書士法が改正され、目的規定・職責規定の新設および業務規定の整備がされた。自問自答するのは、明定された目的規定・職責規定のもと、他人の嘱託を受けて、登記・供託手続の代理をすること、および裁判所等に提出する書類の作成を業務とする、「手続の専門家」としての法律家の意味・役割について、である。（以下の記述中の英文＝対応する日本文は、ロスコウ・パウンドによるプロフェッションとしての法律家の定義である。三ケ月章『法学入門』（弘文堂、1982年）109頁から引用した。）

　司法書士が、生計の手段として（a means of livelihood）多くを依存している登記手続は、民事手続のなかではその形式性に際立った特徴がある。司法書士は、法改正前は、登記所へ嘱託者の登記申請意思を伝達する「使者」に甘んじていた。また、百有余年にわたる取締官庁・監督官庁への服従と庇護の下に、妄りに法律判断せず嘱託の趣旨を機械的に代書すべしという観念を徐々に体質化していったが、未だ自由になり得てはいない。

　目的規定・職責規定の明文化以来、司法書士および司法書士界は、目的規定である「国民の権利の保全」という理想を声高に叫びはしたものの、思考と行動は、理想追求のために法律判断等の権限強化や職域拡大に傾斜した。また、如上の国民概念は当然外国人を含むこと、および権利の保全は人権の擁護に相通ずることを、真には理解し得なかった。

　手続は、追求すべき理想をともなうものでなければ、単なる「取次ぎ」に

堕す。しかし、理想を掲げても、学問的な理論の裏付けがなければ、理想に近づくにはあまりに無力である。私たちは、学問的に磨き上げられた高度の技術（a learned art）を追求すべき法律家として、この本にそれを込めようとした。司法書士による a learned art を追求した数少ない本の一つである（嚆矢に近い）と自負する（学問的な理論のご教示を惜しまれなかった諸先生には感謝しきれない）。それは、同じ目的を追求する人間集団（a group of men）として、国籍を超えて「司法書士を生きる」ことの一点を拠り所に、そして、私たちの底流にある「在日」に対する熱い思いと連帯意識ひいては日本の真の国際化に貢献するとの意欲（in the spirit of a public service－公共に対する奉仕の精神）に突き動かされて、力と知恵を結集したからこそ成し遂げられた。そのことに、誇りを感ずる。

　だから、批判を恐れず厳粛に受けとめる。しかし、激励があれば嬉しい。

（小西伸男）

[監修者]

木棚照一　　　1941年生　早稲田大学法学部教授

[執筆者]

青木　清	1954年生	南山大学法学部教授
大内憲昭	1951年生	関東学院大学文学部教授
西山慶一	1950年生	司法書士（京都司法書士会）
高山駿二	1953年生	司法書士（愛知県司法書士会）
李　光雄	1955年生	司法書士（京都司法書士会）
姜　信潤	1955年生	司法書士（大阪司法書士会）
小西伸男	1948年生	司法書士（群馬司法書士会）
徳山善保	1966年生	司法書士（愛知県司法書士会）
金　公洙	1958年生	司法書士（大阪司法書士会）
金山幸司	1968年生	司法書士（愛知県司法書士会）
金　秀司	1965年生	司法書士（東京司法書士会）

●「在日」の家族法 Q & A
　　ざいにち　　かぞくほう

2001年5月20日　第1版第1刷発行

監　修──木棚照一
編　著──「定住外国人と家族法」研究会
発行者──林　克行
発行所──株式会社　日本評論社
　　　　〒170-8474　東京都豊島区南大塚3-12-4
　　　　電話03-3987-8621(販売)──8631(編集)
　　　　振替00100-3-16
印刷所──港北出版印刷株式会社
製本所──株式会社　精光堂

Ⓒ S. KIDANA

装幀／林　健造　　Printed in Japan

ISBN4-535-51243-4

共生社会への
地方参政権

徐 龍 達 編

ISBN4-535-58185-1
四六判　392頁　2,500円

定住外国人の地方参政権問題は大きく動き出した。推進を決議した自治体は200を越え、立法化も目前に迫っている。先行する訴訟の経緯、諸外国の実際をふまえ、その理論的展望を試みる。関連資料付。

http://www.nippyo.co.jp/　（価格は税別）　日本評論社